西方货币史

THE HISTORY OF CURRENCY

[英] 威廉·亚瑟·肖 著
(William Arthur Shaw)

赵亦彭 译

台海出版社

图书在版编目（CIP）数据

西方诗歌史 / （英）威廉·亚瑟·贝兹著；赵永毅译.
-- 北京：台海出版社，2023.11
ISBN 978-7-5168-3688-0

I. ①西… II. ①威… ②赵… III. ①诗歌—诗集—西方 IV. ①F821.9

中国国家版本馆 CIP 数据核字（2023）第 201338 号

西方诗歌史

著　　者：[英] 威廉·亚瑟·贝兹　　　　译　者：赵永毅
出 版 人：蔡旭
责任编辑：张永元　　　　封面设计：朱美华
产品经理：王娟

出版发行：台海出版社
地　　址：北京市东城区景山东街 20 号　　邮政编码：100009
电　　话：010-64041652（发行，邮购）
传　　真：010-84045799（总编室）
网　　址：www.taimeng.org.cn/thcbs/default.htm
E-mail：thcbs@126.com

经　　销：全国各地新华书店
印　　刷：天津午阳印刷技术有限公司

本书如有破损、缺页、装订错误，请与本社联系调换

开　　本：787 毫米 × 1092 毫米　1/16
字　　数：467 千字
印　　张：29.625
版　　次：2023 年 11 月第 1 版　　印　次：2024 年 1 月第 1 次印刷
书　　号：ISBN 978-7-5168-3688-0
定　　价：128.00 元

导读

▶赵亦彭

　　摆在读者面前的，是一个有关货币的故事。这个故事，讲述了自文艺复兴以来，西欧历史上的主要经济势力从认识货币到认知货币，最终自觉运用货币的历史实践。从本书的目录中，我们不难看出，作者基于一种"中心主义"的视角，对货币的历史展开了阐述。这种"中心主义"，源于三个区域：以佛罗伦萨与威尼斯为代表的早期欧洲 – 世界贸易核心区，地中海世界；以德意志与法兰西为代表的早期欧洲大陆核心区，法兰克世界；以西班牙与英格兰为代表的早期海权国家，大西洋世界。这三个区域有地缘意义上的政治和经济色彩，基本代表了文艺复兴前后至发现美洲之前，欧洲世界政治权力与经济中心及其影响所及的空间划分；同时也有时空考察视角的历史与文化色彩：作为地中海贸易世界的两颗明珠，佛罗伦萨与威尼斯不仅仅有着发达的内外贸易，其繁荣的社会文化对阿尔卑斯山南北乃至整个环地中海世界都有着莫大的影响。而建立在高卢与日耳曼故地的法兰西与德意志，更是查理曼国家与加洛林文艺复兴历史遗产的重要继承者，同时也是地中海世界天主教文化在欧洲中心区的重要阵地。相比前两者，英格兰与西班牙则处于地中海文化辐射外延的边缘地带，也正是这种文化上的边缘性，让西班牙与英格兰成为地中海文化与外部文化交汇的产物。

　　于是，基于上述历史、文化与政治的"中心主义"视角，作者向我们讲述了故事的起点，也就是文艺复兴以来，随着佛罗伦萨和威尼斯经济的崛起，欧洲一切现代铸币的源头——"随着佛罗伦萨和威尼斯等地的商业市场日渐繁荣，

铸币厂才开始铸造金币。"就这样，贵金属铸币，真正意义上拉开了西欧财富历史的大幕。

本书第一章提供了历史考察的基本点，第二章和第三章则遵循历史发展的主要场景来进行叙述。第二章不仅主要讲述了贵金属造币的需求与原料产出及其后果，还讲述了货币如何用自身的经济属性给当时的欧洲主要国家结结实

▲中世纪的铸币作坊

实地上了一堂"双刃剑"的课：为什么坐拥金山银海、非常强盛的西班牙，伴随着几乎可以称之为海量的金银输入，却最终沉沦，不但与实现真正意义上的"制霸欧陆"失之交臂，更是与近代化的历史潮流无缘。而号称"海上马车夫"的尼德兰，虽然站在了历史发展的风口，并且趁势扶摇直上，成了早期海权强国的典范，但为什么难以利用贵金属这一天然的商业利器有所作为？还有王权初露锋芒的法兰西，处于上升时期的德意志第一帝国，面对贵金属铸币这一"最熟悉的陌生人"，尽管制定了诸多法令和政策，尽管专制君主无不雄心勃勃，但最终都没能实现自己的"货币雄心"。作者全篇都在讲货币的故事，但浮现在人们眼前的却是即将走出中古时期阴霾的欧洲人与欧洲文化，面对突如而至的巨大财富，所展现出的不同层次的认知观。金银还是金银，它们不曾因为离开新世界流向旧大陆，就丧失了原有的价值。但在新的历史条件下，金银又不再是金银，而是成了一种新的财富符号，一种新的生产要素，唯一不同的是用目光审视它的使用者。

相比于前两章，第三章是一部真正意义上的近世货币史。它的叙述仍然是以贵金属的产量变迁为基础，如何去考察第一波胜出的法国、德意志、英国与新生的美国，并用法国与德国的探索经验，写尽了旧欧洲的封建文化对大陆国家在货币认知与见解上的种种桎梏，以及这种压制在具体实践中的反映。而相比于刻意寻求"重商主义"最优解的法国与德意志诸邦国，以英国为代表的海权国家，则走在了同时代的前列。这些海权国家的视野不仅仅局限于国内，而且思考了货币在全球贸易中的地位与作用。作为新生国家代表的美国，则更没有如此之多的束缚，很大程度上摆脱了旧文化与旧制度的思想束缚，因此在货币政策上也多有创举。随着作者笔下布鲁塞尔国际货币会议的闭幕，以及对英属印度货币情况的描述，金银在这个故事中也最终实现了自身使命在全新历史时代的华丽转身。

威廉·肖用生动的语言、丰富的史料、鲜活的形象，为我们勾勒出从16世纪到19世纪最后十年，欧洲财富积累与货币化的浮世画卷。然而，他不讳言西方的这套看似玄而又玄的手段，最初的"根"却是在东方，比如，他认为佛罗伦萨铸造弗罗林金币的想法只能来自东方的拜占庭。以至于他不无讽刺地拆穿了西方史家特别是经济史家那种在他看来近乎莫名其妙的虚伪的优越感，"欧洲

各民族在八个世纪乃至更长的时间里，一直想改变现代世界的发展进程，企图重建欧洲文明，但他们对影响文明的关键因素——黄金的商业价值一无所知"。

那么，反观作为东方文化母国的中国，我们的货币故事又如何呢？

"不论盐铁不筹河，独倚东南涕泪多。国赋三升民一斗，屠牛那不胜栽禾。"这是晚清爱国诗人龚自珍在其组诗名作《己亥杂诗》中对晚清社会经济治理血泪史的书写。从作者笔下我们不难看出，在中国传统社会的经济治理中，实物税赋，特别是粮食税赋，是传统农业社会环境下社会资源从征集到集中，再到分配，最终重回流通领域的重要组成因素。上溯周秦，下至明清，概莫能外。然而内心深处热衷追求真理，思想过处力求揭示真理，实践行处时刻笃行真理的中国人，并非仅仅拥抱"手里有粮，心中不慌"。事实上在他们眼里，货币，这个在当代西方经济学语境下无比神圣的东西，同样也是一种资源。从汉代的《食货志》，到咸丰朝户部右侍郎兼管钱法堂主官王茂荫所奏的《条议钞法折》，有着属于自己的独特理论视野的中国人，从自己的"天下观"入手，讲述了对"货币"的理解。然而，这些声音最终都湮没在近代西方列强残暴蹂躏中国的阵阵铁蹄声中。

时代的尘埃落到每个人身上都是一座大山，而当一座座大山落在一个饱受欺凌、深受压迫的民族群体身上，就变成了一幕暗无天日的历史阴霾。一代又一代的中国文化人前仆后继，只为了能讲对中国的故事，讲好中国的故事，把中国的故事变成真正的中国声音。

而在此过程中，用我们的思想和眼睛去了解这个世界的过往，去审视这个世界的当下，才能让我们明白应当如何对这个世界讲好我们的故事。

愿以此译，抛砖引玉。

2022 年 12 月晚于古道山房

序言

▶ 威廉·亚瑟·肖

创作此书的目的有两个：其一，也是最重要的一个目的，就是通过历史实践检验本质问题；其二，为学习和研究历史的人提供一本重要的初级手册，方便他们了解欧洲国家从 13 世纪开始的货币史。

对于第二个目的，此处无须赘述。对货币史细致和连续性的研究，是应用经济学的重要部分。但是，欧洲几乎所有的大学都忽视了货币史的教学工作，这种忽视甚至到了令人惊讶和遗憾的地步。这种结果，只能归因于学者缺少学习的动力以及可供参考的研究手册。

对于第一个目的，从未有一个历史领域的研究方法，能像经济史的研究方法那样具有科学性，例如研究经济史时采用的比较法和预测法。与其他领域的研究工作相比，在经济史中，想要研究货币领域，就得研究其他时代或国家的经验，然后得出有用的结论，总结富有智慧的经验。历史给 19 世纪复本位制关键问题的研究结论，提供了非常明确的方向，具有压倒性和决定性优势。毫无疑问，任何有违史实的理论都无法让人信服。

欧洲各国的货币体系从中世纪到 18 世纪末，实际上采用的都是复本位制。欧洲在中世纪还没有与货币有关的法律法规，也没有任何有关货币供应的理论，更没有调节货币供应的实践行为和经验。欧洲中世纪的货币复本位制，与我们如今理解的货币复本位制有所不同。

法定货币，是后来才出现的概念。立法者对货币设想的变化与货币法律观

念的演变过程是同步的。由于缺乏货币的法律观念，欧洲在货币困境中挣扎了几个世纪。在法学体系中，在法定货币还没有成为议会立法的主题前，货币的铸造权归君主所有，货币发展史能够追溯到国家议会以公告的形式发布信息的时期。有关货币的公告，几个世纪以来一直都由君主发布，涉及禁止贵金属出口、驱逐本地流通的外国货币，以及再次允许外国货币在本土流通，并在此前提下对兑换外国货币加收一定的兑换费等方面的内容。欧洲国家在有关货币的公告中，既未将金银币等贵金属货币进行区分并规定法定货币的种类，也未规范金银币的兑换比率。除了货币，这些国家连金银等贵金属的概念都没有。事实上，金银两种贵金属已经充当了流通货币和交换媒介的角色，它们在市场上流通，国家需要做的是把金银继续留在市场中。只有犹太人和意大利人意识到金银交易能够获得利润，并了解各个国家现行金银兑换比率之间存在的差异，才利用这种差异获取利润。因此，立法者不得不改变货币的兑换费，逐渐把货币之间的兑换比率固定下来，这是法定货币概念出现的基础。同时，为了保护某类特定的货币，立法者还会增加一些兑换某类特定货币的限制政策，以阻止针对该货币展开的套利交易。立法者的限制政策，是货币法发展的开端。在13—18世纪的欧洲，黄金和白银其实始终都被视为贸易中介，不管是银币还是金币，没有一个国家将其宣布为法定货币或限制使用的货币。

货币法律实践的最终结果，是发展出现代单本位制货币体系。现代单本位制货币体系，是能够有效预防货币流失而独立存在的货币体系。英格兰直到18世纪末才出现单本位制货币制度，彻底摆脱了因为无知导致的货币复本位制带来的全部灾难。而法兰西的货币体系则经过了近一个世纪的检验，才发展到与英格兰同等的水平。

在英格兰已经摆脱中世纪的货币制度时，法兰西才刚开始改革自己的货币体系。但是，法兰西货币体系在改革途中停了下来。对货币体系进行改革的旧王权被推翻，法兰西明确了货币单位及其不可更改的地位，同时把铸币税取消了。法兰西政府于1803年制定的关于货币的法律成就了许多事情，但并未进一步实施有关货币改革的法律，仅以法令的形式限制了从中世纪延续下来的货币体系。采用金银复本位制，始终是中世纪法兰西货币制度混乱的源头。如果仅看货币制度，那么法兰西在1726年和1803年采用的货币制度并没有什么差别。

在这两个时期，法兰西采用的货币制度都是复本位制。1726 年的复本位制获得了法律的认可，货币的管辖权归法兰西王室所有。1803 年的复本位制，是由立法机构或议会以立法的形式制定货币制度。把 1803 年颁布的法律看成帮助法兰西创造了一个新天堂般的货币体系非常荒谬。法兰西的货币制度是非常古老、危险且充满隐患的货币体系的延续，出现这种状况的根本原因是法兰西对中世纪复本位制的无知，并在往昔的惯例中泥足深陷。

很明显，1803 年的法兰西还没有复本位制观念，使用复本位制的法兰西并没有利用复本位制为人类谋福的想法。复本位制属于学术概念，它带给后世的是需求、期望和恐惧。现代复本位制理论，几乎是历史上唯一不以成功实践为基础总结建立的理论，而是在实践失败的基础上建立起来的理论。复本位制理论依赖的并不是史实，而是明显受到指责且伪造的资料。不管用什么语言，都无法表达人们对复本位制理论提出者的强烈谴责。复本位制理论完全是凭空想象出来的，它试图从理论上为过去五个世纪已被实践证明是失败的事实提供辩护，而且试图从理论上为一个观点正名——除非抛弃复本位制，否则没有其他途径解决这个问题。

史实对复本位制的否定，一定会使许多认真的人感到沮丧。假如不是对当前形势下其他补救方案感到绝望，那复本位制面对的就不会是这样的情形了。很明显，我们并未把希望寄托在补救复本位制上。但是，如果要找一个真正补救复本位制的可行的办法，那么首先要抛弃错误且不可能的事情。

17 世纪的货币问题和现在的货币问题的区别是，虽然历史和国家的发展具有连续性，但是需求和环境已经发生了变化。套利交易行为，给中世纪的立法者带来了危险——损害了国家的利益。套利交易不但削弱了国家的黄金储备，还打击了国家的实际货币，甚至让国内贸易处于停滞状态。所以，中世纪的立法者企图通过监禁或处死的方式震慑套利者，以阻止货币外流。

现在，各国是以采用单本位制货币体系或发行纸币来保障本国的货币安全和货币供应。与采用复本位制的时期相反，现在可以自由地使用贵金属进行交易，金银会按照科学的国际贸易理论自行从一个区域流向另一个区域。截至目前，货币问题已经与以往不同，已经变为固定的国际交换体系的演变问题。同时，复本位制的理论范围也已经扩大。但是，不管扩大到哪个范围，不管是在

广义还是狭义的范围内，对复本位制理论的研究和理解以及判断虚假的谎言，唯一依据的资料是欧洲过去五个世纪的实践经验。

我有必要对此展开更加详细的说明：

首先，对学习货币和货币本位制知识的学生而言，目前面临的困境不再是金属货币的单位和重量标准及贵金属含量持续减少等。导致这个结果的主要因素有三个：一、合金化处理的实践经验；二、政府的竞争行为和欺诈行为；三、货币单位允许被任意操纵的自然性质。比如，英格兰先令、法兰西苏的贬值程度有巨大的差异，但它们都属于古罗马金币苏勒德斯的衍生货币。法兰西里弗尔和意大利里拉都属于古罗马的重量单位磅的衍生货币。

其次，术语混乱是更严峻的挑战。在通常情况下，人们难以通过给出的货币名称判断该名称代表了哪种特定的货币，也难以通过给定的名称确定其属于哪种类型的货币，更没办法确定该货币流通和使用的时间。比如，法兰西货币史上的"弗罗林"这个术语在文献中有多种拼写方法，代表的也是多种货币。其实，弗罗林这个代币名词在使用的过程中非常模糊，弗罗林可能是法兰西的旧银币、硬币或常规的钱币。术语的模糊也许能够解释后文阐释的一些难题。

▲ 艾萨克·牛顿

▲ 亚历山大·汉密尔顿

佛罗伦萨第一次铸造弗罗林金币前的七十多年里，法兰西历史中就已经提到了弗罗林。

就货币兑换比率而言，各个国家的官方兑换比率有巨大的差异和分歧。官方公布的兑换比率很可能有双重属性：一是商业属性，比如官方按市场公开的黄金和白银的购买价格计算银币与金币的兑换比率；二是法律属性，官方以法律条款的形式规定各类贵金属货币的价值和发行量，并以此确定它们之间的兑换比率。按照货币的购买力决定各类货币之间的兑换比率比较简单，但人们到18世纪初才能按照金银货币的购买力计算各类货币精确的兑换比率。商业汇率的概念，是一个名叫阿道夫·索特贝尔的人提出来的。按照汉堡交易所和伦敦市场的汇率，阿道夫·索特贝尔把商业汇率计算了出来。1830年5月4日，塞缪尔·德卢森纳·英厄姆向美国参议院提交了有关商业汇率的报告，约翰·怀特也在同一天提交了相互矛盾的报告[1]。由此，我认为约翰·怀特制定的商业汇率更可信一些。

就法定兑换比率而言，各地的差异巨大，我带着非常不安的心情敲下了兑换比率的数字。各国官方计算方法的差异是导致法定兑换比率差异的主因，有的国家是按照货币的发行价或铸币金属的购买价[2]来计算货币之间的兑换比率，有的国家是按照货币纯金属的含量或总金属的含量[3]来计算货币之间的兑换比率。其实，任何两个官方的计算方法基本上无法保持一致。导致官方计算方法出现差异的原因，必须归结为法兰西铸币当局在1640年发布的官方文件中使用了不一致的计算方法计算货币兑换比率。根据英格兰艾萨克·牛顿爵士、法兰西米拉波伯爵奥诺雷·加里布埃尔·里凯蒂和夏尔·亚历山大·德·卡洛纳、美国罗伯特·莫里斯和亚历山大·汉密尔顿等人的实践经验和表述来看，要计算欧洲不同货币之间的兑换比率，在任何时期都是非常困难的事情。

当前，货币史的研究范围还局限于金属货币的历史和标准，有关货币史的研究并未提及任何国家纸币的发行历程，也并未提及美国、奥地利发行纸币的历程。作为一种货币主体，纸币必须作为重要的事物被独立看待。有关奥地利

---

[1]　见《1878年美国国际货币会议报告》第583页和第647页。——原注

[2]　不管是否有铸币税或补贴。——原注

[3]　不管货币中是否包含金银以外的其他合金。——原注

货币的描述，在附录 5 中可以找到。由于受到了奥地利近期实施的货币改革以及印度和美国近期货币发展的影响，德意志无论表达什么意见，都会成为附庸。我只是简单地陈述这个事实。

在看到官方使用过的一份研究货币史的权威参考书目后，我产生了一种难以克制的羞辱感。与 18 世纪出现的宏大、扎实和渊博的作品相比，官方现在对待货币史的态度明显短视和怠慢，还觉得研究货币史毫无价值。这种观念让我感到非常不安。如果没有阿道夫·索特贝尔做那些意义非凡的工作，现在要计算各种货币之间的兑换比率就会非常艰难，甚至对简单的贵重金属之间的兑换关系都没办法说明白。此外，现在已经没办法产生跟奥托马尔·豪普特的作品同等级别的著作。当前有关货币史的文献，其内容大都很肤浅，而且观点极具争议性。

在关于货币的一系列政府报告和研究著作中，《美国铸币报告》和 1892 年奥匈帝国发布的《奥地利—匈牙利君主政体的问题统计表》值得特别关注，与其他政府报告对比，这两份报告不仅实用、有效，其价值也无法估量。

在此我要特别感谢历史记载副保管人亨利·麦克斯韦尔·莱特，他给我提供了附录中与货币有关的专门记录、财政记录和其他参考资料。

这本书主要用于研究货币史，部分内容是由我的妹妹埃德娜·肖撰写的。在此，我向她表达衷心的感谢。

目录

·第1章·
从金币的铸造到美洲的发现
（1252—1492）

• 第 2 章 •

从发现美洲大陆到新世界金属对欧洲货币第一阶段影响的结束（1493—1660）

·第 3 章·

从新世界贵金属对欧洲货币影响的第一阶段结束到现代
（1660—1894）

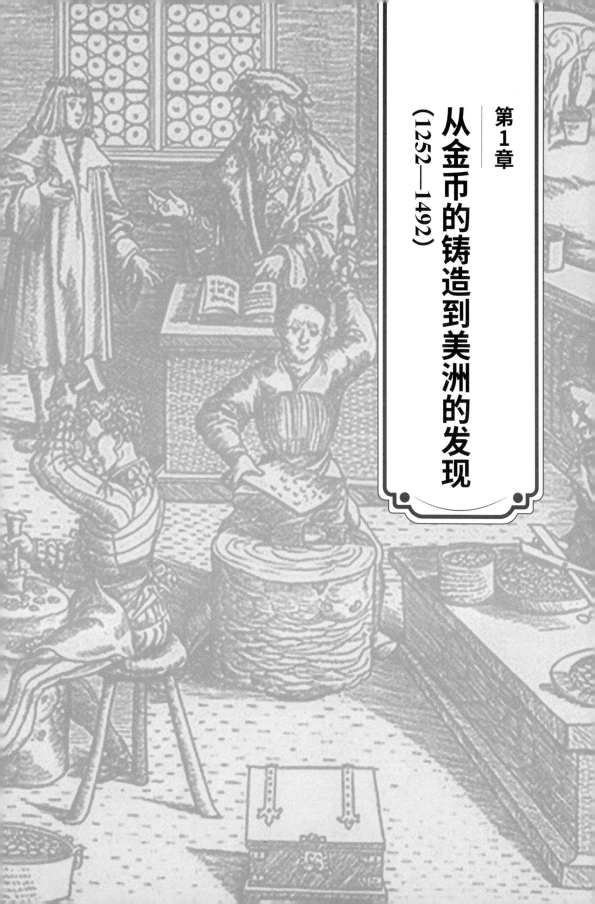

第1章

从金币的铸造到美洲的发现

(1252—1492)

13 世纪，欧洲货币史在意大利半岛发端。金币被重新引入西方国家是欧洲货币史发展的起点。1252 年，佛罗伦萨铸造了弗罗林金币，这是欧洲货币史开始的标志。其实，从罗马帝国灭亡一百多年后的公元 7 世纪开始，西欧就已经放弃使用金币。中世纪的欧洲各国都以白银为基础建立货币体系。虽然中世纪欧洲各国确实是以银本位制为基础建立货币体系，但是否完全不再使用金币还有待考证，不过这对研究当时欧洲各国的货币制度并没有根本性的影响。比如，西班牙的摩尔人在 8 世纪到 13 世纪中叶还保留着罗马帝国使用黄金铸造货币的传统习惯，只不过这对信奉基督教的西班牙的货币体系同样没有产生根本性的影响。在北方的蛮族入侵前，罗马帝国就已经在逐渐衰落了。在罗马帝国遭到入侵，城市沦陷后，地中海另一端的拜占庭——东罗马帝国所在地，很大程度上继承了罗马帝国的货币体系，并沿用了几个世纪。法兰克国王查理大帝在本国的货币法令中沿用了东罗马帝国的货币制度，这个货币制度经过适当演化后，成为欧洲各国现代货币体系的基础。除此之外，虽然在中世纪早期几个世纪的黑暗时期，中欧民族几乎中断了铸造技术的传承，但不管在哪个时期的哪个地方，都有拜占庭金币的身影。

不过，虽然在欧洲只有拜占庭保留了罗马帝国使用金币的传统，但现代世界的货币史并不是起源于 7 世纪的拜占庭，而是起源于 13 世纪意大利的一些小商业邦国。在佛罗伦萨铸造弗罗林金币前，中欧还没有一个国家能够独立铸造金币。比如英格兰，它在从撒克逊人到国王亨利三世统治时期内，一直是以白银为基础建立货币体系的。在种类繁多的货币中，银铸货币是英格兰王国的流通货币。法兰克人建立的帝国中还使用银币迪纳尔斯，这和英格兰银铸货币一样，具有非凡的历史意义——法兰西王国查理大帝把银币制度看作统治体系中非常重要的组成部分。一直到 14 世纪，法兰西王国和神圣罗马帝国的

▲5 世纪铸造的拜占庭帝国狄奥多西二世金币

这枚金币由拜占庭帝国狄奥多西二世在位期间铸造，直径约20.3毫米，重约3.9克。金币正面为狄奥多西二世像，他戴头盔、佩甲胸的形象被镌刻在金币上永远保存了下来，币面上镌刻的文字意为"我主狄奥多西·虔敬幸福的奥古斯都"。

货币体系中仍然采用银币。另外，意大利的许多小邦国都有自己独立的铸币厂。后来，随着佛罗伦萨和威尼斯等地的商业市场日渐繁荣，这些铸币厂才开始铸造金币。欧洲各民族在八个世纪乃至更长的时间里，一直想改变现代世界的发展进程，企图重建欧洲文明，但他们对影响文明的关键因素——黄金的商业价值一无所知。

▲中世纪威尼斯繁忙的商业市场

在中世纪的威尼斯，居民从事的行业大都与商业密切相关，如工匠、水手、高利贷或买卖货品。当时欧洲就流传着"所有的威尼斯人都是商人"的说法。在当时的威尼斯，上至总督，下到平民百姓，没有人以经商为耻，都以能从事商业活动为荣，即便是教会的神职人员也难以抵御利润的诱惑。

佛罗伦萨的弗罗林金币

▲佛罗伦萨铸造和发行的弗罗林金币

Florin（弗罗林）是意大利语，意为"小花"。这枚金币正面是佛罗伦萨的守护神施洗者圣约翰像，背面是百合花图案，是佛罗伦萨的象征符号。

我们可以从意大利政治混乱产生的许多独立小邦国的商业发展史中，找到重铸金币或者将黄金重新引入货币体系的原因。这些新兴的小邦国实现独立自主后，很快就以无限的活力投入到东西方贸易的发展中。佛罗伦萨、威尼斯、比萨和热那亚等，都成为第一批"吃螃蟹"的小邦国，它们尝到了东西方贸易的果实。这个时期的佛罗伦萨，发展到了最繁盛的阶段，它征服了主要对手锡耶纳和比萨，在繁荣的商业和活跃的贸易中享受到了和平。在本地商人的建议下，佛罗伦萨的统治者于 1252 年决定铸造弗罗林金币。

按正常的逻辑来说，弗罗林金币的铸造应该可以追溯到东方的拜占庭。但令人惊讶的是，首先将金币引入意大利的却是十字军。1220 年，腓特烈二世做了神圣罗马帝国的皇帝，他来自西西里岛。也许是想与拥有奢华宫廷的东方国家攀比，腓特烈二世发行了金币奥古斯都。实际上，他在西西里岛发行的金币是佛罗伦萨弗罗林金币的直接源头，如果不是弗罗林金币造型精美、流通广泛，致使声誉太

▲神圣罗马帝国铸造和发行的奥古斯都金币

1231年，神圣罗马帝国皇帝腓特烈二世在西西里的巴勒莫与布林迪西开始铸造著名的奥古斯都金币。该金币正面图案带有明显的古罗马风格，因为腓特烈二世认为自己是古罗马帝国皇帝的继承者。不过，这种金币发行量并不高，在腓特烈二世去世后就停止发行。

旺，让人们忘记了它的前身腓特烈二世发行的奥古斯都金币，那么奥古斯都金币也许就会成为开创一个辉煌时代的标志。

热那亚金币和弗罗林金币被认为是在1252年同时铸造发行的。五年后，也就是1257年，英格兰国王亨利三世模仿弗罗林金币铸造了本国的金币——便士。二十多年后，也就是1284年10月31日，乔瓦尼·丹多洛总督领导威尼斯共和国政府，跟随佛罗伦萨的脚步，建立了铸造金币的工厂。

13世纪的人很少知道，要想让货币铸造产生巨大的变革，有两个必不可少的条件。第一，意大利各邦国的对外贸易必须发展到一定的深度，以至于需要比银质货币更有价值的中间物进行交易。第二，贸易繁荣的地区必须有可以开采和使用的黄金，或者有一定的黄金储量，这样才能为意大利的铸币厂提供铸造金币用的黄金，以满足这里的铸币需求。让人惊奇的是，这两个条件得到了实现。我们都知道，铸造货币的巨大变革让地中海地区的贸易迅速发展，不过到现在为止，还没有人能明确地指出铸造金币对金属的供应产生了什么样的影响。1203年，佛兰德斯伯爵鲍德温九世成为拜占庭拉丁帝国的皇帝。由于鲍德温九世在打败拜占庭帝国的过程中，威尼斯共和国给予了帮助，作为回报，威尼斯共和国得到了拜占庭帝国八分之三的领土，获得伯罗奔尼撒半岛及爱琴海的许多岛屿，而且利用对君士坦丁堡的控制成为黑海的实际控制者。控制黑海后，从欧洲到印度的陆上贸易就被威尼斯共和国垄断了。

▲中世纪的君士坦丁堡

　　12 世纪以前的拜占庭帝国在东地中海贸易中占据垄断地位。商源充足、海上运输便利使都城君士坦丁堡在中世纪中期成为东地中海贸易的中转站。但地中海贸易的格局不久被打破了。叙利亚港口取代君士坦丁堡成为东方货物的集散地，意大利商船到叙利亚港口载货转运至西方国家，而海上贸易关税也由过去拜占庭帝国独占转而进入意大利海商的囊中。

第 2 节
威尼斯的商贸活动

　　威尼斯共和国占领拜占庭帝国八分之三的领地后，从那些被占领的城市掠夺了大量的黄金。在当时，克里米亚是欧洲唯一出产黄金的地方。被威尼斯共和国控制的殖民地之间，由于存在贸易需求，需要比以往价值更高的货币作为交易的媒介。威尼斯商贸活动的发展及其对黄金的需求，形成一股势不可挡的力量，推动黄金货币的使用。其实，在拉丁帝国统治时期，欧洲唯一的商人就是威尼斯共和国以及与其关系友好的城市。

　　所以，意大利多个城市共和国使用金币的制度，是欧洲跨入商业扩张时代的标志。实际上，和 17 世纪的荷兰、现在的英国一样，那时的意大利各城市共

▶ 木板油彩画《银行家和他的妻子》

　　这幅画是尼德兰佛兰德斯画家马西斯的作品，画的是安特卫普的钱铺（相当于银行）的掌柜形象。14 世纪的欧洲，随着毛织业和贸易的发展，银行业不断兴盛，钱庄、银行逐渐遍设于西欧的各大城市。在当时的意大利，商业主要是以购买羊毛和出售呢绒产品为主，银行主要经营高利贷业和钱币兑换业；商人多数是一身两役，不仅是银行家，还兼营商业。

和国正处于商业扩张时期。

在这里，我们要研究的不是商业扩张的影响力，而是在商贸高度发展的时期，意大利各城市共和国对金币的需求情况。

威尼斯是欧洲贸易体系中东方香料与北方羊毛交易的中转站。在 14 世纪的欧洲，盛产羊毛的是英格兰王国，纺织工业基地是佛兰德斯，因此逐渐发展形成的法兰西王国和德意志汉萨同盟相继发行了新货币。如果把新货币逐渐被接受的整个过程书写出来，那将会是一部对货币史和商业史具有启发意义的著作。

实际上，我们获得的资料都很零散，记录也并不清晰。

由于德意志处于地中海和欧洲北部之间，因此它对欧洲货币体系的变革有着至为关键的推动作用。1326—1350年，在德意志，首批模仿意大利城市共和国建造的金币铸造厂逐渐衰落。神圣罗马帝国的皇帝路易四世下令铸造并发行了两种金币：一是在 1328 年之前直接模仿佛罗伦萨的弗罗林金币发行的金币；二是 1328 年后仿法兰西国王腓力六世的金埃居发行的金币。

神圣罗马帝国皇帝路易四世任命英格兰国王爱德华三世为莱茵河左岸总督及皇帝的副官，让他获得了铸造金银币的特权。所以，在 1337 年的冬天，爱德华三世进驻鲁汶城堡，在安特卫普铸造了数量巨大的金银币。1339 年，在评估过布拉班特公爵约翰三世、埃诺伯爵威廉二世、科隆大主教于利希的瓦尔拉姆和荷兰伯爵威廉四世所发行金币的价值后，来自巴伐利亚的神圣罗马帝国皇帝路易四世也授予盖尔德雷斯公爵赖因霍尔德二世铸造金币的特权。1340 年，自由城市吕贝克从神圣罗马帝国皇帝路易四世那里获得了铸造金币的特权，只是明确规定其铸造的金币重量及其价值必须低于弗罗林金币。

▲神圣罗马帝国皇帝路易四世
（1328—1347 年在位）

第 3 节
德意志金币的起源

1356 年，神圣罗马帝国皇帝查理四世颁布了《金玺诏书》，把自由铸造金币的权力赐给了神圣罗马帝国七位拥有选举"罗马人的皇帝"权利的诸侯——选帝侯。随后，一个接一个诸侯，一座接一座自由城市，都陆续获得了铸造金币的特权。1372 年，急切希望获得金币铸造权的纽伦堡伯爵弗雷德里克终于如愿以偿，但查理四世同时规定他铸造的金币古尔登的成色和重量要与佛罗伦萨弗罗林相同。

在吕贝克的例子中，直接和金币交易相关的书面证据，仍然被保留在德意志的档案中。1226 年，吕贝克首次从神圣罗马帝国皇帝腓特烈二世那里获得了铸造银币的特权。但直到一个多世纪后，也就是 1340 年 11 月 28 日，神圣罗马帝国皇帝路易四世才在发布的诏书中承认诸侯国和各自由城市拥有金币铸造权，还规定它们铸造的金币含金量必须低于佛罗伦萨的弗罗林金币，其价值也必须低于弗罗林金币。1341 年 9 月 8 日，吕贝克铸币厂第一次从荷兰

▲《金玺诏书》原件

《金玺诏书》原件共分两部分：第一部分被称为纽伦堡法典，于 1356 年 1 月 10 日在纽伦堡帝国议会上颁布；第二部分被称为梅茨法条，于 1356 年 12 月 25 日在梅茨帝国议会上颁布。

◀14世纪德意志铸造和发行的莱茵古尔登盾金币

14世纪后期，莱茵兰的诸侯们统一了仿造弗罗林金币的标准，统称莱茵盾，简称盾，音译古尔登。一盾含二十三又二分之一克拉黄金，六十六盾等于一马克，与佛罗伦萨的弗罗林金币相同。

聚特芬一个名叫雅各布·格雷尔的人那里买到铸造金币用的黄金，这些黄金的重量按照吕贝克的重量单位计算，支付二十四克拉的苏德勒斯就可以铸造四马克一洛特八芬尼的吕贝克金币。另外，在1341年的米迦勒节那天，铸造货币用的五十马克二盎司三点五安格尔金属材料被相关当局运到了铸币厂，这些金属原材料包括含金量从十五克拉到二十三克拉不等的黄金。这些金属被运到铸币厂后进行了提纯，出了重量为四十六马克一盎司七安格尔的纯金，并被铸造成三千一百九十九枚、总重为四十七马克五盎司十安格尔的货币，折合成贝吕克重量单位马克，相当于六十七点零八马克重的黄金。此次铸造的货币在1342年2月18日正式发行，货币的两面都直接模仿弗罗林金币，一面印着佛罗伦萨的百合花，另一面印着施洗者圣约翰的头像。在随后的几年里，吕贝克铸币厂发行的这种货币的总数为：

时间（年）	发行总数	换算成马克
1342	24,783 弗罗林	67.26
1342	25,483 弗罗林[1]	67.11
1343	30,436 弗罗林	67.11
1344	32,590 弗罗林	67.11

德意志在早期发行金币古尔登的时候，或多或少模仿了弗罗林金币的铸造风格和样式，而且金币的含金量也不固定，在14世纪最后二十五年时间里，德意志的货币才开始施行统一且稳定的面值。

---

[1] 原文为5,483弗罗林，但按照相关资料和历次发行的货币总数推断，这里的数字应该是25,483弗罗林。表格中的两个"1342年"，代表这一年发行过两次货币。——编者注

第 4 节
法兰西金币

法兰西首次铸造金币的时间和德意志一样，只能大致推测，但无法精准地确定。不过，出于实际使用的目的，法兰西金币的含金量非常稳定。比较普遍的看法是：法兰西金币是由法兰西国王路易九世（或称"圣路易"）于 1254 年开始铸造的，而且发行金币的原因和 1248 年路易九世采取的军事行动密切相关。但是，目前的文献证明这种说法不准确。早在 1180年的时候，就已经有关于佛罗伦萨弗罗林金币的文献记载，而且那不是模糊或大致的记载，而是非常明确地记载了弗罗林金币的重量标准和价值。除非这份首次铸造弗罗林金币的记录有问题，否则法兰西金币仍然只是佛罗伦萨弗罗林金币的仿品。同一份文献中还指出，除了 1180 年神圣罗马帝国皇帝腓特烈一世曾经命人铸造过没有流通价值的小型皇室币，在神圣罗马帝国皇帝腓特烈二世的父亲亨利六世统治时期，罗马帝国当局也曾下令铸造过小型皇室币。相关文献中还提到了类似的情况，如法兰西国王路易九世曾发行过至少两种金币。早在 1226 年，就出现过两种由路易九世下令铸造的金币：一种显然是模仿了弗罗林金

▲ 法兰西国王路易九世统治时期发行的第一版埃居

埃居在法语中的原意是"盾形徽章"，带有盾徽的货币就称为埃居，得名于金币上法国王室的盾形徽章，这种埃居称为"大埃居"。1266 年，法兰西国王路易九世开始铸造金埃居。1337—1349 年铸造的金埃居重约4.53 克，在此后的时间里不断减重，直到被路易十三废止，改铸金路易。

币，另一种显然是模仿了帕维隆金币。而且能肯定的是，当时的法兰西仿照富裕的意大利和拜占庭铸造金币，只是想要炫耀自己，这些金币并没有在商贸活动中流通或广泛使用。比如，1226年铸造了十三枚弗罗林金币，其中十二枚被当作礼物送给了法兰西王国的十二位贵族，剩下的一枚被送给了法兰西国王路易九世。路易九世还称赞说："你得明白，这是天底下最好看的货币，也是花纹最精美的货币。"在那个时候，金币的价值并不具有商贸金融领域的流通价值，仅仅具有玩赏的价值。直到1265年前后，也就是法兰西国王路易九世统治后期，才有人意识到，货币不仅具备玩赏价值，还可能具备商业流通价值。从金属货币流通作用的角度看，法兰西货币史真正开始的标志，并非路易九世及其前任君主铸造出仅供玩赏的金币，而是1295年由腓力四世铸造了图尔格罗申金币。之后，腓力四世在发布的公告中说，一枚腓力四世铸造的图尔格罗申金币的价值，是一枚路易九世铸造的小型皇室币的两倍。公告中还说："在小型皇室币之后，我们以自己的名义铸造的金币，每枚重为一巴黎马克的70%，而且以与巴黎十一索尔迪相当的价值发行，同时将停产没有流通价值的小型皇室币。"从1295年开始，法兰西铸造的金币就成了欧洲货币史上最重要的货币。

1357年，佛兰德斯伯爵路易二世下令仿造法兰西金币，随后发行了两种金币。这是当地铸造的第一批金币，其中的狮子金币仿造的是法兰西国王腓力四世发行的法兰西埃居，莫顿币仿造的是法兰西的同名货币。法兰西的一份文献不仅记载了佛兰德斯伯爵路易二世下令铸造金币的信息，还记载了1356—1377年荷兰伯爵威廉五世下令发行金币的信息。威廉五世喜欢追求时尚，热衷于铸造金币，而且在他的统治时期曾下令发行了六种金币。威廉五世发行的其中两种金币，模仿的是法兰西的莫顿币，最后发行的一种金币参考了流通非常广泛的弗罗林金币。

▲ 佛兰德斯伯爵路易二世发行的狮子金币

1357年，佛兰德斯伯爵路易二世下令发行了狮子金币。这种金币重约2.31克，正面是弗拉芒民族特色盾牌，由两头狮子举起，背面有十字架和花朵。

第 5 节
西班牙和英格兰的金币

西班牙和佛兰德斯各自的第一批金币，都是在同一时期铸造的，根源也相同，且都是由基督教权贵铸造的。西班牙卡斯蒂利亚王国国王阿方索十一世是贵族的后代，在位时间是1312—1350年，他发明了以模块的形式计算金币价值的方法。此外，1336—1387年在位、有"讲究礼仪的佩德罗"之称的西班牙阿拉贡王国国王佩德罗四世，直接模仿佛罗伦萨弗罗林的风格铸造和发行了本国的弗罗林金币，但他后来铸造的金币比佛罗伦萨弗罗林的风格更加新颖前卫。

最后必须说一说英格兰铸造金币的历史。英格兰货币史在欧洲货币史上占据着重要的地位，而且很显然，英格兰铸造的金币深受欧洲大陆货币变革的影响。比较明确的一点是，第一位下令发行金币的英格兰国王是亨利三世，他在1257年下令铸造纯金便士。每枚纯金便士的重量跟两枚便士银币相同，当时的流通价值相当于二十便士。

比较明确的一点是，英格兰是受到法兰西国王路易九世的启发后才开始铸造金币的。英格兰发行金币的政策与法兰西一样施行得太早，因为在那个时

▲英格兰金雀花王朝国王亨利三世（1216—1272年在位）

候欧洲还没有一个国家有能力储备可供使用的贵金属，贸易也没有发展到需要贵金属货币的程度，因此已经发行的那些金币其实根本没办法发挥它的商业价值。作为贸易过程中的交换媒介，贵金属货币只能在活跃、发达或者规模庞大的贸易活动中发挥作用。所以，在金币的发行上，英格兰和法兰西面临着同样的问题。在商业史和货币史上，腓力四世于1295年铸造一定数量的金币和路易九世之前的国王们铸造金币的目的显然存在明显的差异。亨利三世铸造并发行第一批金币后，英格兰在近九十年的时间里没有再铸造金币。英格兰国王爱德华三世是使用黄金铸造货币并将其用于商业领域的先驱，所以英格兰发行金币真正的时间不是1257年，而是1344年，而且此次发行金币的目的也非常明确。亨利三世在1257年发行金币的时机并不成熟，这次发行的金币并不是用于商品流通，只是与别的国王攀比和炫耀之举。在后来的一个世纪中，北欧的商业贸易快速发展，发行金币的时机逐渐成熟，而且也成为一个必然的趋势。随着商业贸易的发展，一个接一个的国家使用金币作为交换媒介，与英格兰进行贸易往来并从中获利。相比德意志，英格兰发行金币的时间大致晚了十六年时间，但比佛兰德斯早一两年。在某种程度上，这说明英格兰的贸易体系更加发达一些，而且与外界保持着密切的商业往来。其实，随着贸易量的增长，大规模使用金币是自然而然的选择，属于社会变革的一部分。尽管缺乏文献记载，但相比文艺复兴和宗教改革，金币的使用对欧洲文明的影响更大。

▲英格兰铸造和发行的亨利三世二十便士金币

1257年，英格兰国王亨利三世下令在伦敦铸造二十便士金币，据说这是英国发行的第一种金币。这枚金币正面是亨利三世端坐在王座上，头戴王冠，右手执权杖，左手拿着王权宝球，外环写着他的名号；背面是四朵五瓣玫瑰花和十字纹饰，外环铸有负责铸造之人的名字。

第 6 节
欧洲货币史第一个阶段的特征

由上所述，大致可以将 14 世纪看作欧洲采用货币复本位制的开端。粗略地分析可知，欧洲货币史的第一个阶段应该包括从欧洲采用货币复本位制到 1492 年发现美洲大陆近两个世纪金属货币制度的变革。在这个阶段，欧洲货币制度的演变过程非常清晰，欧洲几个主要国家货币制度的演变过程也差不多。总之，欧洲货币制度的演变过程有三个时期：第一，商贸领域的扩张时期。此时各个国家都越来越需要更多的货币，这导致物价不断地上涨。第二，贵金属产量无法继续增长。此时各个国家为了争夺贵金属，彼此展开了竞争。第三，黄金与白银的兑换比率不断发生变化。此时各个国家不得不持续不断地调整黄金与白银的兑换比率。从广义上讲，引起黄金与白银兑换比率变化的原因大致划分为两类：一类是贵金属供应量波动引起的贵金属市场价格波动；另一类是欧洲各国针对铸造金币用的贵金属原材料，在国际竞争中或不恰当的法规下展开的恶性争夺。

但从金属价格的自然波动角度看，当时明显是贵金属缺乏、产量不足的时期。欧洲在 1300—1500 年两

▲英格兰国王亨利七世坐像索福林金币

这种金币正面是戴着王冠、手持盾牌、端坐在宝座上的英格兰国王亨利七世像，背面是由约克王朝的白玫瑰和兰开斯特王朝的红玫瑰重叠而成的都铎王朝盾徽。

▲哥伦布登上美洲大陆

美洲大陆最早的主人应当是印第安人，但自从 1492 年意大利航海家哥伦布到达美洲开始，殖民、掠夺和杀戮也同时到达了这块土地。美洲盛产的黄金和白银更是让贪婪的欧洲殖民者趋之若鹜，这里的财富被源源不断地运往欧洲。

百年间的黄金来源，主要是与亚洲东部国家的贸易往来获得的黄金，以及在非洲北部内陆和非洲东海岸发现并开采的黄金。在这一时期，欧洲白银的主要来源是德意志的矿场。金属货币价值下行有可能将欧洲文明彻底毁灭，但在 15 世纪的时候，由于匈牙利、特兰西瓦尼亚、萨克森和波希米亚跟随时代潮流进行贸易扩张，因此人们发现美洲对这些地区的意义重大，这就遏制了金属货币价值下行的趋势。这一时期的贵金属总产量甚至多到没办法推测的地步，但这样的状况并没有维持多久，到英格兰国王亨利七世统治时期，英格兰金银币的铸造总量应该不超过三百万马克。即便是在 1492 年，整个欧洲金银的总储量应该也没有超过三千三百四十万马克。如果孤立地来看货币的数字，我们没办法一下子就看出来这么小的货币基础能推动多大规模的商业活动，我们也没办法通过使用票据等权宜之计填补金属货币在数额上的空缺。所以，要评判这个时期的货币价值究竟是逐渐下降还是平稳上升，就必须以当时铸币厂保存下来的数据和贵金属的价格作为依据。

第 7 节
货币贬值的过程

　　欧洲货币史的第一个阶段是从 1308 年开始的。在当时的法兰西，一马克黄金被铸造成四十四里弗尔货币，一马克白银被铸造成二里弗尔十九索尔迪货币。欧洲货币史的第一个阶段大致结束于 1475 年。在这时，一马克黄金被铸造成一百一十八里弗尔十索尔迪货币，一马克白银被铸造成十里弗尔货币。

　　1386 年，一马克黄金在德意志被铸造成六十六古尔登，而一古尔登的重量为二十三克拉。1495年，一马克黄金被铸造成七十一又三分之一古尔登，而一古尔登的重量为十八点五克拉。也就是说，相比 1386 年，1495 年时一马克黄金就贬值了34.36%。1312 年，一马克白银在西班牙仅被铸造成一百三十马拉维迪货币，而在 1474 年，同样的白银数量却被铸造成二千二百一十马拉维迪货币。不过，加上所铸货币中的贵金属含量等影响因素，金属货币由于各种复杂因素的影响，不可避免地会产生贬值。但要注意的是，官方对货币随意制定的贬值政策，对金属价值的自然增值没有任何意义。英格兰最早铸造的金币，重量为一百二十八又七分

▲ 英格兰铸造和发行的亨利七世四便士银币

　　从亨利三世开始，银币背面就经常采用长十字设计，到了亨利七世统治时期，即便货币背面的设计已经改为王室徽章，但长十字的分割构图依然被保留了下来。

之四格令，而且在铸造金币时还要征收六先令八便士的铸币税。到1489年的时候，一枚金币的重量从最开始的一百二十八又七分之四格令降到了八十格令，但仍然需要缴纳六先令八便士的铸币税，也就是说一枚金币已经贬值了37%。同时，一枚银币的重量从二十二金衡格令降低到了十二金衡格令，贬值45.45%。假如除去官方随意操控货币贬值等因素，那么在大约两百年的时间里，金属货币平均贬值约40%。

货币的贬值情况不需要用统计学数据费力地计算。在14—15世纪，欧洲商业领域每一个国家的立法史都清楚地保存了它们货币贬值的证据，官方用粗暴而明显的方式限制货币增值。正是由于欧洲各国普遍都在通过立法的形式限制货币增值，因此它们检验并评估了欧洲最早的货币复本位制存在的问题。从很多方面看，当时欧洲各国政府面临的困难比现代世界更加严峻。比如，不管在什么时候，黄金和白银的兑换比率比其他任何东西都公平，也最被人们普遍认可。在处于同一个时期的西班牙摩尔人居住的地区，白银和黄金的兑换比率为7:1或8:1，但基督教统治下的卡斯蒂利亚王国的兑换比率为12:1。1474年，白银和黄金的兑换比率在英格兰是11.15:1，在德意志是11.12:1，在法兰西是11:1，在意大利是10.58:1，在西班牙是9.82:1。

欧洲黄金与白银的兑换比率比较混乱。假如任由这种混乱的兑换比率自然发展下去，必然会导致有人利用金银兑换比率的差异进行套利交易，货币的价值将会更加反复波动，甚至可能导致大规模破产的现象发生。虽然欧洲各国的历任统治者都为阻止黄金与白银兑换比率混乱的状况做出了巨大的努力，但部分地区还是由于混乱的兑换比率产生了负面影响。这在中世纪政府厌恶和憎恨犹太人在黄金与白银兑换过程中的套利行为中得到了充分的体现。各国都采用了一些不完善也不科学，但很有时代特色的措施，来应对犹太人此类隐藏在暗处进行的、会造成巨大浪费的套利行为。政府明确规定禁止输出金银，违

▲西班牙铸造和发行的佩德罗一世雷亚尔银币

雷亚尔在西班牙的铸造历史最早可以追溯到14世纪，当时还没有西班牙这个国家，其前身卡斯蒂利亚与莱昂的国王佩德罗一世铸造了一种新型的银币雷亚尔，这种银币因为正面带有加冠的国王名字首字母"P"而被称为"国王的钱币"（Nummus Realis），后来由此演变为"Real"（雷亚尔）。

者将被判处死刑。惩罚也不只是停留在纸面上，伦敦那些身世显赫的商人通过金银兑换的差异进行套利的行为被划分成四种不同的类型。本国与外国的货币兑换比率，通过公告的形式被稳定了下来，还限定了兑换货币的机构和地点。但是，当规定兑换比率、限定兑换地点等措施被证明不能充分发挥作用时，货币自然就会贬值。很快，金银的兑换比率就会发生巨大的波动。更严重的后果是，那些为了防止金银套利行为的措施不仅可以用来做防御措施，还可以用来主动进攻。14—15世纪，欧洲的统治者不再满足于只保护本国的贵金属储备不被消耗，还相信在贵金属供应不足的情况下，可以利用精妙的工艺技术吸引邻国的贵金属流向本国。为了获得黄金，人们用野蛮、暴力、欺诈和其他许多不光彩的手段展开了大规模的争夺战。

意大利的货币实践经验

　　意大利人在外币兑换和金融领域不仅有科学的认知，还有丰富的实践经验。因此，在欧洲早期的货币史上，意大利各邦国的货币史占据着重要的地位。在欧洲北部的国家刚具备商业雏形时，意大利的商业模式和金融体系已经非常发达了。簿记系统、票据的出现和使用以及典当模式和融资体系的建立，都是意大利的功劳。我们完全有理由相信，意大利在欧洲金融波动的危机中仍然保留了这些制度体系。

　　14—15 世纪，意大利从复本位制下欧洲黄金与白银兑换比率的变化中，获得了最丰硕的果实，赚取了不少的利润。反过来，欧洲货币兑换比率的变化同样对意大利产生了很大的影响，甚至导致了灾难性的后果。在意大利半岛的商业邦国中，佛罗伦萨和威尼斯的地位最为突出，因此我们选择以佛罗伦萨和威尼斯为例，简要地介绍一下意大利的货币史。附录 1、附录 2 是有关威尼斯与佛罗伦萨货币的贬值过程和金属货币兑换比率的变动情况。佛罗伦萨史中生动地记录了复本位制对兑换比率变动的影响情况。

第 9 节
1345 年佛罗伦萨混乱的货币体系

白银相对黄金的价值从 1326 年到 1350 年有明显回升。由于佛罗伦萨规定的金银货币兑换比率与欧洲别的地方不一样，导致白银价值上升的消息很快就传遍佛罗伦萨的大街小巷。1324 年，佛罗伦萨把白银与黄金的兑换比率规定为 13.62:1，但在法兰西这个比率大约是 12.6:1。二十年后，也就是 1344 年，白银与黄金的兑换比率不管是在法兰西还是在英格兰都不足 11:1。白银兑换黄金的比率太高让佛罗伦萨遭受了重创，致使银币退出了佛罗伦萨的流通市场。佛罗伦萨历史学家乔瓦尼·维拉尼说，佛罗伦萨在 1345 年时银币的数量严重不足。除了夸特里尼外，佛罗伦萨已经没有其他银币了，银币都被熔化，然后被运送到了其他国家。在佛罗伦萨之外的地方，一枚含银量十一又二分之一盎司的合金货币的价值就超过十二里拉，这让那些羊毛商非常愤懑，他们担心接收太多国外的金币会引起金币贬值。羊毛商在佛罗伦萨有非常强大的力量，他们的担忧致使佛罗伦萨不得不在 1345 年重新铸造和发行新货币。佛罗伦萨在发行新货币的时候采取了一些弥补以往错误的措施，这些措施主要说明如下。

根据法令规定：

1 金弗罗林 =29 索尔迪

其中，20 索尔迪 =1 里拉弗罗林

因此，12 里拉弗罗林（如上所述，在国外购买一磅白银的价格）=8 金弗罗林

8 索尔迪 =26 里拉 8 索尔迪皮乔洛

在货币流通过程中，1 金弗罗林大约等于 3 里拉 2 索尔迪皮乔洛

1345 年，佛罗伦萨的银币主要有夸特里尼和归尔浦币两种，每枚银币的含银量是 11.5 盎司，而且按照标准规定一磅白银要铸造出一百六十七枚银币，一磅白银铸造出来的银币的发行价是三十里拉。然而，佛罗伦萨铸币厂铸造银币的白银价格为一磅二十里拉十七索尔迪六第纳尔，所以国外每磅的银价大约比佛罗伦萨高五里拉。

依据佛罗伦萨银币中的含银量来计算的结果也一样。

佛罗伦萨的银价比国外的低，导致佛罗伦萨的大量白银外流，银币逐渐从市面上消失。1345 年 8 月 19 日，佛罗伦萨的管理层采用了唯一的补救方法——下令重新铸造货币。根据规定，继续保留每枚银币十一又二分之一盎司的标准含银量，增加新铸造的格罗申币的价值，使一磅白银可以兑换一百三十四枚格罗申币。每磅白银铸造的一百三十四枚格罗申币中，有一百三十二枚用作商业流通，剩下的两枚用作交铸币费，一枚格罗申币的价值大约是四索尔迪。

4×132=528 索尔迪

=26 里拉 8 索尔迪

通过分析，我们就能清楚地知道佛罗伦萨白银的价值已经和国外白银的价值没有多大差异了。

但令人疑惑的是，这个法令颁布四天后，也就是 1345 年 8 月 23 日，佛罗伦萨管理层为获得更多的白银，小幅度调整了金银的兑换比率，并调整了格罗申币与磅的比例。原先每磅白银铸造一百三十四枚格罗申币，改为铸造一百三十二枚，少了两枚，但仍然按照一磅白银的标准发行。

即便只是小幅度调整了铸造银币的标准，但由于佛罗伦萨的货币体系还是受到不同汇率变动的影响，管理层在 1345 年 10 月不得不宣布废除这项法令，让国内的黄金与白银兑换比率和国外保持一致。之后，佛罗伦萨按与国外相同的兑换标准和金银价值铸造发行了新货币归尔浦币。每磅白银铸造新

▲西欧中世纪的旅行商人在货币兑换商摊位前兑换货币

　　在中世纪的西欧，即便是小额的付款，除了掌握一些基本的算术知识外，还应该熟悉市面上流通的货币种类和兑换率，这是普通小店主和一些旅行商人很难应对的问题。为解决这种混乱状况，货币兑换商应运而生。如果你想喝酒，明智的做法是支付容易辨识的货币，如果你带的货币谁都不认识，就只能去找货币兑换商兑换成容易识别的货币，可见中世纪的货币种类繁多。

归尔浦币一百四十二枚，其中一百四十枚用作商业流通，剩下的两枚用作交铸币费。

140×4=560 索尔迪

=28 里拉

新货币的使用让佛罗伦萨在欧洲的商业竞争中占据明显优势，逆转了银币的流向，让白银再次回流到佛罗伦萨。

第 10 节
1345 年佛罗伦萨的货币政策

假如佛罗伦萨当局调整黄金与白银的兑换比率以及银行提高利率这两个货币政策不是发生在两个完全独立的金融时期，那么我们可以在很多方面将两者进行对比分析。值得关注的是，法兰西和英格兰很快注意到佛罗伦萨调整货币兑换比率的行为，并迅速效仿了这一做法。1345 年的佛罗伦萨出台的法令，主要代表的是在佛罗伦萨进行商业交易阶层的意愿。就像当地的金融家们说的那样，每个人都可以像国家恢复储备银一样，从交易中获取个人利益。按照 1345 年出台的法令序言中的原话说就是："由于佛罗伦萨的银币非常匮乏，并给民众带来了很大的不便，无法满足人们的日常需求，考虑到众多工匠、商人和良好市民的需求，因此佛罗伦萨管理层决定重新增加白银储备，并与城市里的二十一个行会反复讨论，甄选出八个精通货币知识、性格谨慎的人进行商议。"这八个人和佛罗伦萨铸币厂的官员，以及负责交易管理的其他官员多次商讨后，确定了新货币的兑换比率。

即便是这样，佛罗伦萨管理层的努力仅仅取得了短暂的成功。1343 年，银价上涨，佛罗伦萨之外的地区，银价从二十七里拉十四索尔迪兑换一弗罗林涨到了十二里拉十五索尔迪兑换一弗罗林。但是，根据佛罗伦萨于 1345 年施行的新铸币法，银价实际上是低于二十六里拉十索尔迪兑换一弗罗林。就这样，佛罗伦萨银币再次回到了商人手里，被熔化后运送到国外，佛罗伦萨银币再次消失在当地的商业流通中。羊毛商再次活动起来，佛罗伦萨管理层不得不再次立法，调整货币的兑换比率。

根据 1347 年有关铸币的法规，佛罗伦萨管理层引入了一种名为归尔浦格罗申的新银币，这种银币是按照一磅白银铸造一百一十七枚的标准铸造，其中用作商业流通的银币有一百一十一又五分之三枚，另外五又五分之二枚银币用作储备货币。新银币的含银量与过去一样，每枚银币含银为十一点五盎司，但每枚新银币的价值是五索尔迪，并不是以前的四索尔迪。

117×5=585 索尔迪

=29 里拉 5 索尔迪

按照乔瓦尼·维拉尼提供的 14 世纪中叶外国白银的价格计算后就知道，把新银币折算成旧银币后，它的价值仍然远超二十七里拉十四索尔迪。即使减去铸币厂储存的白银，按照实际流通的银币计算，商人仍然有利可图。

◀ 欧洲中世纪的银行家

14 世纪，羊毛业的生产中心转移到了意大利的佛罗伦萨。佛罗伦萨的羊毛商和纺织品制造商凭借他们的聪明机灵和商业手段，逐渐控制了竞争对手，成为欧洲早期的银行家。

111.6×5=558 索尔迪

=27 里拉 18 索尔迪

其实，从整体上看，1347 年重铸货币的法令在人们看来明显别有用心。佛罗伦萨的羊毛商在当地给工人支付工资的时候不得不使用银币，但是与国外开展贸易的时候，他们收到的却是金币。对佛罗伦萨的商人来说，打压银币等价物的价值有利可图，他们的兴趣是贬低银币等价物。这样一来，商人就可以支付更少的工资，收获更大的利益。商人打压银价的唯一手段是放弃每磅白银中留存在铸币厂的白银，实际上这仅仅是银币贬值的开端。

1347 年颁布法令的真正目的并不是让货币贬值，这个法令证明佛罗伦萨当局重铸货币的唯一目的是获得更多的银币，以解决佛罗伦萨的货币供应危机。为了获取白银，佛罗伦萨当局愿意付出巨大的努力。

我们很难判断 1347 年颁布的法令究竟是导致银币消失的结果还是原因，不过能肯定的是，在随后的一个世纪中，银币在意大利半岛消失了。不过，15 世纪的金币数额却在不断地增长。在米兰和佛罗伦萨，金银在商业活动中的兑换比率一直维持在一个比较低的水平，即 1:9.25。1460 年佛罗伦萨采用的铸币规则 [1]，只是在简单地重复 1345 年和 1347 年的铸币规则。

---

[1] 见附录佛罗伦萨银币表。——原注

第 11 节
西班牙的货币政策

在征服美洲之前，西班牙的货币史只能被总结为一连串货币名称的变更史，以及商人和各级议会对货币兑换比率支持或反对的请愿史。在卡斯蒂利亚王国国王阿方索十一世统治时的 1312—1350 年，货币兑换方式固定为一金制衡模黄金兑换一百比塞塔。在阿方索十一世的继任者"残暴的彼得"统治时的 1350—1369 年，货币兑换方式固定为一金制衡模黄金兑换一千比塞塔。在卡斯蒂利亚王国国王恩里克二世统治时的 1369—1379 年，货币兑换方式为一多卜拉金币兑换六十比塞塔。在卡斯蒂利亚王国狡诈的恩里克三世统治时的 1390—1406 年，货币兑换方式为一多卜拉金币兑换四十比塞塔。在卡斯蒂利亚王国国王胡安二世统治时的 1406—1454 年，货币兑换方式为一多卜拉金币兑换一百比塞塔。在 14 世纪，西班牙的货币外流，主要是邻近的法兰西引发的。那时候，法兰西王国持续发行劣币，致使西班牙的大量财富被消耗。比如，阿拉贡王国国王佩罗德四世在 1346 年发布了特别许可证，要求铸造与佛罗伦萨弗罗林金币重量和含金量相同的金币。但最后佩罗德四世发现，这种金币的铸造

▲卡斯蒂利亚王国国王恩里克二世（1369—1379 年在位）

标准太高了，实在没办法，他只能取消按照佛罗伦萨弗罗林的标准铸造金币的特别许可，并且要求铸造一种与法兰西埃居的铸造标准相同的金币。在佩罗德四世统治后期以及之后的国王胡安一世统治早期，西班牙遇到了严重的货币危机，导致经济陷入了困境，于是恩里克二世在 1371 年的梅迪纳·德尔·坎波议会上针对货币缩减问题展开了著名的辩论。

西班牙在 1391—1393 年发布了一个综合性公告，规定降低在市面上流通的货币的价值，并确定了货币兑换的新规则。到 1398 年，西班牙又发布了新公告，规定禁止在西班牙流通除金币以外的其他外国货币。和英格兰王国一样，禁止金币之外的外国货币在本国流通，成为预防本国货币外流最常用的手段。但是，事实证明，这种措施没办法有效阻止本国贵金属外流。1413 年，西班牙再次发布了除金币之外的其他外国货币在本国流通的禁令，但禁令对限制贵金属外流仍然收效甚微。1442 年，西班牙在巴利亚多利德召开议会时，收到了充满抱怨的请愿书，请愿书里说那些外国商人正在掏空西班牙的贵金属。同年，西班牙颁布了新法令，调整了用本国货币兑换外国金币的比率。

这项新法令规定，一多卜拉金币应该兑换一百马拉维迪，阿拉贡的一金弗罗林应该兑换六十五马拉维迪。三十多年后的 1473 年，卡斯蒂利亚王国国王恩里克四世在塞哥维亚颁布法令，这个法令规定，一多卜拉可以兑换三百马拉维迪，一金弗罗林可以兑换二百马拉维迪。在彻底成为天主教主权国家后，西班牙内部混乱、不统一的货币兑换比率才得以有效纠正。与此同时，欧洲探险家发现了新大陆，这一发现对西班牙贵金属的储备发挥了巨大的作用。

▲恩里克四世统治时期铸造和发行的大型金币

早在西班牙完成统一前的 13 世纪，卡斯蒂利亚王国的君主们就已经开始铸造超大型金币。到了 15 世纪的恩里克四世时代，卡斯蒂利亚精美华丽的超大型金币已经享誉欧洲，其他欧洲君主也开始以卡斯蒂利亚金币为模板铸造超大型金币用于宫廷赏赐和外交馈赠。

第 12 节
德意志的货币政策

　　针对本书关注的黄金与白银兑换比率，尼德兰兑换比率的变化包含在了德意志货币的变革中。一直到 1552 年，佛兰德斯退出神圣罗马帝国的货币体系后，德意志的货币体系才不再包含尼德兰的金银兑换。德意志贵金属价值的变动，与法兰西、西班牙和英格兰的贵金属价值自然又稳步的升值过程完全吻合[1]。在下面的表格中，会用格罗申来展现银币价值变动的情况，用莱茵盾来说明金币价值变动的情况。虽然格罗申和莱茵盾都并非标准的单位货币，也并非唯一流通的货币，但它们是成功地从德意志众多独立铸币厂铸造的货币中脱颖而出的、让人们感到困惑和混乱的币种，它们具有良好的声誉，能够被人们广泛接受。另外，即便把德意志所有的货币都计算在内，也很难推算出这些货币的平均价值，这也是我们选用格罗申和莱茵盾为例进行说明的原因所在。

　　德意志在 1375 年铸造的金币，与佛罗伦萨弗罗林金币的规格非常相似。一枚德意志金币重五十三格令，金币的一面刻着佛罗伦萨的百合花，另一面刻着圣约翰的头像，首次发行就被命名为金弗罗林。

　　不过，从铸造货币的第一天起，神圣罗马帝国内部的不同政权，就或多或少地对金币的类型、重量或含量做出了改变，致使神圣罗马帝国的货币体系越发混乱。为了改善货币体系混乱的局面，在法兰克福、施派尔和沃尔姆斯三座城镇的引领下，莱茵河区域四大选帝侯国于 1386 年 6 月 8 日组建了货币联盟。

---

[1]　也就是说，货币在随着金属重量、纯度的降低而贬值。——原注

▲美因茨主教区铸造和发行的格罗申银币

这种银币大约铸造于公元1350—1380年。银币正面跪着的为基督教会的第一位殉道者——圣司提反，其手提香炉并做祈祷状，头部后方有光环，左右为梅茨主教区徽章，背面中央为以长十字划分区域的四颗星星。

特里尔大主教法尔肯施泰因的库诺二世、科隆大主教弗里德里希·冯·萨尔韦登三世、美因茨大主教阿道夫，以及莱茵河的巴拉丁伯爵鲁珀特一世，都赞同铸造和发行标准相同的金币古尔登。货币联盟规定，科隆大主教区铸造货币时一科隆马克黄金要铸造出六十六枚古尔登，一枚古尔登要含有二十二克拉六格令的黄金和一克拉六格令的白银。美因茨的鲁珀特二世在1402年颁布的铸币法令中明确规定了铸造金币古尔登的标准。

七年后，也就是1409年，三位在精神领域具有领导地位的选帝侯，即美因茨大主教拿骚的约翰、科隆大主教弗里德里希·冯·萨尔韦登三世、特里尔大主教法尔肯施泰因的维尔纳制定了不同于以往的新协定，将一枚古尔登的含金量从二十二又二分之一克拉减少到二十二克拉。

1409年制定的新货币兑换比率不仅得到了施派尔、尼德兰和科隆的正式认可，还在同一年被整个神圣罗马帝国广泛接受。

德意志各地的诸侯对铸造货币的标准进行了这样或那样的修改，本书在这里没办法将这些修改完全罗列出来，只能做简要的介绍。1419年，勃兰登堡选帝侯腓特烈一世发布命令，要求按照一科隆马克黄金铸造六十六枚古尔登的标准铸造勃兰登堡古尔登，一枚古尔登的含金量是十九克拉，因此勃兰登堡古尔登的含金量就明显下降了。三年后，也就是1422年，神圣罗马帝国皇帝西吉斯蒙德下令铸造金币，规定一马克黄金要铸造出六十六点五枚古尔登，一枚古尔登的含金量是二十二克拉六格令。西吉斯蒙德所铸货币的价值要比1409年铸造的货币稍微高一些，这是神圣罗马帝国普遍接受的价值。1428—1429年，西吉斯蒙德颁布了帝国法令，该法令在1437年的埃格尔和1438年的纽伦堡召开的神圣罗马帝国议会上正式通过。按照这项法令的规定，一科隆马克黄金要铸造出六十八枚古尔登，一枚古尔登的含金量被减少到十九克拉。1442年，神圣

罗马帝国皇帝腓特烈三世打算进一步进行改革，目的是继续减少货币的含金量，因此建议一科隆马克黄金要铸造出七十二枚古尔登。不过，此项建议最终没能实施，也许是因为它夸大了货币的平均贬值程度或金属的增值程度。其实上，西吉斯蒙德制定的货币金属含量标准维持了六十年之久。

不过，在1495—1497年沃尔姆斯举行的帝国议会上，货币的重量和金属的纯度被降低了一些，要求一科隆马克黄金要铸造出六十九又三分之一枚古尔登，一枚古尔登的含金量下降到了十八克拉十格令。

所以，总体而言，德意志金币的价值从14世纪到15世纪的变动显得比较缓慢，甚至出现了停滞。与英格兰一样，神圣罗马帝国的各个邦有种类多样的金币。所以，德意志和英格兰货币数量的平均值，刚好能够用来衡量这个时期黄金正常或自然的升值情况。[1]

白银价格在1300—1500年的波动更加剧烈，不过白银价值的平均值（或升值趋势）和上面所说的黄金升值趋势及英格兰白银的升值趋势基本一致。在这一时期，德意志发行了面值繁多的银币，导致计算银币价值的平均值变得非常困难。所以附表选用神圣罗马帝国流通比较广泛的格罗申银币来计算银币价值的平均值，这是计算银币价值的平均值最好的方法。格罗申银币是以法兰西图尔城的图尔格罗申币为雏形铸造的，一科隆马克白银要铸造出五十五又十分之一枚图尔格罗申币，一枚图尔格罗申币的含银量为十五洛特六格令。图尔格罗申币在1296年首次于德意志的波希米亚和迈森被使用，一科隆马克白银铸造出了六十三又二分之一枚图尔格罗申币，一枚图尔格罗申币的含银量减少到十五洛特。到发现美洲大陆的时候，图尔格罗申币已经衍生出多个币种，附表和附录5中对此

▲神圣罗马帝国皇帝西吉斯蒙德（1433—1437年在位）

▲西吉斯蒙德统治时期发行的第一枚弗罗林金币

这种金币正面图案为匈牙利历史上第一个封建王朝阿尔帕德王朝的建立者，背面图案为一枚徽章。

[1]　也就是说，当前的金币中贵金属的含量降低了。——原注

做了详细的描述。货币标准变革的关键时间点为 1341 年、1378 年[1]、1390 年、1412 年和 1444 年[2]。

1226—1490 年德意志银币的价值变化情况（用一格罗申的价值表示）

时间（年）	每科隆马克铸造的银币数量	合金中的含银量		等值（用20标准弗罗林表示）	
	银币数量	洛特	格令	克罗伊茨	芬尼
1226（图尔格罗申）	$55\frac{1}{10}$	15	6	21	$\frac{216}{551}$
1296	$63\frac{1}{2}$	15	0	17	$2\frac{110}{127}$
1309	$63\frac{1}{2}$	14	0	16	$2\frac{18}{127}$
1324（迈森）	$64\frac{1}{2}$	15	0	17	$1\frac{33}{48}$
1341	78	10	0	9	$2\frac{6}{13}$
1350	91	14	0	11	$2\frac{14}{91}$
1364	$74\frac{1}{2}$	9	0	9	$\frac{36}{149}$
1378	70	14	1	15	$1\frac{1}{14}$
1380	72	13	0	13	$2\frac{1}{6}$
—（迈森）	91	11	0	9	$\frac{24}{91}$
1390	85	10	0	8	$3\frac{5}{17}$
—（迈森）	90	9	0	7	2
1407	$72\frac{40}{131}$	8	0	8	$1\frac{57}{296}$
1412	82	4	0	3	$2\frac{26}{41}$
1444	88	7	13	6	$2\frac{43}{132}$
—	160	16	0	7	2
1459	101	5	9	4	$\frac{34}{101}$
1470	$100\frac{20}{307}$	5	0	3	$2\frac{507}{512}$
1490	103	5	0	3	$2\frac{58}{103}$

[1] 1341 年和 1378 年是神圣罗马帝国皇帝路易四世和查理四世尝试改革币制的时间。——原注
[2] 1390 年、1412 年和 1444 年是萨克森公爵和迈森侯爵之间三次达成协议尝试改革币制的时间。——原注

1252—1477 年德意志金币的价值变化情况

[用一金古尔登（莱茵古尔登）的价值表示]

时间（年）	每科隆马克黄金铸造的金币数量	合金中的含金量		等值（用 20 弗罗林的铸造标准表示）		
	金币数量	克拉	格令	弗罗林	克罗伊茨	芬尼
1252（佛罗伦萨弗罗林）	$44\frac{3}{8}$	24	0	6	22	$3\frac{405}{2911}$
1371	66	23	1	4	6	$2\frac{434}{781}$
1386	66	22	6	4	1	$1\frac{85}{781}$
1409	66	22	0	3	55	$3\frac{517}{781}$
1419	$64\frac{1}{2}$	19	0	3	28	$1\frac{2851}{3053}$
1428	68	19	0	3	17	$3\frac{18}{1207}$
1442	72	19	0	3	6	$3\frac{14}{213}$
1477	$69\frac{1}{3}$	18	10	3	3	$2\frac{3104}{15194}$

第 13 节
法兰西的货币政策

以现代人的视角来看，同一时期法兰西白银与黄金的兑换比率在以令人惊讶的速度上涨，在一个世纪内就上涨了一百五十倍以上。以其中一个十年期为例：

1303—1313 年法兰西黄金与白银的兑换比率

时间	黄金与白银兑换比率
1303 年	1:10.26
1305 年	1:15.9
1308 年	1:14.46
1310 年	1:15.64
1311 年	1:19.55
1313 年	1:14.37

研究法兰西王国早期的金属货币难度非常大，主要原因是法兰西王国在铸币过程中会随意大幅度改变金属货币的成分和含量。不仅货币种类多样，而且铸造货币的金属成分一直在不断地变化，让人几乎没办法估算法兰西货币的价值与商品价格的波动关系，也没办法把黄金相对白银的价值估算出来。法兰西王国在不断地与各国争夺贵金属的同时，也因为英格兰王国的入侵而摇摇欲坠。为筹集继续维持战争的军费，法兰西王国政府曾不得不一次次让货币贬值，这种情况在法兰西国王腓力四世统治的 1285—1314 年，以及后来的每一个国王的统治时期内都有发生。法兰西的货币，从腓力四世统治时期开始到英格兰入侵者被赶出法兰西的这段时间内，就一直在贬值。比如：在 1342 年，正常情况下

▲法兰西国王腓力四世统治时期发行的金币

这种金币发行于法兰西卡佩王朝国王腓力四世统治时期,上面刻有一段铭文,铭文的意思是"基督得胜,基督为王,基督显权能"。这段铭文来自《基督君王颂》,虽然并非基督教正统经文诗篇,却是中世纪天主教宗教活动中重要的赞美诗。从此以后,这段铭文就成了法国金币的标配。

仅值四十一里弗尔十三索尔迪的一马克黄金涨到了一百一十七里弗尔;在 1360 年,正常情况下仅值五里弗尔的一马克白银涨到了一百零二里弗尔。很明显,要想确定金属的价值及金银的兑换比率,我们就必须忽略非正常的价值波动。金银的兑换比率,应该由金属和货币所在的历史时期自然地决定。所以,假如消除政治因素被动或偶然造成的贬值情况,我们就可以认为法兰西货币的自然发展历程展现的是金属货币的升值倾向,法兰西金属货币的升值史也可以代表欧洲其他国家的货币史。

1309—1475 年法兰西货币的价值变动表

时间	每马克白银铸造的货币量		每马克黄金铸造的货币量		
	里弗尔(图尔铸造)	索尔迪	里弗尔(图尔铸造)	索尔迪	但尼尔
1309 年(腓力四世)	2	19	44	0	0
1315 年	2	14	45	0	0
1343 年	3	4	43	6	8
1350 年	5	5	53	18	9
1361 年	5	0	60	0	0
1381 年	5	8	60	10	0
1422 年	7	0	76	5	0
1427 年	8	0	72	0	0
1429 年	7	0	77	10	0
1446 年	7	10	88	2	6
1456 年	8	10	100	0	0
1473 年	10	0	110	0	0
1475 年	10	0	118	10	0

▲法兰西国王路易九世统治时期发行的图尔德涅尔

"欧洲之父"查理大帝和他的父亲"矮子"丕平决定新迪纳厄斯银币由1/240磅白银铸造,这就是整个中世纪通行的德涅尔币的源头。英国的便士和德国的芬尼就是这种银币在各地的异名。在13—15世纪的二百五十年中,由于面值小,再加上铸币质量的持续下降以及与黄金兑换比率的不断下降,德涅尔币的价值已经小到铸造这种钱币完全无利可图。

在上面的表格中,每个时间点都表示货币在经过一段时间的贬值后逐渐恢复强势的时间节点。在立法者看来,只能通过估算接下来每个特定时间点货币价值的正常兑换率,来解释货币已经由贬值逐渐恢复强势。每次货币恢复强势的时候,政府就会像法兰西国王路易九世在太平盛世时做的那样,发布宣言表达政府维护货币强势的决心,同时规定货币的铸造量与用于流通的货币的比例。所以,只要记录下每次货币恢复为强势货币的时间节点,就能消除政府在货币贬值周期内随意让货币贬值造成的影响,从而得到贵金属价值自然变动的情况。

在上面这个表格中,我们能一目了然地看到金属货币价值变动的总体趋势。我们会发现,法兰西金属货币的整体变动趋势与后文英格兰和德意志金属货币的整体变动趋势非常相似。法兰西金属货币在恢复强势的增值过程中,与兑换比率相关的问题没办法像英格兰那样很好地进行描述,这是法兰西国王随意对货币进行贬值、大量独立主教及附属封建领主私自铸币造成的。在一众问题中,有一个问题非常明确,1294年,由于银币严重匮乏,致使政府发布公告让民众把白银块交到铸币厂,同时禁止输出贵金属。但该公告并没有达到预期效果,于是政府在1309年再次发布公告禁止在本国流通英格兰的银币与佛罗伦萨的金弗罗林,同时降低其他外国货币的兑换价值。类似的公告还发布了很多,尤其在1328年时更加突出。自从英格兰国王爱德华三世于1344年在本国发行金币后,法兰西民众对本国的货币损耗的抱怨越来越频繁。随后,法兰西货币陷入双重矛盾引发的摩擦中,即法兰西公布的货币价值与法兰西货币在国外的价值之间存在差异引发的矛盾,以及法兰西货币的黄金与白银兑换比率和其他国家的黄金与白银兑换比率的差异引发的矛盾。

第 14 节
银价的变动

　　法兰西瓦卢瓦王朝国王腓力六世在 1336 年下令制定了 1:12 的黄金与白银兑换比率，他说："我们的民众处在极端贫困、缺乏货币的生活中，这是促使我们明确黄金与白银兑换比率的原因，民众也许可以因此更加便捷地获得新的流通货币。"1339 年，法兰西王国再次制定了黄金与白银的兑换比率，不过结果表明，强行制定金银的兑换比率对改变整个市场的兑换比率没有任何作用。1346 年，腓力六世意识到自己不得不默许市场上的强势货币带来的利好，同时暂时认可了一枚法兰西皇家货币金王座等同于图尔铸造的三十索尔迪的价值在市场上流通。四年后，也就是 1350 年，白银的价格因一份公告而改变了，公告内容为："由于那些长期把金块和银块交给铸币厂的兑换商和其他商人都不再提交金块和银块，也不再每天向铸币厂提供金料和银料，致使铸币厂的工作遭遇了非常大的困难。假如再不采取措施，大家的利益就会受到重创。所以，我们在此规定，运送到铸币厂的每马克白银，铸币厂必须按照规定交付一百一十二索尔迪，同时还要支付八索尔迪的运费。"这份公告发布和施行后，直接导致金币被闲置，几乎到了积灰的程度，以致最后从市场上消失。1351 年，一马克黄金铸造的金币从五十枚上升到了五十四枚。

　　在这个时候，法兰西并没有随意采取让货币贬值的措施。法兰西政府还只是试图避免本国货币受到市场兑换比率的不良影响，因为市场兑换比率的变化能让流通中的货币一个接一个地退出流通市场，而且法兰西市场上流通的外国货币代表的价值与其所含贵金属的价值明显不对等。1361 年，铸币当局用证据

说明："在交易支付的过程中，人们滥用外国货币，支付了比外国货币实际价值更高的价格。比如，法兰西金法郎的价值不如佛兰德斯和布拉班特的莫顿币，但一枚法兰西金法郎的含金量要比一枚莫顿币的含金量高十八第纳尔。再如，一枚金法郎的价值要比一枚名叫沙坦尔的银币高十六至十八第纳尔，但一枚沙坦尔的实际价值还不值十第纳尔。"位于图尔的铸币厂在1363年后就宣布停产了，"因为受到那些外国商人的搅和，在相当长的一段时间里，人们已经习惯于为一马克黄金支付比法兰西王国采用一马克黄金铸造的货币更高的价格"。在法兰西国王查理五世统治末期，人们发现，法兰西国内充斥着外国流入的低价值劣币，而本国的高价值良币早已外流。1372年，法兰西国王查理五世获得了罗马教皇格里高利十一世的支持，格里高利十一世把法兰西周边伪造货币的君主开除了教籍，这一举动打击了法兰西邻国的势力。直到1391年的时候，法兰西政府才利用一些预防措施来调控金银的兑换比率。在这个时候，法兰西邻国的国家铸币厂已经把铸造货币的金属比率进行了调整，致使法兰西政府采取的部分防范措施失去效果。1393年4月2日，由于太过缺乏小银币，法兰西国王查理六世发布了鼓励铸造小但尼尔的命令。但是，抱怨货币严重损耗的声音在1395年和1396年再次出现。不过，九年后，也就是1405年，法兰西国王查理六世发表了宣言，禁止纳瓦拉、苏格兰、莱茵和尼德兰等地的货币流通，这说明那些抱怨并没有帮助法兰西解决货币耗损的问题，"在我们的国家，市面上流通的外国货币的价值已经超过其实际价值，说明我们的货币与外国货币在市场上竞争时没有占据优势地位，而且遭到了驱逐。我们的金银币埃居和但尼尔的价值已经下降得非常严重"。

第 15 节
1420 年法兰西议会决定的货币改革

▲法兰西瓦卢瓦王朝国王路易十一（1461—1483 年在位）

　　1420 年，在巴黎召开的法兰西议会上，货币贬值成了焦点问题，并作为议会的议题进行讨论。根据议会的建议——"根据我们现在知道的情况，在过去的一段时间里，我们的货币缺乏竞争力，不断退出了国内的流通市场，不仅导致大量金币和银币外流，从法兰西被运送到别的国家，还导致法兰西王国几乎无法开拓新市场，在与陌生人交易时，生活必需品的价格也都处在非常高的水平上"——法兰西王国政府在 1421 年发布公告，明确了铸币的标准。这个铸币标准规定，一马克黄金要铸造出六十六金埃居，一马克白银要铸造出八十六又四分之一格罗申银币。1421 年对货币进行的改革，在法兰西国王查理七世之后的统治时期内才发挥了效果，大量的白银明显从其他地区回流到了法兰西。在 1436 年的时候，虽然在法兰西又有人抱怨说回流到法兰西的白银并未用于铸造货币，而且银币的数量仍然无法满足民众的需求，但此时的法兰西王国已经有了充足的白银储备。在这个时候，已经没有人

▲法兰西国王查理八世统治时期铸造和发行的金埃居

抱怨贵金属损耗严重的问题了。一直到二十年后，也就是1456年，法兰西王国政府再次谴责并排斥外国货币，同时禁止外国货币在法兰西流通。

驱逐英格兰侵略者后，法兰西结束了其货币史上那段混乱的时期，但是毫无疑问，更简单的自然法则也发挥了一定的作用。从法兰西国王路易十一统治后开始，自然规则对货币价值变动的影响发挥了重要的作用。相较于单纯分析人为贬值造成的影响，分析自然规则对其造成的影响会更容易。

1461年，法兰西国王路易十一正式登上王位，之后的法兰西货币史和尼德兰货币史就出现了很多相似之处[1]。1470年，法兰西国王路易十一发现，外国货币的价值会通过正常的市场行为获得认可，而且其价值高于本国的货币。法兰西王国通过发布外国货币费率表的方式，来调节货币的兑换比率，还为此设置了三个月的过渡期，过渡期内外国货币的价值优势仍然能够得到法兰西政府的认可。但在过渡期结束后，外国货币的费率就不可能永久性被减免了。为预防货币外流，法兰西政府在1473年1月4日决定必须提高本国金银货币的价值[2]。但是，即便采取了这么多的措施，法兰西货币还是在继续外流。于是，法兰西政府在1475年进一步强化措施，调整货币价值，阻止本国的金币外流。十三年后，也就是1488年4月24日，法兰西国王查理八世采取了同样的措施防止银币外流。

查理八世采取的措施是法兰西货币史第一阶段的最后一次预防性措施。在发现美洲大陆和贵金属的价值产生巨大变化之前，对防止货币外流的问题，法兰西没有留下更多预防性措施的记录。

---

[1]　详见第2章。——原注
[2]　参见本书附录6《法兰西货币体系》。——原注

1252—1506 年欧洲黄金与白银的兑换比率

时间（年）	意大利			法兰西	英格兰	德意志		西班牙	勃艮第
	佛罗伦萨	威尼斯	米兰			A	B		
1252	10.75	—	—	—	—	—	—	—	—
1257	—	—	—	—	9.29	—	—	—	—
1284	—	10.84	—	—	—	—	—	—	—
1296	11.1	—	—	—	—	—	—	—	—
1303	—	—	—	—	—	—	—	—	12.1
1305	10.88	—	—	—	—	—	—	—	—
1308	—	—	—	—	—	—	—	—	—
1315	—	—	—	—	—	—	—	—	—
1324	13.62	13.99	—	—	—	—	—	—	—
1338	—	—	—	12.61	—	—	—	—	—
1343	—	—	—	—	—	—	—	—	—
1344	—	—	—	—	12.59	—	—	—	—
1344	—	—	—	—	11.04	—	—	—	—
1345	11.04	—	—	—	—	—	—	—	—
1346	—	—	—	11.11	11.57	11.33	—	—	—
1347	10.91	—	—	—	—	—	—	—	—
1348	—	—	—	—	—	—	—	—	12.1
1350	—	14.44	10.59	—	—	—	—	—	—
1351	—	—	—	—	—	—	12.3 吕贝克	—	—
1353	—	—	—	—	11.15	—	—	—	—
1361	—	—	—	12	—	—	—	—	—
1365	—	—	—	—	—	11.37	—	—	—
1375	10.77	—	—	—	—	—	12.4 吕贝克	—	—
1379	—	13.17	—	—	—	—	—	—	—
1380	—	—	—	—	—	—	—	—	—
1386	—	—	—	—	—	—	10.76 莱茵省	—	—
1391	—	—	—	10.74	—	—	—	—	—
1399	—	11.69	—	—	—	—	11.16	—	—
1400	—	—	11.63	—	—	—	—	—	—
1402	10.58	—	—	—	—	—	—	—	—
1406	—	—	—	—	—	—	10.66 莱茵省	—	—

（续表）

时间（年）	意大利			法兰西	英格兰	德意志		西班牙	勃艮第
	佛罗伦萨	威尼斯	米兰			A	B		
1411	—	—	—	—	—	—	12 吕贝克	—	—
1412	—	—	—	—	10.33	—	—	—	—
1417	—	12.56	—	10.67	—	—	—	—	—
1421	—	—	—	10.29	—	—	—	—	—
1422	10.16	—	—	—	—	—	—	—	—
1427	—	—	—	9	—	—	—	—	—
1429	—	11.04	—	—	—	—	—	—	—
1432	—	—	—	10.87	—	—	—	5.822	—
1435	—	—	—	12.32	—	—	—	—	—
1441	—	—	—	—	—	11.12	—	—	—
1443	—	12.1	—	—	—	—	—	—	—
1446	—	—	—	—	—	—	—	—	—
1447	—	—	—	11.44	—	—	—	—	—
1450	—	—	10.965	—	—	—	—	—	—
1455	—	—	—	—	—	—	12.2 吕贝克	—	—
1456	—	—	—	11.77	—	—	—	—	—
1460	9.33	—	—	—	—	—	—	—	—
1462	9.37	—	—	—	—	—	—	—	—
1464	11.42	—	—	—	11.15	—	—	9.824	—
1471	10.58	—	—	—	—	—	—	—	—
1472	—	11.13	—	—	—	—	—	—	—
1474	—	10.97	—	11	—	—	—	—	—
1475	—	—	—	—	—	—	—	10.41	—
1480	10.83	—	—	—	—	—	—	10.87	—
1485	10.46	—	—	—	—	—	—	—	—
1486	—	—	—	—	—	—	—	10.98	—
1488	—	—	—	11.83	—	—	—	—	—
1495	10.46	—	—	—	—	—	—	—	—
1497	—	—	—	—	—	—	—	10.01	—
1500	—	—	10.975	—	—	—	—	—	—
1506	—	—	—	—	—	—	—	10.262	—

德意志 A，由吕贝克铸币厂购买的两种贵金属材料的价格确定。

德意志 B，由铸币法令确定。

第 16 节
1344 年英格兰的铸币

▲英格兰铸造和发行的爱德华三世弗罗林金币

这种金币铸造和发行于 1344 年的英国。作为最古老和最稀有的货币之一，它被称为"双豹"，因为硬币两面都有两只豹子图案，国王坐在它们之间。

其实，在英格兰国王爱德华三世决定采用金币前，英格兰已经在与佛兰德斯的商贸活动中引进了弗罗林，并从中感觉到了货币兑换带来的经济损失和造成的不良后果。1339 年，在威斯敏斯特举行的议会上，就有议员抱怨说货币严重不足。随后，为了弥补货币兑换带来的损失，英格兰出台了两项举措：第一项举措是，每个商人每出售一麻袋羊毛，就应该赚取四十先令以上的利润；第二项举措是，国王及其议会要讨论允许佛罗伦萨弗罗林金币、法兰西金埃居及其他优质金币或便士等银币都在英格兰流通，对英格兰来说是否有危害，"但仅仅规定银币的价值要低于四十先令"。不到四年时间，也就是 1343 年之前，良币加速从英格兰王国流出，劣币加速流入英格兰王国。针对这种情况，英格兰王国议会深感不安。1343 年，在威斯敏斯特举行的议会上，针对货币问题争论的结果做了这样的表述："由于从佛兰德斯进口商品需要用价值比英格兰货币更高的弗罗林进行支付，所以从佛兰德斯进口的所有商品，在支付的时候就产生了三分

之一的损失，导致英格兰王国的订单长期处在亏损状态。"所以，英格兰当局召集了伦敦的一些金匠，把每种金币中的黄金都做了提纯，以便依据金币的真实价值估算纯金的价格。假如弗拉芒人 [1] 愿意，就可以建议铸造一种纯金货币，供英格兰和佛兰德斯两地流通，而这种纯金货币的价值应该由国王和议会决定，其他使用黄金铸造的货币都应该按照黄金的价格计算其价值，而且所有用白银铸造的货币也应该按照黄金的价格估算其价值 [2]。

最后，英格兰正式首次发行了金币。1344 年，英格兰国王爱德华三世与佛罗伦萨的乔治·柯金、洛特·尼科林、金匠和工人签署了契约，开始铸造三种金币。在爱德华三世铸造的这三种金币中，其中一种金币的价值在市场上流通时相当于六先令，重量等于两枚佛罗伦萨的小弗罗林，每铸造五十枚这种金币，就需要使用一磅黄金。

在这个契约中，爱德华三世沿用了法兰西普遍认可的金银兑换比率，即白银兑换黄金的比率为 12.61:1。这个兑换比率显然太高了，没多久爱德华三世就与法兰西国王感同身受。在 1327—1350 年英格兰国王爱德华三世执政时期，法兰西瓦卢瓦王朝所有前任国王铸造的货币种类加起来还没有腓力六世国王铸造的多，不过由于黄金与白银兑换比率太高，法兰西的良币逐渐被消耗了。法兰西国王腓力六世曾通过为带来金条的人免费铸造金币的方式，诱使人们把金条带到铸币厂，但这个措施并没有起什么作用，直到他效仿英格兰调整黄金与白银的兑换比率后，法兰西良币损耗的情况才得以改善。

英格兰人也很快意识到了这一点，他们发现新金币的估值过高。比如，与白银相比，新金币就由于估值过高遭到了人们

▲法兰西铸造和发行的腓力六世"王座埃居"

1337 年，腓力六世铸造了"王座埃居"，这是腓力四世金埃居的翻版。但重量比腓力四世的金埃居减轻了一半。腓力六世在统治之初设想恢复"圣路易时代（1226—1270）的优良硬币"，但是百年战争使他一再食言而肥。后世经济史学家曾统计过，1337—1350 年间，法国的货币制度走马灯一样地变换，仅仅是"一法磅纯银"的重量就在 380—550 克之间变来变去。

---

[1]　当时，佛兰德斯的居民被称为弗拉芒人。——原注
[2]　除了在佛兰德斯和英格兰流通的纯金货币外，其他货币的价格都按照纯金的价格估算。——原注

的抵制。所以，英格兰在 1344 年 7 月 9 日决定收回已发行的新金币，规定新金币只能被当作纯金使用，同时规定了即将铸造的金币贵族币的规格——一磅黄金要铸造出三十九又二分之一枚贵族币，一枚贵族币的市场价值等于六先令八便士。英格兰王国政府通过公告的形式对外宣布，让贵族币马上与银币一起在市场上流通，成为可以用于支付的货币。与此同时，对直接使用黄金支付的人，需要另外征收二十先令或以上的费用。

第 17 节
铸造贵族币

英格兰王国政府通过这份公告，让白银与黄金的兑换比率从 12.59:1 很快下降到了 11.04:1。政府试图以公告的方式明确货币兑换的比率，这是法兰西王国、英格兰王国及西班牙王国为货币政策立法的共同特征。从规定货币兑换比率后开始，我们能够清晰地看到，政府采取的这些措施在货币史的每个阶段都非常有必要。现在，我们只能够大致猜测，当时在规定货币兑换比率的过程中一定产生过各种冲突。不过，这些都不是主要问题，最主要的是货币兑换的比率出现变化是正常现象，也是必然会有的结果，政府完全是迫于人们的需要才做出了这样的决定。英格兰政府在铸币问题上的思路始终都很保守。

1300—1464 年英格兰金银货币变化表

银币		金币					
时间（年）	用金衡格令衡量的银便士重量	时间（年）	货币	用格令衡量的金币重量	发行时官方宣布的价值		用便士计算一金衡格令黄金的价格
					先令	便士	
1300	22	1344	弗罗林	108	6	0	0.6666
1344	$20\frac{1}{4}$	1344	贵族币	$138\frac{6}{13}$	6	8	0.5777
1346	20	1346	—	$128\frac{4}{7}$	6	8	0.6222
1351	18	1353	—	120	6	8	0.6666
1412	15	1414	—	108	6	8	0.7407
1464	12	1460	—	120	8	4	0.75
		1470	天使币	80	6	8	1

在第一次发行金币的时候，爱德华三世规定，每金衡格令黄金的价格相当于零点六七便士。按照这个价格，金币的估价确实过高，因此遭到了英格兰民众的抵制。于是，在爱德华三世于1344年第二次发行金币的时候，把每金衡格令黄金的价格降到了零点五八便士。随后，欧洲的黄金与白银的兑换比率也逐渐发生了变化，而且逐渐影响了英格兰王国黄金与白银的兑换比率。人们这才发现，英格兰王国黄金的价值其实被低估了。仅在两年后，也就是1346年，白银与黄金的兑换比率变为11.57:1，每金衡格令黄金也上涨到了零点六二便士。货币短缺导致的民怨影响了黄金价值的走向，导致良币不断外流，用一磅黄金铸造的仅值八先令的卢森堡公国劣币卢森堡币却流到了英格兰王国的市场上。人们的强烈不满，迫使英格兰议会请求国王爱德华三世采取紧急措施干预货币的兑换比率。以伦巴第人为例，英格兰议会认为"伦巴第人用低于国家规定的价格购买英格兰的弗罗林金币"，而且应该要求"用低价购买英格兰弗罗林金币的人不能再买卖英格兰金币，也不能与其签订任何协议。在销售商品的过程中，假如人们拒绝接受英格兰货币，收到的会是什么货币呢？"答案很明显，根据英格兰政府颁布的与货币相关的规定，在没有协议的情况下，销售商品的任何人都必须收取金币，违反者将被处以监禁，而且必须支付巨额赎金才可以被释放出来。但买卖双方达成协议后，应该根据买方的意愿使用金币或银币进行支付，并以卖方认可的价格达成交易。同时，英格兰王国颁布法令，禁止任何人把劣币带入英格兰或者把英格兰的良币带出英格兰。

1344年，英格兰白银与黄金的兑换比率与法兰西的兑换比率是一样的，都是12.59:1。1346年，英格兰白银与黄金的兑换比率变成了11.04:1。在爱德华三世统治时期，英格兰黄金与白银的兑换比率发生的变化很快就影响到了法兰西的货币。法兰西国王约翰二世（1350—1364年在位）在继承王位的第一年，首次恢复了良币的使用，白银与黄金的兑换比率立即从原来的12.61:1改成了11.11:1。这一次，法兰西黄金与白银的兑换比率反过来影响了英格兰贵金属的价格。一直到爱德华三世注意到如果金币估值过高会导致白银外流时，他才发现从1350年到1353年的三年时间里，为阻止银币外流对商人采取的奖惩措施根本不起作用。所以，爱德华三世于1353年把每枚贵族币的含金量从一百二十八又七分之四金衡格令减少到一百二十金衡格令，同时把银便士的含银量大幅度

▲英格兰铸造和发行的爱德华三世贵族币

这种金币最开始发行于1344年，正面是爱德华三世站在一艘船上，手持利剑和盾牌，背面图案呈对称形。

▲法兰西瓦卢瓦王朝国王约翰二世（1350—1364年在位）

调低，从含银二十金衡格令下调到十八金衡格令。英格兰王国政府通过调整货币中贵金属的含量，使白银与黄金的兑换比率从1346年以来普遍认可的11.04:1变成了11.15:1。

在调整金银的兑换比率后，英格兰实现了阻止银币外流的目的。这一点从简单的历史事实中就可以看出来，直到1414年前，调整后的黄金与白银的兑换比率一直没有变，维持了超过六十年之久。不过，在法兰西王国政府首次恢复良币后，我们能够通过法兰西黄金与白银兑换比率的变动清晰地知道，英格兰调整黄金与白银兑换比率的做法对法兰西造成了非常不利的影响，甚至到了耗尽法兰西黄金的地步。约翰二世统治期内，法兰西王国经历了两个货币贬值周期。遭受两次货币贬值及英格兰黄金与白银兑换比率的冲击后，1360年的法兰西王国已经没有自己的金币了。在1360年年末、1361年年初，约翰二世颁布了货币改革方案，宣布恢复使用良币或"强势"货币。在这个改革方案中，约翰二世依据英格兰的贵金属储备量制定了法兰西黄金与白银的兑换比率。

1353年，英格兰国王爱德华三世决定降低本国金银币的贵金属含量，同时调整了金银的兑换比率。该项政策在当时引起了民众极大的不满，但这也从侧面说明爱德华三世在面对国家利益的时候，相对普通民众而言更加明智，也更加正确。《纪事报》在报道中是这样写的：货币的价值降低让所有商品都变得更加昂贵，工人和奴仆不得不为更高的物价买单，同时要求得到更高的工资。

《纪事报》的暗讽没有任何依据，就像有的观点表明的那样——货币贬值是基础货币问题，但调整货币的贵金属含量仅仅是一种预防措施，可以阻止本国货币以隐蔽的方式无形地流向国外。

第 18 节
1360 年法兰西和英格兰的货币政策

我们今天从历史的角度看，前文所说的结果只能归咎于欧洲当时的货币体系太过粗糙和不科学。法兰西王国政府除了随意让货币贬值外，甚至通过诱导的方式掌控黄金的流向，改变金银的兑换比率。相互对峙的国家之间，没有明确地规定货币兑换费。而且那时候的货币种类繁多，人们无法编制货币价值通用表，也没办法给出欧洲各种货币之间比较稳定的兑换比率，只能根据经验或大致的平均数进行估算。假如英格兰的货币体系里只有银币，那么通过立法的形式减少单位货币的贵金属含量，或者提高单一货币的面值，就能够阻止英格兰货币由于价值被低估，在与外币的竞争中出现外流现象。或者假如英格兰的货币体系中只有金币，也可以采用同样的办法阻止货币外流。但是，金币和银币共同存在并在市场上流通是必要的存在。在货币已经出现外流的情况下，英格兰王国无法仅仅通过把本国其中一种或两种货币的价值降得比外国金币或银币的价值还低以达到阻止货币外流的目的。此外，英格兰王国政府还要确定这两种金属在国内市场上流通时的兑换比率。事实上，英格兰国

▲英格兰金雀花王朝国王理查二世（1377—1399年在位）

▲ 1360 年法兰西铸造和发行的约翰二世金法郎

1360 年，法兰西国王约翰二世开始铸造一种被称为法郎的金币，还有一种说法是法郎这个名称来源于"法兰克人的国王"。早在英法百年战争期间，英军于 1356 年在普瓦捷大败法军，俘虏法王约翰二世及一众亲贵，据说金法郎就是为解决国王的赎身钱而铸造的。金币正面是一位身着盔甲的武士骑着马飞驰而去，故又名"骑马法郎"。

内的金属兑换比率没办法让熟悉欧洲大陆一些特定地区兑换比率的货币交换商获得任何利益。欧洲其他国家的货币体系也一样。比如，英格兰银币的价值降到需要英格兰政府出手采取措施干预银币外流到欧洲大陆的时候，银币和贵族币的兑换比率仍然保持在 12:1，远超欧洲部分地区 11:1 的兑换比率。同时，由于银币的数量减少，对比欧洲其他地区的银币，英格兰银币的兑换费仍然比较高。所以，毫无疑问白银还是会从英格兰向外流，这是当时欧洲的货币复本位制特有的、无法否认的不足和缺陷。我们需要牢记的是，当时欧洲面临的货币问题和现在货币领域困扰我们的问题完全不同。现在，贵金属是国际贸易的指标和推动者及货币领域的安全阀，它的流动是自然而然的事情。但在 14 世纪，人们不可能认识到它是自然流动的，那时的统治者唯一的想法是保证国家的财富只增不减，或者至少不减少。14 世纪欧洲的统治者这样做的目的，首先是服务于军事战略，其次是服务于贸易。他们的见识受限于狭小的统治范围和领土界限，没办法理解将整个欧洲的货币体系看作一个完整体系这样的观点。他们都仅仅为自己的国家或土地而战，面对混乱的货币体系，他们都仿佛找到了现成的"武器"。14 世纪的欧洲，在粗糙且不统一的货币体系下，一种金属货币价值的任何变化，都被视为对抗另一种金属货币的优势或者挤压另一种金属货币的有力手段。只要一种金属没有被不公平地贬值，这种金属就是可靠的。两种金属仅仅充当彼此的支点，以消除两者价值变动带来的影响。中世纪的立法者没办法理解当时发生的一系列事件的本质，包括货币兑换比率和面值变化背后的本质。英格兰国王爱德华三世在把本国货币的面值贬得比竞争对手还低后，欧洲货币兑换比率的变化在不到三十年的时间里，对英格兰产生了巨大的影响，英格兰国王理查二世发现，英格兰的财富和货币已经被洗劫一空了。

第 19 节
1378 年的英格兰

从 1360 年开始，欧洲大陆白银与黄金的兑换比率从 12:1 逐渐下降。到 1425 年前夕，法兰西白银与黄金的兑换比率降到了 9:1。

法兰西金银兑换比率的变化，完全是自然变化的过程。原因很简单，从 1360 年到 1425 年，法兰西的白银产量减少了，导致白银与黄金的兑换比率从 1360 年的 12:1 降到了 1380 年的 10.74:1，到 1422 年时已经降到了 10.29:1。

在这个时候，英格兰几乎同时发生了一连串事件。1378 年，英格兰民众对本国金银币的外流，以及本国存留货币的疲软感到非常不满："正是由于这个原因，假如不快速找到补救措施，那么每造一枚金币，国王的收益将不会超过四先令，但国王原本应该获得五先令。"

第 20 节
1381 年货币政策的调查

三年后，也就是 1381 年，法兰西国王把白银与黄金的兑换比率从 12.1:1 下调到 10.74:1。1381 年，在法兰西议会召开会议期间，下议院上交了请愿书，抱怨本国缺乏金银，以致无法满足本国贸易的需求。法兰西的金银币流向了境外，仅存货币的真实价值只有票面价值的三分之一。法兰西铸币厂没办法继续铸造货币，法兰西需要的贵金属正大规模流入爱尔兰和苏格兰。同时，英格兰铸币厂的负责人在议会上向国王及议员们提交了请愿书，抱怨市场上没有本国铸造的货币。针对这种情况，铸币厂的负责人认为：

第一，英格兰境内的外币比本国的货币更加疲软，主要原因是那些商人没有为了自身利益或国王的利益把金银带回英格兰。但是，要想把国外的黄金带回英格兰，只能通过个人旅行这种方式。之后，一些商人会把从国外带回来的黄金买走并把它们从英格兰转移出去。转移黄金的商人从中获得了巨大的利益，但整个国家的利益却遭受了重大的损失。

第二，由于苏格兰银币的重量不足，所以当人们发现英格兰的银币不仅成色好而且重量足时，就会把英格兰的银币带到苏格兰。

第三，由于英格兰金币不仅成色好，而且重量足，而国外的金币相对更轻，因此导致加莱铸造的贵族币被带到了佛兰德斯，英格兰的贵族币流向国外，这为金币输出者带来了巨额利润。

第四，英格兰金银币的贵金属含量普遍下降，金银币中的贵金属本来应该是一百马克，实际上不足九十马克，应该尽快采取补救措施。

▲巴黎铸币厂

巴黎铸币厂创立于864年，是法国最古老的官方机构，现在的厂址是1769—1775年路易十五委托建筑师雅克·丹尼斯·安东尼设计建造的，属于新古典主义风格。1833年11月8日，巴黎铸币厂的钱币博物馆正式成立，法国国王路易·菲利普一世亲临揭幕。

所以，铸币厂的负责人被召集到上议院并接受调查，他们原来的职位被其他人接替。接替铸币职位的人大多是普通金匠，他们被称为专家，这些专家陈述的很多铸币意见被保存在当时的议会记录中，代表的是普通人的特殊利益。

上面的内容是理查德·莱耶认为金银币没有被带到英格兰的理由。实际上，英格兰王国生产的商品主要用于出口，但在日用杂货、丝织品和毛皮等商品的出口上耗费巨大。所以，理查德·莱耶建议，每个把商品从国外进口到英格兰的商人，都应该把同等数量的英格兰商品出口到国外，而且每位商人都不应该违令将金银币带出国。

对于调查的第四项内容，即金银币重量不一致的问题，理查德·莱耶认为除非更换货币，否则没办法解决。但是不管用什么方法更换货币，都会损害下议院和上议院代表的群体的利益。

对于调查的第五项内容，理查德·莱耶认为，考虑到苏格兰和佛兰德斯都已经铸造了新货币，英格兰当局应该以法令的形式，宣布包括苏格兰和佛兰德

▲圣艾里基乌斯和金匠们一起工作

中世纪的行会组织最先起源于尊奉同一位圣人为主保的宗教互助团体。中世纪的匠人有各自的主保圣人，而金匠的主保圣人是艾里基乌斯。艾里基乌斯同时还是铁匠、兽医的主保。图中这位艾里基乌斯是墨洛温时代的一位主教，他曾是法兰克国王达戈贝尔特一世的重要顾问。之所以成为金匠的主保圣人，是因为他曾在法兰克王室司库巴博手下工作过。

斯在内的其他地区的所有货币都不可以继续在英格兰流通和使用。除了国王的铸币厂可以用金块铸造金币外，任何人不得接受用外国货币进行支付的款项。

金匠林肯的观点也一样，他反对输出金银币，同时建议贵族币保持原来的重量，但要提高它的价值。

对于调查的第一项内容，克莱恩认为，从外国进口到英格兰的商品的价值，并没有从英格兰出口到国外的商品的价值高。所以，不管货币是升值还是贬值，最终都不会流出英格兰。另外，任何用于支付购买英格兰商品的款项，都不应该在佛兰德斯或国外的其他地方用兑换或信用凭证的方式进行支付。

约翰·胡的建议是，应该颁布法令禁止使用金银币进行支付，应该按照货币的重量接收货币。

到后来，人们陈述的建议非常宝贵，而且十分有趣。理查德·艾尔斯伯认

为，只要能适当地管控英格兰出口的商品，也就是说允许进口商品的价值小于出口商品的价值，英格兰的货币不仅不会外流，还能吸引大量外币流入英格兰。

另外，理查德·艾尔斯伯里认为，最好的办法是，每户每年一便士的税金都不应该上缴给教皇，而应该上缴给英格兰政府。教皇收取的应该是商品，而不是货币，同时应该彻底禁止个人携带和使用金银到别的国家交易，违反禁令的人都应该受到处罚……

对含金量减少引发的金币疲软问题，理查德·艾尔斯伯里认为，除了让收到金币的人按照金币含金量确定其价值，并公布人们认可的参考金价外，没有别的补救措施。

理查德·艾尔斯伯里还认为，除非更换一种货币，否则金银币不可能形成稳定的兑换比率，只是他不敢提出这个意见，因为更换货币可能会带来其他损害。

由于苏格兰和佛兰德斯发行了新货币，理查德·艾尔斯伯里提议，英格兰王国政府应该颁布禁令，禁止在英格兰流通苏格兰和外国的货币。所以，英格兰不应该允许外国货币流通和使用。除了依据金银的价值为国王铸造货币使用外，不应该再允许任何人接收外国货币。当时的法令禁止任何人把白银或黄金输出到国外。

对收集到的相关资料进行分析后，理查德·艾尔斯伯里还建议，一磅黄金[1]铸造的贵族币数量，应该由原来的四十五枚增加到四十八枚，而且在流通的过程中，每枚新铸造的贵族币的价值应该与过去的贵族币相同。

最后，理查德·艾尔斯伯里提出的建议是下调英格兰白银与黄金的兑换比率，这个兑换比率应该下调到略高于11:1——这比法兰西公认的兑换比率还高。不过，英格兰国王理查二世统领的政府并没有采取符合这些事实证据的措施，更没有调整兑换比率，他们仅仅满足于采用实际上没用的禁止输出黄金和白银之类的措施。四年后，也就是1385年，货币问题又一次成了议会关注的焦点，就连英格兰大法官萨福克伯爵迈克尔·德·拉·波尔在议会开幕的致辞中，还专门提到了货币问题。迈克尔·德·拉·波尔说："在英格兰以外的地方，英格兰的货币更受关注，估值也更高，所以，人们会想尽一切办法把货币带出去。最

---

[1]　由于在铸币过程中货币会损耗或者被人为裁剪，一磅黄金被估值为四十五枚贵族币。——原注

▲英格兰兰开斯特王朝
国王亨利四世（1399—1413
年在位）

关键或最有用的补救办法是把英格兰货币的估值或价值提高。"

　　但是，这些建议都未被采纳，英格兰国王理查二世仍然只采用过去的那些权宜之计。1387 年，理查二世颁布法令，将苏格兰货币贬值。1393 年，理查二世颁布法令将佛兰德斯和布拉班特的金币贬值，并通过法令的形式规定，商品出口商每销售一袋毛织品就必须带回来一盎司黄金。

　　英格兰在 15 世纪时常常颁布这样的法令，而且频率也很高，但由于这些法令与国际贸易最基本的原则相悖，所以并不可行。

　　在英格兰国王亨利四世即位后，他发现由于理查二世采取了错误的策略，加上他缺乏实施新货币政策的勇气，导致货币问题累积多年，自己接手的是一个烂摊子。

第 21 节
1414 年重铸货币

英格兰国王亨利四世是一位有责任感的君主。他依照加莱主要商品供应商及各个市长的要求，撤销了之前颁布的那些不符合实际情况的法令，而且试图采用积极的补救措施，比如发布新公告阻止来自威尼斯的半便士银币流通。在那个时候，一枚英格兰标准纯度银币的价值已经相当于三四枚威尼斯半便士银币的价值。英格兰下议院议员在 1401 年召开的议会上抱怨，佛兰德斯贵族币在英格兰太过泛滥，假如一个人连三四枚佛兰德斯贵族币都拿不出来，他就肯定无法得到一百先令。但是，一枚佛兰德斯贵族币的价值，其实要比一枚英格兰贵族币的价值低二便士。

因此，英格兰政府通过颁布法令的形式规定，苏格兰、佛兰德斯及其他地区的所有金银币都不可以再在英格兰流通，也不可以利用它们来换取金条或银条。

但是，这项法令并没有用。两年后，也就是 1403 年，下议院再次抱怨黄金存在严重损耗的问题，被逼无奈的英格兰议会又通过了一项法令。就这样，英格兰政府每年都在为禁止其他货币在本国流通，重复制定一项项没用的法令。直到 1411 年，"由于当时的货币量严重不足"，英格兰政府才不得不直面重铸货币的问题。英格兰王国颁布的法令规定，铸币厂的铸币工匠每磅黄金要铸造出五十枚贵族币，原来用于铸造标准银币的每磅白银要铸造出三十先令。

1414 年，也就是亨利五世即位的第二年，英格兰政府实施并完成了重铸货币的任务。重铸货币后，英格兰一枚银币的含银量从十八格令减少到十五格令，一枚贵族币的含金量从一百二十格令减少到一百零八格令。之后，英格兰政府将从 1353 年起就一直维持的白银与黄金的兑换比率 10.33:1 变为 11.15:1。

▲英格兰兰开斯特王朝国王亨利五世（1413—1422年在位）

▲英格兰铸造和发行的亨利五世诺布尔金币

诺布尔是中世纪英格兰王国铸造的第一种金币，早于佛罗伦萨铸造的弗罗林，大约在14—15世纪流通。

在英格兰的货币体系中，白银与黄金11.15:1的兑换比率一直维持了近五十年时间，一直到1460年才改变。虽然货币兑换比率稳定了这么长时间，但我们很难说在这段时间里毫无波澜。在英格兰货币改革完成后的八年时间里，法兰西政府白银与黄金的兑换比率下降得比英格兰政府的兑换比率略低。1414—1460年，法兰西白银与黄金的兑换比率始终较低，不过各年度的兑换比率也有较大的差异。法兰西白银与黄金的兑换比率，1421年是10.29:1，1427年是9:1，1432年是10.87:1，1447年是11.44:1。

英格兰议员在议会上抱怨的相关记录，反映了货币兑换比率的变化对英格兰造成的影响，这和英格兰国王理查二世在位时期的情况差不多。威尼斯商人在1414年就抱怨加利半便士的流通。三年后，也就是1417年，英格兰政府颁布法令禁止价值低于英格兰贵族币的佛兰德斯金币和勃艮第贵族币在英格兰流通。英格兰在1419年发现，本国货币流出"规模比过去更大，流出方式也比过去更多，这给整个国家造成了巨大的灾难，让人民陷入贫穷中"。在下议院提交了请愿书后，英格兰政府于1420年颁布了常规法令，要求把外国金币的价值折算成黄金的价值，与金块一样看待和处理。两年后，也就是1422年，英格兰货币再次疲软，贬值很明显，以至于当年议会要求接受补贴的收款人按照六先令八便士的票面价值接受一贵族币，"假如按照重量换算，收到一贵族币，其价值相当于五先令八便士"。同时，由于非常缺乏银币，"即便贵族币含金量很足，质量也很好，一枚就值六先令八便士，但人们还是没有足够的银币用于兑换贵族币"。1423年，下议院抱怨称国家需要银币，"银币不足让英格兰的穷人深感惶恐和绝望"，因为按照已颁布的法令，每磅白银在铸造成银币前的交易价格是三十二先令，但铸造成银币后的价值却不到三十二先令，每磅白银在铸币过程中贬值了十二便士。

第 22 节
英格兰国王亨利六世的货币困局

▲亨利五世为庆祝亨利六世诞生铸造的金币

1421 年 12 月 6 日,小亨利出生。亨利五世下令铸造专门的金币以庆祝小亨利诞生。1422 年 8 月 31 日,亨利五世去世,未满周岁的小亨利成为英格兰国王,他也是兰开斯特王朝最后一位国王。

通过 1429 年颁布的法令之第二十四条,我们可以清楚地看到,"近来,外国商人开始拒绝接受银币,他们在交易中已经习惯于只接受半贵族币、贵族币和法新了。此外,外国商人还经常把英格兰发行的货币带出英格兰。由于在其他地区英格兰货币的价值更高,所以它被用来铸成了其他的货币,这样一来商人从每枚贵族币中可以赚取二十便士。外国商人的这种行为违反了法令,损害了英格兰整个国家和国王的利益"。所以,英格兰国王亨利六世积极采取措施进行补救,下令在交易的过程中可以用与金币价值相同的银币进行支付,外国商人不能利用契约的形式强迫或约束亨利六世的臣民使用金币进行支付,也不能拒绝以银币支付税收或债务的任何行为。

英格兰国王亨利六世在 1439 年颁布了一项规定,再次禁止外国商人将英格兰货币输出国外。1448 年,英格兰修正了这项规定。但在五年后,也就是 1453 年,由于非常缺乏货币,下议院再次请求重新开采德文郡和康沃尔郡长期停采的银矿。

但是,在 1460 年、1465 年或 1470 年,英格兰

▲英格兰铸造的天使币

这种金币最早铸造于1465年，正面刻画着天使圣·米迦勒在扑杀类似龙的魔鬼，背面是一艘船的图案，还有一个十字架。

货币由于玫瑰战争引起的动乱而连续两次贬值。我们很难判断这两次贬值在多大程度上是人为的贬值行为，还是市场自然引发的贬值。1460年英格兰重铸贵族币时，每枚贵族币从原来的一百零八格令增加到一百二十格令，其价值也从原来的六先令八便士升到了八先令四便士。也就是说，每格令黄金从过去的零点七四零七便士升值为零点七五零一便士。大约在1464年的同一时期，一枚银便士的重量由过去的十五格令下降到十二格令。在1465年和1470年重铸货币的时候，白银与黄金的兑换比率又发生了变化。同时，英格兰政府铸造了一种新金币——天使币，每枚天使币的重量是八十格令，价值是六先令八便士。但是，银便士的重量并没有发生变化，白银与黄金的兑换比率变成了11.15:1。

天使币是在发现美洲大陆前英格兰政府最后一次改变货币兑换比率时铸造的货币。令人恐慌的玫瑰战争，掩盖了货币兑换比率的变动对商业的潜在影响。

欧洲金属货币史第一阶段的总结

▲英格兰国王亨利七世统治时期发行的金币

这种金币重约15.38克，正面是亨利七世坐在巨大的王座上，手持权杖，周围有哥特式华盖，背面王室盾牌镶嵌在都铎玫瑰中。

货币出现贬值现象，可能与英格兰货币兑换比率的变动有关，也可能与对英格兰和法兰西都产生过相似影响的更广泛的贵金属总体价格波动有关。我们可以从这个角度大致理解法兰西国王路易十一最后颁布的货币法令了。

货币政策相互矛盾是欧洲金属货币史第一阶段结束的标志。到 15 世纪结束、发现美洲大陆之前，欧洲金属货币的政策都没有太大的变化。在英格兰国王亨利七世上台执政以前，英格兰货币制度一直都没有太大的变化。

回看整个欧洲金属货币史的第一阶段，有两个准确、清楚的简单事实非常重要。

第一，整个欧洲金属货币史的第一阶段，贵金属的供应速度赶不上商业扩张的速度，导致物价普遍呈下跌趋势。

第二，这一时期的欧洲统治者在制定金属货币政策时目光短浅。他们利用狡诈的手段操纵货币，货币体系及白银与黄金的兑换比率普遍显得粗糙、不科学。在那个时期，由于认知存在局限，欧洲统

治者制定的货币政策极大地增强了货币贬值带来的不利影响。人们甚至可以感觉到，作为互相对抗的杠杆的金银，暗地里相互对立，彼此都能给对方致命的打击。美洲大陆的发现，让物价不再继续下跌，而且挽救了欧洲的货币危机，但并没有改变欧洲统治者对复本位制的运作机制缺乏认知的状况。欧洲统治者甚至都没有对已经感知到的现象定个名称，更不要说研究和总结货币的运行规律了。

第2章

从发现美洲大陆到新世界金属对欧洲货币第一阶段影响的结束
(1493—1660)

15 世纪的最后十年里，欧洲见证了发现美洲大陆的整个过程。在这段时间里，欧洲过去的货币制度获得了重生和焕发生机的机会。在 17 世纪中叶末，美洲见证了欧洲货币史第一阶段结束的历程。最关键的是，美洲新世界对欧洲命运的走向起到了非常关键的作用。其实，从历史发展的角度看，可以把 1493 年到 1660 年的一个半世纪看作一个独立的循环周期。在这个时期，欧洲贵金属的输入量和物价都前所未有地增长。因此，这也是欧洲的货币体系非常不稳定、欧洲各国获得的贵金属量非常不均衡的时期。在这里，我们需要从整体上说明两个前提：

第一，从广义上看，并没有相关的记录或法令能够证明在大约 1520 年前美洲流入欧洲的贵金属对欧洲的物价产生了影响。刚开始，贵金属从美洲流入欧洲的速度非常缓慢，欧洲物价因此受到的影响不那么明显。最初，欧洲统治者想要得到的是黄金而不是白银，再加上从美洲的原住民手中抢夺来的数量不多、带着斑斑血迹的金属饰品。抢夺来的黄金，以某种方式改变了黄金与白银的兑换比率，结果导致黄金相对白银的贬值程度越来越严重。欧洲之所以能在 1501 年到 1525 年维稳黄金与白银的兑换比率，很可能与欧洲白银产量大幅度增加有关。15 世纪末，欧洲各国加大力度推动波希米亚、萨克森哈茨山脉地区和蒂罗尔等地开采银矿。同时，欧洲从非洲、匈牙利和萨尔茨堡大主教辖地获得了大量的黄金。

第二，在欧洲采用货币复本位制的第二个阶段，欧洲货币的兑换中心不再是意大利，而是尼德兰。在那时，佛罗伦萨和威尼斯兑换中心的地位被安特卫普取代，这一转换具有多重而深远的意义。货币兑换中心的转移不仅导致欧洲贸易路线改变，还为欧洲的商业发展打下了基础。其中，英格兰的商业发展水平在同一时期的欧洲国家中最高。货币兑换中心为防止货币骤然大幅度贬值提供了有效保障。16 世纪，欧洲的货币兑换中心安特卫普和如今的伦敦一样，始终发挥着重要的作用，它通过向东方输出过剩的金属来调解从美洲新大陆流入的贵金属，从而保障了欧洲的货币安全。我们从欧洲商业体系诞生之初可以看出来，拯救欧洲货币体系的其中一种方法是向东方输出白银。安特卫普的货币兑换功能在 16 世纪充当了货币体系的安全阀，这和现在的伦敦发挥的功能一样。所以，欧洲货币兑换中心由威尼斯转移到安特卫普的重要意义是，它为欧洲向

东方输出过剩的贵金属提供了便利。在中世纪的欧洲，威尼斯只能在原来有限的陆路贸易体系下提供小规模的货币兑换和贵金属流通服务，没有能力处理16世纪洪水般涌入欧洲的贵金属。这时大量涌入的贵金属让欧洲倍感压力，但尼德兰的商业基础却更加坚实了。尼德兰和葡萄牙一起，沿着印度东部和非洲海岸打造了一个庞大的帝国。自从知道美洲盛产贵金属那一刻开始，尼德兰政府就已经把贵金属从安特卫普流向印度的贸易规则和货币兑换规则都制定好了。从现代货币交易体系的角度来看，尼德兰政府在当时制定的交易体系，从理论上讲是完美的世界货币运行机制，也是最安全的商业指标，应该可以健康有序地运转。不过17世纪的欧洲并不是这样的，欧洲拥有的只是混乱但为人熟知的货币复本位制体系，但这种体系给欧洲带来了前所未有的危机。

货币复本位制引发危机的根本原因，在上面已经做了阐述。不知不觉中，欧洲各个贸易国的货币体系又逐渐开始采用复本位制。在货币体系逐渐恢复复本位制的整个过程中，欧洲各国一直存在着一个商业阶层——商业交换者。在没有接受任何理论指导的情况下，这些商业交换者已经洞察了复本位制的本质，还从中找到了生财之道。在这个过程中，黄金与白银的兑换比率一直在变化，只要其中一种金属的价值产生微小的变化，都会成为操纵另一种金属的杠杆。有的人操纵金属兑换比率仅仅是为了套利。和现代的套利交易相比，利用兑换比率的变化进行套利和商业的兴衰并没有直接关系。兑换比率变动的时候，正是金融家牟取个人利益的时候，于是他们通过操纵贵金属兑换比率的机制牟取个人利益。欧洲货币在16—17世纪出现贬值或增值，即便是为商业服务，也带来了灾难性的后果，是不必要的做法。

上面的论述足以证明人们对货币复本位制的争议，我们会把相关的例证留到后面的内容中说明。

第1节
贵金属的生产

下面我们回过头来讨论一下不同年份贵金属的生产情况。由于没有西班牙铸币厂的会计账本，所以只能依靠推测了解各年度贵金属的产量。了解这一点后，我们可以用列表格的方式展示贵金属的生产情况。

时间（年）	黄金的年均产量（马克）	白银的年均产量（马克）	黄金在总产量中的占比	白银在总产量中的占比
1493—1520	800,000	600,000	57%	43%
1521—1545	1,000,000	1,100,000	47%	53%
1546—1560	1,200,000	3,850,000	23.8%	76.2%
1561—1580	855,000	3,640,000	19%	81%
1581—1600	1,030,000	4,945,000	17.2%	82.8%
1601—1620	1,190,000	4,820,000	19.8%	80.2%
1621—1640	1,157,850	3,916,300	22.8%	77.2%
1641—1660	1,223,400	3,516,500	25.8%	74.2%

从整体趋势看，从1493年到1520年，人们刚开始好像更愿意选择使用白银，因此在这个时期黄金是贬值的。在没有规定特定时间和地点的情况下，白

银与黄金的平均兑换比率通常是 10.75:1。大致计算后，可以看到前期白银与黄金的平均兑换比率是 11.28:1。[1] 这时黄金的产量增加，白银的价值上涨，明显出现了对白银有利的发展趋势。

在之后的大概二十多年时间里，也就是从 1521 年到 1545 年，墨西哥被征服，波托西银矿得到了开采。在此期间，欧洲的物价相对比较平稳，最明显的证据就是下文将提到的尼德兰法令，而且 1521 年编年史中的记载也向我们展示了当时的物价记录。欧洲物价在 1493—1520 年期间稳步上涨，但上涨的幅度不大，人们不容易觉察到。比如，在弗拉芒人的货币条例中，一法兰西皇冠币在 1499 年时与一弗罗林十五又二分之一斯蒂弗等值，在 1522 年时与一弗罗林十九斯蒂弗等值。在这个时候，官方尝试让一法兰西皇冠币的价值降到一弗罗林十五又二分之一斯蒂弗。法兰西皇冠币的价值在 1522—1548 年之间并没有上涨，反而下降了一些。

1519 年，与法兰西皇冠币的等值情况为：1 法兰西皇冠币 =1 弗罗林 15 斯蒂弗

1522 年，与法兰西皇冠币的等值情况为：1 法兰西皇冠币 =1 弗罗林 19 斯蒂弗

1526 年，政府试图维持的等值为：1 法兰西皇冠币 =1 弗罗林 $15\frac{1}{2}$ 斯蒂弗；实际上的等值情况为：1 法兰西皇冠币 =1 弗罗林 19 斯蒂弗

1539 年，政府试图维持的等值为：1 法兰西皇冠币 =1 弗罗林 15 斯蒂弗；实际上的等值情况为：1 法兰西皇冠币 =1 弗罗林 17 斯蒂弗

1548 年，与法兰西皇冠币的等值情况为：1 法兰西皇冠币 =1 弗罗林 17 斯蒂弗

1552 年，与法兰西皇冠币的等值情况为：1 法兰西皇冠币 =1 弗罗林 19 斯蒂弗

整体结论可以在下面的尼德兰货币表中找到。

---

[1]　具体数据见本书第 1 章的内容。——原注

从年均产量来看，黄金升值、白银贬值的整体趋势稍有变化，白银与黄金的兑换比率更高一些。但从确定的兑换比率来看，白银与黄金的兑换比率变动不大，这与白银和黄金的生产量变化并不相符，因此我们很难从白银与黄金兑换比率的波动情况来推测黄金和白银产量的变化情况。

四国白银与黄金的兑换比率表

国家	时间（年）	兑换比率
法兰西	1519	11.76:1
	1540	11.82:1
尼德兰	1520	10.68:1
	1540	10.62:1
英格兰	1527	11.23:1
	1552	11.1:1
德意志	1524	11.38:1
	1551	11.38:1

第2节
1493—1548 年两个时期的特征

所以，从广义的角度看，1493—1520 年和 1521—1548 年新时代前的这两个时期，一定程度上存在一些相似性。从 1493—1548 年这五十五年时间里，1520 年之前是欧洲物价普遍上涨的时期；1520—1548 年是欧洲金价和银价以不同幅度上涨的时期。假如金价和银价的上涨幅度相同，那么整体的物价必然会跟着上涨，但是不会对黄金和白银的兑换比率产生多大的影响。

和新时代前两个时期比较，1549—1660 年贵金属的价值变化具有明显的特征，也有统计数据做支撑。在这段时间里，欧洲整体的物价持续快速上涨，但跟过去不同，物价并没有按照两种贵金属价值的水平线上涨。在那个时候，两种贵金属的产量比发生了变化，因为波托西银矿的产量非常丰富。按照贵金属的价值计算，原本生产的白银和黄金的总价值是一样的，但白银的产量忽然上涨，其价值是其竞争对手——等价值黄金产量的三倍之多。之后，白银的产量又上升到等价值黄金产量的四倍之多。就这样，白银与黄金的兑换比率很快就发生了变化。接着，白银生产量的上涨导致白银与黄金的兑换比率出现了极大的变动，变得不稳定。

1545—1661 年白银与黄金的平均兑换比率表

时间（年）	白银与黄金的平均兑换比率
1545—1560	11.3:1
1561—1580	11.5:1

时间（年）	白银与黄金的平均兑换比率
1581—1600	11.8:1
1601—1620	12.25:1
1621—1640	14:1
1641—1660	14.5:1
1661	15:1

1474—1690 年可以确定的白银与黄金兑换比率明细表

时间（年）	英格兰	尼德兰	法兰西	西班牙	德意志帝国的体制	西南德意志（包括符腾堡、斯特拉斯堡科尔马）	威尼斯
1474	—	—	—	9.824	—	—	—
1475	—	—	—	10.985	—	—	—
1480	—	—	—	11.555	—	—	—
1483	—	—	—	11.675	—	—	—
1484	—	—	—	—	11.37	—	—
1489	—	10.5	—	—	11.2	—	—
1497	—	—	11.83	10.755	—	—	—
1506	—	—	—	10.262	—	—	—
1511	—	—	—	—	—	—	—
1517	—	—	—	—	10.31（根据经验）	—	11.32
1519	—	10.15	11.76	—	—	—	12.04
1524	—	—	—	—	11.38	—	—
1527	12.23	—	—	—	—	—	10.03
1529	—	—	—	—	—	—	11.07
1537	—	—	—	10.76	—	—	—
1539	—	—	11.68	—	—	—	—
1540	—	10.62	11.82	—	—	—	—
1542	—	—	—	—	—	11.27	—
1548	—	11	—	—	—	—	—
1549	—	—	11.86	—	—	—	—
1550	—	—	12.07	—	—	—	—
1551	—	—	11.47	—	10.83（根据帝国法令）	—	—

（续表）

时间（年）	英格兰	尼德兰	法兰西	西班牙	德意志帝国的体制	西南德意志（包括符腾堡、斯特拉斯堡科尔马）	威尼斯
1552	11.1	—	—	—	—	—	—
1553	11.05	—	—	—	—	—	—
1554	—	10.7	—	—	—	—	—
1559	11.79	—	—	—	11.44（根据帝国法令）	11.55	—
1560	—	—	11.77	—	—	—	—
1561	—	—	—	—	—	—	10.81
1562	—	—	—	—	—	11.01	11.53
1566	—	—	—	12.294	11.55	—	—
1572	—	12.42	—	—	—	—	—
1573	—	—	11.76	—	—	—	12.33
1575	—	—	11.68	—	—	11.11	—
1576	—	12.67	—	—	—	—	—
1578	—	—	—	—	—	—	10.61
1579	—	10.62	—	—	—	—	—
1582	—	—	—	—	—	11.4	—
1583	—	—	—	—	—	10.93	—
1585	—	—	—	—	11.63	—	—
1586	—	10.66	—	—	—	—	—
1587	—	—	—	—	—	12.03	—
1589	—	11.21	—	—	—	—	—
1590	—	—	—	—	—	11.86	—
						11.32	
1591	—	—	—	—	—	10.95	—
1593	—	—	—	—	—	11.18	—
1594	—	—	—	—	—	11.7	12.34
1596	—	10.9	—	—	11.5	—	—
1597	—	—	—	—	—	11.78	—
						12.16	
1598	—	11.29	—	—	—	—	—
1599	—	—	—	—	—	11.05	—
1601	10.9	—	—	—	—	11.86	—
1602	—	—	11.88	—	—	12.22	—

时间(年)	英格兰	尼德兰	法兰西	西班牙	德意志帝国的体制	西南德意志（包括符腾堡、斯特拉斯堡科尔马）	威尼斯
1603	—	11.64	—	—	—	12.24	—
1605	12.15	—	—	—	—	12.01	—
	—					12.49	
1606	—	11.92	—	—	—	—	—
1607	—	—	—	—	—	12.61	—
1608	—	—	—	—	—	12.16	11.04
						12.46	—
1610	—	12.54	—	—	12.2	—	—
1611	13.32	—	—	—	—	12.08	—
1612	—	—	—	13.52	—	12.3	—
1613	—	—	—	—	—	12.35	—
						12.29	
1615	—	12.03	13.9	—	—	12.31	—
1617	—	—	—	—	—	12.58	—
1618	—	—	—	—	—	12.11	—
1619	—	12.1	—	—	—	—	—
1620	13.34	—	—	—	—	—	—
1621	—	12.5	—	—	—	—	—
1622	—	12.65	—	—	—	—	—
1623	—	—	—	—	11.64	11.74	—
1624	—	—	—	—	—	13.42	—
						12.58	
1626	—	12.65	—	—	—	—	—
1630	—	—	—	—	—	—	10.31
1631	—	—	—	—	—	13.42	—
1633	—	12.65	—	—	—	—	—
1634	—	—	—	—	—	15.1	—
1635	—	—	—	—	—	14.8	—
1636	—	—	15.36	—	—	—	—
1637	—	—	—	—	—	15.1	—
1638	—	13.39	—	—	—	—	14.38
1640	—	—	14.49	—	—	—	—

时间(年)	英格兰	尼德兰	法兰西	西班牙	德意志帝国的体制	西南德意志（包括符腾堡、斯特拉斯堡科尔马）	威尼斯
1643	—	—	13.5	—	—	—	15.37
1645	—	14.13	—	—	—	—	—
1648	—	—	—	—	—	—	—
1651	—	—	—	—	—	—	—
1652	—	14.13	—	—	—	—	—
1653	—	14.13	—	—	—	—	—
1656	—	—	14.71	—	—	—	—
1660	—	—	—	—	—	—	—
1663	—	14.43	—	—	—	—	—
1665	—	—	—	16.47	—	—	14.39
1667	—	—	—	—	12.88	—	—
1669	14.48	—	—	—	15.13	—	—
1679	—	—	14.91	—	—	—	—
1690	—	—	—	—	15.13	—	—

后文会对表格中各地区货币兑换的状况进行详细讨论。

第 3 节
16 世纪尼德兰货币的现状

在 1500—1660 年，尤其是 17 世纪，尼德兰的货币史解答了周边国家白银与黄金兑换比率变化的问题。尼德兰与法兰西一样，在 16 世纪之前并没有留下多少与货币兑换相关的记录，就连与铸币法令相关的记录都没有留下来。但是，尼德兰留下了很多与货币兑换比率指标相关的条例，以及当时发布货币价值的公告，这对货币兑换史记录不足的情况是一个弥补。就像前面提到的那样，16—17 世纪的尼德兰成为欧洲的商业中心，取代了 14—15 世纪意大利在欧洲的商业地位。就像如今的伦敦交易所一样，每次贵金属和货币的价值发生变动，都能够在安特卫普交易所快速而准确地展示出来。与 14—15 世纪的佛罗伦萨一样，尼德兰官方为了能够快速地看到贵金属和货币价值的变化情况，便把低地国家当时流通的货币全都编制成表格。其实，这说明欧洲已经形成了统一的货币体系。尼德兰政府通过发布公告的方式，将不同国家的货币兑换手续费公布出来，一旦某种货币的价值发生变化，就会马上更新货币兑换收费表。所以，尼德兰公布的货币兑换收费表，是研究当时货币价值变化情况和货币铸造标准的珍贵资料。

有证据表明，尼德兰政府根据不同货币价值的变化情况决定兑换手续费的做法有两方面的好处。一方面，这种做法能够显示货币在商贸交易中自然流通的规律，反映了当时的商业是否繁荣，它传达的信息和当今社会由汇率和黄金汇款传达的信息一样。从这一点来看，尼德兰政府的做法是完全正常、合理且健全的，特别是其把过剩的贵金属向东方转移时更是如此。不过，欧洲各国政

府还是会存在要用黄金为贸易差额买单的错觉。随后，欧洲各国政府的这种错觉以重商主义理论被郑重地载入史册。欧洲各国并没有放弃从中世纪流传下来的那些狡诈的不法行为，各国为保障本国贵金属储备充足，仍然从邻国那里劫掠或偷盗贵金属。另外，欧洲各国在无形中逐步形成复本位制的货币体系。在同一时间的不同地区，货币兑换比率的差异很惊人。复本位制下的货币体系存在开放和没有限制的特点，但它没有任何风险预防能力，还很容易吸引套利交易者、重金主义者和金融家。尼德兰通过颁布法令的形式，禁止了国民自私贪婪、毫无原则的欺诈行为。尼德兰的法令指责那些唯利是图的商人进行的套利交易，导致货币紧缩或货币困境，更别提随后造成的恐慌和危机了。令人遗憾的是，恐慌和货币危机原本能够避免。

第 4 节
16 世纪的套利交易活动

　　时代无形地展示了金融家幕后的活动，即便此时
人们还对与套利相关的理论知识知之甚少。伦敦档案
记录办公室中保存的 16 世纪许多国家文件记载的内容
显示，尼德兰政府为吸纳其他国家的货币采取的措施
招来了很多人的谩骂。在英格兰女王伊丽莎白一世执
政时期，英格兰枢密院的一个通讯员在 1575 年时对尼
德兰政府的做法做了这样的描述："低地国家的商人
通过贸易活动把大量的货币带到了尼德兰，商人再利
用这些货币进行兑换，从而牟取利益。更具体地说，
尼德兰人利用与东方贸易的机会，低地国家的商人把
英格兰王国的货币和金条大量输送到低地国家。这意
味着，假如再不禁止这种行为，英格兰的国库也会被
洗劫一空。"二十年后，也就是 1595 年，英格兰王国
政府接受枢密院的建议，重新讨论了与货币外流相关
的议题。英格兰王国议会还展示了"国外的货币交易
者是怎样操纵特定货币价值的涨跌，将价值被低估的
英格兰货币带出英格兰的"。议会还表示，"英格兰王
国议会决定派托马斯·格雷沙姆爵士到低地国家表示
抗议，同时建立货币交易所。不过，由于人们认为建

▲英格兰女王伊丽莎白
一世（1558—1603 年在位）

▲葡萄牙王国铸造和发行的雷亚尔银币

雷亚尔是葡萄牙王国从1430年到1911年间大范围使用的货币。在16—19世纪，雷亚尔也在所有葡萄牙殖民地流通。第一枚雷亚尔可以追溯到1380年左右葡萄牙国王费尔南多一世铸造的价值一百二十迪内罗的雷亚尔银币。此后在葡萄牙历代君主统治时期发行过黑雷亚尔和白雷亚尔。

立货币交易所与国家利益有冲突，于是停止了货币交易所的筹建。英格兰王国议会尝试阻止本国货币外流，但都没有任何效果。有人建议通过建立银行的方式解决货币兑换的问题，不过伊丽莎白一世拿不出十万英镑的启动资金，只能举债筹措经费。英格兰人建立的这个银行，每年都会向政府收取10%或12%的固定利率，有时候还会根据国家的具体情况把利率调整到20%，甚至更高"。

英格兰的通讯员在结束语中还说，毫无作用的建议让我们意识到英格兰王国政府面对的货币形势的真实性和严重性。几个世纪以来，货币问题始终都是欧洲各国政府关注的焦点之一，而且周期性地给欧洲各国政府带来了困扰。

所以，16—17世纪尼德兰颁布货币法令和条例，都是试图避免自身陷入货币困境。

具体来看，低地国家在1516年1月2日发布第一份包含货币估值和兑换定价信息的公告，这是美洲银矿的发现开始影响欧洲黄金与白银兑换比率的标志。之后，在1520年2月4日发布的公告中，雷亚尔金币被弗罗林金币取代。弗罗林金币取代雷亚尔金币的规定，有效期名义上是二十年，但人们几乎马上就感到物价上涨了。由于物价上涨，低地国家至高无上的君主、神圣罗马帝国皇帝查理五世和安特卫普的商人进行了协商，但是没有任何效果。于是，在1521年、1522年3月、1524年6月19日和1525年11月25日，查理五世接连发布了四个公告，前三个公告主要涉及黄金的价格，最后一个公告中说明了有关抑制白银价格的措施——这证明白银价格的确在上涨。1526年12月10日，查理五世在颁布的法令中规定，要把1520年2月4日的公告中确定的物价重新恢复，为减少债权纠纷，还确定了下调物价的两个时间点。即便此项法令在1531年和1539年被修订过两次，但事实表明该项法令并没有什么作用。即便是这样，我们也不得不承认，政府仍然努力尝试抑制物价上涨。

在 1548 年 7 月 11 日颁布的条例中，政府以更加严格的方式限制物价上涨。在 1548—1560 年约十二年的时间里，政府一直在努力抑制物价上涨。在 1552 年 3 月 23 日和 1559 年 10 月 24 日发布的公告中，政府称要以 1548 年的物价为基础迫使物价回归到 1548 年的水平。同时，政府也不得不承认目前的物价确实过高。此时陷入了物价上涨和抑制物价上涨的循环中——物价进一步上涨，民众抱怨货币和外币兑换机制很混乱，为了调节物价，政府又一次发布新的货币估值，暂时提高了兑换货币的手续费，而且规定在某个日期及之后的时间内，物价要降到过去的水平。

在政府颁布的条例附带的表格中，假如有 2 和 4 及 1 和 19 这样两个数字并列的情况，较高的数字就表示条例规定的限制价格，较低的数字表示条例规定的某个日期及之后要回归的物价水平。只要看看表格，就能清楚地看到，政府尝试调控物价以及采用按规定的兑换比率强制进行外币兑换的手段都是无效的，而且注定不能达到目的。要想理解表格中的数字，只需要给出尼德兰颁布法令的日期即可，前提是在 1586 年之前，而且这项法令适用于整个尼德兰。然而，从 1586 年开始，被西班牙王国管理的尼德兰地区，以及尼德兰的七个联合省份，分别颁布了一系列法令。

第 5 节
尼德兰颁布的货币法令

1572 年 7 月 27 日，从 1572 年起，每年的物价都从年初一直涨到年尾。

1573 年 2 月 7 日。

1574 年 6 月 22 日。

1575 年 12 月 3 日。

1576 年 4 月 19 日。

1579 年。

1579 年，为了抑制物价下跌，尼德兰政府至少颁布了四项法令，不过仍然没有任何作用。1579 年 12 月 19 日颁布了四项法令中的最后一项法令。尼德兰政府不得不面对一个事实——即便一直在努力抑制物价上涨，但物价还是上涨了一定的比例。

1581 年 10 月 9 日。尼德兰政府被迫承认，1579 年为下调物价做的艰苦努力在不到一年的时间里全部折戟，物价再次上涨。

就像前文说的那样，尼德兰人民发动了起义，建立了尼德兰联省共和国——也就是荷兰共和国。从 1586 年开始，所发布的公告就变成了西班牙管理的尼德兰地区发布的公告和尼德兰联省共和国发布的公告。

西班牙管理的尼德兰地区发布的一系列公告，包括 1590 年 4 月 30 日公布的再次承认物价在短期内继续上涨的公告，而且再次重申了这个公告。

1593 年 12 月 15 日。

1594 年 10 月 21 日。

1599 年 11 月 16 日。

1602 年 6 月 23 日，做了轻微的调整。

1605 年 12 月 30 日，再次尝试抑制物价继续上涨。

1607 年 6 月 30 日。

1609 年 5 月 13 日。

1610 年 9 月 30 日。

1611 年 3 月 22 日，尼德兰地区当局又一次意识到物价上涨难以避免。

截止到 1618 年 5 月 21 日，最后一项法令始终有效，但法尔肯堡、达伦和林堡不在约束的范围内。由于这三个地区物价上涨太快，于是尼德兰当局在 1616 年 3 月 4 日颁布特别法令进行管控。在最后一项法令中，规定以三个月为一个时间周期，分五次把物价下调到 1611 年 3 月 22 日规定的最高水平。

第 6 节
尼德兰联省共和国的货币法令

独立后的尼德兰联省共和国由其议会最高长官颁布了一系列货币法令，这些货币法令和西班牙管控的尼德兰地区颁布的货币法令十分雷同。1594 年 9 月 2 日，尼德兰联省共和国在颁布的法令开头写道："鉴于白银和黄金的价格在持续上涨……当局将分别以 1594 年 9 月 15 日、1594 年 11 月 10 日和 1595 年 1 月 10 日为时间节点，分三次把物价调低到 1586 年的最高水平。"

同一时期，由西班牙管控的尼德兰地区颁布的法令也差不多，但结果表明尼德兰联省共和国颁布的法令并没有多大效果。尼德兰联省共和国在 1596 年 3 月 2 日和 1603 年 4 月 2 日颁布的法令中，都被迫承认物价仍在持续上涨。尼德兰联省共和国法令的序文被保存了下来，通常会被拿来对抗混乱的货币体系，而这种混乱的货币体系是物价的上涨、时代的贪婪和外币（银币）大量流入的结果。尼德兰联省共和国政府颁布的法令中最著名的是 1606 年 3 月 21 日颁布的法令，颁布这条法令主要是为了降低物价。两年后，也就是 1608 年，尼德兰联省共和国政府企图把物价降低到 1606 年的水平。事实表明，政府尝试降低物价的所有努力并没有起多大作用。1610 年 7 月 1 日、1615 年 9 月 26 日和 1619 年 2 月 13 日，政府都在公告中分别发布了物价进一步上涨的信息。政府在 1621 年 6 月 5 日最后一次修订法令，尝试把物价降低到 1610 年的水平。

法令需要不断地修订。需要说明的一点是，在颁布的法令中，通常包含对每一种货币的详细描述，还细致地规定了特定时期内低地国家流通的每种货币的价值，为了方便人们辨别货币，还附上了货币的雕刻样品。其实，很多法令

都像 1606 年颁布的法令那样，附上了上千种不同雕刻样品的货币，它们都见证了尼德兰货币兑换导致国际货币混乱的局面。我们详细地分析了其中一部分货币的价值，分析结果如下：

尼德兰联省共和国货币法令中的货币价值

德意志金币古尔登 （1 马克黄金铸造 75 枚古尔登， 含 18 克拉 4 格令黄金）			西班牙金币杜卡特 （1 马克黄金铸造 70 枚杜卡特， 含 23 克拉 $7\frac{1}{2}$ 格令黄金）		
时间 （年）	货币法令宣布的在尼德兰 流通的价值		时间 （年）	货币法令宣布的在尼德兰 流通的价值	
	弗罗林	斯蒂弗		弗罗林	斯蒂弗
1499	1	8	1499	1	19
1522	1	10	1522	2	3
1526	1	12	1526	2	4
	1	8		1	19
1539	1	9	1539	2	1
	1	8		1	19
1548	1	10	1548	2	1
1552	1	11	1552	2	2
1559	1	12	1559	2	5
1572	1	15	1572	2	7
1573	1	19	1573	2	15
1574	1	16	1574	2	13
1575	2	0	1575	3	0
1576	2	0	1576	3	3
	1	17		2	12
1577	2	0	1577	3	3
1579	2	3	1579	3	4
	2	4		3	0
	2	2		2	18
	2	3		3	0
1581	2	8	1581	3	6

（续表）

1590	2	9
1605	2	10
1607	2	12
1609	2	15
1611	2	$16\frac{1}{2}$
1618	2	$17\frac{1}{2}$
尼德兰联省共和国		
1586	2	8
1594	2	12
1594	2	10
1594	2	8
1596	2	10
1603	2	14
1606	2	15
1608	2	17
1608	2	16
1608	2	15
1610起	2	18

西班牙金币皮斯托尔（1马克黄金铸造36枚皮斯托尔，含21克拉10格令黄金）		
时间（年）	货币法令宣布的在尼德兰流通的价值	
	弗罗林	斯蒂弗
1548	3	12
1552	3	18
1559	4	0
1572	4	4
1573	4	16
1574	4	10

1590	3	10
1599	3	15
1609	3	19
1618	4	1
尼德兰联省共和国		
1586	3	8
1594	3	12
1594	3	10
1594	3	8
1596	3	9
1603	3	16
1603	3	$15\frac{1}{2}$
1603	3	15
1606	3	16
1608	4	0
1608	3	18
1608	3	16
1610	4	0
1615	4	1
1619	4	2
1621	4	4

法兰西金币皇冠币（旧皇冠币，并非“太阳”皇冠币，1马克黄金铸造72枚皇冠币，含22克拉$4\frac{1}{2}$格令黄金）		
时间（年）	货币法令宣布的在尼德兰流通的价值	
	弗罗林	斯蒂弗
1499	1	$15\frac{1}{2}$
1522	1	19
1526	1	19
1526	1	$15\frac{1}{2}$
1539	1	17
1539	1	15

1575	5	0	1548	1	17	
1576	5	4	1552	1	19	
	4	13	1559	2	0	
1577	5	4	1572	2	2	
	5	10	1573	2	9	
1579	5	10	1574	2	6	
	5	5	1575	2	12	
	5	8	1576	2	13	
1581	5	18	1577	2	12	
1590	6	4		2	15	
1605	6	9	1579	2	15	
1607	6	12		2	$12\frac{1}{2}$	
1609	7	0		2	14	
1611	7	2	1581	3	0	
1618	7	5	1590	3	3	
			1605	3	6	
			1607	3	8	
			1609	3	12	
			1611	3	$12\frac{1}{2}$	
			1618	3	14	

尼德兰联省共和国			尼德兰联省共和国		
1586	6	0	1586	3	0
	6	6		3	3
1594	6	3	1594	3	1
	6	0		3	0
1596	6	6	1603	3	8
1603	6	15	1606	3	10
1606	6	17		3	14
	7	1	1608	3	12
1608	6	19		3	10
	6	17	1610	3	14
1610	7	4	1615	3	15
1615	7	6			

（续表）

时间（年）	弗罗林	斯蒂弗	时间（年）	弗罗林	斯蒂弗
1619	7	12	1619	3	16
	7	6		3	15
1621	7	12	1621	3	18

英格兰玫瑰贵族（1 马克黄金铸造 32 枚玫瑰贵族，含 23 克拉 8½ 格令黄金）			英格兰君主币（1 马克黄金铸造 40 枚君主币）		
时间（年）	货币法令宣布的在尼德兰流通的价值		时间（年）	货币法令宣布的在尼德兰流通的价值	
	弗罗林	斯蒂弗		弗罗林	斯蒂弗
1499	4	5	1548	3	0
1520	4	5½	1552	3	0
1522	4	10½	1554	3	0
1526	4	17½	1575	4	4
	4	5½	1576	4	6
1539	4	10	1579	4	8
	4	5½			
1548	4	10			
1552	4	16			
1559	5	0			
1572	5	3			
1573	6	10			
1574	6	6			
1575	7	5			
1576	7	10			
1577	7	0			
1579	8	0			
	7	10			
	6	8			
	6	14			
1581	7	4			
1590	7	9			
1607	8	2			
1609	8	10			

1611	8	13	尼德兰联省共和国		
1618	8	16	1586	5	1
尼德兰联省共和国			1594	5	5
				5	3
1586	7	12		5	1
1594	8	0	1596	5	2
	7	16	1603	5	9
	7	12	1606	5	12
1596	7	13	1608	5	16
1603	8	8		5	14
	8	7		5	12
	8	6	1610	5	18
1606	8	9			
1608	8	16			
	8	12			
	8	9			
1610	8	16			
1619	9	0			
	8	16			
1621	9	0			

腓力币 （1 马克黄金刚开始铸造成 67$\frac{1}{2}$ 枚腓力币，后来铸造成 70 枚腓力币，含 23 克拉 8$\frac{1}{2}$ 格令黄金）			勃艮第盾币 （1456 年到 1567 年，1 马克黄金铸造成 72 枚勃艮第盾币，含 19 克拉黄金；后来，1 马克黄金铸造成 75 勃艮第盾币，含 18 克拉 6 格令黄金）		
时间 （年）	货币法令宣布的在尼德兰流通的价值		时间 （年）	货币法令宣布的在尼德兰流通的价值	
	弗罗林	斯蒂弗		弗罗林	斯蒂弗
1499	1	19	1499	1	9
1522	2	3	1522	1	12
1526	2	4	1526	1	13
	1	19		1	9
1539	2	1	1539	1	10
	1	19		1	9
1548	2	1	1548	1	11

（续表）

年份			年份		
1552	2	2	1552	1	12
1559	2	5	1559	1	13
1572	2	7	1572	1	$15\frac{1}{2}$
1573	2	15	1573	1	19
1575	2	18	1574	1	16
1576	3	3	1575	2	0
1577	3	0	1576	2	0
1579	3	3		1	$18\frac{1}{2}$
	3	0	1577	2	2
	2	$18\frac{1}{2}$	1579	2	3
	3	0		1	5
1581	3	6		2	$3\frac{1}{2}$
1590	3	$8\frac{1}{2}$		2	4
1610	3	18	1581	2	9
1611	3	19	1590	2	11
			1607	2	14
			1609	2	17
			1611	2	18
尼德兰联省共和国			尼德兰联省共和国		
1586	3	8	1586	2	9
1594	3	10	1594	2	13
	3	9		2	11
	3	8		2	9
1596	3	9	1596	2	11
1603	3	14	1603	2	15
1606	3	15	1606	2	16
1608	3	17	1608	2	18
	3	16		2	17
	3	15		2	16
1610	4	0	1610	2	19

德意志的塔勒（银币）			尼德兰 $2\frac{1}{2}$ 盾（银币）		
时间（年）	货币法令宣布的在尼德兰流通的价值		时间（年）	货币法令宣布的在尼德兰流通的价值	
	弗罗林	斯蒂弗		弗罗林	斯蒂弗
1539	1	6	1583	2	2
	1	7			
1548	1	8	1586	2	5
1552	1	9			
1559	1	10	1594	2	6
1571	1	11			
1572	1	12		2	5
1573	1	16	1603	2	7
	1	14			
1577	1	18	1608	2	8
1579	2	1			
1581	2	5		2	7
1611	2	11			
尼德兰联合共和国			尼德兰联合共和国		
1586	2	5	1610	2	8
1594	2	6	1619	2	10
	2	5	1621	2	12
1603	2	7			
1608	2	8			
	2	7			
1610	2	8			
1619	2	10			
1621	2	12			

第 7 节
美洲输入的金属对法兰西的影响

在弗朗索瓦一世统治时期，美洲输入的大量金属对法兰西造成的影响逐渐显露出来。在此期间，一马克黄金的价格上涨了三十三里弗尔四索尔迪二但尼尔，一马克白银的价格上涨了一里弗尔十索尔迪。

白银产量缩减的情况主要发生于 1519 年和 1540 年。之后，法兰西黄金与白银的兑换比率发生了一些变化，银价稍微上涨了一些。最早在美洲发现的贵金属是黄金，所以刚开始黄金出现了贬值的趋势。同时，由于白银估值过高，它在流通过程中逐渐退出市场。1519 年，为预防估值过高导致白银外流的情况发生，一太阳埃居的价值被提升到四十索尔迪。1532 年，一太阳埃居的价值继续上涨到了四十五索尔迪，上涨幅度为 12.5%。也就是在这个时期，一泰斯托内银币的价值也由原来的十索尔迪上涨到十索尔迪六但尼尔，上涨幅度为 5%。尽管金银的价格同时出现了上涨，但并没有找到它们的一个平衡点，因此货币体系混乱的情况继续存在，贵金属含量低的货币仍然广泛存在。1539 年 5 月 8 日，马赛镇向法兰西国王弗朗索瓦一世请愿，并在

▲法兰西国王弗朗索瓦一世（1515—1547 年在位）

请愿书中控诉了混乱的货币体系。1540 年，弗朗索瓦一世颁布了《布洛瓦法令》，规定一太阳埃居的价值不变，仍然是四十五索尔迪，但一泰斯托内银币的价值要上涨到十索尔迪八但尼尔。弗朗索瓦一世在《布洛瓦法令》中说明了颁布相关规定的原因："为了更好地平衡银币和金币的价值，不管我们的货币是黄色的金币，还是白色的银币，本法令会让我们的货币最大限度地接近它的实际价值。"两年后，也就是1542 年，马赛镇的负责人在法兰西议会上见到弗朗索瓦一世时，抱怨货币不足，同时请求在艾克斯设立铸币厂，弗朗索瓦一世批准了他的请求，不过这件事最终没有了下文。

在法兰西国王亨利二世和查理九世两位君王统治时期，法兰西不断地经历着物价上涨以及贵金属储量不平衡的情况。

▲法兰西铸造和发行的路易十二世"太阳埃居"

这枚金埃居铸造于法兰西国王路易十二世统治时期，铸造下限年份为1515 年。金埃居上铸有一个王冠的图案，王冠上有个发出光芒的太阳。"太阳埃居"一词即由此而来。

1488—1662 年法兰西黄金和白银的价值变化表

时间（年）	每马克黄金的价格			每马克白银的价格		
	里弗尔	索尔迪	但尼尔	里弗尔	索尔迪	但尼尔
1488	130	3	4	11	0	0
1519	147	0	0	12	10	0
1540	165	7	6	14	0	0
1549	172	0	0	15	0	0
1561	185	0	0	15	15	0
1573	200	0	0	17	0	0
1575	222	0	0	19	0	0
1602	240	10	0	20	5	4
1615	278	6	4	20	5	4
1636（5 月 8 日）	320	0	0	23	10	0
1636（9 月 22 日）	384	0	0	25	0	0
1641	384	0	0	26	10	0
1662	423	10	11	26	10	0

第 8 节
1575 年法兰西的铸币调查

　　法兰西国王查理九世在 1573 年明确表示，法兰西受到了白银与黄金兑换比率波动带来的影响。当时的法兰西王国政府规定，白银与黄金的兑换比率是 11.77:1。不过，在 1573 年之前的一段时间里，"民众"已经把一金埃居的价值增加到了五十四索尔迪。面对这样的情况，法兰西王国政府不得不采用"民众"认可的价值来确定白银与黄金的兑换比率。1577 年，一金埃居的价值连续上升到五十八索尔迪、六十索尔迪和六十五索尔迪。就像人们认知的那样，货币价值之所以出现连续上升的灾难性结果，是"民众"不择手段地随意操纵货币造成的。于是，法兰西国王召集一批专家组成专家委员会，讨论了这些问题。但是，即便如此，还是没能阻止金币的价值继续上涨。1575 年 12 月 19 日，铸币厂的官员们在召开议会时向法兰西国王亨利三世提出一些请求，他们的请求有着特殊的意义：

▲法兰西国王查理九世
（1560—1574 年在位）

　　尽管监管总体来说很糟糕，不过在和平时期，白银从国外流入本国的数量，是本国流向国外数量的两倍。假如政府能够采用我们提出来的改革方案，法兰

西的净收入可以翻倍……法兰西和与其贸易交往频繁的德意志和尼德兰，不仅金银的兑换比率不一致，还存在贸易差额。比如，在德意志和尼德兰等地值五埃居的商品，在法兰西却值六埃居。如果德意志和尼德兰等地输入法兰西的商品忽然大幅度涨价，法兰西商品的市场价格就会变得更加混乱。也就是说，在使用埃居或国外其他类型的金银币进行结算的时候，为了减少货币兑换带来的损失，商人们开始调运法兰西价值十二但尼尔的杜赞币与其他金属货币。在货币流通的过程中，人们的市场行为决定了其价值，未来货币的价值也许会下降15%、20%，甚至25%……物价的上涨是一些人恶意操纵的结果。恶意操纵的人不怀好意，他们把法兰西含金量最高的货币熔炼成黄金，再用其他含金量低的劣币填充到法兰西的市场上，用法兰西人民的鲜血和痛苦换来他们的巨额财富……

第 9 节
1577 年法兰西的货币改革

　　补救措施就是把货币的兑换比率降下来……一埃居的实际价值原本应该是五十索尔迪，但现在我们预测银币的价值有可能继续下降，因此同意把一埃居的价值定为六十索尔迪。外国货币的输入是导致法兰西物价混乱的罪魁祸首，因此必须禁止其流通。虽然法兰西根据埃居的价值，通过立法的形式对所有外国货币重新估价，但人们增持法兰西货币的数量还是赶不上增持外国货币的数量。所以，根据人们增持外国货币的数量进行计算后，一金埃居的价值已经超过了七十八索尔迪。外国铸币工艺的变化引发了法兰西埃居兑换比率的变化，但西班牙的雷亚尔银币和皮斯托尔金币是唯一的特例。众所周知，西班牙的雷亚尔银币和皮斯托尔金币是良币和利润的"熔炉"，它们从来没有对法兰西造成损害，却在法兰西各地被熔化。从目前的情况看，一马克雷亚尔或皮斯托尔可以让外国人获得七里弗尔左右的利润。因此，建议法兰西应该禁止流通雷亚尔和皮斯托尔。所以，最后我们建议废除以里弗尔和索尔迪为基础的旧结算体系，换用埃居进行结算。

　　议会从这份令人瞩目的文件中采用了最不科学的建议，决定把每金埃居的价值定为六十五索尔迪。但铸币厂的官员立即表示，把每金埃居的价值定为六十五索尔迪只会让情况变得更加糟糕。所以，法兰西国王亨利三世召集专家在蓬图瓦兹举行讨论会，最后决定采纳铸币厂官员提出的主要建议。亨利三世在 1577 年 11 月 13 日以公告的形式宣布，不同地区进行结算时要改用金埃居，

不能再使用里弗尔。当时，一金埃居的价值不足六十索尔迪。法兰西王国政府规定，除西班牙和葡萄牙的金币杜卡特外，禁止所有外国货币在本国流通。法兰西王国政府还规定，支付超过一百索尔迪金额的款项，禁止强制性要求使用金银币，支付不足一百索尔迪金额的款项，超过总金额三分之一的款项允许使用金银币。

　　总体来说，法兰西的货币改革意义非凡，让人敬佩，它预见了英国19世纪才完成的货币改革。经过货币改革，法兰西成为一个单本位制货币体系国家。在灾难到来之前，时代已经为人们找到了预防的措施和补救的方法。复本位制货币体系的混乱、管理的不善才是导致灾难的根源，可以采取的补救措施就是建立单本位制货币体系。尽管这次改革没有运用与货币相关的术语，也没有阐明与货币相关的理论，但这并不重要，最重要的事实是法兰西王国政府从实践中暂时掌握了货币的本质，尽管这种认识还比较模糊，但足以阐明货币问题的因果关系。从总体来看，法兰西颁布的货币改革条例实际上是一纸空文，虽然它确立了单本位制货币体系，但没能实现想要达到的目标。这是时代造就的不幸。在法兰西的货币改革条例中，有不符合现实情况的内容。改革之所以无法达成目标，是因为这些条例中有两项完全不同的规定，这意味着其中一项规定不可能按改革计划实施。法兰西王国政府努力想把一埃居的价值限制在六十索尔迪，但这不可能实现，因为那时的人只把目光聚焦在价格上，并不关心清偿方式。所以，法兰西货币改革条例中最关键的部分就这样被人们忽视了。在法兰西国王亨利三世去世前后，一埃居的价值已经被货币投机商炒作到了六十四索尔迪。法兰西王国政府在1594年3月30日发布公告，把一埃居的价值回调到1577年那份著名的公告中规定的价值——六十索尔迪。不过，政府很快就发现，想把一埃居的价值回调到1577年的水平没有任何可能。1602年9月，法兰西王国政府完全废除

▲1586年塞戈维亚铸币厂铸造的八雷亚尔银币

　　1586年，西班牙政府引进水轮碾压机技术，在塞戈维亚建造了新式铸币厂，从此进入机制币时代。

▲西班牙铸造和发行的皮斯托尔金币

　　皮斯托尔是17世纪西班牙的一种古老的金币。

了1577年的公告建立的货币体系，取消了采用埃居结算的清算制度，重新恢复了采用里弗尔结算的旧清算系统。此时一金埃居的价值被定为六十五索尔迪，法兰西再次允许外国货币在本国流通和使用。法兰西国王亨利四世认为，亨利三世改革条例建立的那套几近完美的货币制度和体系会让"所有的商品都更贵"，于是他发布公告将其废除。亨利四世的公告不可能完全代表所有反对货币改革的人都很无知。在当时的立法者看来，物价上涨是唯一糟糕的事情，实际上物价平稳上涨根本不是一件坏事。其实亨利四世根本没必要去关注物价问题，但他就是把关注点放在了物价问题上。另外，物价上涨是避免不了的事情。亨利四世并没有注意到这一点，或者说他根本没有看到欧洲各地区货币兑换比率不统一才是造成物价不断上涨这一灾难的原因。但在当时，由于没有其他补救方案可供实施，因此，事实证明亨利三世的改革方案是有效的。然而，亨利四世在1602年废除了亨利三世的改革方案，撤销了保护法兰西货币的屏障，导致大灾难终于畅通无阻地到来。

勒布朗认为，1577年建立的货币制度其实是失败的，它没能实现法兰西想要达到的目标。由于物价不仅没有回落，反而持续上涨，因此废除这套货币制度是理所应当的事情。"法兰西在1602年颁布法令后，经历了七年的和平，金埃居贬值到之前六十五年战乱时期的地步。"简单的事实是，和平时期的贸易活动也许比战乱时期更加活跃。应该关注的是埃居对外国标准货币的相对贬值程度，以及贬值率和货币兑换比率造成的货币系统的混乱状况，而非埃居贬值的程度。

对货币改革措施的失败，亨利四世感到非常震惊，于是他召集法兰西最贤明、最优秀的人前来举行货币会议。即便亨利四世遭到暗杀，此次货币会议也没有停止。在会议中，抱怨声再次四起，人们认为允许外国货币在本国流通会导致法兰西良币全部外流，引发严重的货币混乱，将法兰西的商业摧毁。法

▲1604年法兰西铸造和发行的亨利四世铜币

1604年，法兰西王国铸造和发行了亨利四世铜币，铜币的正面为法兰西国王亨利四世头像，背面为亨利四世与女神握手图。

兰西各个地方的贸易城镇都召开了货币会议。参加货币会议的代表的意见在1614年12月5日正式形成公告，并在1615年初颁布实施。根据这份公告，银币的价值保持不变，一金埃居的价值从原来的六十五索尔迪上升到七十五索尔迪；而且一金埃居的价值上涨多大比例，一马克黄金也应该按此比例上涨。所以，白银与黄金的兑换比率从原来的12.01:1变成了13.9:1。可以毫不夸张地说，这次会议上颁布的白银与黄金的兑换比率，把法兰西从1622—1623年英格兰和德意志发生的巨大灾难中拯救了出来。1615年制定的黄金与白银兑换比率，一直被沿用到1636年才做了改变。法兰西在1636年5月8日将白银与黄金的兑换比率略微下调至13.61:1。两个月后，法兰西王国政府意识到法兰西良币正在外流，"法兰西良币会从本国全部外流出去，这对我们来说是巨大的损失……"，所以在1636年6月28日尝试规范了货币的兑换过程，并发布了相关的公告。但是，尝试规范货币兑换过程的努力也徒劳无功，白银与黄金的兑换比率在1636年9月22日骤然上升到15.36:1。

第 10 节
1640 年法兰西的货币改革

　　假如与其他国家的黄金与白银兑换比率比较，我们就可以发现法兰西政府采取的措施非常专横。然而，法兰西政府的措施也为其未来埋下了隐患，它也将因此遭受惩罚。复本位制规则的本质是，不管采用哪几种金属铸造货币，一旦兑换比率超出法令规定的限度，造成货币兑换比率出现差别，那么这种差别马上就会让一种金属成为与其相对的另一种金属的支点或杠杆点——购买力。不管是哪一种金属的价值被低估，也就是该金属的购买力相对较低，那么这种金属最终都会逐渐退出市场。法兰西政府采取专横的货币政策四年后，也就是1640 年，人们感觉货币贬值的情况非常严重。为了彻底且永久地解决问题，法兰西政府在 1640 年 3 月 31 日宣布将重新铸造货币——金路易。重新铸造货币金路易的效果非常显著，该项措施应该得到赞扬。从 1640 年至 1641 年，法兰西政府经过审慎的思考，不仅重新铸造了货币，还重新规定了黄金与白银的兑换比率，兑换比率从过去的 15.36:1 调整为 14.49:1。法兰西政府请来一批专家，在巴黎召开了货币会议。这次货币会议详细分析了 1640—1641 年周边国家普遍实施的白银与黄金兑换比率，发现周边几个国家或地区白银与黄金的兑换比率分别是：

德意志	12:1
米兰	12:1
佛兰德斯、荷兰	12.5:1
英格兰	13.33:1

所以，法兰西政府决定将白银与黄金的兑换比率调整为13.5:1，这个兑换比率高于周边国家和地区。

法兰西政府将白银与黄金的兑换比率调整为13.5:1后几年的历史变化，非常具有启发性。之后，货币仍然继续贬值。法兰西政府在1652年4月4日发布一则公告，禁止一些旧货币流通，并再次尝试规范货币的兑换过程。三年后，也就是1655年，法兰西政府称金路易和银埃居不断被不法商人伪造，因此决定铸造银百合和金百合。为此，勒布朗说："所有人都知道，铸造银百合和金百合真正的目的，与不久后决定铸造四索尔迪银币的目的并没有什么不同。利用同样的借口，法兰西政府在1641年改变了金银的兑换比率，即便民众抗议这种做法也没有作用。直到人们在使用新货币的时候，发现其重量不够，法兰西政府才被迫停止铸造金百合。法兰西政府在1656年3月15日颁发公告，将已经铸造完成的一金百合的价值规定为七里弗尔，并把一金路易的价值提升到十一里弗尔。"银币的价值并未发生变化，不过白银与黄金的兑换比率从原来的13.5:1调整为14.71:1。

▲1640年法兰西铸造和发行的路易十三金路易

这枚金币正面铸有路易十三的头像。背面有四顶王冠，象征着路易十三、法兰西国王、纳瓦拉国王、奥尔良公爵和巴塞罗那伯爵，四位一体的勋位。

第 11 节
16—17 世纪佛罗伦萨的货币政策

　　安特卫普在 15 世纪时成了欧洲的货币兑换中心，威尼斯和佛罗伦萨商业市场的核心地位逐渐被削弱。威尼斯和佛罗伦萨两地在这一阶段的货币史，已经没有过去这两地的货币史那么重要了。不过，我们不能因为这个原因就放弃对威尼斯和佛罗伦萨的关注。威尼斯和佛罗伦萨没能像过去一样，利用其他国家货币兑换比率的变化获取利益，而是像尼德兰之外的其他国家一样备受怜悯。在佛罗伦萨政府于 1531 年 8 月 4 日以立法的形式提高物价之前，佛罗伦萨并未显现出因发现美洲大陆而引发的贵金属产量变化带来的影响。三年后，也就是 1534 年 3 月 5 日，人们发现佛罗伦萨的货币体系遭受了在本地流通的外国货币的冲击，唯一处于流通状态的本国货币耗损严重、贬值厉害。所以，佛罗伦萨政府下令重新铸造货币，并禁止一切外国银币在本国流通，要求所有交易的付款、合同约定的金额都以政府发行的斯库迪金币进行结算。为了掌握商业要素的变化情况，佛罗伦萨政府规定，铸币厂的工作人员每隔十五天要对在本地流通的外国货币进行估值，而且要公布估算的结果。

▲ 1635 年萨伏依王朝铸造和发行的十斯库迪金币

　　这枚金币是意大利萨伏依王朝公爵维托里奥·阿梅迪奥一世在 1635 年铸造和发行的十斯库迪金币，重约 33.25 克，由都灵铸币厂铸造。

佛罗伦萨政府颁布的法令非常简单。为避免大量廉价的银币大幅度贬值带来冲击，佛罗伦萨政府事实上采用了金本位制。由于受到商业惯例的影响，再加上整个商界对这个能够解决货币实际困境的补救方法存在争议，导致佛罗伦萨政府颁布的法令没能得到长久的重视，也没能得到遵守。在中世纪的欧洲，人们普遍习惯于同时使用包括金币和银币在内的所有类型的货币，佛罗伦萨人也不例外。外国银币在1552年又被允许在佛罗伦萨流通，而且流通的数量非常大，这对佛罗伦萨的金币造成了影响。所以，佛罗伦萨政府按照1552年5月18日颁布的法令再次禁止外国货币在本地流通并驱逐外国货币。但在三年后，也就是1555年2月28日，佛罗伦萨政府宣布恢复外国货币在本地流通。然而，到1557年4月29日，佛罗伦萨政府又一次禁止外国货币在本地流通。事实上，我们现在讨论的16至17世纪的佛罗伦萨货币史上，曾多次禁止外国货币在本地流通。截止到1660年，佛罗伦萨已经颁布过十三四个不同系列的法令，目的都是禁止外国货币在本地流通，同时让佛罗伦萨夸特里尼银币贬值。假如这一时期的佛罗伦萨能像安特卫普一样站在商业领域金字塔的顶端，那么它的货币政策及对货币制度改革的尝试，就能激起我们巨大的兴趣。令人沮丧的是，这一时期的佛罗伦萨并没有处于商业领域金字塔的顶端，更无法在其领土上把自己的法令执行下去。佛罗伦萨失去以往的商业地位后，只能与欧洲其他国家一样，任凭周边国家货币兑换比率及荷兰金融家的摆布。根据佛罗伦萨政府在1630年4月5日颁布的法令，"考虑到短期内从各外国铸币厂向佛罗伦萨输入的外国货币数量太多，而且标准各不相同"，所以禁止所有外国货币在佛罗伦萨境内流通。五年后，也就是1635年，佛罗伦萨的金币大幅度贬值，严重到需要通过立法的形式进行干预的地步[1]。

▲1663年萨伏依王朝铸造和发行的十斯库迪金币

这枚金币是意大利萨伏依王朝公爵卡洛·埃马努埃莱二世在1663年铸造和发行的十斯库迪金币，直径约45.07毫米，重约33.28克，由都灵铸币厂铸造。

---

[1] 佛罗伦萨政府在1635年2月9日颁布法令，对金币贬值进行干预，而且在1661年2月3日对其进行了修订。——原注

佛罗伦萨政府在 1661 年 2 月 3 日再次发现，除了银块之外，应该禁止西班牙的各种银币和秘鲁的银币雷亚尔在佛罗伦萨流通，但这些地区的金币仍然可以继续流通。这里列举的法令，只是大量此类法令中的冰山一角，但和大型商务运营一样，列举出来的法令已经可以充分地展现佛罗伦萨货币变化的趋势。佛罗伦萨政府颁布的那些枯燥无味的法令规定的细节背后，隐藏了很多商业上的混乱和灾难。对此，英格兰的情况给予了进一步的说明。

第 12 节
16—17 世纪神圣罗马帝国的货币状况

▲1479 年神圣罗马帝国铸造和发行的七杜卡特金币

这枚金币是马克西米利安一世为了纪念已故的第一任妻子玛丽铸造并发行的。金币正面和背面分别雕刻了两人的胸像。

神圣罗马帝国的历史就是一部非常混乱且错综复杂的货币史。神圣罗马帝国的最高统治者并不具备强制诸侯执行货币政策的能力，不管是在帝国颁布的货币条例中，还是在政治领域，这一点都表现得非常明显。神圣罗马帝国颁布的法令常常遭到冷遇，不管是帝国境内的独立统治区，还是独立诸侯或诸侯联盟，每一个都可以更改帝国的法令或者制定自己的法令。通过神圣罗马帝国那没有章法、令人头晕的货币体系，可以看出其货币价值的大致变化趋势，表明神圣罗马帝国的货币改革经历和欧洲同期的其他国家大体相同。

和尼德兰、法兰西以及英格兰一样，美洲大陆的发现对神圣罗马帝国货币体系产生的影响一直到 1520 年前后才逐渐显示出来，其对神圣罗马帝国的影响方式与其他国家也没有什么不同。贵金属的涌入、价格的变动、货币兑换比率的混乱，让神圣罗马帝国内部哀声一片。1520 年，神圣罗马帝国在福希海姆召开了货币会议。1522 年，在纽伦堡举行的议会上，神圣罗马帝国的议员们展开了激烈的讨论，同时对那些

没法使用的价值低或伪造的货币表示强烈不满——"由于货币兑换和掠夺，银币和金古尔登都流失到国外去了。"人们在帝国议会上发牢骚，致使神圣罗马帝国皇帝查理五世于 1524 年在埃斯林根宣布了其三大铸币法令中的第一部法令，这部法令的主要内容详见下面的表格和附录 5。

神圣罗马帝国的第一部铸币法令，成功地将白银与黄金的兑换比率从原来的 10:1 或 11:1 调整为 11.38:1。每古尔登的价值从原本的十七先令四便士，提升到十七先令六便士。在本国流通的外国金币全部以同样的比率进行兑换，不管是谁，只要用更高的价格兑换外国金币，都会遭受严厉的处罚。另外，神圣罗马帝国宣布禁止向国外输出金银，违反规定的人会被判处死刑或者没收资产。

不过，这部由神圣罗马帝国皇帝查理五世颁布的法令形同废纸，该国货币混乱的状况仍然日益严重。

1501—1622 年神圣罗马帝国银币价值的变动情况

（以神圣罗马帝国及其境内邦国的铸币条例为基础，用一格罗申银币的价值变动情况进行说明）

时间（年）	一科隆马克铸造的货币数量	成色		换算成传统货币的价值		协议或条例
		洛特	格令	克罗伊茨	芬尼	
1501	126	6	1	3	$2\frac{37}{42}$	不伦瑞克－吕讷堡公爵埃里克一世、不伦瑞克－吕讷堡公爵亨利四世、希尔德斯海姆主教兰茨贝格的巴尔德二世达成的希尔德斯海姆、汉诺威、吕贝克和哥廷根等地的协议
1510	160	6	0	2	$3\frac{1}{4}$	哥廷根
1524	136	12	0	6	$2\frac{8}{17}$	神圣罗马帝国皇帝查理五世在埃斯林根颁布的第一部帝国铸币法令
				3 （$\frac{1}{2}$格罗特）	$1\frac{4}{11}$	
1533	123	7	0	4	$1\frac{3}{4}$	奥格斯堡铸币法令
1535	$91\frac{47}{131}$	8	0	6	$2\frac{101}{874}$	奥地利大公斐迪南一世与莱茵王权伯爵、奥格斯堡和乌尔姆达成的铸币协议
1551	$94\frac{1}{2}$	7	5	5	$3\frac{59}{567}$	神圣罗马帝国皇帝查理五世在奥格斯堡第二次颁布的帝国铸币法令
	100	7	6	5	2	

时间（年）	一科隆马克铸造的货币数量	成色		换算成传统货币的价值		协议或条例
		洛特	格令	克罗伊茨	芬尼	
1558	88	6	9	5	$2\frac{7}{44}$	萨克森铸币条例
1559	$108\frac{1}{2}$	8	0	5	$2\frac{26}{217}$	神圣罗马帝国皇帝斐迪南一世颁布的铸币条例
1572	$108\frac{1}{2}$	8	0	5	$2\frac{26}{217}$	下萨克森流通法令
1610	234	14	4	4	$2\frac{82}{351}$	下萨克森流通法令
1617	144	8	0	4	$\frac{2}{3}$	下萨克森流通法令
1622	$108\frac{1}{2}$	8	0	5	$2\frac{26}{217}$	上下萨克森流通法令

1506—1559 年神圣罗马帝国金币价值的变动情况

（以神圣罗马帝国及其境内邦国的铸币条例为基础，用一金古尔登即莱茵盾价值的变动情况进行说明）

时间（年）	一科降马克铸造的货币数	成色		相当于传统货币的价值			协议或条例
		24 克拉	12 格令	弗罗林	克罗伊茨	芬尼	
1506	$71\frac{1}{3}$	18	6 金币	3	6	$\frac{132}{7597}$	班贝克、维尔茨堡和勃兰登堡之间的协议
		3	6 银币				
1509	$71\frac{1}{3}$	18	6 金币	3	6	$1\frac{3185}{7597}$	法兰克福铸币条例
		4	0 银币				
1524	89	22	—	2	54	$3\frac{5019}{6369}$	神圣罗马帝国皇帝查理五世在埃斯林根颁布的帝国铸币法令
1551	$71\frac{1}{3}$	18	6 金币	3	6	$\frac{3682}{7597}$	神圣罗马帝国皇帝查理五世在奥格斯堡颁布的帝国铸币法令
		3	8 银币				
1559	72	18	6 金币	3	4	$1\frac{2267}{3834}$	神圣罗马帝国皇帝斐迪南一世颁布的帝国铸币条例
		3	8 银币				

第 13 节
神圣罗马帝国的三大铸币法令

　　为了执行最新的铸币法令并评估当前的货币状况，奥格斯堡议会在 1530 年要求组建专门的委员会。虽然神圣罗马帝国政府曾多次努力推动新货币法令的执行，但都没有多大效果。神圣罗马帝国境内各诸侯采用的唯一可执行的策略也非常致命，这个策略就是：相邻的诸侯国在小范围内达成铸币协议。相邻诸侯国间签订的这种小范围的铸币协议层出不穷，让神圣罗马帝国的货币史变得更加错综复杂。九年后，也就是 1539 年，神圣罗马帝国皇位继承人斐迪南一世在奥格斯堡举行了货币会议。历史证明，此次货币会议没有起到任何效果。相邻诸侯国间签订的货币协议到期后，为解决货币混乱的现状，奥格斯堡议会在 1548 年再次宣布召开货币会议。部分与会代表在 1550 年 10 月 8 日召开的货币会议上表达了这样的观点："五十多年甚至八十多年来，白银与黄金的兑换比率始终维持在 12:1 到 13:1 之间。但在这段时间里，神圣罗马帝国发行的金属货币—古尔登的价值一直高于七十六克罗伊茨。自此以后，外国人比我们还了解莱茵古尔登金币和克罗伊茨的价值。因此，法兰西和英格兰四处搜罗古尔登和克罗伊茨。"

　　所以，神圣罗马帝国官方下令彻底调查和评估当前货币的混乱状况。依照 1550 年货币会议上提出的建议和最后发布的评估报告，神圣罗马帝国政府于 1551 年在奥格斯堡颁布了第二部帝国铸币法令。通过分析当时国外普遍使用的货币兑换比率并进行合理的预测后，第二部帝国铸币法令把白银与黄金的兑换比率定为 10.83:1，这是该铸币法令的基础。但第二部铸币法令和上一部法

令没什么不同，仍然被历史事实证明没有任何效果。在随后的
1551—1561 年的十年中，黄金的相对价值不断攀升，白银的相
对价值不断降低。神圣罗马帝国皇帝斐迪南一世不得不于 1559
年 8 月 19 日在奥格斯堡颁布第三部货币法令，这也是神圣罗马
帝国颁布的最后一部铸币法令。该铸币法令将白银与黄金的兑
换比率定为更高的 11.44:1，所以一莱茵古尔登的价值从原来的
七十二克罗伊茨上涨到七十五克罗伊茨。由于奥格斯堡议会的
推动，神圣罗马帝国在 1566 年 5 月 30 日宣布恢复帝国塔勒银
币的铸造，这说明白银的产量已经明显增加了。神圣罗马帝国
议会此次提出的建议，是 1564 年讷德林根货币会议讨论出来的
结果，与会代表还在讷德林根召开的货币会议上，对神圣罗马
帝国货币疲软的现状和货币价值被低估的问题表达了强烈不满。

▲神圣罗马帝国皇帝斐
迪南一世（1558—1564 年
在位）

　　神圣罗马帝国于 1559 年颁布的铸币法令实际上仍然是一纸
空文，不过该铸币法令在名义上一直沿用到 1600 年。神圣罗马
帝国议会希望 1559 年颁布的铸币法令能跟上时代的步伐，并在
1566—1596 年最少七次尝试强制执行该法令。1570 年，在施派
尔召开的议会上，议员们对不遵守铸币法令造成的贵金属持续
损耗的状况抱怨连连。神圣罗马帝国境内流通的货币中已经没
有本国的任何货币，只有外国货币和伪币。所以，生活必需品
的价格已经上涨到令人望而生畏的程度。1571 年在法兰克福和
1576 年 10 月 12 日在雷根斯堡召开的议会上都有此类抱怨。神
圣罗马帝国不得不再次颁布施行皇帝斐迪南一世颁布的最后一
部铸币法令，强制要求勃艮第人和瑞士人都要执行该铸币法令。
人们对金银币的铸造问题及莱茵河畔的货币兑换商利用货币兑
换发家致富抱怨不断。由于兑换货币会带来巨大的损失，所以
尼德兰和瑞士都禁止帝国塔勒在其境内流通，而且再次禁止输
出金银。以银币阿尔博斯减少三分之一的重量为例，人们已经
注意到货币普遍贬值的情况了。此时，兑换一古尔登金币就需
要三十六阿尔博斯，而过去只需要二十六阿尔博斯。

第 14 节
1580 年神圣罗马帝国货币混乱的状况

　　四年后，也就是 1580 年，奥地利大公斐迪南二世颁行新的货币价值表，以限制货币外流。神圣罗马帝国境内的各诸侯国在 1582 年共同协商了铸币条件后，强烈提议再次禁止货币外流，意大利人尤其支持这项提议。十七天后，也就是 1582 年 9 月 20 日，神圣罗马帝国政府在奥格斯堡召开的议会上，采纳了禁止货币外流的建议。在当场通过的法令的序言中还提到，本国货币的大量外流，导致物价失控般地疯涨。序言中还要求禁止在神圣罗马帝国境内流通和使用各种外国货币。

◀奥地利大公斐迪南二世

（1564—1595 年在位）

决议在议会通过后，神圣罗马帝国于1582年12月10日颁布了新的铸币法令。历史证明，这次颁布的新铸币法令，与其他铸币法令一样，仍然没有溅起任何水花。两年后，也就是1584年7月，法兰克尼亚公国、施瓦本公国和巴伐利亚公国这三个在施行铸币法令方面具有代表性的地区，开始抱怨货币外流的状况。紧接着，从1583年到1586年，神圣罗马帝国的数百万枚货币通过莱茵省流向了尼德兰。相对而言，从神圣罗马帝国流向意大利的货币就少很多。

为应对货币外流，神圣罗马帝国皇帝鲁道夫二世又颁布了一部法令，但没有起到任何作用。1585年，法兰克福集市上的商人发现，他们在使用杜卡特和帝国塔勒交易时不得不缴纳兑换货币的手续费。在商人实际交易的过程中，一腓力塔勒的价值是八十二克罗伊茨。根据名义上还有效力的帝国铸币法令，一帝国塔勒的价值应该是六十八克罗伊茨，但在实际交易的过程中却仅仅值七十四克罗伊茨。在实际交易的过程中，商人将白银与黄金的兑换比率确定为11.4:1。

将白银与黄金的兑换比率确定为11.4:1的一部分商人，在1586年1月受到了调查。在问及货币外流的途径时，接受调查的商人解释说在纽伦堡兑换货币，通过套利能够获得9%或10%的利润。

▲1594年在萨尔茨堡教区铸造和发行的八杜卡特金币

这枚八杜卡特金币正面是风暴、冰雹和波涛中的三层高塔，背面是圣鲁伯特和圣维奇里两位主保圣人护卫着椭圆形盾徽。

第 15 节
德意志爆发的劣币危机

　　不过，不管是在理论上，还是在名义上，在尝试解决货币问题的时候，相邻地区组成的名目各异的流通圈和货币联盟制定的规则各不相同，导致 1559 年制定的货币政策把没有得到执行的国内法令一直沿用到了 1600 年。1600 年的货币贬值引发了物价剧烈波动，这引起了人们的恐慌。所以，这个阶段被称为劣币危机期。总体来说，人们的恐慌情绪是由神圣罗马帝国自身混乱的货币体系导致的，这种混乱的货币体系也导致良币外流，最后造成货币体系陷入困境。货币体系陷入困境始于神圣罗马帝国政府依照不同货币的贬值情况铸造了低面值的货币。铸造成的一塔勒，其价值超过了二十四格罗申银币或三十六马里安格罗申银币，但依照 1559 年颁布的铸币法令，一塔勒的价值与二十四格罗申银币或三十六马里安格罗申银币一样。1618 年，一塔勒的价值上升，与流通中一塔勒六格罗申银币的价值相等，相当于四十八马里安格罗申银币的价值。1620 年，一塔勒的价值继续上升，与流通的二塔勒价值相等，1621 年更是上升到与七八塔勒的价值相等。同时，一杜卡特的价值上升到十三弗罗林三十克罗伊茨。

　　帝国塔勒的价值变动表如下：

时间	弗罗林	克罗伊茨	时间		弗罗林	克罗伊茨
1582 年	1	8		1 月	2	20
1587 年	1	9	1621 年	2 月	2	24
1590 年	1	10		3 月	2	30
1594 年	1	11		4 月	2	36

（续表）

时间		弗罗林	克罗伊茨
1596 年		1	12
1603 年		1	14
1604 年		1	14
1605 年		1	15
1607 年		1	16
1608 年		1	20
1609 年	6 月 15 日	1	22
	7 月 7 日	1	24
	12 月 19 日		
1610 年		1	24
1613 年	9 月	1	26
1614 年	8 月	1	28
1615 年	1 月 1 日	1	24
	3 月	1	28
	11 月 17 日	1	30
1616 年		1	30
1617 年		1	30
1618 年		1	32
1619 年	10 月	1	48
	12 月	2	4
1620 年	6 月	2	8
	11 月 9 日	2	20

时间		弗罗林	克罗伊茨
1621 年	5 月 25 日	2	48
	5 月 31 日	3	15
	6 月	3	6
	7 月	3	15
	8 月	4	0
	8 月 10 日	3	15[A]
	9 月	4	30[A]
	10 月	5	0[A]
	11 月	5	30[A]
	12 月	6	30[A]
	12 月 20 日	3	15
1622 年	1 月 18 日	7	30[B]
	1 月 27 日	4	30
	2 月 10 日	10	0[C]
	3 月	10	0
	3 月 12 日	6	0
	6 月 16 日	3	15[A]
	10 月	5	0[B]
	11 月	6	0[B]
1623 年	4 月	1	30
最后一个数字维持到了 1669 年			

[A] 纽伦堡

[B] 奥格斯堡

[C] 维也纳

金古尔登价值的变动情况与帝国塔勒价值的变动情况非常类似。

上面这个表格非常有说服力，它展现了 1621—1622 年货币危机的剧烈程度和带来的市场恐慌程度——混乱的劣币危机引发了商业灾难，使 1621—1622 年成为德意志商业灾难的核心时期。与之后伴随复本位制造成的混乱和白银问题一样，针对货币危机展开的评述和争论极具启发性。以汉堡地区为例，1609 年，一塔勒的价值为二十四先令，而此时期逐渐上涨为三十三先令。在几年时间里，塔勒经历了令人激动的升值过程。

时间		先令	芬尼	时间		先令	芬尼
1609 年	10 月	36	0		7 月	42	6
1610—1613 年		37	0	1618 年	9 月	43	0
1614 年	12 月	37	6		11 月	44	0
1615 年	8 月	38	9	1619 年	9 月	46	6
1616 年	1 月	40	0		10 月	48	0
	8 月	41	0	1620 年	8 月	52	0
1617 年	4 月	40	6	1621 年	2 月	53	0
	8 月	41	0		3 月	54	6
	9 月	41	6		5 月	54	0
	11 月	42	0	1622 年	5 月	48	0

　　根据对即将到来的铸币混乱的预测，汉堡、吕贝克、梅克伦堡和石勒苏益格 - 荷尔斯泰因在 1609 年 3 月 3 日共同达成了铸币协议。"对国家和民众而言，铸币的混乱状况是巨大的灾难，为防止这种问题发生，我们应该提前采取预防措施，阻止各种银币继续进入流通领域。"七年后，也就是 1616 年 1 月 10 日，汉堡的金融家和商人提交了一份请愿书，他们在请愿书中抱怨混乱的货币体系导致汉堡离正常的贸易和货币兑换越来越远。在与法兰克福的货币兑换中，三十二吕贝克先令的价值短期内就从原本的七十四克罗伊茨下降到六十二克罗伊茨；在与阿姆斯特丹的货币兑换中，三十二吕贝克先令的价值从原本的四十六斯蒂弗下降到三十九斯蒂弗。但是，商人们对参议院建议设立外汇银行

▲1627 年巴伐利亚公国铸造和发行的圣母抱婴一泰勒金币
　　这是 1627 年由神圣罗马帝国巴伐利亚公国公爵马克西米利安一世发行的金币。巴伐利亚公国与匈牙利一直有在币面加铸圣母抱婴像的传统。

的提案没有发表任何意见，他们觉得没有必要设立外汇银行，而且设立外汇银行也会带来风险。另外，参议院要求取消商人为结算方便使用纸币的权利。

不过，三年之后，也就是 1619 年，参议院强烈呼吁组建一家银行。在参议院决议的序言中指出了组建银行的前提："大家都知道，到目前为止，混乱的货币体系造成了巨大的灾难。这不仅是由大面值银币兴起造成的，还是由价值较低的小面值银币过度流入市场造成的。正是这些原因导致教会、医院、寡妇和孤儿等组织和群体的共同利益，以及民众的个人利益，都遭受了非常大的损害。"

第 16 节
1619 年汉堡银行成立

按照神圣罗马帝国议会做出的决议，著名的汉堡银行于 1619 年成立。汉堡银行后来的发展，对德意志北部货币史和商业史都有非常重要的意义。

有一点值得注意，那就是德意志货币危机爆发于英格兰货币危机前几个月。即便英格兰并未出现严重的铸币混乱或货币危机，但英格兰货币危机与德意志货币危机有一定的共同点。从某种程度上说，货币体系和铸币混乱实际上加剧了德意志的货币危机。

1623 年，神圣罗马帝国召开了一次由各地区代表团参加的铸币会议。神圣罗马帝国根据本次铸币会议的内容，为帝国的新货币体系确立了基础。根据本次会议确立的基础，一马克白银要铸造出九帝国塔勒二格罗申，一金古尔登的价值被定为一弗罗林四十四克罗伊茨，一塔勒的价值被定为九十克罗伊茨，一杜卡特的价值被定为二弗罗林二十克罗伊茨。此次会议关于货币价值的规定，在充满灾难又让人厌恶的三十年战争期间始终被保留在铸币法中。其实，德意志货币史的发展在三十年战争期间是一个空白。神圣罗马帝国货币史在 1665 年进入了一个新的历史时期。在这

▲巴伐利亚公国铸造和发行的五杜卡特金币

这枚金币由神圣罗马帝国巴伐利亚公国铸造和发行，正面为巴伐利亚公国国王马克西米利安二世夫妇胸像，背面为家族盾徽。

个时候，人们再次听到有关货币面值太低的抱怨。但是，我们很难清楚地说明，德意志货币史的沉寂，多大程度上归功于1623年处理货币铸造问题的经济智慧，或者多大程度上归功于三十年战争。我们无法用语言表述德意志经历的痛苦，它的痛苦几乎都隐没在不为人知的黑暗中。总之，德意志民众的生活在三十年战争期间受到了严重的影响，甚至连商业活动也中断了。

第 17 节
17 世纪西班牙在欧洲货币体系中发挥的作用

16—17 世纪，在欧洲的货币体系中，西班牙的作用还不太显著。西班牙发现了美洲新大陆，成为贵金属的获得者和分配者，而且出色地完成了贵金属的分配任务。但是，西班牙对贵金属的分配是以自己的政治和商业前途为代价展开的。假如西班牙王国是一个独立的商业国家，能够做到自给自足，那么它从美洲新大陆获得的贵金属就会在本国停留更久，但欧洲其他地区会因此面临困境。很可惜，西班牙王国并不是一个自给自足、商业独立的国家。西班牙自己生产或加工制造的商品非常少，流向西班牙海滨的财富，都是以不正当手段从美洲获得的沾满鲜血的利润，这助长了西班牙不切实际的虚荣心，使其更加没办法发展自己的制造业和商业。直到现在，在美洲发现的这笔贵金属财富带给短暂的西班牙帝国的灾难性影响仍然存在，因为西班牙无法适应商贸活动，其本性和成长经历还是与过去一样。对西班牙来说，来自美洲新大陆的财富给本国带来了惩罚，它发现自己能够使用从新大陆带来的黄金和白银购买任何物品。因此，西班牙王国放弃了商业贸易，全身心投入到军事扩展和战争掠夺中。西班牙的商品主要来自它想要征服并奴役的英格兰或低地国家。在 17 世纪末，英格兰和尼德兰等地很欢迎西班牙把自己的金币拿过去交换。不过，值得注意的是，假如西班牙想充分合理地分配贵金属，唯一的条件是持有一种坚挺的货币。在很长一段时间里，由于西班牙在对外征服的过程中维持着西班牙货币的价值，而这种货币的贵金属含量高且成色好，比法兰西和尼德兰当时发行的货币更有价值，因此贵金属快速流出西班牙的原因就不难理解。所以，法兰西和尼德兰

都热切地希望能够搜寻到西班牙货币。西班牙货币是通过复本位制体系下未被认可的套利机制流出西班牙的，而不可能通过正常的贸易途径离开本国。正是由于西班牙货币品质好，法兰西政府在1641年选择采用西班牙的货币体系。我们并未在西班牙看到欧洲其他国家货币史的标志性事件，即抱怨贵金属损耗或者由此引发的商业乱象，这是因为西班牙的贵金属储备可以源源不断地得到补充，因此并未对它的商业活动造成干扰。来自美洲大陆的黄金和白银源源不断地流向西班牙，再由西班牙源源不断地流向尼德兰以及欧洲的其他地区。在流通过程中经过西班牙领土的贵金属，几乎都来自美洲大陆，同时西班牙还垄断了贵金属产品的流通，因此它站在了复本位制的制高点上。然而，即便西班牙的黄金和白银很多，没有马上感受到复本位制带来的灾难，但在复本位制法则下西班牙的财富确实源源不断地流向了境外。所以，在失去贵金属的垄断地位前，西班牙的货币体系并不会出现其他欧洲国家常见的货币危机和商业危机，也不会受到其他欧洲国家的货币会议或货币法令的干扰。西班牙货币史上出现的是有关铸造货币用的贵金属纯度的条例，以及根据贵金属价格调整铸造货币用的贵金属纯度的记录。在西班牙1537年颁布的《胡安法令》《卡洛斯法令》等铸币条例中，明确规定西班牙皇冠币和埃斯库多的含金量是二十二克拉黄金，"这与意大利政府和法兰西政府发行的面值更大的埃斯库多标准一样"。从这时起，西班牙才有了在国际意义上具有可比性的法令。

西班牙王国从1497年开始开拓海外殖民地，但其货币体系直到1558年还没有发生任何变化。1523年，在巴利亚多利德举行的议会上，人们向西班牙国王查理一世[1]请求下调金币的铸造标准和含金量，"下调西班牙金币的铸造标准和含金量后，

▲1637年西班牙铸造和发行的卡洛斯一世八埃斯库多金币

1530年，西班牙国王卡洛斯一世铸造了一种新型的金币埃斯库多，金币的正面刻有哈布斯堡家族盾徽，因此人们称这种新型金币为"盾"，西班牙语即"Escudo"（埃斯库多）。

---

[1]　即神圣罗马帝国皇帝查理五世。

▲西班牙国王查理一世
（1516—1556 年在位）

其价值就与法兰西铸造的太阳皇冠币一样，这样一来法兰西人就没办法再从西班牙王国攫取黄金了"。由于缺乏与货币相关的知识，西班牙议会提议将银币的数量减少，并发行价值更低的银币。西班牙国王直到 1537 年才妥协并采纳了议会的建议，而且以法令的形式将其确立了下来。我们可以肯定，议会通过降低金币含金量和价值的决议时，已经没有这个需求了。

根据 1523 年西班牙议会请愿书中的内容来看，大约在 1519—1520 年，贵金属价格的变动是欧洲货币史的标志性事件，它导致贵金属从西班牙大量流出，只不过来自美洲大陆的大量贵金属很快就弥补了从西班牙流出的贵金属。西班牙发现获得黄金和白银并不是多难的事情，因此并不在意其外流。西班牙在 1537 年颁布货币法令后，只有一项抱怨货币外流的记录，也就是 1552 年为了防止货币外流决定调整铸造货币用的贵金属的含量——"因为我们都知道，在其他国家，金银货币的内在价值比在西班牙高得多。"

面对贵金属外流，西班牙态度消极

从 1500 年到 1660 年，西班牙的铸币法令都是跟随欧洲物价的总体变化情况颁布的。西班牙官方应对贵金属外流的态度非常消极，并未尝试通过操纵金银兑换的比率抑制贵金属流出本国。西班牙国王腓力二世在 1566 年把金币的面值进一步提高了七分之一。尽管腓力二世这样做只是为了满足自己可耻的欲望，即利用部分贬值的货币填补西班牙枯竭的国库，但毫无疑问，这个举措具有消极的一面。将法兰西贵金属价值和物价的变动情况与西班牙进行对比后就会发现，贵金属价值上涨是普遍且正常的现象。西班牙在 1609 年和 1612 年逐步调整货币的价值是正常的行为，对此并不需要进行过多的评论。分析上面的内容可知，西班牙政府的货币政策很明显仅仅是机械地按照 16 世纪欧洲贵金属价值和物价的总体变动趋势进行的调整。西班牙政府丝毫不在意贵金属外流，觉得这件事无关痛痒。当别的国家都在认真甚至绝望地忙着保护本国的贵金属库存时，西班牙政府却把注意力放在了拓展海外殖民地和帝国的发展上。腓力三世在

▲西班牙国王腓力二世
（1556—1598 年在位）

▲西班牙国王腓力二世统治时期铸造和发行的十字银币

在腓力二世统治的后期，西班牙人终于摸索出了经典的十字银币设计，这个设计在西班牙本土一直使用了一百多年。

1598 年即位的时候，西班牙政府为拓展海外殖民地付出了沉重的代价。与此同时，西班牙政府负债超过一亿杜卡特，在那个时候这是一笔巨额债务。所以，作为财政预算或金融的权宜之计，腓力四世在统治时期发行了数额巨大的基础货币，这项举措与任何货币的价值变动都没有关系。西班牙政府发行了太多的货币。1625 年，与金币和银币相比，黄金和白银的溢价都固定在了 10%。1636 年，与金币和银币相比，黄金和白银的溢价分别达到了 25% 和 28%。1641 年 9 月，与金币相比，黄金的溢价更是高达 50%[1]。

西班牙发行的基础货币，往往是西班牙唯一见得到的货币。所以，西班牙金银货币的贬值加快了其储备的贵金属流失的速度，但这与我们正在研究的两种贵金属的总体价值变动情况没有多大关系，或者应该说根本就没有关系。西班牙政府大量发行的基础货币，更像是一种过度发行的低价值纸币。

贵金属产量的增减情况及金属价格的波动或不稳定情况，为研究这个时期复本位制下其他欧洲国家的货币史提供了具有启发意义的真实案例。但是，没有迹象表明西班牙受到了复本位制的影响，它稳步地获得贵金属，然后又稳步地输出贵金属。西班牙的任务是分配贵金属，通过西班牙，贵金属被输送到欧洲其他国家。当西班牙失去分配贵金属的垄断地位时，就会像英格兰、德意志和法兰西一样受到复本位制的荼毒，但西班牙政府并没有采取措施补救遭受破坏的复本位制带来的危机，这使得西班牙成了复本位制恶性循环的典型例子。失去垄断贵金属的地位后，西班牙政府才开始采取补救措施。商船每年运载着沾满劳工鲜血的贡品来到西班牙，而西班牙政府利用这些贡品消除复本位制带来的侵蚀和损失。

---

[1] 见本书附录 3《西班牙货币体系》。——原注

1504—1625 年英格兰金银币的铸造

下面的几张表简明地介绍了 1504—1625 年英格兰金银币的铸造情况。

1504—1601 年英格兰银币表

时间（年）	货币名称	用金衡格令进行衡量的重量	时间（年）	货币名称	用金衡格令进行衡量的重量
1504	便士	12	1552	便士	8
	格罗特	48		先令	96
	先令	144	1553	便士	8
1527	便士	$10\frac{1}{2}$		格罗特	32
	格罗特	$42\frac{1}{2}$		先令	96
1543	便士	10	1560	便士	8
	格罗特	40		格罗特	32
	先令	120	1601	便士	$7\frac{3}{4}$
1549	先令	80		先令	$92\frac{3}{4}$

1527—1625 年英格兰金币表

在位国王	时间（年）	货币名称	用金衡格令进行衡量的重量	纯度		等价物		
				克拉	格令			
亨利八世	1527	玫瑰贵族币或雷亚尔	120	23	$3\frac{1}{2}$	0	11	3
		君主币	240	23	$3\frac{1}{2}$	1	2	6

（续表）

在位国王	时间（年）	货币名称	用金衡格令进行衡量的重量	纯度		等价物		
				克拉	格令			
亨利八世	1544	天使币	80	22	0	0	8	0
		克朗	$57\frac{21}{67}$	22	0	0	5	0
		英镑	200	22	0	1	0	0
	1545	克朗	48	20	0	0	5	0
		英镑	192	20	0	1	0	0
爱德华六世	1549	英镑	$169\frac{7}{17}$	20	0	1	0	0
	1550	天使币	80	23	$3\frac{1}{2}$	0	8	0
		君主币	240	23	$3\frac{1}{2}$	1	4	0
	1551	英镑	$178\frac{8}{11}$	22	0	1	0	0
玛丽一世	1553	天使币	80	23	$3\frac{1}{2}$	0	6	8
伊丽莎白一世	1558	天使币	80	23	$3\frac{1}{2}$	0	10	0
		君主币	240	23	$3\frac{1}{2}$	1	10	0
		英镑	$174\frac{8}{11}$	22	0	1	0	0
	1601	天使币	$78\frac{66}{73}$	22	0	0	10	0
		英镑	$171\frac{61}{67}$	22	0	1	0	0
詹姆斯一世	1603	英镑	$171\frac{61}{67}$	22	0	1	10	0
	1604	联合金币、两辅币，二克朗，英格兰克朗、蓟花克朗	$154\frac{2}{3}$	22	0	1	0	0
	1605	天使币	$71\frac{1}{9}$	23	$3\frac{1}{2}$	0	10	0
	1610（含金量上升10%）	天使币	$71\frac{1}{9}$	23	$3\frac{1}{2}$	0	11	0
		联合金币	$154\frac{26}{31}$	22	0	1	2	0
	1619	天使币	$64\frac{11}{15}$	23	$3\frac{1}{2}$	0	11	0
查理一世	1625	天使币	$64\frac{11}{15}$	23	$3\frac{1}{2}$	0	10	0
		联合金币	$140\frac{20}{41}$	22	0	1	0	0

英格兰在1527—1625年发行的各种金币，通常用便士来衡量每格令黄金的价值，即纯度为二十三克拉三又二分之一格令的每格令黄金的价值情况具体如下表所示。

1527—1625 年英格兰用便士衡量的每格令黄金的价值情况表

时间（年）	用便士衡量的每格令黄金的价值	时间（年）	用便士衡量的每格令黄金的价值
1527	1.125	1601	1.626
1544（22 克拉）	1.281	1603（22 克拉）	2.236
1545（20 克拉）	1.470	1604	1.655
1549（22 克拉）	1.518	1605	1.27
1550	1.2	1610	1.856
1551（22 克拉）	1.425	1619	2.052
1553	1.0	1625	1.851
1558	1.5	1625（22 克拉）	1.838
1558（22 克拉）	1.425	—	

这几张表能说明的事实都是一样的。整体而言，英格兰货币价值的变动，引发了整个欧洲贵金属价格上涨。英格兰并未经历货币价值大幅度震荡，也并未遭受复本位制规律引发的商业危机。从 1504 年到 1625 年，英格兰大量的国家文件能够表明，复本位制并未在当地的商业领域引发危机。

一旦欧洲大陆的金价上涨，英格兰贵金属含量高的良币就会从本国流向国外，本国市场上将会充斥欧洲大陆贵金属含量更低的劣货或贵金属含量相同但面值更高的货币。伴随着物价上涨的通常是不断增长的贸易额，贸易的增长需要宽松的货币政策，而非紧缩的货币政策，这实际上会增大货币贬值的压力。

第 20 节
托马斯·沃尔西管理铸币的政策

　　1519 年是很特殊的一年，在这一年，欧洲大陆的航海事业开始崛起，英格兰贵金属的供应也出现了动荡。在英格兰档案局保存的一份国家文件中记载了德意志人赫尔曼·金在 1519 年 6 月向托马斯·沃尔西提交的建议书。关于"怎样从德意志进口金银，以使铸币领域获取最大的利润"，赫尔曼·金提议适当调低价格，并在此基础上把贵金属的供应承包下来，形成固定的供应。他还补充说："假如托马斯·沃尔西指定一个人接收货币，那么我每年只要按照约定的价格供给二千马克或四千马克贵金属就可以了，不过必须保守秘密，一旦我们供应贵金属的事情暴露，就会面临很大的麻烦。由于德意志各诸侯有自己的铸币厂，因此都不愿意白银外流。"

　　货币兑换造成的影响，让英格兰国王亨利八世和神圣罗马帝国皇帝查理五世不约而同地意识到签订条约的必要性，于是他们在 1523 年签订了"新旧货币改革"条约。亨利八世和查理五世都认为，应该限制在交易过程中使用包括佛兰德斯金币雷亚尔、西班牙金币卡洛斯和二卡洛斯等在内的主要货币，他们还进一步达成了协议[1]。协议规定，除非德意志、意大利、西班牙、法兰西或其他地方发行的新货币具有与英格兰银币一样的固定价值，而且要获得英格兰和罗马帝国君主的认可，否则神圣罗马帝国政府不能向英格兰商人支付这些国家发行的新货币。

---

[1]　具体内容见本书附录 4。——原注

托马斯·沃尔西在1524年12月想要派遣专员去低地国家，要求低地国家把估值过高的货币都下调到正常的价值水平。不过，托马斯·沃尔西从住在梅克琳的威廉·奈特那里了解到："和几个每天都能听到参议会意见的人进行了交谈，这些人认为，德、法、意战争期间，下调估值过高的货币价值的任务很难完成，因为目前资产才是主要的商品。此外，与英格兰金币相比，法兰西金币的估值偏高，假如降低英格兰金币的价值，英格兰金币就会流向对岸的法兰西。"

采用任何类似托马斯·沃尔西所提的方法，都注定毫无任何效果。英格兰国王亨利八世治下的政府采用了更聪明的办法，那就是调整货币的面值。托马斯·沃尔西在1526年7月24日接到委任状，"将英格兰货币的价值提高到与外国货币同等的水平"。委任状中的信息非常简明，"在通用的货币中，一磅天使金币[1]价值二十七英镑，但加入合金后，一磅天使金币的价值就变成了二十九英镑六先令，其中十一先令可以让铸币厂厂长进行压印加工。托马斯·沃尔西要把一百零八枚实际价值四先令十又二分之一便士、名义价值五先令的玫瑰皇冠币作为回报返还给商人们。一磅天使金币重铸成货币后的价值是二十六英镑六先令八便士，所以在铸造货币的过程中，英格兰政府能从每磅黄金中获得四十八先令四便士的利润"。

在委员会进行调查后，英格兰政府在1526年8月22日颁布公告调整了货币兑换的价值：把一太阳皇冠币的价值从四年前的四先令四便士上调到四先令六便士；把一杜卡特的价值从原来的四先令六便士上调到四先令八便士。

英格兰政府在1526年10月30日发现，金币仍然在增值，货币仍然在外流。所以，英格兰政府对货币所含贵金属的纯度及其价值展开了调查。根据评判委员会的调查结论，英格兰政

▲英格兰国王亨利八世
（1509—1547年在位）

▲亨利八世统治时期铸造和发行的圣乔治贵族金币

这种金币正面铸有欧洲神话传说中的英雄圣乔治骑着马用长矛屠龙的图案，背面是一艘船、都铎王朝的徽章"都铎玫瑰"和十字架。

---

[1] 即贵金属含量为二十三克拉三又二分之一格令。——原注

▲亨利八世统治时期铸造和发行的格罗特银币

格罗特是一种面值为四便士的中型银币。在亨利七世统治时期，格罗特上第一次有了国王的侧面像，背面的设计也做了修改，十字和小点改成了国王的徽章。亨利八世登基后铸造的格罗特完全照搬了他父亲统治时期的设计，甚至包括头像。

府在 1526 年 11 月 5 日发布了第二份公告："调查欧洲大陆货币升值造成的货币外流情况。"在这份公告中，规定一君主币的价值为二十二先令六便士[1]，其他金币也按照同样的比例升值。银币按照过去的兑换比率继续发行，但英格兰政府为新发行的银币提供了新发行方案。根据新发行方案，一金衡磅白银要铸造成三先令九便士。最终，外国的杜卡特金币被视为金块，甚至连固定的兑换比率都没有。

同时，为了补充流失的货币，托马斯·沃尔西试图通过谈判的方式从安特卫普获得黄金。为了解决货币供应不足的问题，1526 年 11 月 21 日，托马斯·沃尔西给安特卫普的代理人哈克特写了一封奇怪的信。哈克特在信中说："这几天，我一直尝试和主要的商人在交易方面达成共识，但由于托马斯·沃尔西要求我只能用四先令六便士的价格购买杜卡特，因此商人都不愿意前来议价。然而，类似杜卡特的金币，铸币厂肯定愿意支付超过四先令十便士的价格。对于杜卡特，商人或者接受金币，或者接受太阳皇冠币和格罗特。最好的解决方法是让商人选择一两个代理商前来面见托马斯·沃尔西。假如英格兰政府能将金币的价值提高 2% 或 3%，甚至更高的幅度，这些商人会非常愿意把金币带离其领地。"

1527 年新颁布的铸币法和 1526 年 11 月发布的公告完全相符。在铸币税率和货币兑换的绝对价值方面，新货币可以起到恢复市场平衡的作用，从而使英格兰货币的升值幅度与欧洲大陆货币的升值幅度保持一致。但在 1527 年颁布的新铸币法中，兑换比率与过去相比几乎没有任何调整。

按照旧标准货币[2]，黄金与白银的兑换比率被定为 $1:11\frac{151}{755}$，仍然与以前一样；按照新标准货币，黄金与白银的兑换比率被稍微上调了一些，为 $1:11\frac{59}{220}$。但在当时的情况下，不管是货币

[1] 一君主币的价值原本是二十先令六便士。——原注
[2] 即贵金属含量为二十三克拉三又二分之一格令的货币。——原注

兑换协定,还是货币兑换比率的问题,新铸币方案都仅仅获得了短暂的成功。与过去一样,英格兰政府一直在观察欧洲大陆贵金属价格的变动情况,这对英格兰调整货币制度以适应欧洲大陆贵金属的价格波动还是非常有必要的。1529年发布的一份国家文件非常明确地叙述了当时的情况:

　　在伦敦的英格兰、意大利、佛兰德斯和西班牙的商人,因最后一条有关黄金的法令而产生了交易纠纷。根据作者的了解,英格兰进口了十万克朗和一万英镑黄金,除非谨慎地对待这些黄金,否则它会被这些商人再次带出英格兰。在英格兰发布新的铸币公告后,佛兰德斯黄金的公开标价比以前更高了,一贵族币的价格达到了二十四格罗特……有鉴于此,作者建议应该警告各港口的守卫者要忠于职守,确保黄金不会从英格兰流出。

第 21 节
1537 年英格兰和尼德兰的货币兑换比率

　　根据英格兰铸币厂的记录，金银的兑换比率多年来未曾发生变化，这说明 1527 年颁布的铸币法令确定的新铸币标准达到了很好的效果。这部铸币法令见证了流通的货币数量随着贸易和物价的稳定增长而增长的历史。不过，英格兰在 1535 年又一次出现了抱怨货币流失到国外的声音。所以，英格兰在 1535 年 7 月 15 日发布了防止货币外流的公告。英格兰对货币进行的变动和调整非常符合规律。赫顿于 1537 年 5 月 10 日从布鲁塞尔给托马斯·克伦威尔写的信中说："过去，商人为了获利，把黄金从国外运到了英格兰。如今，大量货币以纯银币格罗特的形式被从英格兰运到了尼德兰等地。货币外流耗损了英格兰本土的货币，损害了布料商的利益，因为在尼德兰市场流通的货币只有三种，即格罗特银币、太阳皇冠币和海尔德兰省铸造的'骑士格尔德'。"1537 年 8 月 6 日，赫顿在布鲁塞尔又写道："交易停滞，许多货币也许已经被转移到尼德兰等地，即便流入的货币都应该贬值……货币外流也会破坏英格兰克尔赛呢服装贸易的发展，而且很多货币将从英格兰流向尼德兰。"

　　仅仅由于欧洲大陆黄金与白银的兑换比率发生了变化，1526 年的黄金外流就变成了 1539 年的白银外流。相对来说，白银大幅度贬值是从 1550 年开始的。在 1550 年之前，虽然黄金和白银这两种金属的价格偶尔会出现白银相对升值或者黄金相对贬值的情况，但总体变化趋势是在一个水平线上。当兑换比率处于较低的水平时，英格兰白银的价格就会更低。兑换商盯上了货币兑换的差价，再加上立法者的疏漏，英格兰白银势不可挡地出现外流现象。同时，英格兰很

快在贸易和金融领域呈现出国际化趋势。欧洲货币体系的不统一，导致欧洲的货币从一个地方流出，然后流入另一个地方。就这样，通过在市场上进行贵金属交易，加莱的英格兰商人获得了大量利润。一位商人在 1538 年 8 月 27 日给英格兰国王亨利八世写的信中说道："我们的服装生意很好，加莱有非常多的货币，而且所有的商品都很贵。您的物品能换回三千多英镑的天使币和杜卡特。我们在加莱搜寻所有的天使币，只要给我一便士，我就能把天使币和杜卡特带回英格兰。所以，我相信过不了多久，加莱就没有金币了。"

第 22 节
1544 年英格兰的货币政策

　　尼德兰政府在 1539 年 4 月 15 日颁布了货币法令，导致尼德兰本土货币的面值面临上升的风险。同时，英格兰国王亨利八世很快就发现有必要对 1527 年建立的货币基础进行调整。一枚银便士在 1542 年的含银量从原本的十又二分之一格令下降为十格令。1544 年后不久，一枚天使币的价值就从原先的七先令六便士上升到八先令。英格兰政府在 1544 年 5 月 16 日发布了强制执行公告，将一盎司黄金的价格从原先的四十五先令上调为四十八先令、一盎司白银的价格从原先的三先令九便士上调为四先令。所以，按照上面的价格购买黄金和白银，并不会让英格兰黄金与白银的兑换比率发生变化，但如果按照铸币厂铸造出来的金银币的发行价格进行计算，1544 年后不久每天使币的价值就从原先的七先令六便士上调到了八先令。在 1544 年 5 月 16 日发布的这份公告中，英格兰政府把黄金与白银兑换比率的变化归咎于"法兰西和佛兰德斯等国家和地区的贵金属价格上涨，假如不采取措施进行补救，国外贵金属价格的上涨就会迫使英格兰的货币外流。英格兰王国为了不让货币外流，曾颁布禁

▲亨利八世统治时期铸造和发行的泰斯通银币

　　这种银币大约铸造于 1544—1547 年，重约 7.40 克，原值一先令，正面铸有英格兰国王亨利八世的头像，背面铸有王冠和都铎玫瑰。

令，要求港口的客户不得携带英格兰货币离开港口，但还是有许多客户为了获得巨大的收益偷偷将货币携带到了国外"。

所以，假如实事求是地评价英格兰政府在 1544 年采取的货币措施，我们就会知道这项措施并非导致货币贬值的主要因素。把英格兰于 1544 年颁布的法令视为导致其货币贬值的开端是不合理的，但英格兰国王亨利八世统治后期及其儿子爱德华六世统治时期确实因货币贬值而蒙羞。1544 年采取的货币措施，不过是为了保护本国货币采取的正当防范措施。货币真正开始贬值是从 1545—1546 年开始的，在这段时期，每枚泰斯通银币的含银量从十盎司下降到了四盎司，合金的含量从原先的二盎司提高到了八盎司。一枚泰斯通的含银量在 1550 年进一步降到了三盎司。

▲英格兰国王爱德华六世（1547—1553 年在位）

我们只在本书中讨论在复本位制基础上，贵金属价格自然发生的正常涨跌情况。所以，英格兰政府有计划、有目的地对货币进行贬值的历史和本书的主题并没有多大关系。到现在，人为地操作货币，对货币进行贬值的做法，仍然是非常随意且背离自然规律的行为。这说明经济的自然规则没能发挥作用。因此，对之后货币史的发展轨迹，我们不能与之混为一谈。在现实中，货币贬值倾向于发生在恶性的复本位制规则下，这也许是造成人们把货币的贬值归咎于自然法则下的正常结果的原因。不过，货币贬值，有很大一部分原因是政府武断的行为。

所以，在有关复本位制的历史中，各国政府为应对金币和银币贬值而采取了不公平的措施。

鉴于上述观点，我们对一些相关论断和暗讽持保留态度。我们能够证明复本位制法则下采用了何种恶意的方式导致货币贬值，并在这个基础上研究货币的贬值问题。发生于 1544 年的货币大贬值，是英格兰货币史上唯一有记录的货币贬值实例，相关的证据非常具有研究价值。

第 23 节
都铎王朝的货币贬值

为发展对外贸易而让货币贬值的做法很愚蠢且贻害无穷。货币的价值是按照货币中贵金属的含量估算的。国际上进行货币兑换的时候，是按货币中贵金属的含量来计算其价格。货币贬值会导致外国商品的价格随着货币贬值的程度而呈正比例上涨。外国商品价格上涨，很快就会扰乱国内贸易中商品的价格，而且会让国内贸易中商品的价格提升到国外的价格水平。由于存在贸易摩擦、局部信息不畅通和欠缺沟通等因素，国内不同地区贸易中商品价格的上涨幅度各不相同，各地商品的价格也会有偏差。而国内各地贸易中商品价格的偏差，又会造成货币兑换比率出现偏差，这就让重金主义者和金融家找到了获利的机会，他们能悄无声息地快速让良币或能带来利益的各种货币从流通市场消失。于是，商品的价格就不仅不会因货币数量的增加而继续上涨，反而会在可接受或有效的货币总量影响下大幅度下降。这样就导致了贸易市场衰落，乡村和城镇遭受巨大的灾难。

这不是在论文中推导出来的结论，而是被历史事件明确证明了的观点。

16—17 世纪英格兰主要从事的是毛织品贸易。考文垂以富庶繁荣著称，是毛织品贸易重镇。1549 年，也就是爱德华六世统治的第三年，是英格兰货币贬值最严重、价值最低的一年，考文垂的毛织品贸易在这一年消失殆尽，人口锐减到只有三千人，而"在过去的记忆中，考文垂曾有一万五千人在这里生活"。

关于物价上涨的现象和考文垂小镇的总体发展趋势，都被历史充分地证实。在破败的考文垂小镇，"有关英格兰王国共同利益的对话"，有可能发生这样独

特的一幕:

当地的帽子制造商说:"我经验丰富,但现在我不得不每天比过去多给员工支付二便士的工资。然而员工仍然抱怨说我支付给他们的工资还是不够他们在考文垂生活。大家都知道,考文垂曾经是一个富足安定的地方。但现在由于居民数量锐减,考文垂变得非常荒凉和贫穷。"

帽子制造商接着说:"所以,除了伦敦,英格兰原本发展良好的大部分城镇,不仅街道、房屋及其他建筑物破败不堪,就连乡村公路和桥梁也非常破败,贫穷让英格兰几乎没有多余的钱用来建造道路、桥梁或其他便利的公共设施。我从来没有想过,所有的物资都会匮乏到这个地步。不仅仅英格兰境内的物价在持续上涨,就连丝绸、葡萄酒和油料等进口商品的价格也在上涨……我知道,在1542年的时候,所有商品的价格都只有如今的三分之一。"

骑士说:"像我这样生活于英格兰的骑士,即便一年的收入是二百英镑,也还是买不起1533年花二百英镑就能买到的房子。"

所以,商人和研究相关问题的博士针对进口商品价格上涨的过程进行了辩论。

商人说:"作为商人,所有商品从海外运回来,我们都要支付比原来更高的费用,有些商品甚至要支付超出原来三分之一的费用。海外的商人并不愿意接受我们用自己的货币购买他们的商品,但在过去海外商人很愿意这样做。因此,我们不得不为海外商人从英格兰购买商品多支出三分之一甚至一半的费用。在过去的十年中,商品变得更贵了,现在必须用八先令才能买到一码布,但过去只需要四先令八便士就可以买到。此外,用这么高的价格获得国外商品后,我们还没办法找到好的销售渠道,但在过去我们可以为这些国外商品找到很好的销售渠道。这都是买家太少,购买力不足造成的。但在出售国外进口商品

▲爱德华六世统治时期铸造和发行的第一批便士银币

这枚便士银币铸造于1547年4月,是爱德华六世在位时期发行的第一批便士银币中的一枚。按当时铸币厂设定的标准,一枚便士银币应重十格令(约0.647克),含银量约33.33%。但这枚便士银币仅重约0.55克。而在1542年时,便士银币的重量标准是十格令,含银量约83.3%。由此可见,当时英格兰货币贬值的情况比较严重。

▲爱德华六世统治时期
铸造和发行的先令银币

这枚银币重约 6.15 克，
正面铸有爱德华六世的胸
像，背面铸有长十字和英格
兰盾徽。

的时候，我们的确不得不考虑进货价格。"

博士说："毫无疑问，假如每个人都可以通过某种物品的
交易弥补损失，那么所有的商人都会蜂拥而至，不管交易的是
什么，只要能获利，作为商人的你们都能马上觉察到。一旦你
们察觉到价格会上涨，就会像过去一样，马上抛掉一部分货币。
一旦你们发现能在海外获得利益，就会把英格兰王国大部分地
区原来的货币都收集起来，而且会找到让这些货币继续流通的
办法。假如良币没有贬值，英格兰原来的货币就会被搬空。我
认为，商人对货币的操纵才是眼下导致商品严重匮乏的关键因
素。所以，更确切地说，是我们给海外的商人消耗我们的货币
和财富打下了基础。海外商人能够用黄铜换取我们的真金白银，
还能免费购买到我们的主要商品。大家原本认为，英格兰采取
货币贬值政策只是一种手段，它通过这种方式让人们将财富带
到英格兰的同时，还能带来其他很多财富，但事实恰恰相反。
所以，我们对强行贬值货币的行为持怀疑态度，我们认为这种
做法非常愚蠢……你难道没看出来，我们的货币在陌生人之间
已经没有信誉了吗？在过去，跟其他国家的货币相比，我们的
货币很优良，以至于陌生人都希望永远为我们服务，满足我们
的需求。但现在，如果不是想得到我们的羊毛、毛毡、油脂、
黄油、奶酪、锡和铅等商品，那些陌生人什么也不会留给我们。
在过去，他们经常从国外将质量跟英格兰货币一样好的金币或
银币带到英格兰，或者把价值相当的必需品带来。如今，就像
我在前面说的那样，他们将眼镜、葛里炸药罐、网球、纸张、
腰带和胸针等不值钱的杂货带到了英格兰。和我在前面说的一
样，海外商人为了搜刮我们的金银财宝和需要的商品，把黄铜
当作金银币送给了我们。我敢保证，大家已经对金银不再像过
去那样被带到英格兰这件事习以为常了。假如金银在英格兰没
有较高的估价，海外商人又有什么理由把金银带到英格兰呢？
因此，我听到了一个事实，而且我相信这个事实——海外商人

之所以没有把金银带到英格兰，是因为英格兰货币贬值了。陌生人伪造我们的货币，而且将大量伪造的货币带到英格兰，都是为了搜刮英格兰的黄金、白银及我们生产的主要商品。我向大家报告这些事情，也许会为英格兰国王爱德华六世带来麻烦，让他感到困苦，而且很有可能在短期内就会发生……另外，英格兰国王爱德华六世不也曾发布公告，说过去的货币是纯金铸造的，在流通过程中的价值不应该超过货币贬值后的价值吗？因为所有的物品都会流向估值最高的地方。难道让黄金和白银从我们的手中溜走的最好方法，不是降低它们的估值吗？所以，我们的财富会跟着轮船离开英格兰……听说在这段时间里，法兰西和佛兰德斯同样出现了用黄铜或金银铸造的货币外流的现象，但这些地区并未将它们的其他良币驱逐出去。不管怎样，从法兰西和佛兰德斯流出的货币都处于流通状态，而且它们的货币一直都很充足。所以，我认为我们应该学习法兰西人和弗拉芒人的智慧，将我们的货币兑换比率与法兰西和佛兰德斯的货币兑换比率保持一致，让法兰西人和弗拉芒人没办法将英格兰货币与他们的货币进行对比并图谋获取更多的英格兰货币。我们也不希望我们的货币的估值比法兰西和佛兰德斯货币的估值更高，但一定要保护好我们的财富。关于流失到国外的财富应该如何收回这个问题，英格兰政府有必要限制能用金币或银币购买的商品类型，或者控制普遍流通的货币的结算比例，比如必须采用普遍流通的货币结算三分之一或一半的商品，否则不允许出售这些商品。所以，只要采取一定的措施，就可以收回我们的财富。"

当骑士要求博士把利用商品运作货币的情况模拟出来时，博士说："首先，商人、金匠或其他熟悉贵金属的人，会发现某个地方的格罗特比另一个地方的格罗特成色更好，假如拥有成色好或成色差的格罗特数量都一样，他是不是会更乐意接受成色更好的格罗特？这样就可以将成色更好的格罗特用在别的地

▲1551年英格兰铸造和发行的爱德华六世克朗银币

爱德华六世骑马像克朗银币是英国历史上第一枚纪年银克朗。银币的正面是国王骑马像，币面显示铸造时间为1551年，背面是长十字和英格兰盾徽。

▲爱德华六世统治时期铸造和发行的第三批君主币

这种金币最开始铸造于1549年，重量约11.13克，含金量约91.67%，面值为二十先令。虽然这种金币含金量与1546—1547年的约83.3%相比提高了，但是重量与1545—1547年的一百九十二格令相比下降了，面值与1545—1550年的一英镑一样。

方，但在购买商品时可以用成色差的格罗特交易，就像最近国外用劣币驱逐良币一样。的确，和他们针对最近新铸造的金币所做的一样，他们认为，相比新铸造银币的价值，新铸造金币的价值高很多。所以，一旦金币离开铸币厂，他们马上就会把这些金币收集起来，并把它们握在自己手中用于其他交易。就这样，英格兰现在拥有的货币就会比过去多一些。但英格兰国王爱德华六世被国家的货币储量给骗了，那些运作货币的人的目的是有意不让更多的货币流向市场，因为当成色更好的货币流入市场后，不同种类的货币之间就没有合适的兑换比率了。"

骑士问："怎么确定在法兰西和佛兰德斯流通的黄铜货币、合金货币、纯银币和纯金币之间的兑换比率是恰当的呢？"博士回答："我可以向您保证，可以通过一种金属对另一种金属适中的兑换比率解决这个问题，比如黄铜与白银的兑换比率为100:1，白银与黄金的兑换比率为12:1。在我看来，不管是哪一个国王，都不应该具备改变白银与黄金兑换比率的权威，如果可以，过去两千年中某个贫穷的诸侯或其他人早就这样做了。"

此次非同寻常的对话，让英格兰国王亨利八世时期采取的货币贬值政策更加清晰了。博士采取的补救措施是铸造新货币，这一措施也在之后得到了实施。在整个对话中，博士展现了令人惊讶的渊博的经济学知识。毫无疑问，牧师更适合做一个商人。在解决货币问题的时候，伊丽莎白·拉蒙德女士将博士的观点和英格兰牧师休·拉蒂默的观点巧妙地联系在了一起。假如博士还活着，并主导了之后的决策，他也许能证明自己才是更合适的立法者。

第 24 节
伊丽莎白一世的货币重铸政策

▲英国伊丽莎白一世统治时期铸造和发行的四便士银币

这种银币重约 2 克, 直径约 24 毫米, 是伦敦塔铸币厂于 1560—1561 年铸造的打制银。银币的正面为伊丽莎白女王一世头像, 背面为英格兰盾徽。

在英格兰女王伊丽莎白一世统治的第二年, 也就是 1559 年, 博士主张的货币重铸措施获得了有效实施。在那时, 英格兰白银与黄金的兑换比率是 11.79:1, 这是完成货币重铸的基础。紧接着, 法兰西政府在 1559—1560 年也采用了和英格兰相近的黄金与白银兑换的比率, 这比神圣罗马帝国在 1559 年颁布的法令中规定的兑换比率略高一些。各国将金银的兑换比率调整一致的现象值得关注。伊丽莎白一世采取的措施, 决定了法兰西政府后续采取的措施, 而这也确保了英格兰在法兰西货币危机的动荡时期能稳定地获得贵金属的供应。

在伊丽莎白一世执政的第一年, 也就是 1558 年 5 月 1 日, 她对外发布了防止金银外流的公告。在伊丽莎白一世执政的第二年, 也就是 1559 年, 她在 9 月 27 日、10 月 4 日和 12 月 23 日接连发布了阻止熔化货币的相关公告, "为了评估被称为泰斯通的基础货币的价值……出现每天都在运走古老的金银良币的现象"……在伊丽莎白一世统治的第三年, 也就是 1560 年 11 月 15 日, 她发布了禁止法兰西货币、

佛兰德斯货币和勃艮第克朗在英格兰市场流通的公告。伊丽莎白一世发布的一系列公告，被视为通过重铸货币的方式建立新货币兑换比率的强化手段。事实证明，伊丽莎白一世打造的货币体系发挥了作用。从 1561 年到 1575 年，除了 1564 年 10 月 16 日 [1] 和 1565 年 12 月 1 日 [2] 发布的两项无关紧要的公告外，英格兰不必进一步通过立法或枢密院发布公告的方式重铸货币。

---

[1]　即伊丽莎白一世统治的第七年。——原注
[2]　即伊丽莎白一世统治的第八年。——原注

第 25 节
伊丽莎白一世最后一次修订货币公告

就像我们看到的那样，尼德兰政府从 1572—1576 年接连颁布了一系列货币法令，这些法令的颁布让整个欧洲的局势发生了变化。与其他欧洲国家一样，英格兰同样意识到贵金属已经接近枯竭——相关证据前面已进行了阐述。因此，伊丽莎白一世在 1575 年 9 月 20 日 [1] 发布了一则公告，公告称："依据英格兰王国法令和货币兑换法令的规定……由于货币体系混乱……商品匮乏……和货币估值……"针对黄金外流的调查在 1582 年又一次被提上议程，伦敦市议会的一个长老议员给英格兰大臣弗朗西斯·沃尔辛汉姆写了一封信，提议任命对货币比较熟悉的四个商人组建一个顾问团。伊丽莎白一世察觉到了英格兰贵金属消耗的情况正在加剧，于是她在 1586 年 10 月 12 日 [2] 发布了一则公告，该公告的目的在于"转变欺骗行为导致英格兰市场上流通的金币价值降低的现象，弥补由于接收低价值货币带来的持续损失"。该公告明确地证明了金币外流、金

▲弗朗西斯·沃尔辛汉姆

---

[1] 即伊丽莎白一世统治的第十八年。——原注
[2] 即伊丽莎白一世统治的第二十九年。——原注

▲1584 年英格兰铸造和发行的伊丽莎白一世索维林金币

索维林金币最早由英国国王亨利七世于 1489 年批准铸造，从未标注过面值。索维林的意思是"君主"，所以一些人又称索维林金币为"君主金币"。

币价值降低以及价值降低后金币又回流到英格兰的情况。所以，该公告规定，标准重量的货币或没有采取措施补足重量的货币，都不应该在英格兰市场上流通。

自从 1586 年 10 月 12 日伊丽莎白一世发布公告后，英格兰在十几年的时间里再也没有任何抱怨黄金外流问题的声音。但这种抱怨声在 1597 年再次出现，这一年 4 月的一份文件证明："这则很好的公告并未预见英格兰金银币会以英格兰铸造货币的速度流向低地国家，因为英格兰货币在荷兰和西兰岛等地流通的过程中，一天使币或一君主币的价值是十八先令，但佛兰德斯货币的价值和英格兰银币的价值却是一样的。在我看来，在货币流通的过程中，假如规定一枚法兰西金币的价值是六先令二便士、一枚西班牙金币皮斯托尔的价值是六先令、一枚西班牙银币八雷亚尔的价值是四先令，那么就不会对英格兰王国造成任何威胁。"

英格兰的国家文件中，对黄金外流的抱怨越来越多，伊丽莎白一世最后不得不下令调整铸币厂所用贵金属的价格。伊丽莎白一世在 1600 年 3 月 18 日发布了有关"货币、金属板、金银块"的公告，其中提到："近年来黄金和白银等贵金属从英格兰大量流失，而且流失的情况比过去任何时候都更加严重。"为此，伊丽莎白一世颁布法令禁止人们将金银带离英格兰。

但伊丽莎白一世很快就发现该公告形同废纸。在这个时候，她唯一能采取的安全而可行的权宜之计是调整货币在铸造过程中贵金属的兑换比率。但是，不管是伊丽莎白一世的直觉，还是英格兰议会议员的智慧，都没能让伊丽莎白一世获得成功，反而让金银的兑换比率从原来的 $1:11\frac{1}{10}$ 上升到了 $1:10\frac{5614}{5921}$。

让人无法相信的是，当时白银的产量强势增长，而且大大超过了黄金的产量。据与商业相关的记录显示，当时欧洲各国都自发地让自己国家的货币随着白银产量的增长而相应地贬

◀ 伊丽莎白一世统治时期铸造
和发行的克朗银币

这是一枚英国伊丽莎白一世统治
时期发行的克朗银币。银币的正面
是女王的侧面头像,背面是英格兰
盾徽。

值,然而伊丽莎白一世竟然做出了把白银与黄金的兑换比率调低的错误决定。
事实也证明,伊丽莎白一世犯下的这个巨大错误激化了英格兰国王詹姆斯一
世统治时期货币问题带来的灾难。

第 26 节
清教徒的经济学

要讲述货币史，就不能把都铎王朝和斯图亚特王朝分开。伊丽莎白一世统治时期犯的最后一个也是唯一的错误，只是展示了复本位制法则和现实中出现的连续性反应。与詹姆斯一世遭受的辱骂相比，伊丽莎白一世受到了诸多赞美，她所犯的错误也几乎没有遭受道德上的谴责。值得关注的是，在伊丽莎白一世统治时期，英格兰的货币史仍然惊人地平稳。伊丽莎白一世在 1558—1601 年犯了严重的错误，英格兰的铸币费率也并未发生变化，人们对货币外流的不满，以及复本位制带来的负面影响的证据，只能在三个独立的时间段中找到。所以，只能推断——但又不仅仅是简单地推断——英格兰在伊丽莎白一世统治时期正处于货币扩张阶段，而且原先的货币兑换比率促进了贵金属在欧洲大陆的流动，而欧洲大陆贵金属的流动持久地保障了英格兰货币的扩张。国家、民族、商业的发展和扩张，奠定了货币增长的基础，让伊丽莎白一世统治时期成了英格兰历史上辉煌的一段时期。但在詹姆斯一世和查理一世统治时期，广泛而复杂的原因引发了信贷危机和社会动荡。在此期间，货币扩张对英格兰社会的动荡和革命的播种起了决定性作用。从某种意义上讲，货币扩张的影响从未受到人们的重视。英格兰的清教徒发动起义导致斯图亚特王朝第一次被推翻，这次起义不但有法令和宗教方面的原因，还有广泛而重要的经济原因。其实，英格兰爆发起义的原因，也许比我们目前知道的还要多。

刚开始，詹姆斯一世打算按照伊丽莎白一世颁布的法令继续铸造货币。但是，在詹姆斯一世执政的第一年，也就是 1603 年 11 月 11 日，为了纪念英格兰和苏格兰的王冠都戴在同一个国王头上，英格兰决定缔结新合约。根据新合

约，英格兰铸造了联合金币，每枚联合金币的价值与伊丽莎白一世在 1601 年发行的每枚君主币价值一致，都是二十先令，但每枚联合金币却只有一百五十四又三十一分之二十六格令重，而伊丽莎白一世发行的君主币每枚有一百七十一又六十七分之六十一格令重。一枚天使币的重量在 1604 年从原本的七十八又七十三分之六十六格令下调到七十一又九分之一格令。所以，白银与黄金的兑换比率从 1601 年的 10.9:1 升高到 12.15:1。就这样，伊丽莎白一世所犯的错误获得了有效的弥补，不过在实施这项措施前夕，针对英格兰航运衰落和布料出口萎缩等问题，民众提出了强烈的抗议。

▲英格兰国王詹姆斯一世（1603—1625 年在位）

其实，英格兰政府采取更高一些的黄金与白银兑换比率并非长久之计。货币外流的问题，让英格兰不得不在 1607 年发布公告阻止。英格兰政府在 1607 年 7 月 9 日再次提议建立账户，要"对通过货币兑换的方式支付的款项全部进行登记，这是将英格兰货币留在本国并完美地解决问题的有效方法"。另外，英格兰政府曾在 1609 年 8 月 10 日和 1611 年 5 月 18 日两次修订公告，这些公告都是由弗朗西斯·培根起草拟定的条款。保存的英格兰国家文件显示，这份公告让枢密院感到非常焦虑。面对货币外流的问题，唯一能做的就是提高货币的面值，但该措施在被采纳前引发了很大的争议，人们的意见分歧很大。刚开始，索尔兹伯里伯爵罗伯特·塞西尔对提高货币面值的措施持反对意见，为此他还慎重地进行了研究——这一点通过他为了让自己能够正确地看待货币问题而写的笔记中那缓慢的思考过程就可以看出来。

▲詹姆斯一世统治时期铸造和发行的索维林金币

这是詹姆斯一世统治时期铸造和发行的第一版索维林金币，重约 11.5 克，正面是头戴王冠的詹姆斯一世侧身像，背面铸有王冠和盾徽。

为了把黄金和白银分离开来，可以利用薄膜过滤法处理所有的金块和银块。我们铸造标准银币用的白银是以磅来计算重量，一磅等于十二盎司，一磅白银通常含有十八英钱价值比较低的金属混合物。所以，按照每十八英钱银的价值为四先令六便士计算，英格兰货币的重量并不够。

第 27 节
索尔兹伯里伯爵罗伯特·塞西尔的货币观

　　现在，需要考虑两件事情，一是交通运输总体来看并不方便，二是此时苏格兰的情况比较特殊。总体而言，提高货币面值的做法简直就是在开玩笑。与银币对比，金币的合金含量没有那么高。所以，比银币价值更高的金币就被买走并搬运一空了。苏格兰的情况更是众所周知的糟糕，因为苏格兰没有禁止货币外流……

　　一枚金币应该含有二十四克拉黄金。

　　如今，一枚英格兰天使币的含金量不足二十四克拉，虽然非常相近，但大约只有二十三克拉三又二分之一格令。

　　四格令等于一克拉，二十四克拉等于一盎司。

　　一磅银就少了四先令六便士的价值。

　　如果用容量单位衡量贵金属，一磅贵金属有三毫升。

　　如果六枚天使币的含金量用容量单位衡量有三毫升，一枚天使币的含金量有一盎司，这样合金货币的贵金属含量就不会缺少，因为每磅白银铸造成银币后，其价值就减少了四先令六便士。但在金币里……

　　在索尔兹伯里伯爵罗伯特·塞西尔的笔记里，结尾部分并不完整，但他苦苦思索并推算出来的数字，在专家及铸币厂的官员们所提的意见中得到了证实。之后，罗伯特·塞西尔马上将自己并不完整的笔记发表在了国家报纸上。毫无疑问，他紧接着又要面对一系列文件，这些文件清晰地展示了当时的货币状况，

而且让人信服——"货币兑换比率长久不变让英格兰在兑换货币的过程中遭受的损失说明……英格兰铸币厂的官员表示，如果提高英格兰银币的价值，将一金衡磅白银的价值定为三英镑十一先令六便士，那么也必须按照同样的比例提升英格兰金币的价值。"

▲罗伯特·塞西尔

最后，罗伯特·塞西尔经过十个月踌躇不决的思考后做出了让步，他在 1611 年 11 月 22 日同意以公告的形式将所有金币的面值都提高 10%。新公告在 1611 年 11 月 23 日就发布了出来，于是英格兰白银与黄金的兑换比率从原本的 12.15:1 一下子调高到了 13.32:1。

在英格兰政府最终采纳提高货币面值的意见前，在众多方案中曾有一个备选方案，其内容是："为了给国王增加五十万英镑的借款，铸造同样数量的黄铜货币，强迫民众接受一定比例的黄铜货币，并承诺在七年内还清足够价值的银币。"有人还天真地断定说，这是"为了应对外国货币升值才采取的阻止金银币外流的策略"。

在此以前，还提出过一项方案，内容是："发行铜币，将铜币输送到低地国家，以应对低地国家货币升值的问题。再提高英格兰金银币的价值，以防止商人在对外贸易的过程中造成损失。"

第 28 节
1611 年英格兰的动荡

为了弥补英格兰货币被低估造成的损失，英格兰政府在 1611 年提出了第三个方案，即"采用小面值的劣质银币，同时按比例提升面值较大的银币的价值。支付租金的时候遵守过去的标准，但买卖普通货物的时候执行新标准"。

事实上，在 1611 年发布公告采用第三个方案后的一年多时间里，这个新方案并没有把英格兰的货币调整到平衡状态，欧洲大陆的货币仍在继续升值，英格兰的货币又出现外流现象。枢密院在 1612 年留意到，贸易和运输等行业的相关人员把金银都运出了英格兰，还考虑要起诉这些相关人员。但是，支持铸币委员会的，或者是那些普通商人，或者是不愿意公开金银兑换秘密和利润的人，他们要求将每先令的价值上浮一便士，还要求继续上调英格兰货币的价值，以弥补其估值过低造成的损失。英格兰政府在 1612 年 5 月 14 日发布公告，禁止商人用比铸币价值更高的价格购买黄金和白银。一年后，也就是 1613 年 6 月 30 日，在枢密院进行了长达十二三个小时的会议后，我们于 1613 年 7 月 4 日接到通知："由于这涉及与勃艮第和荷兰当局签署的条约中的诸多内容，枢密院不得不放弃金银贸易和渔业。"

在 1612 年英格兰的国家文件中，保存了许多有关英格兰货币外流的文献资料，如"低地国家的公告最终证实了国外有关英格兰货币被低估的描述"，"票据优势相应地让英格兰王室把一先令的价值提升为十三又二分之一便士，白银与黄金的兑换比率从原来的 $12\frac{1}{2}:1$ 升到了 13:1"，"关于预防外国在货币兑换过程中使用处于优势地位的英格兰货币的情况，建议提高英格兰货币的面值"……

▲**英格兰大臣们在枢密院会议上讨论政务**

英格兰国王的咨询机构和办事机构叫"枢密院",枢密院中分设若干个委员会,分管各项事务,外交委员会以地位最显要深得英王信任。

英格兰政府在 1615 年 3 月 23 日又发布了一项阻止金银币外流的公告。1616 年,东印度公司金银或货币的输出额受到限制,被限定为六千英镑。铸币厂的官员都提议把英格兰货币的面值提高一些,此问题在枢密院内外再次引发了激烈的争论。但是,一个来自罗利的异族人获得了成功。枢密院在 1618 年 12 月 31 日决定:"眼下还不能提升银币的价值,还要继续观察货币重量与货币价值是否保持一致。禁止熔化黄金制作盘子或编织物,但具体规定需要等货币兑换委员会提交报告后才能出台。"

第 29 节
1619 年英格兰的货币措施

　　更巧的是，在国王财政亟待补充的情况下，货币估值问题变得更加复杂了。为了防止货币流出英格兰，所提的一些建议的导向更加恶劣。这一点，我们从上文所说的方案中就能够清晰地看出来。简单地说就是，为了把货币留在英格兰，提议隐匿了货币贬值的问题。枢密院已经表明态度，认为反对货币贬值的提议是合理的，不过有关货币贬值的提议与目前的货币困境没有关系，它仅仅涉及国王的财政情况。枢密院对外国货币持反对态度，并往后推迟了评估英格兰货币合理价值的时间——这是枢密院的失误。货币的估值在 1619 年时已经非常不合理了，因此枢密院不得不决定按照自己发布的公告去做。

　　十八名商人由于向国外运输黄金，于 1619 年 12 月 8 日在星室法庭受到了审判，其中五名商人最终被无罪释放，而对获罪商人的罚款总额高达十四万英镑。根据商人们的说法，从詹姆斯一世统治英格兰开始，偷偷运离英格兰的黄金总值大约有七百万英镑之多。英格兰政府在 1619 年 7 月 31 日发布了新货币的发行公告，天使金币的重量从原来的七十一又九分之一格令下调为六十四又十五分之十一格令，也就是其面值升高了十一分之一。1620 年 1 月，把黄金运出英格兰的那些商人被定罪后，枢密院就开始忙着讨论"组建货币交易所，阻止已经构成犯罪的金匠把白银运出英格兰"的问题了。

　　这些措施都来得太晚了，曾经动摇德意志的货币危机已经在英格兰爆发。

　　1620 年，由于国内的银币严重短缺，英格兰东岸的贸易逐渐衰退，英格兰把这两个问题归因于"外国货币（特别是波兰货币和荷兰货币）升值……荷兰

▲英格兰星室法庭内景

星室法庭是 15—17 世纪英国最高司法机构，于 1487 年由英王亨利七世创设，由于该法庭设立在威斯敏斯特宫中一座屋顶饰有星形图案的大厅中而得名。它与英国枢密院、英国高等法院等构成英国历史上最重要的专制机器。

人在 1617—1620 年掌控了波兰的铸币厂"。在这个时候，英格兰布料的出口量只有 1619 年出口量的三分之一。英格兰的商品贸易在 1621 年 5 月以更加严峻的态势继续衰退，但此时的英格兰货币仍然被人们秘密往外运输，所以一些人又提出登记交易账单的建议，同时建议允许西班牙和法兰西货币在英格兰流通。枢密院在 1621 年 6 月向西班牙、奥斯曼土耳其、法兰西、东印度、伊斯特兰等国家和地区的公司及其开设在伦敦的商业探险公司，还有其他各行业的商业公司，都发布了通告，打算针对货币兑换问题商讨最佳的解决方案，意在阻止白银外流，鼓励白银流入。1621 年 6 月 17 日，伦敦的商业公司在自己的陈述中仅仅认为商业衰退是英格兰货币价值被低估造成的结果。1621 年 6 月 18 日，枢密院对伦敦商业公司的报告进行审议后，要求其继续深入、细致地思考，"不过，上议院认为，最好与邻国签署一些协议，让目前流通的货币的价值能相互适当地保持一致"。

第 30 节
1622 年英格兰的危机

    然而，在枢密院上议院的议员正讨论协议时，危机降临了。英格兰国库在 1621 年年底就已经没有货币了，贸易也出现停滞。洛克在 1622 年 2 月对卡尔顿说："货币严重匮乏。在服装贸易为主的地区，穷人由于太过恐惧，四五十个人聚集成一支队伍，去富有人家讨要肉食和钱财。上议院要求布料商不得辞退员工，但在员工抱怨没有货币的时候，布料商不能把布料卖给自己的员工，那些有钱或放高利贷的人虽然不涉及与布料相关的贸易，但都被强制去购买布料了。"在格洛斯特郡，大法官们于 1622 年 3 月描写道："已经有人开始偷窃，很多人正在挨饿，贸易全部衰退，货币严重短缺。"伦敦各郡、各地区堆积在仓库里的布料的相关记录，已经提交给了枢密院。

地点	未售出的布匹（单位：匹）
伍斯特、雷丁、格洛斯特、萨福克郡、萨默塞特、布莱克威尔郡	433
曼彻斯特郡（另外，很多曼彻斯特郡的商人并非由于缺失市场才离开）	853
格洛斯特、伍斯特、肯特、萨默塞特的仓库（多数来自肯特）	1,163
威尔特郡	560
北方的郡	5,159
利德贺街（其布料来自埃塞克斯和萨福克郡）	3,057
德文郡	423

有人号召风险投资商买下存货，但风险投资商也无能为力。英格兰政府并没有征收普通税，或者只征收了很小一部分，行政长官一直把税收不足归因于货币短缺和贸易衰退。萨默塞特的法官在 1622 年 5 月 15 日描写道："布料和羊毛变得一文不值，人们都急需获得工作机会。"

1622 年 7 月，民众在诺丁汉举行集会，极有可能突然爆发骚乱。训练有素的法官也严阵以待，随时准备镇压有可能发生的骚乱。

就在这个时候，枢密院与全国各地的商人代表还在忙着开会。枢密院在 1622 年 6 月 15 日组织讨论并发布了一项阻止货币外流的公告。詹姆斯一世计划组建皇家交易所，用来管理所有与货币兑换相关的业务。

类似《货币兑换论述》《低汇率缺点陈述》的文件遍布于国家文件中。英格兰政府在 1622 年 7 月 28 日发布了一项公告，要求人们在参加葬礼时只能穿英格兰制造的服装，禁止出口羊毛和纱线，同时宣布建立常务委员会，负责与贸易相关的事务。金匠公司在 1622 年 8 月 30 日回复了枢密院有关西班牙雷亚尔与英格兰先令重量和价值对比情况的问题，同时建议把一磅白银从原来的六十二先令分割为六十五先令。铸币厂的官员们经过查证之后，采纳了金匠公司所提的建议。罗伯特·希思在写给国务大臣巴尔的摩男爵乔治·卡尔弗特的信中附上了相关报告——"我们都已经被榨干了，所以贸易非常重要。必须让货币从别的地方，比如国外流入英格兰，只有让我们的货币和外国货币的价值保持一致，才能保护商人的利益，并实现经济贸易的繁荣发展。"次日，也就是 1622 年 8 月 31 日，有人提议把每枚西班牙货币雷亚尔在流通中的价值定为英格兰货币四先令八便士，以鼓励货币流向英格兰。"即便商人在荷兰能够获得更多的利润，但只要有利润空间，商人仍然愿意把货币带到英格兰。西班牙运输货币的船很快就要到了，所以商人们被要求马上对此进行回复。假如可以获得合理的利润，货币就能够随着商人流入英格兰。"

1622 年 9 月，伦敦染色工人和织布工人在一份请愿书中埋怨缺乏就业机会，这让成千上万的工人感到非常痛苦。英格兰的乡村地区严重贫困，英格兰政府不得不发布公告，要求威斯敏斯特和伦敦的有钱人、优秀人才都到乡村去，住在穷人的庄园里并帮助贫困群体。1623 年 1 月埃塞克斯爆发的骚乱，让人们普遍产生了恐慌情绪，"由于雇主没办法再雇用可怜的织布工人，很多原本非常

▲英格兰皇家交易所（居中建筑）

　　位于伦敦的英格兰皇家交易所由伦敦金融城大金融家托马斯·格雷欣爵士始建于16世纪，是伦敦的商业中心，也是英国第一家专业的交易所。当时，建立皇家交易所是为了取代欧洲最重要的交易中心——位于比利时安特卫普的博尔思交易中心。

富有的人都面临破产"。铸币厂的官员在 1623 年 2 月 7 日向枢密院提交了报告，他们发现，与新发行的先令相比，每枚西班牙雷亚尔币和四先令六又二分之一便士等值。英格兰政府在 1623 年 3 月 4 日发布公告，规定一枚流通中的西班牙货币雷亚尔的价值和四先令六便士相等，"希望该举措能为铸币厂增加一些货币"。

　　除了 1623 年 5 月一篇简短的评论外，在之后的时间里，我们再没有获得更多参考资料，也没有其他关于此次英格兰货币危机的信息——"穷人很少抱怨此事"，国家文件中记录了这次货币危机。在英格兰历史上，这是最严重的一次货币危机，我们只能带着无限的同情去想象并追踪巨大的毁灭和复苏过程中那种无声的痛苦。英格兰货币危机的细节全都被记录在了英格兰的国家文件中，很客观，没有粉饰。从重要性的角度出发，国家文件中叙述的内容非常重要，不

过也非常可怕。

面对枢密院的咨询，各委员会和商人代表都把引发此次危机的原因归到织物制造商的欺诈、商品运输的限制、货币的短缺及交易过程中的损失等上面。其实，织物制造商的欺诈几乎不值一提，每项证据都说明英格兰此次危机完全属于货币危机或金融危机，而且后来明显发展为信用危机。英格兰铸币厂在1613—1621年基本上没有铸造过银币，比如，1617—1620年，在英格兰流通的银币总额度只有一千零七十英镑，但1621—1624年，伦敦塔铸币厂所铸银币的总额度高达二十万五千五百英镑。

第 31 节
詹姆斯一世统治时期货币的价值

我们接下来会讲到一位告密者，1638 年，他在提交的一份请愿书中说："从 1621 年开始，伦敦的很多金匠和收银员把重量很足的先令和便士挑出来，做成了盘子、银线或其他物品。在大部分情况下，当英格兰和西班牙发生战争时，白银几乎不会从西班牙流向英格兰，法兰西的白银也几乎没有流到英格兰。由于荷兰政府在布告中把银币的标价提得很高，所以白银很少会流出荷兰。在荷兰，一盎司标准纯银的价值是四便士，比我们的铸币厂将其铸成银币后的价值还高。在荷兰，一盎司最高标准的白银，价值是五先令四便士，这样的白银在英格兰铸币厂只能铸造出价值五先令二便士的货币，所以英格兰没办法从荷兰进口白银来给英格兰的铸币厂铸造银币。但是，察觉到白银在荷兰的价值比在英格兰高的金匠或其他人，马上就通过掌握银币价格的趋势，把流通中的英格兰银币搜集起来，运输到荷兰赚取差价。此外，金匠使用细纱机和拉丝机等机器设备，把英格兰银币熔化后，重新铸造成先令或六便士货币，这样一来，一盎司最高标准白银的价值就能提升到五先令三便士。除了贵金属含量较少的货币和人为随意裁剪货币外，人与人之间就看不出其他任何东西了，金匠还为每盎司最高标准的白银赋予五先令三便士或五先令三又二分之一便士甚至更高的价格。这些价格已经超过了铸币厂的标准价格，意味着 1628—1638 年铸币厂已经找不到威尔士以外的白银来源了。相关内容在铸币厂的工作簿中有明确的记录。"

这些证言只是证实了之前的推论。英格兰国王詹姆斯一世在整个统治时期

都想把英格兰货币的价值与欧洲大陆不断上涨的货币的价值合理地匹配，但他所有的尝试都没有成功，导致国内的铸币厂形同虚设，货币也都从英格兰流向了尼德兰。货币外流的原因、时机、方式和机制都在不断地变化，糟糕的铸币税率证明当时的政策制定者完全不懂这个时代所采用的复本位制体系。1622 年的危机只不过是体现复本位制恶性功能最有代表性的事件。但值得思考的是，1622 年的危机是否对斯图亚特王朝的统治造成了影响，是否引发了人民革命，研究货币法则的人是否对这一影响做了恰当的评估，以及英格兰政府采用经过完善的危害更小的方案来应对货币危机造成的影响等——直到今天，这些方面的影响仍然被人们忽视。

第 32 节
查理一世统治时期的货币状况

　　查理一世统治时期和英格兰共和国时期货币的价值，表现出了与詹姆斯一世统治时期货币价值相似的特征，但英格兰政府为了应对货币危机，采用了经过改进的危害更小的措施。排除查理一世统治之前提过的与货币贬值相关的各类提议，在查理一世的整个统治时期，自 1626 年 8 月发生过一次几乎致命的失误后，不管是货币的面值和价值还是金银的兑换比率，都没有发生变化。1627 年，货币外流的趋势再次显现。1627 年 9 月 28 日，查理一世批准在英格兰和苏格兰之间组建皇家交易所，宣布禁止商人之间间接兑换货币的一切行为，同时禁止商人私底下购买非通用的货币和来自国外的金银块。

　　英格兰在 1628 年 3 月成立了一个委员会，其职责是针对货币问题为国王出谋划策，并观察和研究国内外发生的与货币相关的所有事件。为了阻止货币继续外流，该委员会提了许多方案，这些方案通常有两个特点：第一，建议调整金银的兑换比率；第二，建议铸造和发行二便士、三便士和四便士等不同面值的银币。如果按照含银量计算，小面值银币白银与黄金的兑换比率要比大面值银币更高。当初所提的方案，其实只是为英格兰充分保留白银并形成单本位制体系做铺垫，只不过现在这些方案都已经不重要了。提出该提案意在满足英格兰市场对流通货币的需要。此时的货币不是流向尼德兰，而是流向了法兰西，因为法兰西的货币体系显然已经进入了货币改革的进程。1630 年，一部分在英格兰或法兰西接收或运输金银的商人的名单被提交到了委员会；名单中的一部分商人在 1635 年 6 月遭到逮捕；至少三十七名商人于 1638 年因非法运输金银

在星室法庭被起诉。1628—1638 年，英格兰货币始终在持续不断地外流。英格兰政府在 1635 年 1 月 18 日发布了一项限制货币外流及限制金银买卖的公告。查理一世于 1636 年 3 月在枢密院下令，禁止从英格兰或苏格兰将货币越洋运到国外，同时禁止佩戴珠宝……"因为大量的货币被偷运出去了"。但是，此类法令都注定无效。一项向枢密院提交的提案中提供了真正有效的补救方法，或者更明确一点说，它提供了真正能改变货币外流趋势的方法——允许某些外国货币进入流通市场。作家巴雷特说："英格兰政府禁止西班牙货币在英格兰流通，是为了保障铸币厂获得充足的贵金属，但恰恰相反，由于西班牙货币升值，荷兰人、法兰西人及其他民族赚取了大量的利润。"所以，巴雷特向查理一世提议，应该通过发布公告的方式在英格兰搜集流通中的西班牙货币：原本价值十六先令的一枚二皮斯托尔重量的金币，可以按十五先令的价格搜集；原本价值五先令的一枚八字金币重量的金币，可以按四先令六便士的价格搜集。该提议还表示，"西班牙货币被带到英格兰后，英格兰政府应该发布新公告，要求把搜集到的西班牙货币盖上印记，并确定该货币的固定价值"。不过，这个建议并未被采纳。按照查理一世于 1639 年在星室法庭发布的公告，可以把黄金和白银视为能够买卖的商品。"直到 1640 年，英格兰的银币仍然不足一百万枚。"在一个纪念仪式上，拉尔夫·麦迪逊这样说道。在下议院举行的一次有关贸易的演讲中，托马斯·罗说："金银币都非常稀缺，英格兰王国很穷。货币被转移到以法兰西王国和荷兰为主的其他国家，因为在法兰西和荷兰，货币的价值更高。"在之后起草的一份请愿书中，一个曾在 1638 年的起诉中受雇于政府的告密者为其提供了证词："很多伦敦的金匠成了金银交易从业人员，金匠从商人等群体那里购买金银，再假装把这些金银运到铸币厂。实际上，金银本身就是最好的运输工具。所以，从某种程度上说，金匠不过是西班牙货币、利克斯银币、皮斯托

▲英格兰国王查理一世
（1625—1649 年在位）

▲查理一世统治时期铸造和发行的一先令银币

这种银币重约 5.8 克，直径约 29.5 毫米，由伦敦塔铸币厂铸造。银币正面铸有查理一世的头像，背面是徽章图案。

尔及卡达币等英格兰货币和外国金币的提供者，他们将这些货币提供给真正运输金银币的那些人。有的金匠习惯从商铺店主或其他人手里收购那些含金量不足的英格兰金币，并在交易中使用这些金币。但按照英格兰王国的法令，含金量不足的金币不能作为货币进行流通，只能作为金块买卖，因为这些金币也许已经被磨损了，需要拿到铸币厂重新铸造。但金匠们并没有这样做，他们把那些含金量不足的金币都卖给了运输公司。这样一来，虽然含金量不足的金币失去了四先令、五先令或六先令的价值，但将其卖出后却可以获得二十先令，但拿到铸币厂重新铸造后，一枚含金量不足的金币的价值不会超过十九先令。很显然，金匠们不会放弃一枚金币就能获得二便士或三便士以上的利润，他们甚至也很乐意接受只有一便士的利润。解除金币交易的限制，意味着金币不会再回流到铸币厂了。人们以为金匠们购买含金量不足的金币，是为了把它们送到铸币厂重新铸造，然后再将其投放到流通市场。但金匠们把含金量不足的金币投入了‘死海’，再也无法变成我们的货币，因为英格兰人和法兰西人几乎每天都在以十九先令九便士、十九先令十便士、十九先令十一便士不等的价格购买含金量不足的金币，再让这些金币变得更轻，然后用这些金币评估其他金币的价值。这些含金量不足的金币总价值高达数十万英镑。为了赚取差价，金匠们每年都会向与挪威和丹麦进行贸易的商人提供数千磅的西班牙货币和英格兰货币。”

查理一世在 1638 年明确了货币外流到法兰西的原因是法兰西货币价值上升，他说：“现在，法兰西商人采用提升货币价值的方式与我们竞争，导致我们的商人难以控制货币外流的局面……在法兰西，当我们一枚金币的价值从原先的二十先令提升到二十六先令后……法兰西商人跟随货币价值的上升幅度提高了商品的价格，一磅黄金的价值比过去提高了六先令。”

▲查理一世统治时期发行的六便士银币

这种银币正面铸有查理一世的头像，右侧标记面值"VI"，意为"六便士"，周围一圈铸有拉丁语铭文，意思是"查理，沐浴神恩的大不列颠、法兰西和爱尔兰的王"。

第 33 节

罗伯特·斯通眼中的铸币厂

　　在英格兰内战期间，由于战争成为更加重要的话题，货币问题自然就很少被人们提及。1643 年 8 月 26 日、1643 年和 1644 年 2 月 24 日，英格兰长期国会发布命令，严格搜船，禁止陌生人进口黄金和白银，鼓励商人采用分量充足的货币进行交易。在商人们的请愿中，他们更倾向于引入外国货币，但英格兰货币的状况在 1649 年再次发生变化，大量货币明显外流。毫无疑问，这种变化最开始是由 1649 年 7 月 17 日制定的新铸币制度引起的，它还规定了英格兰货币的重量标准表。在 1647—1649 年两年多的时间里，议会和长期国会一直在考虑货币外流及其导致的贸易衰退问题。通过长时间考虑后，英格兰政府颁布了阻止货币外流的相关法令。实际上，英格兰政府并未采取任何实质性措施。1652 年 5 月，针对货币外流和引入的变化机制问题，阿姆斯特丹记者罗伯特·斯通向铸币厂官员和政府提出了自己明智的看法："经验告诉我，如果国家不采取特别的监管措施，禁止筛选和整理重量大的货币并将其运走的法令就无法获得执行，那些重量轻、已经损耗的货币却被留了下来，货币的流通价值大幅度降低。由于法令没有得到执行，英格兰的银币都被金匠或其他人滥用。如果国家不雇用那些能找到利用金银进行不法交易的人，而是雇用那些没有经验的人去铸币厂工作，就一定会造成不可估量的损失。荷兰的兑换商和银行家都知道，英格兰铸币厂的工作人员对与货币相关的问题一无所知，他们很少信任英格兰铸币厂的工作人员，甚至嘲笑他们。荷兰的兑换商和银行家说，在伦敦塔铸币厂开工的时候，年长的罗杰斯先生、安德鲁·帕尔默和科扬也在里面工作，但这三个人

都很狡猾，他们和阿姆斯特丹的商人保持着密切的联系，他们知道怎么铸造出有升值空间的货币并从中获利。而且英格兰的铸币厂并没有做好管理工作，货币中含有杂质。阿姆斯特丹的许多银行家从伦敦的金匠或商人那里换取了大量英格兰金币以及量足质优的英格兰银币。在他们不进行交易前，英格兰的铸币厂就一直不开工，他们轮流打开了英格兰货币外流的水闸。我相信，现在低地国家持有的金银币数量，起码比英格兰持有的金银币数量多四十余倍。约十二年前，也就是 1640 年前后，法兰西货币人为剪裁严重，导致商业混乱，法兰西人不得不决定收回法兰西的所有货币。如今，英格兰几乎面对着和当初的法兰西相同的困境。英格兰爆发内战后，爱尔兰货币贬值近 20%，英格兰国内的黄金基本上都被搬空了，只剩下很少一部分握在小商人手中，如果想交换，就得去朗伯德街。如果想把价值一百英镑的黄金兑换成白银，就得支付六到十英镑甚至更多的兑换费。如果人们把黄金向国外输送，可以获得二十先令利润，但

▲匠人们在对货币进行挑拣与压秤

图中反映了匠人们挑拣与压秤的过程。挑拣是指"挑选出没有齿轮纹保护的良币并剪掉其边缘"，压秤是指"故意让天平不断摇摆，以便他们用贬值劣币替换成良币，或者筛选出良币"。当时的人们通过检查货币边缘和使用天平称量的方法避免收到劣币。良币被提取出来，然后被熔化并与铅、铜或锡等贱金属混合，重新被铸造成劣币后发行。

是如果把黄金送到铸币厂，还会损失二先令。如此一来，谁还会把黄金送到伦敦塔铸币厂重新铸造新货币呢？阿姆斯特丹持有的英格兰金币比英格兰自己持有的还多，这些金币都是在最近二十年来从英格兰运过来的。这么多年来，荷兰人每星期都会用自己粉红色的帆船把价值数十万英镑的英格兰银币运送到阿姆斯特丹换取货币。刚开始我想弄清楚商人是怎么把那些筛选出来的沉重的英格兰货币运走的，后来有一位银行家把这个问题的答案告诉了我。罗伯特·斯通想让英格兰铸币厂的官员或英格兰政府调查金币是怎么被运走的，以便阻止金币被继续运送出去，因为货币外流对英格兰来说是致命的打击。金匠，尤其是朗伯德街的金匠，是最了不起的商人，不管是谁带来的货币，伦敦银行的出纳都会免费接收，而且他们能够在当天或次日就用数额相同的货币完成兑换。而且银行出纳还允许兑换货币的人在银行楼上的房间里把收到的货币挑出来称重，重一些的货币会被熔化，然后运到国外。有时候，挑选出来的货币没有被融化。信奉基督教的国家的主要货币实际上几乎都存入了英格兰的银行。"

在之后的几年时间里，英格兰共和国的货币情况基本上没有发生变化。针对金银币运输的问题，枢密院仍然在 1659 年和 1660 年焦急地进行着讨论。但在货币史的第三个阶段开始前，发生了一系列事件，这些事件联通了货币史的第三个阶段。

第 34 节
简要总结货币史的第二阶段

为了证明第 2 章所论述内容的合理性，才做了这份简要的总结。1520 年从美洲输入的黄金和白银对欧洲货币史的影响非常明显。根据 1520—1560 年的记录，每种贵金属的价格都以大致相同的幅度在上涨。然后，由于白银不管在相对产量还是绝对产量上都远远超过黄金，因此白银与黄金的兑换比率受到了影响。各个国家金银兑换比率的变化趋势有差异，而且各个国家铸币规则中规定的兑换比率也不同。这些差异，让重金主义者和货币兑换商找到了机会，他们操作利用这些漏洞牟利的活动带来了严重的后果，让法兰西在 1570 年陷入货币危机，还让英格兰和德意志在 1622 年陷入货币危机。准确地说，欧洲货币史在此之后，再也没有发生过与英格兰和德意志 1622 年货币危机同等规模的危机。如果要找出一个能和其规模相提并论的危机，只能是 19 世纪发生的世界货币危机，或者 1850 年以来在黄金领域突然发生的通货膨胀。从 1850 年开始，白银就比黄金更有价值，这让金银兑换比率产生了巨大的变动。但是，就像我们看到的那样，在进行比较的时候，没办法将其他条件或类似的条件都还原并展现出来。到现在，仍然没办法对两次危机进行比较并获得看起来合理的推论。即便如此，欧洲 16—17 世纪的货币史仍然具有非常重要的启发意义。

第3章

从新世界贵金属对欧洲货币影响的第一阶段结束到现代（1660—1894）

直到 18 世纪末，欧洲的白银总产量相对比较稳定，各国白银的产量也处于相对均衡的状态，其主要原因是墨西哥不断增加的白银输出量抵消了波托西矿山白银产量降低带来的影响。但是，随着从巴西输入的黄金数量持续增长，欧洲黄金的总量发生了巨大变化。黄金和白银这两种贵金属产量的相对变化情况从后文的表格中可以看出来。

　　然而，从 17 世纪末开始，人们越来越喜欢把黄金当作货币使用，导致黄金相对产量和绝对产量增加，这对金银兑换比率的影响大幅度降低。总的来说，将黄金视为货币的行为一直持续到了 18 世纪 60 年代，在这段时间内黄金的产量已经占到金银总产量的 40%。但是，在 1600 年，黄金产量只占金银总产量的17.2%。

1660—1893 年的贵金属产量

从 1760 年开始，就已经没办法保持黄金产量的相对优势了。在 19 世纪初之前，黄金的产量逐年下降。19 世纪初，黄金的产量仅占金银总产量的 23% 多一些。1820—1840 年，黄金年产量有了一些增长，但并未对其在金银总产量中的占比产生多大影响。一直到发现加利福尼亚金矿后，这种局面才得到较大的改善。黄金产量上涨及由此造成的金银相对产量的变化情况，可以通过 1661—1893 年金银产量对比表来说明。

1661—1893 年金银产量对比表

时间（年）	黄金的年产量（磅）	白银的年产量（磅）	不同时期黄金在金银总产量中的占比（%）	不同时期白银在金银总产量中的占比（%）
1661—1680	1,291,750	3,134,150	29.2	70.8
1681—1700	1,501,700	3,179,650	32.1	67.9
1701—1720	1,788,400	3,253,750	35.5	64.5
1721—1740	2,661,650	3,988,600	40.0	60.0
1741—1760	3,433,100	5,038,200	40.5	59.5
1761—1780	2,888,350	6,201,550	31.8	68.2
1781—1800	2,481,700	8,131,300	23.4	76.6
1801—1810	2,480,000	8,002,650	23.7	76.3
1811—1820	1,596,100	4,966,950	24.3	75.7
1821—1830	1,983,150	4,075,950	32.7	67.3
1831—1840	2,830,300	5,278,600	34.9	65.1

（续表）

时间（年）	黄金的年产量（磅）	白银的年产量（磅）	不同时期黄金在金银总产量中的占比（％）	不同时期白银在金银总产量中的占比（％）
1841—1850	7,638,800	6,867,650	52.7	47.3
1851—1855	27,815,400	8,019,350	77.6	22.4
1856—1860	28,149,950	8,235,950	77.4	22.6
1861—1865	25,816,300	9,965,400	72.1	27.9
1866—1870	27,256,950	11,984,800	69.5	30.5
1871—1875	24,250,000	17,250,000	58.4	41.6
1876	23,150,000	18,250,000	55.9	44.1
1877	25,050,000	19,350,000	56.4	43.6
1878	25,950,000	19,750,000	56.8	43.2
1879	23,350,000	19,050,000	55.1	44.9
1880	22,800,000	19,100,000	54.4	45.6
1881	22,450,000	19,800,000	53.1	46.9
1882	21,450,000	20,900,000	50.6	49.4
1883	20,750,000	20,800,000	49.9	50.1
1884	21,750,000	21,850,000	49.9	50.1
1885	21,750,000	21,850,000	49.9	50.1
1886	22,450,000	20,300,000	52.5	47.5
1887	22,050,000	21,950,000	50.1	49.9
1888	22,950,000	23,850,000	49.0	51.0
1889	24,600,000	26,750,000	47.9	52.1
1890	24,360,000	26,620,000	47.8	52.2
1891	29,000,000	36,567,629	44.2	55.8
1892	30,164,536	40,668,247	42.6	57.4
1893	32,066,591	42,963,027	42.7	57.3[D]

[D] 最后三年的数据，摘自尊敬的美国铸币局主管 R.E. 普雷斯顿于 1893 年编写的《贵金属生产报告》第 274 页到第 275 页。为编制好 1493—1893 年的贵金属产量表，我们处理了材料中的一些细节，所以表中的数据和报告中引用的数据会有不同。

　　从相对产量的角度来看，金银的相对产量在 1660—1840 年并没有发生异常的变化，而是渐进地在变化。在这段时间内，虽然黄金和白银产量的变化很大，但没有多大关注的价值。1660—1840 年金银相对产量的变化情况，与 16 世纪发

现美洲大陆引发的白银产量变化情况、19 世纪澳大利亚和加利福尼亚发现金矿引发的黄金产量变化情况，以及现在美国发现银矿引发的白银产量变化情况相比，并不具备颠覆性影响。

从绝对产量的角度来看，1760 年以前的黄金产量处于上升状态，但 1761—1820 年就出现稳步下降的趋势。然而，1821—1840 年黄金产量又一次上升。白银产量从 1600—1680 年都在稳步下降，从 1681—1820 年更是急剧下降；但 1830 年后，白银的绝对产量在持续、强劲、稳定地增长。

第 2 节
铸币法带来的广泛影响

　　要理解大量贵金属相对供应量变化导致的诸多问题，就必须充分地了解各种铸币法案。总体而言，法兰西在 18 世纪铸造货币时更倾向于使用白银，它铸造的货币基本上都是银币。相反，英格兰和西班牙的铸币厂在铸造货币时更倾向于使用黄金，在 18 世纪的大部分时间里，金币几乎是这两个国家唯一通行的货币。毋庸置疑，这些简单的事实对 19 世纪末那些重要的货币法案产生了重大的影响。最终，英国坚守金本位制，法国和美国坚持更有利于白银的复本位制。

　　各地区白银与黄金的兑换比率如下表所示：

时间（年）	白银与黄金兑换比率
德意志西南部	
1657—1680	15.1:1
荷兰	
1663	14.43:1
英格兰	
1663	14.48:1
1690	15.39:1
1715	15.21:1
法兰西	
1679	14.91:1

白银与黄金的商业结算比率

1687—1832 年的数据来自汉堡兑换所，1833 年及以后的数据来自伦敦金银经纪商。

时间（年）	白银与黄金的兑换比率
1687—1688	14.94:1
1689—1690	15.02:1
1691	14.98:1
1692	14.92:1
1693	14.83:1
1694	14.87:1
1695	15.02:1
1696	15:1
1697	15.2:1
1698	15.07:1
1699	14.94:1
1700	14.81:1
1701	15.07:1
1702	15.52:1
1703	15.17:1
1704	15.22:1
1705	15.11:1
1706	15.27:1
1707	15.44:1
1708	15.41:1
1709	15.31:1
1710	15.22:1
1711	15.29:1
1712	15.31:1
1713	15.24:1
1714	15.13:1
1715	15.11:1
1716	15.09:1

（续表）

时间（年）	白银与黄金的兑换比率
1717	15.13:1
1718	15.11:1
1719	15.09:1
1720	15.04:1
1721	15.05:1
1722	15.17:1
1723	15.2:1
1724—1725	15.11:1
1726	15.15:1
1727	15.24:1
1728	15.11:1
1729	14.92:1
1730	14.81:1
1731	14.94:1
1732	15.09:1
1733	15.18:1
1734	15.39:I
1735	15.41:1
1736	15.18:1
1737	15.02:1
1738—1739	14.91:1
1740	14.94:1
1741	14.92:1
1742—1743	14.85:1
1744	14.87:1
1745	14.98:1
1746	15.13:1
1747	15.26:1
1748	15.11:1
1749	14.8:1
1750	14.55:1

时间（年）	白银与黄金的兑换比率
1751	14.39:1
1752—1753	14.54:1
1754	14.48:1
1755	14.68:1
1756	14.94:1
1757	14.87:1
1758	14.85:1
1759	14.15:1
1760	14.14:1
1761	14.54:1
1762	15.27:1
1763	14.99:1
1764	14.7:1
1765	14.83:1
1766	14.8:1
1767	14.85:1
1768	14.8:1
1769	14.72:1
1770	14.62:1
1771	14.66:1
1772	14.52:1
1773—1774	14.62:1
1775	14.72:1
1776	14.55:1
1777	14.54:1
1778	14.68:1
1779	14.8:1
1780	14.72:1
1781	14.78:1
1782	14.42:1
1783	14.48:1

（续表）

时间（年）	白银与黄金的兑换比率
1784	14.7:1
1785	14.92:1
1786	14.96:1
1787	14.92:1
1788	14.65:1
1789	14.75:1
1790	15.04:1
1791	15.05:1
1792	15.17:1
1793	15:1
1794	15.37:1
1795	15.55:1
1796	15.65:1
1797	15.41:1
1798	15.59:1
1799	15.74:1
1800	15.68:1
1801	15.46:1
1802	15.26:1
1803—1804	15.41:1
1805	15.79:1
1806	15.52:1
1807	15.43:1
1808	16.08:1
1809	15.96:1
1810	15.77:1
1811	15.53:1
1812	16.11:1
1813	16.25:1
1814	15.04:1
1815	15.26:1

时间（年）	白银与黄金的兑换比率
1816	15.28:1
1817	15.11:1
1818	15.35:1
1819	15.33:1
1820	15.62:1
1821	15.95:1
1822	15.8:1
1823	15.84:1
1824	15.82:1
1825	15.7:1
1826	15.76:1
1827	15.74:1
1828—1829	15.78:1
1830	15.82:1
1831	15.72:1
1832	15.73:1

1833—1893 年白银与黄金的兑换比率清单

时间（年）	银价(便士/盎司)	比率	时间（年）	银价(便士/盎司)	比率
1833	$59\frac{3}{16}$	15.93:1	1864	$61\frac{3}{8}$	15.37:1
1834	$59\frac{15}{16}$	15.73:1	1865	$61\frac{1}{16}$	15.44:1
1835	$59\frac{11}{16}$	15.8:1	1866	$61\frac{1}{8}$	15.43:1
1836	60	15.72:1	1867	$60\frac{9}{16}$	15.57:1
1837	$59\frac{9}{16}$	15.83:1	1868	$60\frac{1}{2}$	15.59:1
1838	$59\frac{1}{2}$	15.85:1	1869	$60\frac{7}{16}$	15.6:1
1839—1840	$60\frac{3}{8}$	15.62:1	1870	$60\frac{9}{16}$	15.57:1
1841	$60\frac{1}{16}$	15.7:1	1871	$60\frac{1}{2}$	15.57:1
1842	$59\frac{7}{16}$	15.87:1	1872	$60\frac{1}{4}$	15.65:1
1843	$59\frac{3}{16}$	15.93:1	1873	$59\frac{1}{4}$	15.92:1
1844	$59\frac{1}{2}$	15.85:1	1874	$58\frac{5}{16}$	16.17:1

时间（年）	银价(便士／盎司)	比率	时间（年）	银价(便士／盎司)	比率
1845	$59\frac{1}{4}$	15.92:1	1875	$56\frac{3}{4}$	16.62:1
1846	$59\frac{5}{16}$	15.9:1	1876	$53\frac{1}{16}$	17.77:1
1847	$59\frac{11}{16}$	15.8:1	1877	$54\frac{3}{4}$	17.22:1
1848	$59\frac{1}{2}$	15.85:1	1878	$52\frac{5}{8}$	17.92:1
1849	$59\frac{3}{4}$	15.78:1	1879	$51\frac{1}{4}$	18.39:1
1850	$60\frac{1}{16}$	15.7:1	1880	$52\frac{1}{4}$	18.04:1
1851	61	15.46:1	1881	$51\frac{11}{16}$	18.24:1
1852	$61\frac{1}{2}$	15.59:1	1882	$51\frac{5}{8}$	18.25:1
1853	$61\frac{1}{2}$	15.33:1	1883	$50\frac{9}{16}$	18.65:1
1854	$61\frac{1}{2}$	15.33:1	1884	$50\frac{5}{8}$	18.63:1
1855	$61\frac{5}{16}$	15.38:1	1885	$48\frac{5}{8}$	19.39:1
1856	$61\frac{5}{16}$	15.38:1	1886	$45\frac{3}{8}$	20.73:1
1857	$61\frac{3}{4}$	15.27:1	1887	$44\frac{5}{8}$	21.13:1
1858	$61\frac{5}{16}$	15.38:1	1888	$42\frac{7}{8}$	21.99:1
1859	$62\frac{1}{16}$	15.19:1	1889	$42\frac{11}{16}$	22.09:1
1860	$61\frac{11}{16}$	15.29:1	1890	$47\frac{11}{16}$	19.17:1
1861	$60\frac{13}{16}$	15.26:1	1891	$45\frac{1}{16}$	20.92:1
1862	$61\frac{7}{16}$	15.35:1	1892	$39\frac{3}{4}$	23.72:1
1863	$61\frac{3}{8}$	15.37:1	1893	$35\frac{9}{16}$	26.49:1

在表格中，1878 年之前的数据摘自阿道夫·索特贝尔的《贵金属的生产量》第 130 页到第 132 页；1878—1890 年的数据是作者按照阿道夫·索特贝尔的方法简单地统计后得出来的结果；1891—1893 年的数据摘自 1893 年发布的《美国铸币报告》第 251 页的相关数据。在正式印刷出来的报告中，由铸币局主管提供的 1872 年后的几个数据与表格中的数据略有差异。

　　从贵金属产量及其与兑换比率的关系来看，它们一直都存在历史性的、可以解读的连续性。但是，当时展示贵金属产量及其与兑换比率关系的方法，和现代社会相比有明显的差别。

第 3 节
现代货币体系的演变过程

17 世纪末，通过改变面值、降低贵金属含量和降低贵金属纯度来解决货币问题的做法，在理论层面开始受到了谴责。到 18 世纪，这些手段已经被彻底摒弃了——从此以后，欧洲各国政府都不再通过铸币方式或法案来改变我们所描述的所有货币的面值或金属含量。由于货币立法保护程序具有两方面的重要性，因此稳定的铸币标准和相关法案具有至关重要的作用。立法者从 14 世纪中叶起就试图利用铸币标准和相关法案达到两个目的：第一，立法者按照物价上涨的总体情况，根据自认为合适的比例下调货币中贵金属的含量，以应对物价的上涨；第二，通过调整金银的兑换比率阻止贵金属大量外流造成的灾难性后果。从国家财政和政治稳定的角度来说，稳定贵金属交易的价格和金属货币的价值是非常重要的事情，而且从经济的角度来说，也有利于国际贸易的发展。从这个角度看，欧洲货币体系中各个国家停止操控国际货币兑换的标准和货币机制，有着无法估量的作用。各个国家停止操控国际货币兑换和货币机制，在金融领域也引发了一场革命性的变革，这与废除旧的劳动法在劳资关系中起到的导火线作用是一样的。人们随意地确定货币价值的行为停止了，这为由商业市场决定的、自发的货币价值体系的形成开辟了一条道路。同时，调节贵金属在国际领域的流动方向，由贸易收支情况、利率和贴现决定。这种变化使欧洲从中世纪受国家立法约束的货币体系转变为现代货币体系。在现代货币体系下，贵金属的流动方向完全由国际贸易中必然且自发的活动决定。现代货币体系不仅是贵金属的指路明灯和安全阀，还

▲1662年英格兰铸造和发行的查理二世一克朗银币

这种银币直径约37.5毫米，重约29.8克，正面为英格兰国王查理二世的侧身头像。背面中心图案为嘎特骑士团团徽，相对的四个盾牌分别为英格兰、苏格兰、法兰西和爱尔兰的国徽。

▲英格兰国王查理二世
（1661—1685 年在位）

是整个商业世界的指路明灯和安全阀。

现代货币体系不仅在事实和实践层面进行了变革，还在理论层面进行了变革。

在以往的货币体系中，国家会不惜一切代价保障贵金属能满足本国的需求。在人们的意识中，如果保障贵金属的相关措施失效，那么所有商业理论都会失效。

从理论上讲，通过重农主义和古典经济学等各个中间环节逐渐过渡，最终实现了重商主义向现代货币体系的转型。假如将英格兰彻底放弃重商主义的具体过程叙述出来，可能需要叙述到非常晚的时期，毕竟现代贸易保护主义思想也只是重商主义蓬勃发展过程的延续。但在金融领域具体实践的过程中，当欧洲各国稳定铸币价值、允许贵金属自由流动，同时宣布由国际贸易活动决定货币兑换比率，而不是像过去那样人为地进行干扰时，旧的商业体系就已经破产了。我们很难详细地叙述清楚从重商主义过渡到现代货币体系的各个步骤，因为转型过程中通常伴随着人们的诸多恐惧，各国政府经常狐疑不定地回过头来走以往的老路。针对相关问题，英格兰直接制定了最早的法令。1663 年，查理二世进行了大胆的革新，取消了其颁布的法令的第七章第十二条中禁止输出金银的条款。该法令规定："根据经验，在缺乏货币或金银的情况下，一些重要且有利可图的贸易无法推进，所以，可以通过共同市场中能自由出口的地区，把货币或金银最大限度地运出去。虽然目前仍然存在一些与本规定相悖的惯例或法令法规，但为了更好地保持或增加英格兰王国流通中的货币，从 1663 年 8 月 1 日起，任何个人或群体从英格兰或威尔士的任何港口出口任何东西，都是合法的，从贝克里郡以外的地方运出外国货币或金银都只需在各地的海关提前登记，并不需要支付包括关税和手续费在内的任何费用。"

第 4 节
贵金属的自由贸易

1663 年英格兰颁布的法令是欧洲同类法令中最早的一部，是独树一帜的存在。该法令取消了对金银外运的限制，做出这个决定需要胆识，其先见之明也是史无前例的。取消限制金银外流的做法原本体现了荷兰的商业传统，它原本应该在某个阶段流传到英格兰，但英格兰的商业模式和经济状况与荷兰差异很大，英格兰在羡慕荷兰的同时，也为自己的商业发展按下了暂停键。如果非要找一个能与英格兰相提并论的国家，那一定是法兰西王国。法兰西王国忽然宣布了一条单独的法令，采纳了英格兰的自由贸易政策。

英格兰于 1663 年颁布的法令实际上经受了漫长的考验，同时经历了很多波折，结果证明根本无法执行下去。直到 18 世纪末，我们还能看到大不列颠王国政府通过发布公告或立法的形式直接干预货币的兑换费和贵金属的输出。

1803 年，英格兰通过颁布法令的形式，授权财政大臣可以在没有英格兰国王威廉三世统治的第六年和第七年制定的法令的第十七章第五条规定的执照或文件的情况下对外颁发金银出口许可证。

在英格兰颁布法令解除限制贵金属贸易大约一个世纪后，法兰西王国也采取了同样的政策。法兰西政府于 1755 年 10 月 7 日发布公告，允许自由交易外国货币和贵金属。不过，和英格兰一样，这条法令既没办法立马生效，也没办法彻底落实。法兰西政府仍然采取强制措施干预本国货币外流，而且多次发现自己不得不回过头来讨论如何给兑换法兰西货币定价。

但是，正是由于国家政策无时无刻不在摇摆，导致我们没办法细致地研究

▲英格兰国王威廉三世
（1689—1702 年在位）

▲1689 年铸造和发行
的威廉三世和玛丽二世双
人头像二分之一克朗银币

这是 1689 年英格兰王国
为纪念威廉三世和玛丽二世共
同加冕而发行的银币，其直径
约 35 毫米，重约 20 克。银
币正面为英格兰国王威廉三
世与王后英格兰女王玛丽二
世的双人侧身胸像。背面为
英格兰国徽。

重商制度衰落的过程，以及贵金属在各国之间流转的具体情况。毋庸置疑，商界的实践者总是走在立法者之前。从一些独立的文献资料中我们可以看出，不管是借助外部力量，还是通过立法或发布公告的形式，商业都可以悄悄地完成制度变革——以前的高利贷制度也是这样。

国际商业理论的变革导致了两个非常重要的结果。

第一，形成了正确的国际结算理论。这一理论为金融现象和货币现象的分离提供了简单又纯粹的方法，也奠定了科学地认知和看待金融现象和货币现象的基础。一方面，正确的国际结算理论促进了单本位制体系理论的实践和发展——确立一种金属为法定货币，其他金属都严格受到铸造法定货币所用金属的约束，它们之间属于严格的从属关系，所以不管其他金属的价格如何变动，都不会对铸造法定货币所用金属的价格造成不利影响。另一方面，在实践一段时间后，同样的理论和方法促进了复本位制体系理论的演变。现代货币史是以单本位制体系和复本位制体系的对立关系为基础。

接下来我们一边陈述案例，一边展现 19 世纪欧洲的货币状况及其面临的问题，以及它与中世纪和 17 世纪这种状况和问题之间存在的巨大差异。现在，争论的焦点在于如何明确或科学地构思相互对立的理论。当前的世界面临的实际困境，与其说是保障货币兑换比率的稳定，不如说是保障国际结算时采用金本位制体系和银本位制体系的各国之间货币结算比率的稳定。17 世纪的欧洲各国对货币理论都缺乏概念性认识，它们面临的实际困难是如何阻止套利者、政客和金银通货主义者利用不同国家之间都存在的金银兑换比率差异进行损耗国家财富的行为。

第二，形成了能够通过套利交易和银行牌价的方式控制黄金余额流动的现代体制——在正常情况下，套利交易和银行牌价的价格高于利息和贴现率。

现代国际贸易理论并不是以某两个国家或某个时间点的等

价交易为前提，而是在几个有商业联系的国家组成的商业圈之间，在一定的时间周期和运营周期内商品和服务的等价交易为前提。在即时结算的贸易体系下，最基本的货币价值变动有助于促进商品和服务的等价交易；在国家需要延期付款时，汇票有助于促进商品和服务的等价交易。假如一个国家全年的进口很稳定，只在生产出产品后有一次出口的机会，那么银行最终会采取贴现率的方式不时地提供货币中介，促使形成等价交易，否则银行就没办法吸引货币并实现充足的货币供应。在整个运作过程中，整个商业圈内实现了交易均衡，而实现这种交易均衡的关键机制是广义货币，其安全阀和指标是利率。以银行利率为基础，现代的套利者和黄金交易商进行的业务操作，反而有利于平衡贵金属的价值，并保障贵金属在全球均衡分布。

所以，我们可以很清晰地看到，商业活动能够以自发且必然的方式实现国家强权镇压都无法实现的目标。因此，这说明人为地干预货币铸造和货币兑换比率的做法并不科学。现代世界与 17 世纪的世界有一个非常大的区别，那就是货币体系存在差异。货币体系的差异只能建立在真正的国际贸易理论基础上，而此时真正的国际贸易理论已经形成。国际贸易理论的独立发展，使现代银行业的发展、纸币媒介的出现、国际贸易壁垒被打破等成为可能。从商业的角度来看，一切无意中形成或者科学指导下的创新，会将世界连成一个整体。简单总结就是，现代商业体系囊括了两个世纪甚至更长时间以来整个商业发展的本质特征，但很难界定现代商业与以往的商业在多大程度上互为因果。

欧洲货币史进入第二阶段后，从颁布铸币法令的角度来说，各国的货币史已经逐渐丧失了独特性。所以，到现在为止，要想研究复本位制体系下某种单独货币的历史，我们就不得不把它放到更广阔的世界货币体系中。在这一阶段，每个国家的货币体系都不是独立存在的，而是世界货币体系的一部分。

▲1696 年铸造和发行的威廉三世一克朗银币

这是 1696 年英格兰王国发行的威廉三世一克朗银币。银币直径约 38 毫米，重约 29.4 克，正面为英格兰和爱尔兰国王威廉三世的侧面胸像及铭文，背面为英格兰、苏格兰、法兰西和爱尔兰国徽、铸造年份及铭文。

第 5 节
17 世纪法兰西的货币改革

在欧洲货币史的第三阶段，法兰西政府于 1674 年第一次对法兰西银币进行了改变。法兰西政府曾经铸造过四索尔迪银币，价值还不到每埃居的五分之一。为此，商业群体和铸币厂的官员都对铸造低价值的四索尔迪银币表示强烈抗议。

1679 年，西班牙皮斯托尔和大埃居在法兰西市场上流通量很大。为了补救货币贬值造成的问题，法兰西政府要求把大埃居和皮斯托尔熔化后铸造成银路易或金路易。为了激励人们把大埃居和皮斯托尔送到铸币厂铸成银路易或金路易，法兰西国王路易十四建议取消铸币税。但在 1686 年，每金路易的价值从原本的十里弗尔上调为十一里弗尔十索尔迪，导致白银与黄金的兑换比率变成了 $15\frac{1}{2}:1$，这个兑换比率远远超出了法兰西政府规定的比率。1687 年，每金路易的价值下降到十一里弗尔五索尔迪，白银与黄金的兑换比率变成了 $15\frac{1}{4}:1$。金币和银币的价值在 1689 年又升值了，每金路易的价值上升为十一里弗尔十二索尔迪，每银路易的价值上升为三里弗尔二索尔迪，不过法兰西政府很快就做出反应，制定出了重铸货币的

▲法兰西国王路易十四
（1643—1715 年在位）

总体方案。法兰西政府在 1689 年年末大规模重铸货币时，精确地保留了以往的货币重量标准和铸造标准，但发行的时候，每金路易的价值被调整为十二里弗尔十索尔迪，每银路易的发行价值被调整为三里弗尔六索尔迪。不过，只过了两年，也就是 1691 年，法兰西就调整了铸币标准。1693 年，法兰西货币的价值提高了一些。我们可以了解一下货币损耗的一些情况，1691 年，法兰西铸造的货币，每金路易的价值是十二里弗尔十索尔迪。1693 年，法兰西政府将每枚金路易以十一里弗尔十四索尔迪的价格进行回收，还为新铸造的货币重新规定价值——每金路易的价值是十三里弗尔，每银路易的价值是三里弗尔八索尔迪。

◀1643 年铸造和发行的路易十三十二分之一埃居银币

这枚银币铸造于 1643 年，直径约 21 毫米，重约 2.24 克，含银量约 91.7%。银币正面是路易十三胸像；外环有拉丁语铭文。背面有代表波旁王朝的盾徽，王冠下面有三朵莺尾花；外环有拉丁语铭文；下方中间的 "A" 是巴黎制币厂的标识。

◀1652 年铸造和发行的路易十四埃居银币

这枚银币正面为路易十四戴桂冠胸像，头戴桂冠是光荣、智慧和勇敢的象征，是胜利的标志。外环刻拉丁语铭文。背面是代表波旁王朝的盾徽，王冠下面有三朵莺尾花；外环有拉丁语铭文和铸造年份。

第 6 节
1726 年法兰西的货币改革

　　十年后，也就是 1703 年，法兰西政府第三次重新铸造货币，并规定了这些货币的发行价值——每金路易为十五里弗尔，每银路易为四里弗尔。1709 年，每金路易的价值下跌到十二里弗尔十五索尔迪，每银路易的价值下跌到三里弗尔八索尔迪。但就在同年，每金路易的发行价值又被提高到二十里弗尔，每银路易的发行价值被提高到五里弗尔。奇怪又武断地把货币价值往上提升，对法兰西的商业非常不利，于是法兰西想将每金路易的价值逐步恢复到十四里弗尔，每银路易的价值逐步恢复到三里弗尔十索尔迪。法兰西政府在 1713 年 9 月 30

▲法兰西国王路易十五（1715—1774 年在位）

日又发布公告，把每金路易的发行价值恢复到十四里弗尔，每银路易的发行价值恢复到三里弗尔十索尔迪，该公告规定的发行价值一直延续到了1715年。之后，法兰西政府又对货币进行改革，重新铸造发行新货币，每金路易的价值被提升到二十里弗尔，每银路易的发行价值被提升到五里弗尔，除去磨损，每金路易的价值稳定在十六里弗尔，每银路易的价值稳定在四里弗尔。从法兰西政府决定重新铸造货币及回收磨损的金路易和银路易到1721年，金融家约翰·劳针对货币进行的运作给法兰西带来了巨大的灾难。在1716年5月2日建立银行时，法兰西有三种银路易和四种金路易。1720年，金路易已经有四十种之多，银路易也增加到十种[1]。法兰西政府在1726年颁布重要法令，想要解决约翰·劳时期引发的货币乱象，该法令差不多构成大革命时期法兰西货币体系的基础。根据这项法令，要按照贵金属含量的比例来区分货币，同时规定每马克黄金要铸造出三十枚金路易，每枚金路易的发行价值是二十里弗尔；每马克白银要铸造出八又十分之三枚银埃居，每枚银埃居的发行价值是五里弗尔。就这样，白银与黄金的法定兑换比率就是 $14\frac{5}{8}$:1。外国货币及老旧的金银币全部禁止在法兰西市场流通，并被送到铸币厂铸成新货币。法兰西政府再次颁布禁令，将过去的管理制度中禁止切割货币、外运货币的条款全部恢复，并且新增了严厉的处罚条款。不过，把老旧货币送进铸币厂重新铸造成新货币后的价值，无法代表当时法兰西货币真实的商业价值。所以，老旧货币实际上并未被送进铸币厂。法兰西政府在1749年时还没有完成货币重铸工作，虽然处于不同的时期，但货币的价值总体上涨了30%，甚至更多。1759年，为了应对货币严重短缺的问题，法兰西国王路易十五把自己的盘子送进了铸币厂，当时的很多人都效仿路易十五的做法。那时，

▲1709年铸造和发行的路易十四埃居银币

这枚银币直径约40.8毫米，重约30.3克，含银量约91.7%，由乔治·罗蒂尔雕刻，法国巴黎铸币厂铸造。

---

[1]　想了解在约翰·劳时期法兰西的货币乱象，可以参阅附录6《法兰西货币体系》中的账簿。——原注

把一马克纯金送到铸币厂会获得八百六十一里弗尔五索尔迪的补偿，把一马克纯银送到铸币厂会获得五十九里弗尔五索尔迪十但尼尔的补偿。

黄金和白银的价值到 1771 年才有所变化。当时，法兰西借口外国铸币价值出现变化，将一马克黄金的价值定为七百零九里弗尔，一马克白银的价值定为四十八里弗尔九索尔迪。

在法兰西改革货币期间，由于货币问题太过复杂，所以通常会在相关的法令中避免直接提及金银币。不过，法兰西政府在 18 世纪颁布的一项法令却不得不暂时打破常规。

荷兰政府在 1738 年把索尔迪的价值下调了一半，这是因为法兰西政府担心荷兰下调索尔迪的价值会让索尔迪大量涌入法兰西，所以才效仿荷兰政府做出了这样的决策。法兰西政府在 1738 年 8 月 1 日颁布法令，规定重铸后的货币，一枚杜赞币和一枚三十但尼尔的实际价值是十八但尼尔。有一点需要注意，为降低货币量锐减带来的影响，法兰西政府同时颁布法令，限制利用金银币清偿债务的行为——在支付四百及四百以下里弗尔的款项时，用金银货币支付的款项不能超过十里弗尔；支付超过四百里弗尔的款项时，用金银货币支付的款项不能超过总金额的百分之二点五。其实，这些法令既没办法完全阻止外币流入，也没办法完全阻止利用流通货币的价值差进行套利操作的行为。在 1738 年 10 月颁布的法令的序言中明确地写着"限制手段没能发挥作用"，所以，为了结束货币乱象，该项法令还试图将三十但尼尔回收。

◄1712 年铸造和发行的路易十四金路易

当时法国铸造的货币有一款经典的设计，正面是路易十四的头像，背面是路易的首字母"L"组成的十字，十字的四角有代表法国王室的百合花王徽装点，十字的正中间是太阳，因为路易十四又被称为"太阳王"。

◄1716年铸造的路易十五孩
童像一埃居银币

这是1716年铸造的路易十五
孩童时一埃居银币（复打币），由
法国卡昂铸币厂铸造。

◄1734年铸造和发行的路易
十五一埃居银币

这枚银币铸造于1734年，直
径约42毫米，重约29.5克，含银
量约92%。银币正面为路易十五侧
身胸像，外环有拉丁语铭文。背面
外环有拉丁语铭文；下面正中"Q"
是法国利摩日铸币厂的标识。

第 7 节
1785 年法兰西的货币改革

　　法兰西为应对货币乱象采取的措施完全失败，和前文记录的同类法令的失败并没有太大区别，因此也没有拿出来特别说的价值。但值得关注的是，限制低价值货币在市场中流通逐渐成为一种共识并被采纳，目的是推动交易双方在签订契约的时候使用主要货币进行支付。限制低价值货币流通，成为贴水想法的补充方案——涉及以较大货币为基础，发行标准更低的辅币问题。这个想法是经过漫长的时间逐渐形成的，缺少限制低价值货币流通与发行低标准辅币这两个中的任何一个都行不通。但在最后，经过时间的积累和演变，人们终于彻底掌握了这两种想法并付诸实践，构建出了现代货币体系基础的主体部分。

　　现在，我们回过头来讨论金银币的种类。1726 年颁布的法令规定的货币基础，一直维持到了 1785 年。1785年 10 月 30 日，法兰西颁布法令，要求重新铸造货币，银币的价值遵从 1773 年 5 月发布的价值表，规定一马克纯银的价值是五十二里弗尔九索尔迪二但尼尔，但调整了金币的价值，一马克纯金的价值已经变成八百二十八里弗尔十二索尔迪。从 1726 年开始，白银与黄金的名义

▲法兰西国王路易
十六（1774—1792 年在位）

兑换比率是 $14\frac{5}{8}$:1，但白银与黄金的实际兑换比率是让人难忘的 $15\frac{1}{2}$:1。确切地说，白银与黄金的兑换比率之所以变化，是因为在几年的时间里黄金价值出现了上涨——黄金价值上涨，导致法兰西铸币厂乃至整个法兰西的黄金出现外流。

提出并实施货币重铸的法兰西财政大臣查尔斯·亚历山大·德·卡洛纳于1785 年写道：

在 1726 年的法兰西，十四马克五盎司白银可以兑换一马克黄金。在相当长的时间里，在法兰西流通的每种金属对另一种金属始终保持着均衡的兑换比率。历史证明，法兰西通过法令的形式规定白银与黄金的兑换比率非常有远见。但是，法兰西金币逐渐消失了。在几年的时间里，法兰西金币极度缺乏，而这正是贵金属的法定价值一直没有变化，但金币的实际价值却逐年上涨导致的。

根据查尔斯·亚历山大·德·卡洛纳的预计，到 1785 年重铸货币的时候，法兰西金路易的数量只有 1726—1785 年所铸货币总数十三亿里弗尔的一半，也就是六点五亿里弗尔。似乎是由于西班牙白银与黄金的法定兑换比率为 16:1，而黄金未来还有升值的空间，所以查尔斯·亚历山大·德·卡洛纳决定把白银与黄金的法定兑换比率定为 $15\frac{1}{2}$:1。查尔斯·亚历山大·德·卡洛纳承认，1785 年白银与黄金的实际兑换比率只有 15.08:1 到 15.12:1。所以，货币重铸法案的颁布让法兰西国王路易十六获利七百二十五万五千二百一十六里弗尔，让旧金路易的持有者获利二千一百六十万里弗尔。

◄**规模宏大的三级会议**

1789 年，为解决王室财政困难，法兰西国王路易十六召开了三级会议企图征税。会上第三等级的代表提出改革税制，取消第一和第二等级的特权，但建议未得到采纳，而且路易十六试图调动军队压制议会，最终引发了法国大革命。

第 8 节
1785 年查尔斯·亚历山大·德·卡洛纳的货币政策

查尔斯·亚历山大·德·卡洛纳的货币政策，在 1790 年完成书写报告，并提交到国民议会，但所提交报告中的货币政策受到了严厉的批评。国民议会允许流通和使用金币，但要采用银本位制，并且把白银与黄金的兑换比率定为 $14\frac{7}{9}$:1，同时免去铸币税。大家都知道，国民议会定的白银与黄金的兑换比率与实际的市场价值更接近。所以，有人就武断地认为，查尔斯·亚历山大·德·卡洛纳制定白银与黄金的兑换比率肯定另有所图。实际上，查尔斯·亚历山大·德·卡洛纳在 1790 年提交给国民议会的文件中的最后一条建议——铸币税不能高于重铸货币的净成本——在 1785 年 10 月 30 日的法令中已经得到了承认。

法兰西政府通过著名的卡洛纳法令明确了重铸货币的方案，并最终取消了铸币税。法兰西规定了银币与金币的固定兑换比率，并把银币定为主要货币，而金币则以辅币的身份与银币一起流通。后来法兰西

▲1791 年铸造和发行的路易十六埃居银币

这种银币直径约 41.5 毫米，重约 29.5 克，含银量约 91.7%。正面为路易十六侧面胸像。下正中 "I" 是法国利摩日铸币厂的标识。

第一共和国的法令就是以卡洛纳法令的主要论点和特征为精准模型制定出来的，但无知的法兰西第一共和国政府把它当成了复本位制。所以，法兰西第一共和国建立七个月后的法令，也只是对1785年颁布的法令的延续和再现。

明确地强调并再次声明法兰西第一共和国的法令只是对1785年法令的延续和再现非常有必要，因为民众对法兰西第一共和国后来采取的措施的评论过分狂热和盲目。其实，法兰西第一共和国后来采取的措施并未建立新的货币秩序，也未能提供新的货币思想，就连自己的货币理论都未能公布。

▲1791年铸造和发行的路易十六十二德尼尔铜币

这种铜币铸造于法国大革命期间的1791年，正面是路易十六头像，外环有铭文。背面为自由帽和象征权力的束棒，"12D"意为"十二德尼尔"，外环有铭文。

第 9 节
法兰西革命中的货币法令

法兰西第一共和国通过投机方式临时对货币进行了改革，并大量发行了十五苏和三十苏劣币，还将其作为纸券的基础，以替代在流通领域几近消失的金银币。但是，1793 年 10 月 7 日，法兰西第一共和国建立后颁布第二项法令，决定不以传统模式规范货币标准。根据该项法令，货币单位被命名为格雷夫，由一千克的百分之一组成，每枚货币重十格令，含十分之九的白银，在重量和含银量相同的前提下，金币在流通中的价值是银币的十五倍。

▲奥诺雷·加布里埃尔·里凯蒂

但是，该法令仍然形同虚设。两年后，也就是 1795 年，法兰西货币体系将法郎定为基础货币。1795 年 8 月 15 日和 8 月 28 日，法兰西第一共和国先后颁布了两项法令，将重五克、银含量十分之九的银法郎定为本国货币体系的基础货币。该项法令还规定了金币的重量和纯度——每枚金币重十克、金含量为十分之九，但并没有明确金币与单位法郎的价值比率。法兰西第一共和国建立后的货币体系，就是米拉波伯爵奥诺雷·加布里埃尔·里凯蒂于 1790 年向制宪议会建议的货币体系。法兰西第一共和国建立的货

▲拿破仑·波拿巴

币体系，五法郎银币得到了认可，但铜币遭受抵制，政府不得不回收流通中的铜币，而金币并未获得尝试发行的机会。两年后，也就是 1797 年，法兰西第一共和国督政府宣布支持流通中重量为十克的金币，但要求必须固定金币的价值，同时把白银与黄金的兑换比率定为 16:1。针对督政府的方案，皮埃尔·路易·普里厄表示反对，并向"五百人院"提交采用金银币的方案——和前文描述的一样，在该方案中，金币的价值会跟随市场情形的变化而变动，但官方要每年两次以公告的形式公布金币的价值。虽然"五百人院"大幅度修改了皮埃尔·路易·普里厄提出的方案，但该方案最后还是被元老院否决了。几年下来，法兰西第一共和国货币体系中存在的问题始终没有被重视。法兰西第一共和国成立的第十年，也就是 1802 年，根据执政官的提议，政府重新审议了法兰西第一共和国的货币问题。法兰西第一共和国财政部部长马丁·米歇尔·查尔斯·戈丹按照执政官的要求，向国务委员会提交了一个方案。该方案建议，以 1785 年颁布的法令公布的白银与黄金 15½:1 的兑换比率为基础计算，分别发行面值为二十法郎和四十法郎的金币。同时，马丁·米歇尔·查尔斯·戈丹非常谨慎地解释称，银币仍然作为基础货币，假如市场差异导致白银与黄金的兑换比率发生变化，那就重新发行金币。马丁·米歇尔·查尔斯·戈丹在递交给执政官的报告中坦称，白银与黄金的兑换比率长久以来维持在 15:1 以下。导致马丁·米歇尔·查尔斯·戈丹采用 1785 年的白银与黄金 15½:1 兑换比率的主要原因是，假如采用 15:1 的兑换比率，会对持有金币的人造成巨大的损失，而且也没有足够的理由做出这么大的变动。

刚开始，国务委员会下属的财务委员会更倾向于皮埃尔·路易·普里厄的方案，所以否决了马丁·米歇尔·查尔斯·戈丹的方案。但按照第一执政拿破仑·波拿巴的要求，财务委员会进行了调查，该调查加速了事件的终结。马丁·米歇

▲1792 年法兰西第一共和国制宪议会发行的银埃居

法兰西第一共和国初期发行的这枚埃居银币重约 30 克，含银量约 91.7%。正面是路易十六头像，外环有铭文和铸造年份。背面中间是长翅天使胜利女神维克多利正在书写"宪法"；上部有铭文；右下边有雄鸡符号；左边象征权力的束棒上戴上了自由帽；下方铭文意为"自由之 4 年"（即 1792 年，大革命初期以 1789 年作为自由纪年的第一年）。

▲1793 年铸造和发行的路易十六六里弗尔银币

这是法兰西第一共和国成立的第二年铸造的六里弗尔（一埃居）银币，重约 30 克，含银量约 91.7%。正面是长翅胜利女神，右下边有雄鸡符号，左边为象征权力的束棒和自由帽。背面中间铭文意为"六里弗尔"，上面铭文为国名，意为"法兰西共和国"，"A"是巴黎铸币厂的标识。

尔·查尔斯·戈丹通过国务委员会阐述了自己的主张，但有一点非常重要的不同之处，那就是默认了黄金和基础货币白银的兑换比率在未来会发生变化的说法。法兰西第一共和国以马丁·米歇尔·查尔斯·戈丹的主张为基础，于 1803 年 3 月 28 日颁布了法令，又在此法令的基础上建立了货币体系。

在 1803 年 3 月 28 日颁布的法令中，有关金币的内容陈述如下：

截止到目前，流通中的金币有图尔城铸造的二十四里弗尔和四十八里弗尔。按照本法第六条之规定，二十四里弗尔和四十八里弗尔由二十法郎和四十法郎代替。由于采用的是十进制，法郎代替里弗尔就成为必然的趋势，而且货币体系中的其他部分也会以同样的方式保持一致。所以，二十法郎和四十法郎的含金量都被规定为十分之九，与银币的标准一样。

1803 年 3 月 28 日颁布的法令并没有提及金银的兑换比率，它突出地强调了对国家更有利的措施——打压金币的价值，取消铸币税。依据 1803 年 3 月 28 日颁布的法令中的第十一条，法兰西第一共和国货币体系的货币单位是银法郎，每银法郎的重量是五克，含银量十分之九。对应银法郎的倍数，法兰西第一共和国决定分别发行面值为二十法郎和四十法郎的金币，银法郎对金法郎的官方兑换比率为 $15\frac{1}{2}$:1。但从 1819 年到 1850 年，白银与黄金的实际兑换比率并未达到 $15\frac{1}{2}$:1 这个比值。

1803 年法兰西的货币改革

通过历史发展来看，1803 年 3 月 28 日颁布的法令并未帮助法兰西制定新的货币理论、体系和原则，但法兰西政府取消原来的图尔里弗尔体制，改用十进制，取消铸币税，确定单位货币的价值，还停止使用合金货币（用金银和其他金属混合铸造）。所以，在货币体系和货币标准方面，法兰西第一共和国并没有什么创新。虽然 1803 年 3 月 28 日颁布的法令确立的货币体系已经不属于复本位制，但与弗朗索瓦一世时期、1610 年和 1785 年的复本位制货币体系相比，也差不了多少。就像我们知道的那样，立法者的思维中并没有复本位制理论的概念，也没有任何使用复本位制理论和体系的迹象。第一执政拿破仑·波拿巴发现了手上的两种金属，组成了法国几个世纪以来的货币。几个世纪以来，各执政官都面临着同样的监管问题，但拿破仑·波拿巴在没有理论依据指导的前提下，用非常实用的方法解决了困扰法国的监管问题。

任何在法兰西流通的货币，都只能逐渐适应由法兰西建立的十进制货币体系。直到 1829 年 6 月，十二里弗尔、二十四里弗尔、四十八里弗尔的旧金币才被全面取消，而合金货币（用金银和其他金属混合铸造）其实是在 1845 年才彻底被废止的。法兰西在 1852—1856 年重新铸造了劣币。不过，这些都只是细节问题，和本节的主题并没有直接关系。

所以，从处理货币问题的角度看，法兰西第一共和国新政权时期与之前的几个世纪并没有本质上的差别。但是，直到复本位制理论提出，并在拉丁货币联盟形成的过程中得以体现，19 世纪法兰西的货币体系及其经验与 17 世纪法兰西的

货币体系及其经验相比，就具有了非常特殊的意义。货币问题的主要区别，不是法兰西改变货币体系使法兰西使用货币的经验有什么不同并产生了怎样深远的意义，而是英国的货币体系已经改变了，它把贵金属的价值变动对金银固定兑换比率的冲击降到较小且人们能够承受的范围内。因此，可以对实际案例和贵金属价值变动带来的影响进行更深入的解释和说明，但其本质上并未发生任何改变。

人们普遍认同第二种看法，即法兰西第一共和国后期采取的措施让全世界拥有了稳固的兑换比率。然而，这种看法并不合理。整个 19 世纪，市场上白银与黄金的实际兑换比率都由白银的商业价值决定。所以，法兰西在任何时候都没有摆脱法定兑换比率与市场兑换比率不一致带来的灾难性影响。目前，在记载历时短暂的复本位制的文献中盛行的相反观点，完全是出于无知。英国从 1815 年起摆脱复本位制的束缚，所以视野狭隘的现代檄文作者并没有看到复本位制在本国运作的痕迹，他们假定法兰西第一共和国的经验具有普遍适用性，并将金银兑换比率的稳定归功于法兰西的法定兑换比率。对法兰西货币体系问题进行讨论，并非出于论辩精神，而仅仅是对科学的追求，把历史经验滥用到科学理论中的做法应该受到批判。所以，很多历史上最简单的事实被彻底曲解，因果关系混乱，导致一些人把 19 世纪英国货币史的停滞归咎于复本位制的缺失，而不是复本位制的存在及其造成的后果。接下来，我们暂且以法兰西为例展开说明。

第 11 节
法兰西金银兑换比率变化的过程

▲1812 年铸造和发行的
拿破仑一世二十法郎金币

这是法兰西第一帝国皇帝拿破仑一世统治时期发行的二十法郎金币，直径约 20 毫米，重约 6.5 克，由巴黎铸币厂铸造。金币正面中间为拿破仑一世戴桂冠头像。背面外环饰有铭文。

后文的表格呈现了法兰西金银实际兑换比率（即市场兑换比率）的变化过程。白银与黄金的实际兑换比率与法定兑换比率，无论在何时都没有一致过。1803—1806 年，经历三年时间的动荡后，实际兑换比率有时候比法定兑换比率更高，有时候比法定兑换比率更低。在 1807—1813 年七年的时间里，实际兑换比率一直在下降。1813 年的实际兑换比率触底，为 16.24:1。1813—1819 年，虽然偏差不大，但实际兑换比率始终比法定兑换比率高。1819—1850 年，白银与黄金的实际兑换比率低于 $15\frac{1}{2}$:1。1851—1867 年，白银与黄金的实际兑换比率一直高于法定兑换比率，这段时间是美国和澳大利亚黄金产量的高峰期。其实，法兰西在 1868 年结束复本位制，到我们现在所处的时代，白银与黄金的实际兑换比率始终低于 $15\frac{1}{2}$:1，而且就像大家知道的那样，关于实际兑换比率和法定兑换比率的分歧越来越大。

有关法兰西货币体系和规则给世界带来稳定兑换比率的问题就说到这里。

那么，市场兑换比率和法定兑换比率之间的差

异，会对法兰西贵金属储备造成什么样的影响呢？在法兰西货币史的前四个世纪，兑换比率问题造成的影响，与类似事件和环境造成的影响没有什么不同。我们没办法获得 1822 年前法兰西金银进出口的官方数据，也没办法获得 1830年前法兰西金银进出口的连续清单——在当时，黄金和白银两种贵金属的进出口是独立进行的。

1803—1876 年法兰西的复本位制经验

▲1849 年铸造和发行的拿破仑三世五法郎大力神银币

这枚银币正面为希腊神话中的大力神海格力斯、自由女神和平等女神。背面饰以橄榄枝，最下面"A"是巴黎铸币厂标识。

虽然没有前述数据，但是我们有 1830 年之后法兰西金银进出口量的数据，而且这份数据非常有说服力。1830—1850 年，白银与黄金的市场兑换比率一直比法定兑换比率低，进口白银可以获利，因此法兰西连续进口了许多白银。法兰西从国际上进口的白银总量，1830 年为六百万英镑，1831 年为七百二十五万英镑，1834 年为四百万英镑，1837 年超过五百五十万英镑，1838 年将近五百万英镑，1841 年将近五百万英镑，1843 年超过四百万英镑，1848 年超过八百二十五万，1849 年将近一千万英镑。其实，在长达二十二年的时间里，法兰西一直在大量进口白银，进口总额约有九千二百万英镑之多。我们要清楚地意识到，法兰西白银的进口数额并不是进口总额，而是进口超出出口的差额（也称进口净额），进口的白银通过货币的形式进入法兰西的流通领域，并得到了认可，取代了黄金的流通地位。黄金的价格变动情况，会在图表中同步展示出来。摆出几个特殊且重要的异常数值，白银与黄金在价格变动上的对应关系就一目了然。按照当时法兰西现行的法令，铸造银

▲1853 年铸造和发行的拿破仑三世二法郎银币

这是法兰西第二帝国皇帝拿破仑三世统治时期铸造和发行的二法郎银币，由巴黎铸币厂铸造。银币正面中间为拿破仑三世头像，外环铭文意为"拿破仑三世皇帝"。背面有月桂花环，外环铭文意为"法兰西帝国"，中间铭文意为"二法郎"。

币的利润或溢价只能由个人获取，银币也只能通过黄金、服务或出口商品来换取和支付。1830—1850 年，法兰西显然采用了通过货物的汇款方式，导致在这段时间里法兰西的黄金储量增加了一些，价值接近三百万英镑，这恰恰与采用复本位制法则期望实现的目标相悖。但是，1834—1839 年及 1841—1848 年，白银进口、黄金出口的情况同时发生，而且存在明显的对应关系。总金额不一致的地方，能用统计数据中所属年份的法兰西对外贸易余额来解释。

随着 1852 年的到来及新的黄金大量流入，法兰西白银与黄金的兑换比率发生了巨大的变化，兑换比率超过了 15.5:1 的法定兑换比率，进口白银和铸造银币带来的红利也没有了，黄金替代白银的地位，进口黄金和铸造金币反而能够获得一定的利润。1852—1865 年，法兰西白银与黄金的市场兑换比率比法定兑换比率高，进口黄金的净额（或差额）总计一亿三千五百万英镑，出口白银的净额为六十六又三分之二百万英镑。白银和黄金实际价格的变动呈现出一致性。随着 1865 年的结束，整个19 世纪金银的市场兑换比率发生了巨大的变化。虽然拉丁货币联盟联合起来铸造货币，但也抵挡不住金价的持续下跌，白银与黄金的市场兑换比率越来越低于其法定兑换比率，进口和铸造金币的溢价立刻转变为进口和铸造银币的溢价。1865—1875 年，在法兰西政府放弃五法郎货币的铸造，然后又放弃复本位制的前一年，法兰西白银进口净额高达五千六百万英镑。

进出口数据仅仅显示了实行复本位制最终的结果。法兰西通过铸造货币赚取了溢价，但铸造货币所用的贵金属大量依赖进口是显而易见的事实。出口相应的贵金属也可以赚取溢价，然而互惠的事实无法清晰地展示出来。随着贸易差额在更大范围内产生总体的波动，贵金属的出口问题愈加复杂起来。我们显然可以清晰地感受到通过贵金属出口获取溢价的事实，但这仅仅是对最终结果的总结，只有依据铸币厂铸造货币的记录，

再结合两种贵金属的进口净额和出口净额的相关记录，才能细致地了解起伏不定的贵金属进出口历史的中间过程。

1822—1875 年法兰西黄金进口净额与出口净额变动表

时间（年）	进口净额（法郎）	出口净额（法郎）	时间（年）	进口净额（法郎）	出口净额（法郎）
1822	4,000,000	—	1852	17,000,000	—
1823	—	19,000,000	1853	289,000,000	—
1824	37,000,000	—	1854	416,000,000	—
1830	10,000,000	—	1855	218,000,000	—
1831	10,000,000	—	1856	375,000,000	—
1832	—	39,000,000	1857	446,000,000	—
1833	24,000,000	—	1858	488,000,000	—
1834	—	7,000,000	1859	539,000,000	—
1835	—	20,000,000	1860	311,000,000	—
1836	—	14,000,000	1861	—	24,000,000
1837	—	6,000,000	1862	165,000,000	—
1838	—	4,000,000	1863	12,000,000	—
1839	24,000,000	—	1864	125,000,000	—
1840	49,000,000	—	1865	150,000,000	—
1841	—	5,000,000	1866	465,000,000	—
1842	—	12,000,000	1867	409,000,000	—
1843	—	41,000,000	1868	212,000,000	—
1844	—	6,000,000	1869	275,000,000	—
1845	—	14,000,000	1870	119,000,000	—
1846	—	9,000,000	1871	—	214,000,000
1847	—	13,000,000	1872	—	53,000,000
1848	38,000,000	—	1873	—	108,000,000
1849	6,000,000	—	1874	431,000,000	—
1850	17,000,000	—	1875	454,000,000	—
1851	85,000,000	—			—

1822—1875 年法兰西白银进口净额与出口净额变动表

时间(年)	进口净额(法郎)	出口净额(法郎)	时间(年)	进口净额(法郎)	出口净额(法郎)
1822	125,000,000	—	1852	—	3,000,000
1823	114,000,000	—	1853	—	117,000,000
1824	124,000,000	—	1854	—	164,000,000
1830	151,000,000	—	1855	—	197,000,000
1831	181,000,000	—	1856	—	284,000,000
1832	60,000,000	—	1857	—	360,000,000
1833	75,000,000	—	1858	—	15,000,000
1834	101,000,000	—	1859	—	171,000,000
1835	74,000,000	—	1860	—	157,000,000
1836	27,000.000	—	1861	—	62,000,000
1837	144,000,000	—	1862	—	86,000,000
1838	120,000,000	—	1863	—	68,000,000
1839	75,000,000	—	1864	—	42,000,000
1840	96,000,000	—	1865	72,000,000	—
1841	117,000,000	—	1866	45,000,000	—
1842	92,000,000	—	1867	189,000,000	—
1843	103,000,000	—	1868	109,000,000	—
1844	82,000,000	—	1869	112,000,000	—
1845	90,000,000	—	1870	35,000,000	—
1846	47,000,000	—	1871	15,000,000	—
1847	53,000,000	—	1872	102,000,000	—
1848	214,000,000	—	1873	181,000,000	—
1849	244,000,000	—	1874	360,000,000	—
1850	73,000,000	—	1875	194,000,000	—
1851	78,000,000	—		—	

1803—1875 年法兰西采用复本位制时金银币的铸造数额表

时间（年）	金币（法郎）	银币（法郎）	时间（年）	金币（法郎）	银币（法郎）
1803	10,209,840	23,171,988	1840	40,998,240	63,795.527
1804	38,463,980	47,517,195	1841	12,375,060	77,517,941
1805	20,474,500	46,385,909	1842	1,852,720	68,391,170
1806	38,533,760	25,241,651	1843	2,826,600	74,148,998
1807	18,019,920	5,008,903	1844	2,742,260	69,134,980
1808	32,311,260	67,833,922	1845	119,140	89,967,609
1809	15,206,440	44,296,494	1846	2,086,420	47,886,145
1810	46,070,600	57,170,216	1847	7,706,020	78,285,157
1811	132,135,740	256,399,040	1848	39,697,740	119,731,095
1812	97,717,880	160,786,409	1849	27,109,560	206,548,663
1813	62,659,680	134,900,313	1850	85,192,390	86,458,485
1814	64,544,720	61,244,121	1851	269,709,570	59,327,308
1815	55,379,840	37,673,806	1852	27,028,270	71,918,445
1816	15,151,280	34,917,526	1853	312,964,020	20,099,488
1817	52,197,080	37,143,579	1854	526,528,200	2,123,887
1818	95,410,460	12,406,076	1855	447,427,820	25,500,305
1819	52,410,660	21,235,077	1856	508,281,995	54,422,214
1820	28,781,080	18,436,620	1857	572,561,225	3,809,611
1821	404,140	67,533,866	1858	488,689,635	8,663,568
1822	4,718,100	100,679,137	1859	702,697,790	8,401,813
1823	408,180	82,911,680	1860	428,452,425	8,034,198
1824	7,071,700	114,476,007	1861	98,216,400	2,518,049
1825	45,616,360	75,203,291	1862	214,241,990	2,519,397
1826	925,540	90,835,623	1863	210,230,640	329,610
1827	3,160,940	153,868,978	1864	273,843,765	7,296,609
1828	8,025,740	161,466,133	1865	161,886,835	9,222,394

时间（年）	金币（法郎）	银币（法郎）	时间（年）	金币（法郎）	银币（法郎）
1829	1,118,180	102,642,617	1866	365,082,925	44,821,409
1830	23,516,640	120,187,089	1867	198,579,510	113,758,539
1831	49,641,380	205,223,764	1868	340,076,685	129,445,268
1832	2,046,260	141,353,915	1869	34,186,190	68,175,897
1833	16,799,780	157,482,863	1870	55,394,800	69,051,256
1834	30,231,200	218,288,304	1871	50,169,880	23,878,499
1835	4,550,060	99,966,149	1872	—	26,838,369
1836	5,097,040	43,242,399	1873	—	156,270,160
1837	2,026,740	111,858,697	1874	24,319,700	60,609,988
1838	4,940,140	88,489.324	1875	234,912,000	75,000,000
1839	20,670,000	73,637,742		—	

1820—1850 年，市场兑换比率一直低于 $15\frac{1}{2}:1$ 的法定兑换比率，并且通过进口白银赚取利润时，法兰西铸币厂铸造的银币总值是一亿二千七百四十五万八千三百二十二英镑，但铸造的金币总值仅有一千九百三十三万三千八百五十四英镑。1850—1866 年，市场兑换比率发生了变动，黄金的价值上升，法兰西铸币厂铸造的金币总值高达二亿九千二百四十一万六千九百五十一英镑，铸造的银币总值是一百三十一万五千五百三十二英镑。

1851 年，白银与黄金的市场兑换比率开始超过法定兑换比率，法兰西银行储备的黄金总值仅为三百五十万英镑左右，但它储备的白银总值超过了一千九百万英镑。截止到 1866 年，白银与黄金的市场兑换比率不再高于法定兑换比率，法兰西银行储备的黄金总值为二千三百万英镑，储备的白银总值接近五百五十万英镑。在前一种情况下，白银储备量占金银总储备量的约 85%。但在后一种情况下，白银储备量仅占金银总储备量的约 19%。

时间(年)	黄金(百万法郎)	白银(百万法郎)	白银储备量占金银总储备量的比例（%）	时间(年)	黄金(百万法郎)	白银(百万法郎)	白银储备量占金银总储备量的比例（%）
1851	83	478	85	1864	273	94	27
1852	69	442	86	1865	238	208	44
1853	102	214	67	1866	576	136	19
1854	301	193	39	1867	697	318	31
1855	72	147	66	1868	662	474	42
1856	94	104	53	1869	461	798	63
1857	110	126	52	1870	429	69	14
1858	294	260	47	1871	554	80	13
1859	250	329	56	1872	656	134	17
1860	144	272	65	1873	611	148	19
1861	225	100	30	1874	1013	314	24
1862	187	108	36	1875	1168	504	30
1863	119	72	37	1876	1349	540	$28\frac{1}{2}$

关于从成立到复本位制结束拉丁货币联盟白银储备量的情况，我们会另行讲述。

说到法兰西多年来实施货币复本位制的经验问题，最明显的特征就是金银市场兑换比率一直在变动。法兰西的法定兑换比率一直没有与市场兑换比率保持一致，因此仍然无法提供一种稳定的货币。法定兑换比率和市场兑换比率的差异，让法兰西贸易市场动荡不安，也让它没办法拥有一种稳定的货币。法兰西在 1876 年颁布法令背后的动机，会在后文其他的相关事件中讲到，现在用官方的叙述简洁地还原一下当时有关兑换比率的大致情况：

"1824—1867 年，与法定兑换比率比较，市场兑换比率的变动基本正常——尽管如此，仅金银的市场兑换比率变化也足够对法兰西流通领域的货币结构造成巨大的影响。银币在 1847 年成为主要货币并占领主导地位后，由于

▲1848年意大利伦巴第州临时政府铸造和发行的五里拉银币

这种五里拉的银币，重约25克，直径约38毫米。正面中间为币值，两侧为月桂和橡树枝，下面为铸造年份。背面中间有身着长袍、手持长矛的女子站立，外环有铭文。

市场兑换比率发生变化，大量金币在1847—1867年流向法兰西，法兰西因此不得不采取措施保留面值较小一点的银币。为此，我们决定铸造含零点八三五克纯银的银币。"

如果不考虑法兰西的国家利益，而是仅从理论角度和国际角度看待复本位制问题，是非常荒诞的做法。19世纪50年代发现了大量的黄金，而此时法兰西刚好有大量的白银储备。法兰西通过抛售储备银的方式，将全世界白银与黄金的兑换比率稳定了下来。对法兰西而言，抛售储备银并不是问题，问题是民众在用一种金属兑换另一种金属的过程中会蒙受损失，只有非法牟利的个人才能保持稳定的利润，而且面值较小的银币的消失对法兰西城镇的贸易造成了干扰。每次白银与黄金的市场兑换比率出现变动且与法定兑换比率不一致的时候，应该根据常识决定是否要求法兰西或其他任何国家履行职责，牺牲自己的利益，为维护复本位制、稳定兑换比率保驾护航。

法兰西货币委员会于1867年对法兰西货币兑换比率的情况做了如下描述：

大家都知道，1803年规定的法定兑换比率没有一直保持下来，是因为它只是简单地让这一兑换比率保持不变。但金币很快就出现了溢价，银币大致在1850年前几乎成为在市场上流通的唯一货币。加利福尼亚和澳大利亚发现矿藏，为欧洲市场带来了大量的黄金，打破了只有银币流通的市场状况。欧洲市场常常通过提高黄金供应量的方式降低金币的价值，这就造成市场兑换比率和法定兑换比率背离的情况，同时引发银币价值上升。远东地区对银币的需求正以不同寻常的比例增长，但我们没办法把各种情况的影响都一一列举出来。由于远东地区只喜欢银币，因此大量白银被送了过去。银币的溢价高达千分

之八，这导致银币几乎全部被转移出流通市场，为金币让出了位置。

政府密切关注白银从流通领域流失的情况，并且托付一个委员会研究应对措施。1857年，委员会的研究成果出来了，德·博斯勒东提交了相关报告。有两个相反的方案，一个是通过降低金币价值的方式来稳定银币的价值，一个是国家减少银币的供给并采用金本位制。委员会在仔细审查了这两个方案后，仍然没有在两个方案当中做出选择。其实，委员会仅限于建议政府采取临时措施，也就是增加白银的出口税……所以，白银仍然持续外流。由于金币取代了银币，所以没有人注意五法郎银币是否消失这个问题，金币取代银币和小额支付中需要的小面值货币不足并不是同一个问题。

参议院于1861年接到零售市场发展受阻的投诉后，受到瑞士于1860年简化各类货币标准的启示，法兰西财政部部长也成立了一个委员会，针对银币消失的问题研究补救措施。委员会建议，把每枚五法郎银币的含银量降到百分之八十三点四，这是完全了解原因后做出的决定。委员会充分认识到，不管银币在流通货币中的占比有多大，降低单位银币含银量的做法会改变法兰西货币体系的特征，因为从法令层面看，法郎已经不存在了，五法郎银币实际上也正在消失。所以，委员会提出这样的建议，相当于建立金本位制。

但是，按照1864年颁布的法令之规定，委员会的建议只适用于面值五十生丁或二十生丁的货币。

法兰西下一步的货币改革，是在1865年组建拉丁货币联盟。说到建立拉丁货币联盟的目的时，委员会说："拉丁货币联盟规定，把金币作为主要货币，同时降低二法郎银币或面值更小的银币的含银量，并把二法郎银币或面值更小的银币转为辅币。所以，拉丁货币联盟明确赋予了法兰西货币体系

▲1858年铸造和发行的拿破仑三世一百法郎金币

这是法兰西第二帝国皇帝拿破仑三世于1858年发行的一百法郎金币，直径约35毫米，重约32.6克，由巴黎铸币厂铸造。金币正面中间为拿破仑三世头像，外环铭文意为"拿破仑三世皇帝"。背面外环铭文意为"法兰西帝国"，中间为雄鹰盾徽，下部"100 FRS"意为"一百法郎"。

▲1867年铸造和发行的拿破仑三世五法郎银币

　　这枚银币直径约38毫米，厚约2.7毫米，重约24.81克。正面为拿破仑三世头像。背面图案由皇冠、锦披和两把交叉的权杖组成。

中金法郎的优势地位，同时解决了复本位体制下实际存在的困难和问题。"

　　在拉丁货币联盟成立后不到两年，也就是1867年，建立拉丁货币联盟的动机说明被写了出来。在那时，复本位制主义者并不认可拉丁货币联盟成立的动机。不过，历史真相并不会因此发生改变。人们感觉到，从1871年开始，贵金属的生产条件彻底改变，这为拉丁货币联盟抵抗复本位制而非维护复本位制的动机提供了理论依据。假如白银没有贬值，那么拉丁货币联盟在1871年仍然是保障法兰西不受复本位制规则影响的堡垒。

第 13 节
拉丁货币联盟

由前述可知，拉丁货币联盟是采用法兰西货币体系的所有国家为了预防法兰西货币体系下货币价值变动带来灾难性后果而建立的。第一个加入拉丁货币联盟的国家是比利时，它也是联盟内最活跃的国家。针对银币来说，比利时依据 1832 年 6 月 5 日颁布的货币法，采纳了法兰西的货币体制。根据该货币法第一条的规定，比利时的单位货币被确定为重量是五克、纯度为百分之九十的银法郎。多年来，比利时一直试图维护该货币法的完整性。但是，公众舆论要求比利时政府按照正常价值接受法兰西金币。于是，比利时政府接受了公众舆论的建议，并在 1861 年 6 月 4 日颁布了相关法令。从法令颁布那一刻起，比利时就和法兰西绑在了一起，跟随法兰西一起感受金银兑换比率变动带来的震荡。比利时货币法的第一条在 1832 年形同虚设，金本位制已经取代了银本位制。比利时与法兰西、瑞士、意大利一样，经历并见证了小银币消失的过程。与过去白银储备充足相比，此时的比利时出现小面值银币严重短缺的情况，但由于比利时国家银行储备了大量等同于四千八百万法郎、五克重的银法郎，所以小面值银币短缺的问题并未立刻显现出来。在 1861 年 6 月 1 日至 1862 年 11 月 8 日一年多的时间里，比利时国家银行储备的重五克的银法郎就从四千八百六十四万五千法郎下降为一千四百六十二万九千法郎。之后，比利时国家银行赶紧停止用五法郎支付款项。随着五法郎银币的耗尽，小面值银币的储备也严重耗损。1861—1863 年，由于美洲发生了战争，贵金属贸易几乎停滞。但在 1863 年，比利时货币又开始出现流失。五法郎银币和各类低面值辅币的储

备量快速下降到非常低的程度，导致国家日常贸易的零钱需求
无法得到满足。比利时经济在1865年9月后稍有复苏，但银币
的储量仍然在继续下降。小面值货币及重量为五十生丁和一克
的银法郎非常稀缺，银行没办法为厂商提供足够多的小面值银
币，导致这些厂商不知道该怎样支付工资。为了满足民众对小
面值货币的需求，比利时政府不得不铸造五分镍币。同时，即
便不能细致准确地描述，但瑞士和意大利也经历了性质类似的
事件。意大利在1865年以前流失的各种形式的白银——包括银
币，加起来的总价值超过了一千二百万英镑。大家都知道，银
币完全流失是非常危险的事情，所以意大利在1866年4月30
日不得不停止现金支付，并默认加入拉丁货币联盟。但是，第
一个敲响警钟的并非意大利，而是比利时。比利时政府察觉到，
在自己和法兰西形成货币共同体后，自己单方面为阻止货币外
流做的任何努力都没有效果。所以，比利时向法兰西提出建议，
建议所有将法郎作为基础货币的国家组建一个货币联盟。法兰
西接受了这个建议，于是邀请瑞士、意大利、比利时等国家派
代表参加在巴黎举行的货币会议。在这次会议上，比利时提议
采用金本位制，通过折价的方式降低所有银币的价值，包括五
法郎在内，把银币变成一种辅币。瑞士和意大利也表达了相同
的观点。但由于法兰西反对，这项提议没有通过。最后，货币
会议在1865年12月23日确立了公约。

建立货币联盟的公约于1869年8月17日正式生效，法兰
西国内的货币体系依照这份公约进行了微小的调整。就这样，
面值为二法郎和更小的银币变成了辅币，它们的含银量降到约
83.5%，但五法郎银币仍然是法定货币。

拉丁货币联盟实际上只维持了十五年。仅仅从发行货币的
标准和重量来看，拉丁货币联盟四个成员国之间已经建立了统
一的货币体系，还规定任何人把贵金属带到铸币厂都可以免除
铸币费。所以，黄金被铸造成了各种各样的金币，而白银则被

铸造成了五法郎银币。拉丁货币联盟成员国之间也相互接受其他成员国的货币。出于国家和货币安全的考虑，拉丁货币联盟规定：任何个人铸造的货币都不能超过六法郎。

拉丁货币联盟各成员国都采纳了任何个人铸造的货币不能超过六法郎、小面值货币发行速度应比本位制货币发行速度慢的限制。这种限制被视为联盟成员国相互保护的一种措施，可以预防过去出现过的小面值货币损耗的问题。按照拉丁货币联盟的约定，为了国家和货币安全，各国最高铸币总额（见下表）被提了出来。

▲1849年比利时铸造和发行的利奥波德一世五法郎银币

国家	法郎
比利时	32,000,000
法兰西	239,000,000
意大利	141,000,000
瑞士	17,000,000

这枚银币直径约37.23毫米，厚约2.2毫米，重约24.58克，含银量约90%。银币正面为比利时国王利奥波德一世头像和铭文。背面花环内有皇冠、徽章、面值和铸造年份，外环有铭文。

拉丁货币联盟各成员国一度繁荣兴旺，铸币业欣欣向荣，联盟国民众或外国人在损害法兰西利益的同时赚得盆满钵满。到1873年，金银的兑换比率大幅度下跌，对拉丁货币联盟而言，银币贬值严重。为此，比利时政府积极采取措施，以法令的形式限制甚至暂停五法郎银币的铸造。接着，拉丁货币联盟的其他成员国都采取了同样的措施。1874—1876年，在巴黎举行了三次拉丁货币联盟年度会议，会议决定限制各国五法郎银币的铸造数量。

国家	1874年的铸造额（法郎）	1875年的铸造额（法郎）	1876年的铸造额（法郎）
比利时	12,000,000	15,000,000	10,800,000
法兰西	60,000,000	75,000,000	54,000,000
意大利	60,000,000	50,000,000	36,000,000
瑞士	8,000,000	10,000,000	7,200,000
希腊 [A]	—	—	12,000,000

[A]1868年，希腊加入拉丁货币联盟。

▲1873 年法兰西银行发行的五法郎大力神银币

这种银币是机制币，直径约 37 毫米，重约 25 克，由巴黎铸币厂铸造。银币正面为希腊神话中的大力神海格力斯，左侧为手持自由棒、棒上挂着自由帽的自由女神，右侧为手持天平的平等女神，外环有铭文。背面橄榄枝中铭文意为"五法郎，1873 年"，外环有铭文，最下面正中的"A"是巴黎铸币厂的标识。

在拉丁货币联盟所有成员国中，只有瑞士的铸造总额没有达到限定的数目，瑞士代表在 1876 年 2 月召开的货币会议上强烈呼吁彻底停止五法郎银币的铸造，同时要求采用金本位制。然而意大利代表对此表示强烈反对，但由于意大利采用不可兑换的纸币，致使意大利金属货币消失，它已经失去限制拉丁货币联盟铸币的兴趣了。1874 年，在拉丁货币联盟举行的货币会议上，意大利甚至企图寻求让联盟授权意大利铸造超出联盟规定的货币量——铸造总价值不低于八十万英镑的五法郎银币。同时，意大利政府提议，应该把价值对等的贵金属作为储备金属存到意大利银行。

但是，市场环境的力量很快就冲破了拉丁货币联盟的政策限制。1876 年，白银贬值带来的灾难更加严重。另外，拉丁货币联盟在 1874 年、1875 年和 1876 年举行的货币会议上为各成员国分配的铸币数额是最高限额，并非最低限额——这已经不是一个秘密。

假如不签订条约延长拉丁货币联盟存在的时间，那么在 1878 年 11 月召开的下一次铸币大会上就应该宣布拉丁货币联盟将于 1885 年 12 月 31 日解散。临近铸币大会召开，像比利时这样在过去大规模铸造货币的小国，不得不充分地估值清算并收回在其边境外铸造的五法郎银币。面对白银市场价格的暴跌，比利时政府意欲逃避责任，想尽办法延长条约的时限，让各国仍然按照联盟规定的铸币限额继续铸造银币。于是，通过协议，比利时如愿将这个时间延长到 1891 年年底。之后，拉丁货币联盟各成员国每年都会签订年度协议。

法兰西政府决定彻底停止五法郎银币的铸造，因为它发现各成员国把约定的铸币数额视为最低限额。所以，法兰西财政部部长莱昂·赛于 1876 年 3 月 21 日针对约定铸币额造成的影响向参议院提交了法案。八天后，也就是 1876 年 3 月 29 日，法兰西政府颁布法案通过了"为铸造含银量 90% 的银币而暂停

发行法兰西公债"的提议。颁布该法案的意图非常值得关注：

虽然从 1815 年开始英国制定过一些原则，而且这些原则也让越来越多的周边国家感兴趣，但在过去一段时间里发生的与贵金属相关的事件，让我们不得不把货币问题放在首位。

我们在 1814 年以复本位制理论为基础制定的货币法，从公布以后就一直遭受质疑。

从我们的角度看，与其说这是一种理论，不如说是立法者除了让金银这两种贵金属一直在市场上流通外，根本没办法解决将金银两种贵金属结合在一起使用的问题。黄金和白银注定要成为货币体系的一部分，但最近立法者学会了把金币作为独立的货币，让它独自主导货币市场，同时把银币降为辅币，以此来协调两种贵金属的关系。法兰西政府从 1857 年开始就研究这两种贵金属的关系问题，也是从这一年开始，金本位制越来越受到法兰西几届政府的支持。

紧接着，该法案对法兰西在这一时期的货币史进行了描述。就像前文所做的简要概括一样，在该法案的序言中写道："假如法兰西政府从 1874 年开始就没有采取措施预防金银兑换比率剧烈变动造成的影响，那法兰西和其他货币联盟国将必然会看到白银驱赶流通领域内的其他货币，进而耗空黄金的情形。"所以，拉丁货币联盟在 1874 年、1875 年和 1876 年约定了各成员国的铸币限额，即便"据我们所知，1875 年的规定几乎让当年的白银价格不再下跌了——并非简单地限制下跌"。

▲1870 年西班牙临时政府发行的五比塞塔银币

这枚银币是 1869—1870 年西班牙临时政府发行的，直径约 38 毫米，厚约 2.3 毫米，重约 24.6 克，含银量约 90%。银币正面为拿花的自由女神半卧于山岭上，她右手拿着橄榄枝向前伸，意为召唤和平。背面是西班牙盾徽，盾徽上有一顶城堡状王冠，象征国家权力。盾徽两侧有海格力斯柱。

第 14 节
19 世纪德意志的货币状况

　　德意志在实现统一前采用的是帝国货币体系，它的货币史一直在重复中世纪货币体系的所有原理。其实，在那个时候，复本位制还没有形成相应的理论。英国在 1816 年就放弃了复本位制，但此时的法兰西并未完全摆脱复本位制的束缚。

　　德意志也经历过复本位制带来的灾难，这种灾难在三十年战争危机结束时达到了顶峰。为解决复本位制造成的危机，德意志无可奈何地采用了没有任何效果的铸币约定机制。德意志坚持不懈地努力了一个世纪，试图统一铸币标准和货币制度，但都没有用。德意志不仅必须放弃这种努力，还得让其摇摇欲坠

▲1829 年巴登大公国铸造和发行的路德维希大公王冠塔勒

　　这是巴登大公国在 1829—1830 年铸造的一种塔勒。当时为了调整中世纪以来复杂的货币进位关系，一些德意志国家尝试发行一些新的十进制货币。1829 年，巴登大公国发行了这种以王冠塔勒纯度为标准、只折合一百克鲁泽的较小塔勒银币。新塔勒正面为巴登大公路德维希侧面头像及铭文和铸造年份。背面为月桂枝环绕的大公冠与巴登邦徽，外环有铭文。

的货币体系自行瓦解。最终，当1871年的事件促使德意志把政治问题和货币问题进行统一时，德意志至少独立存在九种各不相同的货币体系。

人们刚刚从三十年战争危机的阴影中解脱出来，就开始为货币体系产生的影响感到苦恼。

第 15 节
津纳标准

由于货币外流以及对货币的人为选择，在1665年的时候，人们对德意志货币贬值及货币状况恶化的现状怨声载道。其实，在德意志的很多文献中，都有抱怨货币贬值和货币状况恶化的记载。在1666年9月12日举行的雷根斯堡帝国国会上，德意志明确将货币外流归咎于外国——特别是威尼斯——定的黄金价格太高。巴伐利亚、法兰克尼亚和施瓦本这三个流通圈铸币局的负责人就曾在前一年的5月递交过报告，根据该报告的叙述，德意志良币杜卡特已经被法兰西、意大利、英格兰和荷兰的劣币取代。所以，巴伐利亚、法兰克尼亚和施瓦本这三个级别比较高的流通圈举办会议，打算展开彻底的调查。经过深入调查，它们提出方案，将白银与黄金的兑换比率从15:1下调到$14\frac{1}{8}$:1。这三个流通圈的铸币局于1667年提交的方案被议会接受，决议的第五条还特别说到驱逐德意志基础货币中的外国货币。萨克森选侯国和勃兰登堡选侯国都坚定地认为，如果把黄金的生产条件考虑进来，方案中兑换比率的下调幅度还不够。同一年，按照萨克森选帝侯尤里乌斯·弗朗茨和勃兰登堡选帝侯

▲1737年普鲁士王国铸造和发行的金威廉

这种金威廉是普鲁士王国腓特烈·威廉一世于1737年铸造和发行的。金币正面为国王腓特烈·威廉一世胸像。背面的十字由国王名字首字母"FW"组成，十字顶端有王冠。

腓特烈·威廉一世的约定，萨克森选侯国和勃兰登堡选侯国将采用津纳标准来铸造货币。按照津纳标准，每帝国塔勒的价值被提升为一百零五克罗伊茨（即一弗罗林四十五克罗伊茨），同时将白银与黄金的兑换比率确定为 $13\frac{5}{9}$:1。

萨克森选侯国和勃兰登堡选侯国采取的行动，卷走了法兰克尼亚、巴伐利亚和施瓦本三个流通圈的银币，让这三个流通圈在两年后的 1669 年再次召开会议讨论货币问题。在此次会议上，法兰克尼亚、巴伐利亚和施瓦本的政府不仅注意到外国劣币泛滥的问题，还注意到"一直熔化流通中的货币来兑换合适的货币"造成的破坏。

经过不懈的努力，在 1680 年召开的神圣罗马帝国议会上，法兰克尼亚、巴伐利亚和施瓦本三个流通圈共同提出了解决方案，把每帝国塔勒的价值下调为九十克罗伊茨，把白银与黄金的兑换比率定为 $15\frac{1}{4}$:1。根据决议，将每帝国塔勒的价值定为九十六克罗伊茨，把巴伐利亚和萨尔斯堡两地的货币体系与神圣罗马帝国的货币体系分开——神圣罗马帝国皇帝利奥波德一世把自己孤立了起来。

神圣罗马帝国考虑到兑换比率存在矛盾，也不可能从整体上制定一套货币管理制度，所以放弃了对货币体系的进一步改革。由于商界及各邦国都意识到了货币体系混乱会导致不良后果，神圣罗马帝国在 1690 年制定了莱比锡标准——由萨克森选帝侯约翰·乔治三世提出，在不伦瑞克－吕讷堡、萨克森和勃兰登堡签署协议。按照莱比锡标准，每帝国塔勒的价值被上调为二弗罗林或一百二十克罗伊茨，每马克白银要铸造出十八古尔登或十二塔勒。

由于神圣罗马帝国引入了莱比锡标准，每帝国塔勒的价值在几年之内就上升到了一百二十克罗伊茨。瑞典也在 1690 年采纳了莱比锡标准。三年后，也就是 1693 年，巴伐利亚、法兰克尼亚和施瓦本组成的上层流通圈也默认了莱比锡标准。此时，

▲神圣罗马帝国皇帝利奥波德一世（1658—1705 年在位）

每古尔登金币的价值已经上升到二弗罗林五十六克罗伊茨，白银与黄金的兑换比率从过去的 15:1 提高到 15.1:1。

神圣罗马帝国议会在 1738 年决定，将莱比锡标准应用到本国境内。此时每帝国塔勒的价值并没有变化，仍然是二弗罗林，一马克白银需要铸造出十二枚帝国塔勒。但降低了辅币的标准，一马克白银原本可以铸造出十二又八分之三枚塔勒，现在需要铸造出十三又三分之二枚塔勒。也就是说，辅币贬值了。

第 16 节
德意志货币兑换公约的标准

刚开始，莱比锡标准并没有比旧标准更成功。从理论上讲，莱比锡标准获得了德意志北部地区的认可，并于1738年得到神圣罗马帝国议会的承认而被采纳。不过，莱比锡标准事实上并未得到整个神圣罗马帝国的承认。甚至从1690年莱比锡标准诞生开始，为了提升竞争力，人为地提升货币价值的行为仍然继续存在——三十、二十、十五、十面值的克罗伊茨，都是按照一马克白银铸造二十到二十一又三分之一枚古尔登为标准铸造的。最后，从1730年开始，德意志西南部铸造的大量双柱币成了牺牲品，含银量下降了10%。奥地利王位争夺战造成的混乱，也加重了货币含银量的下降。含银量快速下降的双柱币把很多还保留着原来价值的货币挤出了流通市场。在奥地利王位争夺战持续期间，奥地利和德意志南部的货币几乎都贬值，不得不作为辅币流通。因此，货币兑换商从中获得了数不尽的财富。1748年，王位争夺战结束，神圣罗马帝国皇帝弗朗茨一世以奥地利人特有的自私和前任皇帝从来没有过的勇气，决定把二十古尔登的标准当作奥地

▲神圣罗马帝国皇帝弗朗茨一世(1745—1765年在位)

▲1755 年铸造和发行的玛利亚·特蕾莎二分之一克朗塔勒

玛丽亚·特蕾莎是神圣罗马帝国皇帝弗朗茨一世的妻子，因此一部分克朗塔勒上铸有她的名字。这枚银币正面有勃艮第十字、四顶王冠及铭文。背面有帝国雄鹰、金羊毛勋章和铭文。由安特卫普铸币厂铸造。

利货币体系的标准。所以，一马克纯银就需要铸造出二十古尔登或十三又二分之一帝国塔勒。在巴伐利亚加入该货币体系后，该货币体系也在公约标准中获得了自己的名称。根据公约标准，二古尔登被铸造成一种新货币——公约塔勒。在1857年《维也纳铸币公约》签订前，该货币公约确立的体系在奥地利一直沿用，但公约塔勒在德意志南部流通得更广泛一些。

德意志的货币是由法兰西六里弗尔塔勒[1]、克朗或布拉班特塔勒[2]等大量外国银币，以及奥地利金币杜卡特维持的。德意志南部邦国从1807年开始就模仿铸造出了布拉班特塔勒，特别是巴伐利亚，它铸造的皇冠塔勒采用的是一马克纯银要铸造出二十四又二分之一古尔登的新标准。

自私自利的奥地利采取的新铸币方案，被普鲁士和德意志南部的诸侯国纷纷效仿。1761—1765年，莱因邦联和德意志南部诸侯国采用的标准都是一马克白银要铸造出二十四古尔登。之后，该标准改成一马克白银要铸造出二十四又二分之一古尔登。估值过高的克朗塔勒，让铸币标准从原来的一马克白银要铸造出二十四古尔登改为一马克白银要铸造出二十四又二分之一古尔登。之所以出现这样的结果，是因为德意志西南部流通着太多的法兰西六里弗尔（在德意志被称为劳布塔勒）。约翰·菲利普·格劳曼对由于战争以及法兰西武器升级，导致法兰西货币在德意志南部过度扩张，从而引起货币混乱的论断表示质疑，他把德意志南部地区货币混乱的原因，归到法兰西违背1726年确定的铸币标准和法兰西货币贬值上了。

---

[1]　流通中的法兰西六里弗尔塔勒，和二弗罗林四十八克罗伊茨的价值一样。——原注

[2]　流通中的一布拉班特塔勒，和二弗罗林四十二克罗伊茨的价值一样。——原注

德意志南部及普鲁士货币体系

普鲁士第一任国王腓特烈一世曾对普鲁士的货币体系进行了改革,他是腓特烈大帝的祖父。腓特烈大帝于 1750 年将十四塔勒或二十四古尔登作为货币标准,一塔勒要划分成二十四格罗申,一格罗申的价值是十二芬尼。腓特烈大帝采取这项措施,是专门为了应对金币外流。他采用比公约标准更低的铸币标准,很好地解决了普鲁士货币外流的问题。一直到 19 世纪初法兰西大革命引发货币混乱后,普鲁士货币才开始流向汉诺威、萨克森、黑森甚至德意志西南部。腓特烈大帝进行货币改革的第二项措施是以低廉的价格买入黄金,但该项措施并未获得成功。腓特烈大帝企图以五普鲁士塔勒的价格兑换一皮斯托尔,而一皮斯托尔需要五公约塔勒才可以买到。用五普鲁士塔勒兑换一皮斯托尔的兑换方式,并没有获得市场的认可。刚开始,一皮斯托尔的价值是五又四分之一普鲁士塔勒。但在七年战争期间,腓特烈大帝发行的货币严重贬值,他建立的货币体系也崩塌。不过,1763 年签订的《胡贝尔图斯堡和约》

▲普鲁士国王腓特烈大帝
(1740—1786 年在位)

▲ 1852 年铸造和发行的巴登大公利奥波德二塔勒

这种银币重约 37.12 克，含银量约 90%。银币正面为利奥波德一世头像，外环有铭文。背面为起源于扎林根王朝的巴登盾徽，外环有铭文。

代表七年战争终于结束。之后，普鲁士政府便对货币体系进行了积极的改革，而且重新确定了十四塔勒的货币体系。普鲁士政府发行的小面值辅助银币被周边小国纷纷效仿，导致银币一再贬值，直到 19 世纪。

普鲁士政府于 1821 年小幅度调整了自己的货币体系，把一塔勒从原先的二十四格罗申，划分为现在的三十格罗申。为了与过去的二十四格罗申区分，从一塔勒划分出来的三十格罗申叫作银格罗申。萨克森于 1848 年加入普鲁士十四塔勒货币体系中，随后奥尔登堡和梅克伦堡也加入了进来。但萨克森、奥尔登堡、梅克伦堡等地的货币体系和普鲁士的货币体系在细节上有很多细小的差别，例如，萨克森把一银格罗申分成十芬尼；梅克伦堡把一塔勒分成四十八先令，一先令的价值是十二芬尼；奥尔登堡把一塔勒分成七十二格罗申，一格罗申的价值是五施瓦本币。普鲁士、汉诺威的五塔勒和十塔勒组成其货币体系中的金币。德意志北部最受欢迎的货币是腓特烈大帝发行的金币，即便在德意志南部也是如此。在流通市场，西班牙—皮斯托尔的价值和四十六里弗尔的价值相同。

第 18 节
1837 年召开的慕尼黑会议

　　由于普遍存在价值与重量标准不稳定的情况，德意志的货币体系变得更加混乱了。仅奥地利就有两种不同的马克，一科隆马克相当于二百四十三点八七零克，一维也纳马克相当于二百八十八点六四四克。但在德意志北部及西南地区，使用最普遍的是普鲁士马克，一普鲁士马克相当于二百三十三点八五五克。人们都希望立刻改善重量标准不稳定及货币混乱的现状，于是德意志在 1837 年8 月 25 日召开了慕尼黑会议。在此次会议上，巴伐利亚、巴登、黑森、符腾堡、达姆施塔特及自由邦法兰克福，都选择了古尔登标准作为自己邦国的货币标准。同时，等于普鲁士一磅的一半、二百三十三点八五五克的普鲁士马克成为缔约国铸造货币时采纳的马克。此外，还采用一马克铸造二十七古尔登的标准来铸造三克罗伊茨和六克罗伊茨辅币，其他各类辅币的具体铸造标准根据各个邦国的情况自行决定。在随后的几年时间里，汉堡、黑森以及两个霍亨索伦王朝统治下的邦国，也一起加入了公约。

　　德意志南部的铸币活动促进了统一铸币理念的形成，还促使德意志关税同盟各成员邦国签订了《总体铸币公约》——在 1838 年 7 月 30 日举行的德累斯顿会议上，所有参加会议的代表就公约的内容达成一致意见；该公约在 1839 年 1月 7 日于德累斯顿获得批准和实行。实际上，《总体铸币公约》是德意志各邦国在 1738 年试图统一货币体系以来第一次进行的实际尝试。《总体铸币公约》的缔约国有：巴伐利亚、普鲁士、萨克森、符腾堡、黑森、巴登、萨克森－魏玛、爱森纳赫、萨克森－阿尔滕堡、萨克森－迈宁根、萨克森－科堡、哥达、拿骚、

▲德意志关税同盟成立

　　1833 年，由普鲁士领导的德意志关税同盟组成，参加的各邦国订立了为期 8 年的关税公约，公约自 1834 年 1 月 1 日起生效。以后每逢公约到期即再行延长。刚开始，这一同盟联合了德意志北部的 18 个邦国，1835 年，巴登公国、拿骚公国和美因河畔法兰克福加入后，只有汉诺威等一部分邦国未加入同盟。

施瓦茨堡 – 松德斯豪森、施瓦茨堡 – 鲁多尔施塔特、罗伊斯、罗伊斯 – 施莱茨、罗伊斯 – 洛本施泰因、埃伯尔斯多夫及法兰克福。

　　《总体铸币公约》的主要条款简单归纳如下：

　　一、德意志关税同盟缔约国铸造货币的重量单位马克，都定为普鲁士马克，即二百三十三点八五五克为一马克。

　　二、在共同重量标准确定的前提下，各缔约国铸造的货币应该与缔约国之间目前存在的两种货币体系相符，也就是说，按照普鲁士体系或十四塔勒体系

铸造格罗申或塔勒，而克罗伊茨和古尔登则按照德意志南部或古尔登的标准铸造。为了方便兑换时换算各种货币，一塔勒估值一又四分之三古尔登，一古尔登相当于七分之四塔勒。

三、采用十四塔勒标准的邦国有：普鲁士、萨克森、黑森、萨克森－阿尔滕堡、萨克森－科堡、哥达县、普鲁士统治下的施瓦茨堡－鲁多尔施塔特、施瓦茨堡－松德斯豪森和罗伊斯。采用二十四又二分之一古尔登标准的邦国有：巴伐利亚、符滕堡、巴登、黑森、萨克森－迈宁根、萨克森－科堡、哥达、拿骚、拥有自主权的施瓦茨堡－鲁多尔施塔特，以及法兰克福自由邦。

四、各邦国都要将自己铸造的货币限制在所属货币体系的主币上。

五、各邦国都必须自我约束，尽可能保证大面值货币、辅币的重量和铸造标准符合规范。

七、为保障缔约国的商业利益，需要铸造统一的货币或公约货币。一马克纯银需要铸造出七公约货币，一公约货币相当于二塔勒或三又二分之一古尔登。公约货币可以在整个联盟内进行流通和交易。

八、所铸合金货币含银量为90%、含铜量为10%，六又十分之三枚货币的重量相当于一马克铸造币，需要补充重量为零点零零三克白银。

九、从1839年1月1日到1842年，铸造出的公约币最少有二百万枚，其中三分之一是每年统一铸造的，其余的三分之二是各邦国按人口比例分别铸造的。在没有签订新条约的情况下，从1842年开始，公约币每四年的铸币量是二百万枚，各邦国还是像过去一样按人口比例铸造货币，还要说明铸币情况。

十、各邦国还可以单独尝试采用自己的铸造标准和重量标准。

十一与十三、任何缔约国都不可以通过提前三个月发布通知的方式变更国内特定的货币，而且在货币贬值时，要按照面值更新货币。

十二、各邦国必须约束自己的行为，不允许发行超过其人口比例所需的辅币。

十四、辅币应该采用二十七古尔登标准（1837年慕尼黑会议确定的标准）。

十八、公约的有效期是1858年年底，如果哪个邦国想退出公约，需要提前两年以公告的形式通知。从公约到期之日起，假如未发布退出公约的公告，那么公约将自然顺延五年。

之后，在 1857 年那个更加著名的《维也纳公约》签订前，《总体铸币公约》在名义上一直有效，不伦瑞克、汉诺威和奥尔登堡始终遵守该公约的规定。

所以，总体而言，在维也纳铸币会议召开时，德意志在普鲁士、奥地利和德意志南部（或巴伐利亚）有三种属于竞争关系的货币体系。

1857 年召开的会议还有一项重要议题，那就是有关金币的问题，我们另外再讨论。1857 年召开的会议企图把德意志的三种货币体系融合到一个货币体系中，并以协议的形式确定如下：

第一，将铸币的基础重量单位设定为磅，一磅规定为五百克，采取十进制来细分磅。

第二，利用下面这些规则，把处于竞争状态的货币体系融合到以磅为基础的货币体系中：

根据普鲁士标准和塔勒标准，一磅纯银要铸造出三十塔勒，取代过去十四塔勒的标准，这种标准在汉诺威、普鲁士、萨克森、黑森及一系列小国家中获得了普遍认可。

奥地利的标准是以一磅纯银铸造出四十五古尔登为基础建立，这种标准在奥地利帝国和列支敦士登公国获得了普遍认可。

德意志南部的标准是以一磅纯银铸造出五十二又二分之一古尔登为基础建立，取代过去一磅纯银铸造二十四又二分之一弗罗林的铸造标准。这种标准在巴伐利亚、符腾堡、黑森、巴登、法兰克福及德意志南部的一些地区获得了普遍认可。

货币体系的等价折算规则如下：

一塔勒公约币有三十分之一磅，与奥地利货币一又二分之一弗罗林、德意志南部地区货币一又四分之三弗罗林相同。

所有货币在每一个邦国都无条件有效，铸造辅币的重量标准要比国家铸币标准低，但更轻的辅币其重量必须控制在国家规定的范围内。辅币的支付限制为四十古尔登或二十塔勒。

1857 年维也纳会议

《维也纳公约》中有关铸造金币的规则也非常重要，值得特别关注。由于加利福尼亚和旧金山发现了金矿，因此白银与黄金的相对价格就上涨了，从而影响了以银币为主要货币的国家。在正常标准下，假如一盎司白银的价格超过六十又八分之七便士，那么采用复本位制且以 $15\frac{1}{2}:1$ 作为白银与黄金兑换比率的国家，其银币就会被熔化并外流出去。

1865 年，正是由于法兰西及其货币联盟国的白银大量外流，拉丁货币联盟才由此诞生。仅从时间上来看，拉丁货币联盟成立的时间比维也纳会议召开的时间还要晚八年。但从与金币相关的规则来看，有证据表明，1857 年的德意志货币联盟是在法兰西政府采用复本位制后，出于自卫目的才建立的。出于同样的目的，为应对 1857 年建立的德意志货币联盟，相关国家在 1865 年建立了拉丁货币联盟。1857 年建立德意志货币联盟及 1865 年建立拉丁货币联盟，最终目的都是保护本国货币体系中受复本位制法则威胁的那些货币。铸造金币之所以存在溢价，是因为法兰西金价和其他地方的金价有差异。法兰西在铸造金币时，白银与黄金的兑换比率是 $15\frac{1}{2}:1$，黄金价值比德意志和其他市场上的高得多。由于法兰西与其他地方的金价存在差异，因此驱使其他地方的黄金流向了法兰西。所以，认为只有加利福尼亚和澳大利亚的黄金流向法兰西的看法是错误的。法兰西复本位制法则的功能是将邻国德意志的黄金吸引过来，再铸造出能代替金币的五法郎银币。在维也纳会议召开前，德意志南部流通最广泛的货币是法兰西的五法郎银币，这导致法兰克福银行的储备金一度几乎都是五法郎银币。

▲1861 年铸造和发行
的公约塔勒

这种银币正面为贝恩堡
标徽，城门墙头上头戴王冠
的熊在巡视。熊被视为勇猛
的武士，而它戴上王冠当然
是武士之王，意为神圣领域
不容侵犯。外环有铭文，下
面居中的"A"是柏林铸币
厂的标识。背面有铭文和铸
造年限，最下面十字交叉的
铁锤表示矿用塔勒。

维也纳会议对货币问题的处理办法看似可靠，但最终仍然
被证明是无效的。维也纳会议决定，不再规定白银与黄金的固
定兑换比率，而是让它遵循黄金的市场价格进行变动——很明
显，这是希望让黄金自发地流动和满足市场供应。

为了促进与邻国的贸易活动，缔约国可以在铸造用于约定
贸易的货币时使用黄金，这种货币的名称叫作克朗。

一克朗＝五十分之一磅纯银
半克朗＝一百分之一磅纯银

除了奥地利，其他缔约国不可以铸造别的金币。直到 1865
年年底，奥地利仍然保留以现值铸造杜卡特金币的权利。

在实际贸易活动中，约定金币相对于银币的价值完全由市
场供需关系决定。所以，金币不应该与银币一样被视为国家法
定货币，也不应该与银币具有相同支付媒介的性质——从法令
层面上讲，接受金币并不是人们应该履行的义务。

各邦国有权决定金币的支付功能，它们可以在约定的权限
范围内，允许约定的金币按照以往确定的金银兑换比率代替银
币，并把金币支付给指定的国家机构，也有权决定是否扩大约
定的金币代替银币的支付权限或允许支付的范围。但是，确定
的兑换比率不能持续六个月以上，每次都必须在最后一个月到
期时，在下一个官方财政期公布新的兑换比率——这个兑换比
率不可以比前六个月官方公布的市场平均兑换比率高。各邦国
政府在规定期限内保留随时变更兑换比率的权限，而且仅仅可
以在政府认为有必要时暂停兑换业务。

随后，国债的利率不再适用于其他类型的金币，只适用于
约定的金币。

必须把官方规定的兑换比率以公告的方式广泛传播。即便

下一个固定周期的兑换比率没有变化，官方也必须事先把确定的兑换比率公布出来，且必须包含以下内容：

一、对主要的兑换场所过去六个月的贸易平均兑换比率进行说明。

二、对应的国债利率。

三、相同价值的持续期。

四、在指定的有效期内，保留在必要的时候变更或取消兑换比率的权限。

五、公告中公布的兑换比率仅仅对支付给国家机构的款项有限制作用。

从今往后，不允许各缔约邦国的支付机构、银行、公共机构等在支付银币和金币时提出任何附加条件。各缔约邦国的政府需要提前用银币规定金币的价值，并确定金币相对固定的价值。

从奥地利的角度看，公布这个约定是为了逐步起用金币，最终停止强制发行的纸币的流通功能。但是，维也纳会议最终达成的协议恰恰相反，它巩固了纯银货币的流通地位。含有十格令纯金的克朗金币将继续发行，而且仅作为贸易媒介使用。虽然用金币进行贸易结算的尝试彻底失败，但从本质上讲，维也纳会议仍然非常有趣，它反映了人们在不断反思法国大革命早期提出的类似方案。铸造金币产生的溢价，推动黄金流向法兰西，而非流向其他任何简单地以市场价格主导的地方。最终，法兰西发行的二十法郎金币四处泛滥，而德意志发行的克朗却无容身之地。

第 20 节
1860—1870 年德意志的改革尝试

召开维也纳会议的时候，在汉堡召开的商业会议企图让汉堡银行引入黄金而非白银作为储备金，但同样以失败告终。

德意志想打造一套简单、单一的货币体系。在 1871 年重建德意志货币体系前，我们看到的最后一个重要公约是《维也纳公约》，但它和 1838 年签订的《总体铸币公约》或 17—18 世纪的其他公约没什么不同，都没有起到任何作用。

但是，这也更加明显地反映了德意志试图建立简单、统一的货币体系。德意志于 1861 年 5 月在海德堡第一次召开德意志商业交易会议，第一次特别关注了共建货币体系的问题。会议讨论的结果是，建议将一单位马克定为三分之一塔勒，同时利用十进位制进行细分。1865 年 9 月，在法兰克福举行了第三次商业会议。这次会议不仅明确了第一次会议形成的决议，另外还建议：铸造与二十法郎价值相等的金币，但金币的实际价值需要实时调整。该方案建立的货币标准与过去的方案没什么不同，都只是把金币作为贸易货币，而以银币为主币。所以，

▲奥托·冯·俾斯麦

在第三次会议上提出的方案跟过去一样，属于把金币作为贸易货币的银本位制。1868 年 10 月在柏林召开了第四次商业交易会议。此次会议再次就货币问题展开了严肃的讨论。除个别与会代表外，其他与会代表都公开宣布将采用金本位制。由于奥地利在 1867 年退出了 1857 年建立的德意志货币联盟，所以奥地利无法对金本位制提出反对意见。很明显，北德意志联邦的建立对金本位制的实施起了推动作用。

1870 年 6 月召开的北德意志联邦议会已经为全面实施货币改革做好了准备，会上决定对纸币进行统一和改革。北德意志联邦首相奥托·冯·俾斯麦决定在 1870 年 6 月召开铸币会议，但紧接着法德战争就爆发了，此次铸币会议也没有如约成功召开。

德意志已经做好一系列准备统一货币体系。毋庸置疑，即便战争没有爆发，德意志货币体系的立法方向也最终会向统一方向发展，而且在建立德意志帝国的同时，货币体系也将得到统一。毫无疑问，德意志帝国的建立对德意志货币的统一产生了极大的促进作用。

▲1869 年铸造和发行的利奥波德四世联合塔勒

这枚银币重约 18.5 克，含银量约 90%。正面为利奥波德四世头像，头像下面的 "A" 是柏林铸币厂的标识。背面中间为安哈尔特公国盾徽。

第 21 节
1871 年德意志新帝国的货币体系

法德战争结束后，德意志政府再次讨论了建立统一货币体系的问题，也逐步决定采用金币。由于距离战争结束没过多久，因此刚开始起草方案时就提议，新金币不可以用于私人贸易活动。这个方案中的规定受到商界的抵制，最后向德意志帝国议会提交的方案是以黄金为基础建立单本位制货币体系。德意志在 1871 年 12 月 4 日以法令的形式明确了以黄金为基础建立单本位制的方案，并立刻展开货币重铸和货币兑换等关键工作。当下存在的兑换比率以及世界上贵金属的现状都对德意志的货币重铸和货币兑换工作起到了重要的支撑作用。由于法兰西黄金与白银 15.5:1 的兑换比率长期而广泛地受到人们的认可，因此该兑换比率就成了德意志货币兑换比率的基础。

在过去银本位制的货币体系下，一塔勒等于三马克。

30 塔勒 = 90 马克 = 1 磅纯银。

90 马克纯金 × 15.5 = 1395 马克。

所以，一磅纯金要铸造出一百三十九又二分之一枚十马克金币。

▲1876 年普鲁士铸造和发行的威廉一世五马克银币

这枚银币直径约 39 毫米，厚约 2.2 毫米，重约 27.37 克。正面为皇帝威廉一世头像，字母"B"是铸币厂的标识。背面为戴王冠的德意志帝国短翅鹰徽，外环有铭文和铸造年份。

▲普鲁士国王威廉一世登基

1870 年 11 月，普鲁士的北德意志联邦和南德意志四个邦国联合成立了"德意志帝国"。1871 年 1 月 18 日，普鲁士国王威廉一世在法国的凡尔赛宫登基，成为德意志帝国的皇帝，至此德国完成了统一。

一些人向德意志帝国议会提出建议，二十法郎或二十五法郎的价值应该与一枚英国君主币的价值相等。因此，白银与黄金的兑换比率就分别为 15.17:1 或 15.31:1。不过，此时伦敦市场上每盎司白银的价格在六十又八分之七便士至六十又四分之三便士之间波动，也就是说，白银与黄金的市场兑换比率在 15.49:1 到 15.52:1 之间。基于伦敦市场上白银价格的考虑，德意志政府决定采用法兰西的金银兑换比率。

1871 年 12 月 5 日和 1873 年 7 月 9 日颁布的法令，是德意志政府完成货币改革的主要法令，第一个法令对货币制度进行了说明，第二个法令对偿付规则进行了说明。

马克是德意志货币体系的货币单位，五百克含金量为 90% 的黄金有一磅重，一千二百五十五又五分之一磅黄金是一马克。德意志把黄金铸造成二十马克和十马克的货币。根据德意志的重量单位磅来计算，一枚克朗金币和十马克的价值一

样，一磅含金量为 90% 的黄金要铸造出一百三十九又二分之一枚十马克金币。

一磅纯银要铸造出一百枚马克银币，一马克的含银量为 90%。可以铸造的银币总数，人均不能超过十马克。在支付的过程中，任何人都可以不接受二十马克以上的银币。此类金币和银币得到了德意志帝国和德意志北部联邦同盟的认可与接受。

德意志帝国把塔勒确定为法定货币，其他货币不再是法定货币并做了回收处理。不论还剩多少，仍处于流通领域的塔勒都属于法定货币，价值与帝国金币相同，一塔勒等于三马克。根据 1870 年 4 月 20 日颁布的法令，奥地利在 1867 年前铸造的三分之一塔勒同样应该是法定货币。根据 1876 年 1 月 6 日颁布的法令，德意志联邦议会有权把塔勒和奥地利三分之一塔勒抬到与帝国银币同等的位置上，也就是说，它有权将塔勒和奥地利三分之一塔勒确定为法定货币，但在支付的过程中，最多可以使用二十马克，一塔勒仍然等于三马克。德意志帝国在 1879 年 5 月暂停出售白银并把银币塔勒回收，导致德意志联邦议会无法利用被授予的权力把塔勒和奥地利的三分之一塔勒确定为法定货币。

银币在 19 世纪的发展历程可以简单地做如下总结。

德意志一塔勒的发展历程

项目	单位(枚)
1750—1816 年塔勒的铸造总量	64,380,936
各地政府回收塔勒的总量	27,788,956
1871—1873 年新帝国体系下回收塔勒的总量	5,652,999
1874 年新帝国体系下回收塔勒的总量	6,319,170
1875 年新帝国体系下回收塔勒的总量	2,900,202
1876 年新帝国体系下回收塔勒的总量	2,582,123
1877 年新帝国体系下回收塔勒的总量	1,465,424
1878 年新帝国体系下回收塔勒的总量	864,253
合计回收量	47,573,127
未回收余量	16,807,809
1817—1822 年塔勒的铸造总量	24,261,735
1871—1873 年新帝国体系下回收塔勒的总量	3,623,511
1874 年新帝国体系下回收塔勒的总量	5,147,970
1875 年新帝国体系下回收塔勒的总量	2,580,580

项目	单位（枚）
1876 年新帝国体系下回收塔勒的总量	2,373,496
1877 年新帝国体系下回收塔勒的总量	1,421,719
1878 年新帝国体系下回收塔勒的总量	766,908
合计回收量	15,914,184
未回收余量	8,347,551
1823—1856 年塔勒的铸造总量	91,031,741
1874 年新帝国体系下回收塔勒的总量	40,000
1875 年新帝国体系下回收塔勒的总量	566,677
1876 年新帝国体系下回收塔勒的总量	11,250,277
1877 年新帝国体系下回收塔勒的总量	5,753,269
1878 年新帝国体系下回收塔勒的总量	4,640,068
合计回收量	22,250,291
未回收余量	68,781,450
1857—1871 年塔勒的铸造总量	215,863,120
各地方政府回收塔勒的总量	2,538
1875 年新帝国体系下回收塔勒的总量	3,000
1876 年新帝国体系下回收塔勒的总量	25,958
1877 年新帝国体系下回收塔勒的总量	64,806,347
1878 年新帝国体系下回收塔勒的总量	18,915,167
合计回收量	83,753,010
未回收余量	132,110,110
1750—1871 年塔勒的铸造总量	395,537,532
总回收量	169,490,612
未回收余量	226,046,920

考虑到大约有八千三百零六万二千八百八十二塔勒被消耗后，仍有套利或重铸货币导致的一亿四千二百九十八万四千零三十八塔勒（约一千七百五十五万七千六百五十磅标准纯银）的赤字。

1872—1878 年 12 月新建的德意志帝国铸造金币的记录

铸币厂的金块来源	供应给帝国	供应给私人账户
	按磅计算的纯金重量	按磅计算的纯金重量
德意志原本的金币类型	64,092.3	11.4
金条	402,382.6	214,825.7
奥地利金币	381.7	711.9
法郎、刻有拿破仑头像的法兰西金币	391,166.5	809.7
君主币	30,181.3	223.1
俄罗斯金币	28,252.3	20,862.1
伊莎贝拉币	12,822.9	——
金币、鹰洋	16,860.1	20,548.8
奥斯曼土耳其金币	51	1,084
总计	946,190.7	——

把 1877—1878 年由德意志帝国铸造但已经不再流通的金币计算在内，统计各处零散的货币数量后，金币总量高达八千四百一十万三千五百八十四马克，相当于一百二十万五千七百八十六磅黄金。

1873—1879 年 5 月德意志从开始销售白银到停止销售期间的白银价格

时间（年）	按磅计算的纯银重量	产量	每盎司的价格
		马克	便士
1873	105,923.372	9,296,682.77	$59\frac{5}{16}$
1874	703,685.175	61,135,670.29	$58\frac{3}{4}$
1875	214,898.594	18,208,449.08	$57\frac{1}{4}$
1876	1,211,759.204	93,936,482.37	$52\frac{3}{8}$
1877	2,868,095.533	230,424,238.51	$54\frac{5}{16}$
1878	1,622,696.403	126,203,852.08	$52\frac{9}{10}$
1879	377,744.712	27,934,417.89	50
总计	7,104,802.993	567,139,792.99	——

截止到 1880 年年底，从流通领域回收的银币总量达到十亿八千零四十六万六千一百三十八马克，其中三亿八千二百六十八万四千八百四十一马克被送到铸币厂，铸造成了新的帝国银币，剩下的六亿九千七百七十八万一千二百九十七马克被熔成银块，生产出七百四十七万四千六百四十四磅纯银。在 1879 年 5 月，其中的七百一十万二千八百六十二磅纯银被卖出去了，没有被卖出去的三十七万一千七百八十二磅纯银仍然由德意志帝国政府掌握。

第 22 节
17 世纪英格兰的货币状况

英格兰国王查理二世在 1661 年 1 月 29 日以发布公告的方式宣布开始管理货币，并规定了流通中的货币及其价值。该公告发布后，英格兰政府又在 1661 年 6 月 10 日发布了禁止黄金与白银出口的公告，同时禁止以高于铸币厂规定的价格买卖黄金和白银等贵金属。此外，这项公告还把货币匮乏归因于人们用高于铸币厂规定的价格买卖贵金属。事实证明，这份公告并没有起多大作用，虽然公告禁止出口金银，或者以比铸币厂高的价格买卖金银等贵金属，但金币仍然大量外流，导致在国外流通的英格兰金币比自己国家流通的英格兰金币还要多。在把金币外流归因于国外金价比英格兰金价高的铸币厂官员和贸易委员会的帮助下，枢密院成员深思熟虑后决定把金币的价值调整到与当时欧洲大陆的金币相同或接近的程度。所以，英格兰政府在 1661 年 8 月 26 日宣布，每联合金币的价值从原先的二十二先令提升到二十三先令六便士，别的金币按照相应的比例提升价值，而银币的价值仍然不变。

说到黄金与白银的自由贸易问题，我们已经分析

▲1673 年铸造和发行的查理二世一克朗银币

这种银币正面为英格兰国王查理二世侧面头像。背面是英格兰、苏格兰、法兰西和爱尔兰盾徽，中间隔有四组查理二世首字母，两个相背的字母"C"组成的图案代表查理二世。

过立法者的意图，那就是想办法提高贵金属的进口量，以此为铸币厂提供更多铸币用的贵金属。英格兰国王查理二世在1666年颁布的法令前言中，表达了与此相同的意图。1666年英格兰颁布的法令取消了铸币税，在英格兰建立了无偿和自由的铸币制度体系。直到今天，英国免费铸币的原则仍然生效。

在公告和法令的真实记录中，货币短缺的问题得到了证实。1667年出现了严重的货币短缺，银行家和金匠用四先令三便士的价格收购一克朗金币和八字金币，却并不将金币送到铸币厂去铸造新货币。这些银行家和金匠转身就把收购的金币以四先令十便士的价格卖到法兰西，以五先令的价格卖到爱尔兰和苏格兰。

按照1670年颁布的新铸币契约，金币的含金量稍微下降了一些，一磅含金二十二克拉的克朗金币要铸造出四十四英镑十先令的货币。但是，货币短缺的问题仍然存在，爱尔兰经历的一切仅仅反映了英格兰的遭遇。所以，达德利·诺思爵士在其著作《贸易论》中总结了英格兰国王查理二世以颁布法令的形式开始免费铸币以来货币铸造的发展历程："自从建立免费铸币制度后，我想到自己曾经见证了英格兰铸造过大量的货币。但发展到最后出现了怎样的结果呢？没有人认为铸造出来的货币被留在英格兰国内使用，也没有人相信铸造出来的货币都不会被运走——即便把货币运离英格兰受到的惩罚非常严重。事情很简单，熔金炉将一切都吞噬了。据我所知，没有哪个聪明人会怀疑新铸造出来的货币是从铸币厂被运离英格兰的。与别的商品一样，金银有价格上的波动。铸币厂一般能出最好的价格收购从西班牙运来的白银，然后铸造成银币来换取白银——用一定量的银币能换取重量相同的白银。所以，西班牙白银流入伦敦塔中，并被铸造成了货币。没过多久，英格兰需要再次出口金条，但如果英格兰缺少金条，碰巧金条都被铸造成了金币，会出现什么结果呢？结果就是再把金币熔化并铸成金条，金币

▲1679年铸造和发行的查理二世四便士银币

这枚银币正面为英格兰国王查理二世侧面头像，外环有拉丁语铭文。背面中间四个查理二世首字母"C"组成的图案表示面值四便士，字母"C"字口有英格兰玫瑰花、苏格兰蓟草、爱尔兰竖琴及法兰西鸢尾花；外环有铭文；顶部皇冠两边的"1679"为铸造年份。

铸成金条的过程中不会造成任何损失，因为铸造成本几乎为零。也就是说，英格兰滥用了免费铸币制度，导致英格兰要为驴子吃的稻草付费。"

在英格兰国王威廉三世继位时，银币短缺的问题已经非常严重，导致伦敦及周边城市的工匠在 1690 年 4 月 9 日接连向下议院提交请愿书。请愿书中说："经过海关调查，英格兰从 1689 年 10 月开始就以银条的形式进口了白银二十八万六千一百零二盎司，但私人带出去的银币和八字金币总计达八万九千九百四十九盎司。海关从来没有怀疑过货币外流的事实，但把货币运输出去的似乎不仅仅是东印度公司，还包括商人和犹太人。近日，那些从事货币输出的商人以每磅比英格兰政府规定的价格高一又二分之一便士的价格大量收购白银，然后把白银运出英国，并促使更多的贵金属和货币被熔铸再加工。在过去的六个月中，不只那些请愿者停止了交易活动，就连铸币厂也不再铸造货币了。"

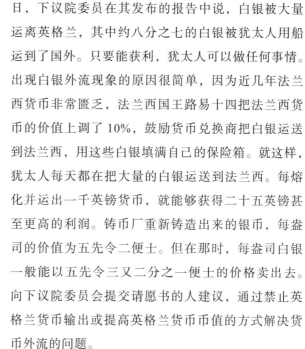

第 23 节
1690 年英格兰的货币输出

请愿书被送到了下议院委员会。1690 年 5 月 8 日，下议院委员在其发布的报告中说，白银被大量运离英格兰，其中约八分之七的白银被犹太人用船运到了国外。只要能获利，犹太人可以做任何事情。出现白银外流现象的原因很简单，因为近几年法兰西货币非常匮乏，法兰西国王路易十四把法兰西货币的价值上调了 10%，鼓励货币兑换商把白银运送到法兰西，用这些白银填满自己的保险箱。就这样，犹太人每天都在把大量的白银运送到法兰西。每熔化并运出一千英镑货币，就能够获得二十五英镑甚至更高的利润。铸币厂重新铸造出来的银币，每盎司的价值为五先令二便士。但在那时，每盎司白银一般能以五先令三又二分之一便士的价格卖出去。向下议院委员会提交请愿书的人建议，通过禁止英格兰货币输出或提高英格兰货币币值的方式解决货币外流的问题。

最少有三项禁止货币输出的措施被提交到了下议院，其中一项还是由理查德·坦普尔爵士提出的，但三项措施都未发挥作用。然而，此时英格兰

▲英格兰国王詹姆斯二世（1685—1688 在位）

的货币还在不断地被运往法兰西和荷兰。粗略计算，英格兰在1690年11月前的十六个月中，外流的白银大约有十四万盎司之多。

在英格兰国王查理二世和英格兰国王詹姆斯二世统治时期，除实际流失的货币外，裁剪、挑选和伪造货币的现象一直存在，这些问题综合起来，导致英格兰流通领域剩余的货币前所未有地疯狂贬值。其中大部分货币都是用黄铜、铁或镀金铜铸成，这些货币发挥着良币的作用，但价值还不到银币的一半。

1695年，英格兰政府在重铸货币的过程中进行了详细、可靠的计算，最终证实了上面的说法。中等大小的袋子里装着能够被称为货币的金属，价值为五万七千二百英镑，重量应该是二十二万一千四百一十八盎司十六英钱八格令，实际上只有十一万三千七百七十一盎司五英钱。根据铸币厂掌管者和看守人尼尔的会计账簿，四百六十九万五千三百零三英钱十五盎司重的二格令在剪碎后仅仅可以提炼出七十九万零八百六十磅一盎司十九格令白银。也就是说，仅仅按照重量计算，货币的贬值幅度就已超过47.75%。

英格兰政府投入大量的资金支持威廉王之战，这一举动加快了英格兰货币被掠夺的速度——很显然，数额巨大的汇款加剧了英格兰货币外流。每年汇到欧洲大陆提供给英格兰军队的一百万到二百万英镑，是通过数不清的谈判在荷兰以协议的形式达成的，损害的是英格兰的利益。党人在报告中说，威廉王之战刚开始的时候，用四十三先令可以兑换一英镑，但此后兑换价格逐渐下降到二十八先令。银币基尼的价值也在不断上涨，一基尼从原先的二十一先令六便士逐步涨到了三十先令。此外，在支付的过程中，假如公共收入的受益者和财政部继续按增加的价值接受基尼，基尼还会继续升值。

下议院在1695年针对货币贬值的问题展开了讨论，还组

▲1690年铸造和发行的詹姆斯二世一克朗银币

这种银币直径约38.6毫米，厚约2.5毫米，重约29.2克。银币正面图案是骑在马上手持宝剑的詹姆斯二世。背面是斯图亚特王朝的徽章。由于当时资源有限，一部分一克朗银币被打制在了第一版二分之一克朗银币上，从币面上可以看到明显重叠的文字和图案，这种银币又被称为"加盖币"。

建了委员会。委员会提交的报告，是以降低货币中贵金属的含量为基础，但该报告并未获得批准。在财政大臣哈利法克斯伯爵查尔斯·蒙塔古的干预下，委员会的提议遭到弃用。一直到1695年11月22日，这个可以弥补货币问题的法案才获得通过。大家都知道，由于查尔斯·蒙塔古的干预，再加上约翰·洛克的著作的影响，英格兰国王威廉三世统治下的政府始终认为保留现有的货币标准是不明智的选择。之后的一系列法令，都是为应对商人抱怨金币价值变动造成的危机而颁布的。商人请求把一基尼的价值从原来的三十先令逐渐下调到二十八先令。最终，一基尼的价值在1696年4月10日前下降为二十二先令。

▲查尔斯·蒙塔古

第 24 节
1696 年英格兰的货币重铸

英格兰在 1699 年才完成关键的货币重铸方案，并在 1696 年到 1699 年的四年时间里，花费了大部分时间完成了货币重铸的工作。英格兰政府公布了一系列公告和法令，其间也偶有令人难以置信的智慧。

按照铸币厂官员留下的账簿，新铸造的银币多达六百八十八万二千九百零八英镑十九先令七便士。磨损和剪损并被回收的货币总计大致有四百万英镑，大约损失了二百万英镑。按规定，铸币费用和损失加起来不少于二百七十万英镑。从某种程度上可以确定的是，回收的银币基本上都是英格兰国王爱德华六世统治时期到 1662 年铸造的，它展示了英格兰货币自斯图亚特王朝复辟后的命运。

在货币重铸任务完成前，英格兰政府根据货币制度采取了最后的补救和保护措施，即明确规定了新发行的银币和金币之间的兑换比率。包括约翰·洛克在内的四个人，在 1698 年 9 月 22 日联名向下议院提交了报告，该报告指出：荷兰及周边国家能通过中间货币计算黄金的价值，白银与黄金的兑换比率是 15:1。如果按照黄金的价值计算，与二十二先令价值相等的

▲1696 年铸造和发行的威廉三世二分之一克朗银币

这种银币正面为戴有桂冠的威廉三世胸像。背面中心为那苏家族狮纹，四个王徽分别为英格兰三狮纹、苏格兰立狮纹、法国郁金香和爱尔兰竖琴。

一基尼的价值就太高了。基尼估值过高使出口白银和进口黄金出现比例失调的问题。把一基尼的价值下调到二十一先令六便士，可以把英格兰银币与金币的兑换比率调至 15.5:1。即便这一兑换比率比荷兰的兑换比率高，但从报告提交者的角度来看，这个兑换比率足够解决兑换比率过低造成的出口白银和进口黄金比例失调的问题。

▲约翰·洛克

根据约翰·洛克等人提交的报告，下议院决定采用英格兰国王威廉三世颁布的第七号、第八号法令第十九条之规定，即当一基尼的价值低于二十二先令时，任何人都可以拒绝接受。很快，一基尼的价值降到了二十一先令六便士，而这是税收官员能够接受的价格。大家应该记住的是，除了公布基尼的价值外，英格兰国王威廉三世统治时期是按照哈利法克斯伯爵查尔斯·蒙塔古表述的原则进行货币重铸的，该做法还获得了约翰·洛克权威观点的支持。也就是说，在银价显著上升的情况下，英格兰还是保留了过去的铸币标准。英格兰政府给予约翰·洛克的论点以无法辩驳的回答。解决方案很快获得了成功，英格兰货币面临的不利局面立刻得到了改变。重铸货币后，1698 年白银与黄金的兑换比率比过去持续很久的兑换比率高了很多，足够扭转黄金的流向。毫无疑问，新货币方案中没有说明的计划也在试图扭转黄金的流向。按照吉尔伯特·伯内特所说，1699 年冬，从法兰西开往英格兰的邮船几乎都带来了一万枚甚至更多的金路易。"英格兰的确布满了金路易。在六个月里，英格兰利用这些金路易铸造了一百万基尼。据商人们说，巨大的贸易差实际上在很大程度上扭转了英格兰的方向，但我们习惯于将一百多万英格兰货币留存到以后再处理。之后，我们并没有把货币运送到法兰西，而且最少将一半货币用来稳定贸易平衡。"

第 25 节
1698 年英格兰确立的兑换比率造成的影响

外国金币和法兰西金币的流通量非常大，枢密院在 1701 年 2 月 5 日以发布公告的形式规定，每西班牙皮斯托尔和每金路易的价值不能超过十七先令。枢密院的行动立刻让外国金币被运到了铸币厂，铸币厂用这些金币铸造出了一百五十万英格兰金币。

那时的英格兰政府并未注意到，1698 年确立的白银与黄金的兑换比率确实对金币有利，但也以同样的程度对银币造成了损害。人们都以为法兰西金币被用来向英格兰议员行贿了，一切都是政治原因造成的。实际上，这个想法没有必要，也是错误的。1698 年确立的白银与黄金的兑换比率，让金币在英格兰的价值比在国外更高。但出于同样的原因，为了买进黄金，白银也大量地离开了英国。一种金属的价格变动和另一种金属的价格变动互成反比，最终，英格兰成功地让自己的货币站在了风口浪尖上。

英格兰政府完成货币重铸任务仅仅九年后，也就是英国及爱尔兰女王安妮

◀ 英国及爱尔兰女王安妮
（1702—1714 年在位）

统治的第七年，大不列颠王国政府觉察到：有必要利用提高每盎司外国货币中所含白银的溢价继续鼓励银币的铸造。外国货币要在 1709 年 4 月 17 日到 1709 年 12 月 1 日这个限定的时间内被送到铸币厂，而且每盎司白银的溢价不能超过二又二分之一便士。

在法兰西货币史上，已经有为外国货币提供溢价措施的记载了。为外国货币提供溢价，的确是各国政府通过高价买进贵金属的名义让贵金属流入本国的手段，这种手段虽然经常被各国政府采用，但也经常被证明没有多大效果，就像大不列颠女王安妮治下的政府觉察到的一样。随着货币的不断外流，铸币厂官员向财政部做了汇报。下议院于 1717 年要求铸币厂官员在当年 12 月 1 日前提交有关货币外流的报告。议员约翰·艾斯拉比在 1717 年 12 月 1 日做了精彩的演讲，他已经注意到银币严重短缺的问题，并建议通过降低金币价值的方法进行补救。演讲的第二天，也就是 1717 年 12 月 2 日，约翰·艾斯拉比获得了乔治·卡斯沃尔的支持。乔治·卡斯沃尔觉得，在大不列颠目前的货币中，是金币价值过高造成了银币大量外流。"为了让金价下降，乔治·卡斯沃尔揭露了近年来荷兰人、汉堡人和其他外国人，与在大不列颠的犹太人和其他商人一直在进行的秘密交易，这些交易涵盖白银出口、进口黄金以替代白银等行为。在伦敦塔中，进口的黄金被铸造成基尼，每铸造一基尼就能获得十五便士左右的利润，占基尼实际价值的 5%。由于进口黄金和出口白银在一年内有五次回报，因此秘密从事金银交易的人有非常可观的利润。很显然，这个事实对大不列颠王国有害无益。所以，大不列颠不仅储备了过多的黄金，还将白银消耗殆尽。"最终，乔治·卡斯沃尔建议把基尼和其他所有金币的价值都往下调。

▲1707 年铸造和发行的安妮女王一克朗银币

这是大不列颠王国于 1707 年铸造和发行的一克朗银币，直径约 38 毫米，重约 30 克。正面为安妮女王的侧身胸像，背面中心图案为嘎特骑士团团徽，相对的四个盾牌分别为英格兰、苏格兰、法兰西和爱尔兰的国徽。

第 26 节
1717 年艾萨克·牛顿爵士做的报告

艾萨克·牛顿爵士的演讲赢得了热烈的掌声，下议院成员集体向大不列颠国王乔治一世请求把一基尼的价值下调至二十一先令，其他金币的价值同样按照相应的比例下调。乔治一世很快就同意了这个请求。次日，也就是 1717 年 12 月 22 日，乔治一世将下议院下调金币价值的请求一字不改地以公告的形式发布。

下议院在 1717 年 12 月 21 日对外公开了 1717 年 12 月 19 日的报告。这份报告是几个月前在财政部专员的要求下，铸币厂厂长艾萨克·牛顿爵士整理出来的一份非常有名的报告——这份报告是值得每个学习货币史的学生认真研究的重要文献。艾萨克·牛顿在报告中不仅评论了每个国家的兑换比率，还阐述了兑换比率差异对一种金属或其他金属在价格和出口方面的影响。"黄金的价值在葡萄牙和西班牙是同等重量白银的十六倍。按葡萄牙和西班牙的金价，一

◀ 艾萨克·牛顿

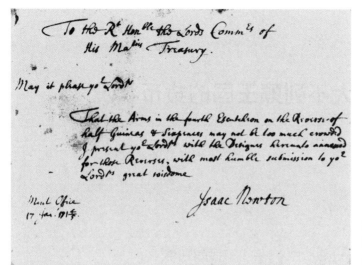

◀1715 年牛顿
提交给大不列颠王
国下议院财政委员
会的报告剪影

基尼的实际价值应该是二十一先令一便士。这么高的金价，让葡萄牙和西班牙收获了巨量的黄金储备，并把西班牙的白银运送到了欧洲各地。所以，西班牙人在国内通常使用金币进行交易；如果没有溢价，就不会使用银币进行交易。舰队满载大量白银来到西班牙时，要不就是没有溢价，要不就是溢价很少。不过，随着白银外流，白银严重短缺，白银的溢价也在不断地增加，一般能达到约 6%。"

在法兰西，白银与黄金的兑换比率为 15:1，所以一基尼的价值是二十先令八又二分之一便士。在荷兰，一基尼的价值是二十先令七又二分之一便士。在德意志、意大利、丹麦、波兰和瑞典，一基尼的价值在二十先令四便士到二十先令七便士之间。

在中国和日本，一磅纯金的价值等于九磅或十磅纯银；在印度东部，一磅纯金的价值等于十二磅纯银。与白银相比，黄金的价值偏低，因此它们将整个欧洲的白银都卷走了。

假如大不列颠王国仅仅把黄金的价格往下调，让大不列颠白银与黄金的兑换比率与欧洲大陆其他国家的兑换比率保持一致，那么欧洲任何地区都不可能再有通过出口白银换取黄金的想法。为了降低白银与黄金的兑换比率，大不列颠王国最紧要的事就是把一基尼的价值下降十便士甚至十二便士。

第 27 节
1760 年大不列颠王国的货币状况

艾萨克·牛顿爵士在 1717 年 9 月 21 日的报告中接着指出，大不列颠铸币厂在 1702 年初到 1717 年 9 月 21 日铸币用的黄金总量高达七百一十二万七千八百三十五磅，就在同一时期，铸币用的白银总量仅为二十二万三千三百八十磅，其中十四万三千零八十六磅白银还是为得到政府提供的溢价才被带到了铸币厂。在 1709 年和 1711 年，金匠们自愿带到铸币厂的白银只有二万一千二百二十磅。贵族院在 1718 年年初证实，东印度公司在 1717 年出口了三百万盎司左右的白银。

1717 年 12 月 22 日发布公告的目的是在一段时期内防止人们投机倒把和囤积白银的行为，并以此等待黄金继续贬值。为了遏制人们投机买卖白银的行为，下议院和贵族院都下定了决心，并在 1718 年 1 月宣称不会更改大不列颠金银币的铸造标准。为了避免英格兰的货币标准被改变，下议院和贵族院共同起草了禁止对大不列颠货币进行熔化处理的法案。

即便在艾萨克·牛顿爵士自己整理的数据中，也表明了一基尼价值降到了二十一先令。虽然基尼的价值降幅已经很大了，但仍然无法阻止人们在与

▲1723 年铸造和发行的乔治一世一先令银币

这种银币直径约 26 毫米，重约 6 克。银币正面为大不列颠王国国王乔治一世的胸像。背面中心为骑士团团徽，四个盾牌分别为英格兰、苏格兰、法兰西和爱尔兰的国徽。

荷兰的套利交易中获取利润。在一基尼的价值是二十一先令时，英格兰白银与黄金的兑换比率仍然为 15 $\frac{14295}{68200}$:1。但法兰西和荷兰白银与黄金的兑换比率却是 15:1，甚至更低。1738 年的银币铸造报告说明，那些商人还在把最重的银币挑选出来，并把它们都运送到了国外。大不列颠政府发现，先令的重量缺少了 6%~11%，六便士银币的重量缺少了 11%~22%，几乎所有币种的重量都不足，各个贸易部门都为此而苦恼。大不列颠国王乔治三世继位时的 1760 年，大不列颠铸造的银币质量不达标，克朗几乎消失殆尽。但是，从 1795 年开始，大不列颠政府铸造的标准银币超过了一百五十万镑，还铸造了与二百三十二万九千三百七十英镑白银价值相等的半克朗，但在流通过程中，就只剩下有磨损或削减过的半克朗样本，六便士和先令都已经没办法在流通中发挥交易媒介的功能了。铸币厂在 1763 年仅发行了大约与五千七百九十一英镑白银价值相等的银币。现实是，根本没有货币留存在流通领域。

▲大不列颠王国国王乔
治三世（1760—1820 年在位）

不过，在广泛适用的法则的强大作用下，白银与黄金的兑换比率逐渐恢复到正常数值。欧洲的金价从 1756 年开始就一直上涨。1759 年，与大不列颠 15.2:1 的兑换比率相比，欧洲大陆估算的白银与黄金的兑换比率仍然是 14.5:1。但到了 1773 年，大不列颠的金银兑换比率就已经赶不上欧洲大陆的金银兑换比率了，每盎司标准白银的市场价还上升到了五先令二便士，这跟大不列颠的铸币价格一样。据说当时大不列颠市场上有四分之三的银币是劣币。如果银币大幅度贬值，即便按照公平的兑换比率进行交易，也是有利于保障金币的价值。大不列颠政府早在 1771 年的时候就已经注意到套利者把黄金出口到荷兰的现象，还声称金币从未如此短缺过。大不列颠的金币被出口到荷兰，并在荷兰被重新铸造之后送回到大不列颠的流通领域。在流通领域，这是复本位制下的一种现象，它包含了两种不同的货币贬值原理，而且会重复出现。

第 28 节
1774 年大不列颠的铸币状况

一些人认为，复本位制的作用是用一种金属挤占另一种优质金属，两种金属的重量都一样，未贬值的优质银币挤占了未贬值的优质金币，或者恰恰相反，但历史上任何一个实例都无法证明复本位制的作用。复本位制的作用似乎总是用量较少的货币挤占量较多的货币，不管这个量指的是货币的重量还是价值。贵金属含量较低的货币总是挤占贵金属含量较高的货币，之后，货币会逐渐贬值，或者应该说——符合铸造标准的货币逐渐贬值了。

1774 年有一个特殊的例子，这一年的银币贬值是由于从 1717 年开始白银与黄金的兑换比率太高了。1770—1773 年发生的金币贬值持续的时间非常短，贬值的原因非常简单——银币贬值造成了价值分化。在大不列颠金币贬值时，刚好赶上了整个欧洲大陆金价自动上涨，这是重商主义者的机会。所以，从 1724—1774 年的五十年里，复本位制让大不列颠包括金币和银币两种货币在内的所有货币都贬值了，流通中的货币总量和单位货币的重量都没有达标。此外，当时大不列颠的复本位制和如今成熟的复本位制是不同的。按照如今的复本位制理论，要想把一种货币兑换成另一种货币，前提是两种货币的价值必须相当，替换的金属与被替换的金属的价值也应该一致。1774 年的货币状况不是理论上存在的，而是真实发生的历史，它讲述了一个迥异于复本位制理论的故事。

利物浦伯爵查尔斯·詹金森说道："发生如此巨大的不幸，让政府意识到应该立刻思考货币短缺这个棘手的问题。面对货币短缺的问题，我给一位贵族勋爵——那时的财政大臣弗雷德里克·诺思写了一封信，向他阐述了我认为解决货

币短缺问题的最佳方案。我建议，大不列颠要把重点放在货币的整体改革上。首先，应该收回大不列颠所有不符合铸造标准的金币并重新铸造合格的金币。未来，流通领域的金币要根据重量和总数等情况进行调整。假如某类金币的重量降到规定限度以下，就取消其法定货币的资格。国王乔治三世陛下在 1774 年 1 月 13 日很高兴地同意了我的提议，并建议回收重量不足的金币并熔化重铸。财政大臣向下议院说明了整个计划，下议院批准了回收重量不足的金币并重新铸造的措施，而且立即得到了执行。相关措施没有受到任何抱怨，而且获得了巨大的成功，货币重量不足导致的问题被解决了。接着，大不列颠政府制定了管理规范，保证流通中的金币始终含有规定重量的黄金。"

▲查尔斯·詹金森

第 29 节
1774 年大不列颠的货币重铸决议

下议院在 1774 年 5 月 10 日通过了货币重铸的决议。在对金币贬值的情况进行说明后，下议院称，新铸的金币发行后没多久，商人们为了谋取私利把这些含金量达标的金币熔化成黄金输送了出去。商人的此类做法不仅给大不列颠造成了非常大的利益损失，还发展成一种惯例。不过，各类金币在重量方面差别很大，但都以同样的面值、价值和兑换比率在市场上流通。然后，大量新铸造出来的金币继续被熔化并输送了出去。所以，人们有理由担忧，更多完好无损且含金量达标的金币会被熔铸成在流通中使用的含金量不足的金币。

紧接着，下议院采用了任何货币在规定的贬值范围内都可以继续在市场上流通的原则，也就是说，在允许的损耗范围内，货币不会被强制收回重铸。

然后，下议院就把注意力转移到了流通中的银币上。刚开始，一切针对金币采取的措施中，最为明显的是贬值了的银币成为人们获取金币的工具。在1774 年颁布的法令中，第四十二条有这样的内容："但是，市场上流通的银币中有大量旧银币或声称是旧银币的货币，这些银币的重量比铸币标准低得多。所以，按照惯例制定一些能够阻止商人把新银币熔化或者用重量不足的银币代替完好银币的规定确实有好处。"就这样，该法令禁止从外国把重量不足的银币输入英国，一经发现，那些重量不足的银币将会被没收，"还需要进一步规定，在大不列颠的所有交易活动，不必非要使用王国的银币进行支付。任何时候，单次支付金额只要超过二十五英镑，都应该使用爱尔兰或大不列颠法令认可的货币，或者使用允许在市面上流通的法定货币。在按重量计算货币的价值时，每

盎司白银的价值应该超过四先令二便士，任何按照法令法规用银币支付的人不应该因此受任何限制。而且销售商有义务在清偿中接受上述方式之外的任何付款方式。任何与本规定矛盾的法令法规或惯例都不具备法律效力"。

其中最后一项条款至关重要且具有深远的意义。这项条款是大不列颠货币立法史上第一次颁布的清偿法，也是其走出噩梦般的中世纪货币体系的第一步。其实，这个时候人们才意识到，中世纪的货币体系存在巨大的问题。从政治博弈的角度出发，唯一能与大不列颠在1774年颁布的法令比肩的是转瞬即逝的法兰西国王亨利三世颁布的法令。大不列颠在1774年颁布的这项法令，是1816年最终建立安全的货币体系这个发展过程的出发点。

▲1787年大不列颠王国铸造和发行的乔治三世一先令银币

1776年，"禁止输入重量不达标银币"的法令的效力往后延了两年，到1778年时又往后延到了1783年5月1日。然后，该法令的效力一直被延续到下一届议会结束。1798年6月21日，该法令的有效期到期，通过议会决议，大不列颠颁布的新法令让这条禁令再次生效，并将有效期继续延长到了1799年6月1日。随后在1799年7月12日颁布的法令中的第七十五条规定，"禁止输入重量不达标的银币的法令"永久生效。

后面有关银币的立法工作就成为建设英国货币体系最后的工作。从整体上来说，虽然大不列颠王国在1774年就完成了金币重铸工作，但从1775年到1778年，重铸金币的工作始终在进行，相关内容还在拨款法案的条款中出现过。

政府补贴货币重铸项目的账目明细如下：

时间（年）	款项名称	金额（英镑）
1774	第一批补助金	25,000,000
1775	为回收重量不达标的金币而提供给银行的补助金	4,684,600
	为支付铸币手续费而提供给铸币厂的补助金	2,282,190
1776	新增补助金	9,242,449.25
1778	新增补助金	10,522,783
	总计	51,732,022.25

▲1788 年大不列颠王国铸造和发行的乔治三世二分之一便士银币

这种银币正面为乔治三世头像，外环有铭文。背面为大不列颠女神布丽坦妮亚，她左手扶着米字型盾牌，右手拿着长矛，外环有铭文，最下面是铸造年份。

1774 年颁布的一系列法令的适用范围，我们一眼就可以看出来，它还反映了政府的政策偏好，即对金币有利。就这样，金币重新回到了流通领域。为了预防货币在未来贬值，政府还出台了保护措施。根据 1774 年颁布的法令，在使用流通中贬值的货币清偿债务时，是根据这些货币的重量来计算它们的价值，这样就可以有效地阻止逐渐削减货币中贵金属含量的行为。由于对货币有重量限制，所以货币的贬值幅度也有所下降。关于银币的更新问题，大不列颠政府除了禁止输入重量不达标的银币外，还采取了其他实际措施。

在二十多年里，银币重量不达标的情况始终未能引起足够的重视。由于银币的功能以及银币对同伴金属的区分作用已经在某种程度上受到了约束和限制，因此银币显然无法再引发国际困局。

大不列颠政府在 1787 年通过实验明确了银币贬值的程度。大不列颠政府意识到，相比按正常标准铸造的银币，半克朗缺失的重量超过 9%，先令缺失的重量为 24%，六便士缺失的重量为 38%。法兰西政府在 1792 年发行了纸币，这让银币和金条的短缺状况更加严重。其实，法兰西政府发行纸币只不过是加速大不列颠银币贬值的外部因素。1792 年，不低于二百九十万九千盎司的白银被运送到法兰西用来购买法兰西纸币。英格兰银行依据枢密院在 1797 年 2 月 26 日做的会议纪要，暂停了现金支付。之后，为了解决银币不足的问题，大不列颠政府在同一年尝试发行了西班牙银圆，为了证明这种银圆的品质，在银圆上还刻上了大不列颠国王的头像。

第 30 节
1798 年大不列颠政府颁布的法令

1798 年 2 月 7 日，大不列颠政府把原来的货币委员会解散了，同时任命新的委员会负责审议铸币问题和货币现状。在着手审议货币现状及确定新的货币规则前，新委员会于 1798 年 6 月 21 日颁布了一条法令，暂停了银币的铸造工作，同时恢复"禁止输入重量不达标的银币"的法令。不过，停止银币铸造只是暂时采取的预防手段。该法令中写道："不过，乔治三世陛下已经任命枢密院组建的新委员会对国内的货币现状进行审议。现在，该委员会正在为皇帝陛下制定新的铸币章程。在制定好铸币章程前，任何铸造银币的行为都可能会引发诸多问题。在当前的货币环境下，银条的价格非常低，一部分银条被送到铸币厂铸成了银币，但我们有理由相信，将会有更多的银条被送到铸币厂。所以，我们当前需要中止银币的铸造工作，不允许铸币厂铸造任何银条，也不允许铸币厂交付任何已经铸造出来的银币。"

到这里，我们几乎能够断定，由于利物浦伯爵查尔斯·詹金森的缘故，才会有 1798 年 6 月 21 日的货币法令。但是，如果是查尔斯·詹金森的缘故，那么这项法令必然会带有显著的意图和导向性，是在有意阻断银币的铸造工作。事实上，查尔斯·詹金森早在 1773 年就已经建立了自己的货币理论。

就像过去那样，暂停银币铸造的目的非常明确，但这只是出于自卫而临时采取的手段，将查尔斯·詹金森的金本位制理论和暂停银币铸造强行画上等号，也是不能接受的。截止到此时，作为法定货币的银币还未受到任何限制，不管银币的数量是多还是少，它都属于法定货币。其实，银币的确是英国的本位货

币。在那个时候，大不列颠之所以通过法令的形式规定在交易中使用银币支付二十五英镑以上时要按照银币的重量确定其价值，仅仅是为了避免银币贬值造成更严重的后果并防止银币继续贬值。

暂停铸造银币并不意味着采用金单本位制。《1810年的黄金报告》出版六年后及查尔斯·詹金森离世八年后的1816年，明确规定采用金单本位制的法令才得以通过。

▲1797年铸造和发行的乔治三世二便士铜币

这枚铜币直径约41毫米，重约56.6克。铜币正面为大不列颠国王乔治三世侧面头像，外环有铭文。背面为大不列颠女神布丽坦妮亚坐像，她右手持橄榄枝，左手握三叉戟，所坐的岩石边上靠着王国交叉米字型盾牌，远处是一艘战舰，外环有铭文，铸造年份为1797年。这种币因比较厚重，故被称为"大车轮币"。

第 31 节
英国的银行管制措施

▲1800 年铸造和发行的乔治三世一便士银币

这种银币直径约 11 毫米，重约 0.47 克。银币正面为大不列颠王国国王乔治三世侧面半身像，背面为王冠、币值及铸造年份。

顺便提到的暂停现金支付的时期以及《1810 年的黄金报告》与本书的主旨并不一致。《1810 年的黄金报告》描述的是银行业的现象，大家可以在有关货币的内容中找到相关的论述，以便于自己更加全面地理解《1810 年的黄金报告》中的术语，而非单纯地将它限制在金属货币的主题范围内。1797 年发生的一系列事件，比如为赢得战争胜利向欧洲大陆汇款、各个国家银行的挤兑、伦敦银行的挤兑、信贷危机，让大不列颠王国不得不暂停现金支付。其实，1797 年发生的这些事件和 1793 年曾发生的那些事件同样严峻。在《1810 年的黄金报告》中就有明确的陈述：在 1796 年和 1797 年，即便大不列颠的银行家为了吸收并提高存款量，对黄金有巨大的需求，但黄金的市场价格从来没有超过铸币厂规定的价格。所以，1797 年在大不列颠发生的一系列事件只是发生在一个阶段内的事件，这跟 1794 年确定的白银与黄金兑换比率过高造成的黄金外流问题没有直接关系。仅在复本位制原理的基础上，利用跟银行管制相似的事件论证说明"复本位制适合解决范

▲1813 年铸造和发行的乔治三世三先令银币

这种银币直径约 35 毫米，重约 14.7 克。银币正面为大不列颠王国国王乔治三世侧面头像，外环有铭文。背面为花枝环绕的币值及铸造年份。

围更大的货币问题"，是无法令人信服的。还有人对复本位制的作用展开了论证，说"假如大不列颠王国从 1773 年到 1797 年拥有真正的而不是停滞的复本位制体制，那么大不列颠是可以通过自己的方式得到大量白银、提高贵金属储量，并提升国家的实力，从而避开暂停现金支付的时期"，这样的观点也无法令人信服。其实，这个论据根本就经不起推敲。利用复本位制的功能补充白银，是在 1794 年才开始实行的举措，即暂停现金支付三年前。要想让复本位制发挥功能，只能用一种金属代替另一种金属，而不是有了黄金储备还要增加白银储备，应该是通过带走高价值的黄金并供应低价值的白银的方式让其发挥作用。其实，这样做反而会降低大不列颠贵金属的储备，也削弱了大不列颠拥有贵金属的优势。还有一个事实需要特别解释一下：从开始实施银行管制措施到 1816 年颁布铸币法前，英国也许经历了史上规模最大的白银外流。英国在 1801—1810 年输出的白银，其重量超过三千八百一十七万六千零一十六盎司，价值将近一千万英镑，但输出的黄金价值只有二百零八万八千四百八十三英镑。也就是说，黄金与白银的输出量都是按照净额计算的，输出的白银数额占贵金属输出总额的 82%。白银大量外流为英国带来的困境有目共睹。几乎每个需要雇用劳动力的小镇商人都不得不使用自己发行的代用货币，比如六便士代用币、先令代用币，以及五先令本票、半克朗本票等。人们想出各种未经批准的货币形式，才勉强缓解了银币短缺造成的问题，勉强满足了实际需求。工薪阶层大概还记得，在周末用一英镑纸币购物时却陷入无法找零的窘境。唯一能解释一英镑纸币都没办法找零这种现象的是，仅仅依靠复本位制法则的另一种形式，一英镑纸币就会把金币逐出流通市场，流通领域就只剩下用于汇款到欧洲大陆偿还贷款和作为战争用款的银币。不管怎么解释，复本位制能够让英国避免出现银行管制这种理论，与现实结果背道而驰。假如银币不属

于法定货币，或者在1808年银币没有像在1816年那样通过贴水的方式获得保护[1]，白银也就不会被运出英国了。在艰难的岁月里，贫困阶层之所以陷入困境，在某种程度上说是复本位制体系造成的。综上所述，我们就得把加强而不是减弱对银行的管制归因于复本位制。

假如要证明复本位制是加强而不是减弱了对银行的管制，那么可以从1816年确定英国金本位制的法令的第六十八条中寻找相关证据。该条款的内容展现了事情的真相，1816年颁布的法令并非单本位制哲学或理论的声明，而是为了保护银币而采取的一种措施，几乎都与银币相关。假如利物浦伯爵查尔斯·詹金森还在世，也许1816年颁布保护银币的法令条款也会在他的预料之中。

---

[1] 二十五英镑以下的货币，按照其面值计算其价值；超过二十五英镑的货币，按照其重量计算其价值。——原注

第 32 节
1816 年英国颁布的铸币法令

　　由于使用时间太长以及受其他情况的影响，英国的银币大幅度减少，价值也降低了。所以，银币的数量已经无法按照现行金币的价值满足支付需求。重量不达标的银币、伪造的银币等大量流入英国的流通领域后造成的问题，只能通过重新铸造银币来解决……

　　通过颁布法令的形式规范银币的标准：十一盎司二英钱重的纯银应该被定为一金衡磅，一金衡磅纯银的价值是六十六先令。不管将纯银铸造成先令、六便士、克朗、半克朗还是面值更低的银币，纯银都按六十二先令每金衡磅的价格向公众或银币进口商发行。

　　"到目前为止，用黄金和白银铸造的货币在各个时期通常都是不受支付额度限制的法定货币，黄金和白银这两种贵重金属既属于标准的价值尺度，又是能衡量财产的等价物，因此会造成极大的麻烦。根据铸币公约，此后，金币是唯一的法定货币和标准的价值尺度，而且在支付的过程中不受金额限制。但为了方便开展贸易活动，作为权宜之计，银币也应该被视为

▲1819 年铸造和发行的乔治三世二分之一克朗银币

　　这种银币直径约 32 毫米，重约 13.6 克。银币正面为大不列颠王国国王乔治三世侧面头像，背面中间为英格兰国徽。

法定货币，但应该把银币的支付范围限定在一定金额以内。"所以，该法令把银币的支付金额限定在了四十先令以内。

英国在 1816 年颁布的法令后来被废止了。事实上，1870 年重新颁布的铸币法令，其内容与 1816 年颁布的法令一样。不管从本质上讲，还是从事实上讲，1816 年颁布的法令仍然是英国单本位制货币体系和英国货币法的基础。

第 33 节
1816—1893 年英国的铸币状况

从 1816 年颁布法令开始，英国就已经退出了困扰自己几个世纪的复本位制体系。黄金能够自发地流入或流出，表明贵金属在世界范围内通过自发的流动形成了稳定而平衡的贸易系统，也说明让贵金属自发地流动能够促进贸易的良好发展，它是贸易最重要的指标。英国遭受的商业危机，是其有别于现代体系且非常敏感的信贷组织引发的，这属于银行金融领域的问题，而非金属货币领域的问题。

1816—1875 年，英国的铸币总额包含价值二亿三千四百一十三万九千八百八十六英镑的金币，以及价值二千四百六十六万三千三百零九英镑的银币。

1855—1893 年英国铸造金币及金币和金块进出口额统计表

时间（年）	黄金铸币（英镑）	进口的金币和金块（英镑）	出口的金币和金块（英镑）
1855	9,008,663	—	11,847,000
1856	6,002,114	—	12,038,000
1857	485,980	—	15,062,000
1858	1,231,023	22,793,000	12,567,000
1859	2,649,509	22,298,000	18,081,000
1860	3,121,709	12,585,000	15,642,000
1861	8,190,170	12,164,000	11,238,000
1862	7,836,413	19,904,000	16,012,000
1863	6,607,456	19,143,000	15,303,000

时间（年）	黄金铸币(英镑)	进口的金币和金块 （英镑）	出口的金币和金块 （英镑）
1864	9,535,597	16,901,000	13,280,000
1865	2,367,614	14,486,000	8,493,000
1866	5,076,676	23,510,000	12,742,000
1867	496,397	15,800,000	7,889,000
1868	1,653,384	17,136,000	12,708,000
1869	7,372,204	13,771,000	8,474,000
1870	2,313,384	18,807,000	10,014,000
1871	9,919,656	21,619,000	20,698,000
1872	15,261,442	18,469,000	19,749,000
1873	3,384,568	20,611,000	19,071,000
1874	1,461,565	18,081,000	10,642,000
1875	243,264	23,141,000	18,648,000
1876	4,696,648	23,476,000	16,516,000
1877	981,468	15,442,000	20,374,000
1878	2,265,069	20,871,000	14,969,000
1879	35,050	13,369,000	17,579,000
1880	4,150,052	9,455,000	11,829,000
1881	—	9,963,000	15,499,000
1882	—	14,377,000	12,024,000
1883	1,403,713	7,756,000	7,091,000
1884	2,324,015	10,744,000	12,013,000
1885	2,973,453	13,377,000	11,931,000
1886	—	13,392,000	13,784,000
1887	1,908,686	9,955,000	9,324,000
1888	2,277,424	15,000,000	14,250,000
1889	7,257,455	17,570,000	14,000,000
1890	7,662,898	23,900,000	14,250,000
1891	6,869,119	29,500,000	25,000,000
1892	13,944,963	21,250,000	15,450,000
1893	9,318,021	23,630,000	18,800,000

1855—1893 年英国铸造银币及银币和银块进出口额统计表

时间（年）	白银铸币（英镑）	进口的银币和银块（英镑）	出口的银币和银块（英镑）
1855	195,510	—	6,981,000
1856	462,528	—	12,813,000
1857	373,230	—	18,505,000
1858	445,896	6,700,000	7,062,000
1859	647,064	14,772,000	17,608,000
1860	218,403	10,394,000	9,893,000
1861	209,484	6,583,000	9,573,000
1862	148,518	11,753,000	13,314,000
1863	161,172	10,888,000	11,241,000
1864	535,194	10,827,000	9,853,000
1865	501,732	6,977,000	6,599,000
1866	493,416	10,777,000	8,897,000
1867	193,842	8,021,000	6,435,000
1868	301,356	7,716,000	7,512,000
1869	76,428	6,730,000	7,904,000
1870	336,798	10,649,000	8,906,000
1871	701,514	16,522,000	13,062,000
1872	1,243,836	11,139,000	10,587,000
1873	674	12,988,000	9,828,000
1874	890,604	12,298,000	12,212,000
1875	594,000	10,124,000	8,980,000
1876	222,354	13,578,000	12,948,000
1877	420,948	21,711,000	19,437,000
1878	613,998	11,552,000	11,718,000
1879	549,054	10,787,000	11,006,000
1880	761,508	6,799.000	7,061,000
1881	997,128	6,901,000	7,004,000
1882	209,880	9,243,000	8,965,000

时间（年）	白银铸币（英镑）	进口的银币和银块（英镑）	出口的银币和银块（英镑）
1883	1,274,328	9,468,000	9,323,000
1884	658,548	9,633,000	9,986,000
1885	720,918	9,434,000	9,852,000
1886	417,384	7,472,000	7,224,000
1887	861,498	7,819,000	7,807,000
1888	755,113	6,000,000	7,500,000
1889	2,215,742	9,000,000	10,500,000
1890	1,708,415	10,300,000	10,500,000
1891	1,049,113	10,500,000	11,800,000
1892	773,353	12,375,000	14,075,000
1893	1,089,707	11,320,000	13,532,000

第 34 节
美国的货币制度

　　大不列颠王国统治下的美洲殖民地与其宗主国一样，仍然采用银本位制。随着现实情况的发展，大不列颠统治下的美洲殖民地，其货币的市场价值和市场兑换率也发生了变化。因此，各殖民地之间金属货币的价值普遍存在巨大的差异。流通范围最广的是西班牙八雷亚尔银币，但八雷亚尔是采用大不列颠的度量衡制度以英镑、先令和便士计算价值的。要想管理好复本位制下美洲殖民地货币的价值，可以使用包括欧洲货币史上早期常用的铸币税。按照 1750 年公布的货币价值对照表，一盎司白银的价值是六先令八便士，一枚西班牙八雷亚尔银币的价值是六先令。"但是，有充分的理由担忧，假如铸造的任何银币、金币、大不列颠半便士和法新，以比西班牙八雷亚尔或者按照八雷亚尔的贵金属含量比例铸造出来的银币的流通速度快，最终都会带来巨大的麻烦。"根据所附的货币价值表清单，一基尼的价值是二十八先令，一克朗英国货币的价值是六先令八便士，其他欧洲货币的价值也都明确地列在了清单中。

▲1776 年西班牙铸造和发行的卡洛斯三世八雷亚尔银币

　　这种银币正面为西班牙王国波旁王朝国王卡洛斯三世半身胸像。背面中间为西班牙王室盾徽，盾徽上有皇冠，两侧有大力神赫克力斯立柱，柱身有卷轴缠绕。

第 35 节
1782 年罗伯特·莫里斯提交的方案

在美洲殖民地的体制下，1775 年大陆会议首先实施了一项财政措施——发行以西班牙银币或八雷亚尔为基础的信用纸币，这些信用纸币到期后就可以用西班牙银币或八雷亚尔偿付。依据特别委员会于 1776 年 4 月 19 日的任命报告，不同的殖民地按照不同标准流通的各类金币或银币，都要按照货币价值表规定价值。五英钱八格令重的一基尼，价值等于四又三分之二美元；英国的一克朗，价值等于一又九分之一美元。

▲1775 年发行的美国最早的大陆纸币（信用纸币）

这种纸币发行于 1775 年 5 月，面值二十美元。当时美洲殖民地最常见的是西班牙银币 "Spanish dollar"（西班牙美元），因此美洲殖民地的人们已经将 "美元" 作为货币单位。1792 年，"美元" 正式被定为美国的货币单位。

按照金衡制计算，一盎司黄金的预估价值是十七美元，一盎司标准纯银的预估价值是一又九分之一美元。

如果美国银币和金币中加入的贵金属含量充足，那么其兑换比率几乎跟英国 15.21:1 的兑换比率相差无几。不过，金银块的兑换比率有一点儿差别，但没有实质性的差异。

财政总监罗伯特·莫里斯根据美国国会委员会的要求，于 1782 年 1 月 15 日提交了国家铸币方案。值得注意的一点是，该方案规划清晰、有大局观，也论证了欧洲货币体系令人厌烦的现状。该方案决定把银币作为官方货币强制使用，同时还补充道：

美国流通的各类货币，其价值都发生了不同程度的变化。所以，除西班牙银币外，几乎没有一种货币能够被看作通行的标准货币。同一枚货币，在佐治亚州的流通价值是五先令，在北卡罗来纳州和纽约州的流通价值是八先令，在弗吉尼亚州和四个东部州的流通价值是六先令，在除南卡罗来纳州以外地区的流通价值是七先令六便士，在南卡罗来纳州的流通价值是三十二先令六便士。

▲五人委员会向大陆会议提交《独立宣言》

1775 年，英属北美洲的 13 个殖民地的代表们召开了第二届大陆会议，当时，美国历史上赫赫有名的人物如亚当斯、富兰克林以及美国第三任总统杰斐逊等都参加了此次会议。1776 年，大会通过了 13 个州脱离英国而独立的《独立宣言》。

在按照部分数字估算共同标准时，罗伯特·莫里斯提议将四分之一格令纯银设定为一单位货币，并采用十进制。一美元包含一千四百四十单位货币，一磅纯银要铸造出二万二千二百三十七单位货币。

美国国会在1782年2月21日批准建立铸币厂，还委派罗伯特·莫里斯准备、公布并实施铸币方案。

还有一点值得注意，在一份有关建立美国单位货币以及货币体系的文件中，托马斯·杰斐逊对罗伯特·莫里斯的方案持反对态度，并提出在美元的基础上采用十进制的方法建立货币体系，还把白银与黄金的兑换比率设定为15:1。

第 36 节
1785 年托马斯·杰斐逊提交的报告

托马斯·杰斐逊陈述了欧洲主要国家白银与黄金的法定兑换比率后说道："公正原则会让我们完全忽视法定兑换比率，我们对多个与我们有贸易往来的主要国家的市场金价进行了调查，并计算了平均值。考虑到周边地区的具体情况，以及流通市场上的货币来源，再加上西班牙高昂的金价让对岸从金矿开采出来的黄金都流向了西班牙，而美国和其他市场就只剩下白银，我们也许能够通过把黄金的价值提升到略高于票面价值的水平来应对。"

但是，金币价值的调整工作被延迟了。罗伯特·莫里斯宣称："我们的美元都快速流向了竞争对手，换回来了重量不足的金币，最终导致人们能明显地感受到金币的巨大损失和银币的紧缺。"

货币的价值问题一直被推迟到货币单位常设委员会于 1785 年 5 月 13 日提交报告时才获得解决。

货币单位常设委员会提交的白银与黄金的兑换比率比较合理，因为"在法兰西一格令纯金的价值与十五格令纯银一样。在西班牙，用十六格令纯银能够兑换一格令纯金。在大不列颠，用一格令纯金能够兑

▲托马斯·杰斐逊

换十五又二分之一格令纯银。由于银币的价值被低估，大不列颠和西班牙的主要货币就变成了金币。但在法兰西，主要货币仍然是银币。由于邻国不那么看重银币，因此，如果我们的银币能成为主流货币，就可以为我们带来很多好处，帮助我们获得邻国的银币。相比于黄金，白银有更重要的作用，因此输出白银也就更加困难。当然，兑换一格令黄金所用的白银也不能超过十五格令"。铸造金币要花费 2.5% 的铸币费，铸造银币的花费略超 3%。一单位美元被赋予三百六十二格令纯银的价值，可以被五美元的整数倍金币通过十进制整除。

美国国会在 1785 年 7 月 6 日以投票的方式建立了以银币美元为基础的十进制货币体系，但建立铸币厂的决议并未获得通过——尽管伯明翰铸造的劣质铜币的流通让美国遭受了巨大的损失。

美国财政部在 1786 年 4 月 8 日向美国国会提交了一份一式三份的报告。该报告主张每银币美元的含银量是三百七十五点六四格令，并把白银与黄金的兑换比率定为 15.256:1。美国国会在 1786 年 8 月 8 日和 1786 年 10 月 16 日的决议中，决定采纳财政部的建议，还通过了设立铸币局、规范货币合金含量和货币价值的法令。

依据 1876 年 8 月 8 日美国国会的决议，一金衡磅白银铸造出来的银币的价值被固定为十三美元七十分硬币七美分七美厘，一金衡磅黄金铸造出来的金币的价值被固定为二百零九美元七十分硬币七美分。

铸币局会收取大约 2% 的铸币费，铸造银币和金币收取的铸币费都一样，"让银块与金块在铸币局的兑换比率稳定为 15.22:1，比银币与金币的兑换比率稍微低一些"。

▲1787 年美国铸造和发行的布拉瑟金鹰金币

1787 年在纽约铸造的布拉瑟金鹰金币是独立战争后美国铸造的首款金币，在美国历史上意义重大。金币正面鹰的设计仿效美国国徽，鹰的一只爪子抓着橄榄枝，另一只爪子抓着箭。背面图案为太阳从海边的山上升起，象征着新的开始。

第 37 节
1791 年亚历山大·汉密尔顿提交的报告

美国国会的决议在许多年时间里都没有生效。直到美国财政部部长亚历山大·汉密尔顿在 1791 年 5 月 5 日再次以报告的形式向美国参议院提交了货币问题。

就像亚历山大·汉密尔顿在他著名的论文中描述的那样，他给出的方案是：每单位银币或每美元含纯银三百七十一又四分之一格令，把白银与黄金的兑换比率定为 15:1，取消 2% 的铸币费，也就是说交付铸币局多少金块或银块，就能得到相同重量的金币或银币。亚历山大·汉密尔顿解释了该兑换比率的科学性，由于"按照美国的惯例，铸造金币和银币的规则有差异，金币与银币的兑换比率大致是 1:15.6。假如真的是这样，就意味着黄金的价值在美国被高估了。在整个欧洲，白银与黄金的兑换比率高于 15:1 的地方非常少，平均兑换比率通常都等于甚至低于 14.8:1"。亚历山大·汉密尔顿还计算出前两次发行美元时白银与黄金的平均兑换比率是 15:1。"比如过去发行的含银三百七十四格令的美元，黄金与白银的兑换比率是 1:15.11；比如最新发行的含银三百七十四格令的

▲亚历山大·汉密尔顿

美元，黄金与白银的兑换比率是 1:14.87。这两次发行美元时金银的平均兑换比率大约为 1:15，比大不列颠货币 1:15.2 的法定兑换比率还高，但比 1:15 的实际比率（或市场比率）稍微低一些。"亚历山大·汉密尔顿对选定一种金属或其他金属做单位货币的问题，也提出了新的观点——这标志着亚历山大·汉密尔顿是在创造一种体制，而非延续过去的体制。假如复本位制属于现代货币理论，那么这个理论应该起源于美国，而非法兰西的政治手段。"和过去提议的美国货币体系不同，虽然财政部部长亚历山大·汉密尔顿比较爽快地同意了相关看法，但他还是偏向坚持两种金属都不应该被视为货币单位的观点……不管将哪一种金属视为货币单位，必然会破坏另一种金属的货币属性和地位，使其沦为纯粹的商品。在不同的时间里，一些有名望的人也曾提出过选择一种金属充当货币单位的建议，但与单位货币偶然变动的情况比起来，这也许会引发更大的不幸，导致金属的相对价值出现波动，尤其是在调节金属之间的兑换比率时，要特别注意金属的平均市场价值。假如取消其中任何一种金属的货币属性，就意味着流通媒介数量减少。"

▲1792 年美国铸造和发行的一美分铜币

这种铜币正面为一位女性的头像，象征自由女神。背面为月桂花环围绕着的"ONE CENT"（一美分）面值。

第 38 节
1792 年美国的货币调整方案

亚历山大·汉密尔顿的方案在 1792 年 4 月 2 日的法案中几乎被全面接受，只是法案小幅度调整了含银量，将银币的含银量从十二分之十一调整为一又一千六百六十四分之四百一十五。所以，一美元银币的重量是四百一十六格令，其中纯银有三百七十一又四分之一格令重。在确定一美元银币标准的基础上，按照白银与黄金 15:1 的兑换比率，与一美元银币价值相等的金币就应该含有二十四点七五格令黄金（$371\frac{1}{4}/15 = 27\frac{3}{4}$）。同样，在确定一美元银币标准的基础上，美国政府将重二百七十格令、含纯金二百四十七点五格令金币"鹰洋"（或者十美元）的标准也确定了下来。美国政府在 1793 年 2 月 9 日再次颁布了一项法令，对外国货币的兑换比率进行管制。在那个时候，葡萄牙和大不列颠公认的优质金币是用来满足国家需求和支付一切债务的法定货币，每二十七格令葡萄牙金币或大不列颠金币可以兑换一百美分，二十七又五分之二格令西班牙金币或法兰西金币可以兑换一百美分。

尽管 1792 年规定的金银兑换比率对黄金不利，

▲1888 年美国铸造和发行的"鹰洋"银币

这种"鹰洋"银币直径约 24 毫米，重约 5.7 克。正面为华盛顿侧面头像，其头顶的头箍上镌刻有英文字母"LIBERTY"。背面是昂首张翅的立鹰（其实是白头海雕——美国的国鸟）。

但它仍然维持了一段时间。就像在英国出现过的情况一样，在 1810 年后美国的金币自发地出现了外流现象。由此，金币就这样悄无声息地从美国的流通领域彻底消失了。

按照参议院在 1817 年 3 月 3 日发布的决议，美国国务卿约翰·昆西·亚当斯撰写了有关度量衡的报告，他在报告中对亚历山大·汉密尔顿于 1791 年计算货币兑换比率时依据的数据的准确性提出了质疑。

▲约翰·昆西·亚当斯

众议院下设的一个委员会在 1819 年 1 月 26 日提交了一个欠考虑的方案，该方案提议调整白银与黄金的兑换比率，以提升金币的竞争力，同时对铸造银币征收高额的铸币税。众议院在 1819 年 3 月 1 日要求财政部部长威廉·哈里斯·克劳福德提交报告，给出可能有利于美国获得并保持充足金银币的措施。

威廉·哈里斯·克劳福德在提交的报告中提到了上一次危机的一个特点——1814 年暂停黄金支付的重要性。他说，在第二次独立战争到 1814 年美国暂停黄金支付期间，英国政府用 15% ~ 20% 的低廉折扣价出售政府发行的票据，并从美国市场上带走了大量的金属货币。

威廉·哈里斯·克劳福德最后建议把白银与黄金的兑换比率提高 5%，也就是说将白银与黄金的兑换比率定为 15.75:1。

众议院在 1832 年 3 月 17 日收到的报告内容与以往的报告完全不同——美国在 1792—1821 年没有输出黄金，而且"比较明确的是，在 1821 年英国开始需求黄金时，没有任何迹象表明我们的黄金存在价格过低的问题，而我们的白银与黄金的标准兑换比率为 15:1"。

第 39 节
1820 年美国黄金外流现状

　　在比较 1821 年 2 月 2 日提交给众议院货币委员会的报告与 1819 年 1 月 26 日发布的报告后，货币委员会认为，"跟银币相比，目前美国金币的法定价值应该比市场价值低一些。经过调查，货币委员会发现，不管是美国金币还是外国金币，几乎都消失了，而且按照货币委员会最乐观的估计，完全有理由相信金币有彻底被驱逐出流通领域的可能性。按照我们现行的法令法规，金币彻底被挤出流通领域一点儿也不意外……美国铸币局铸造的金币价值六百万美元。但让人怀疑的是，美国铸币局铸造出来的金币目前是否还能在美国境内找到……经过确认，1819 年 11 月美国银行贴现和存款处的金币总计十六万五千美元，银币总计十一万八千美元。美国银币在 1819 年 11 月已经有七十万美元之多，但是金币却下降到一千二百美元，其中只有一百美元金币没有外流出去"。货币委员会在报告中提出了一项议案，但美国政府在长达七年的商业危机和灾难中都没能采取任何实际有效的措施。朗兹在 1820 年 11 月向众议院提交了一份有关金币外流问题的议案。但参议院在 1828 年 12 月要求财政部部长理查德·拉什调查清楚白银与黄金的兑换比率，并说明金币可能的变化，以保证金币和银币的实际价值相对一致。

　　关于朗兹的报告，财政部部长塞缪尔·德卢森纳·英厄姆始终认为单本位制具有明显的优势。他认为，如果想要在流通领域同时保持金币和银币的地位，建议把白银与黄金的兑换比率调整为 15.625:1——这与法兰西货币体制下的兑换比率比较接近；他还建议，如果不调整兑换比率，一旦金币的溢价超过 2%，就

▲美国旧金山铸币局旧址

旧金山铸币局是美国铸币局的一个著名分部，于 1854 年开始启用，为当时淘金热所衍生的金矿提供服务。它是少数能够幸存于 1906 年旧金山大地震的古建筑，并运营至 1937 年。

停止铸造金币的工作。

但是，美国政府并没有依据该报告采取措施。它既未依据接下来在 1829 年和 1830 年发生的此类事件采取行动，也未依据货币特别委员会在 1832 年 6 月提交的报告采取行动。在货币委员会收到的指示中，有一部分内容这样说："探讨使银币成为唯一的法定货币，以及铸造并发行固定重量、固定纯度的金币的便利性。美国完全接受使用金币支付债务，法定的金银兑换比率可以根据实际需要进行修改，但金币不得作为法定货币流通。"

怀尔德在 1832 年 3 月 26 日向众议院提出建议，应该采用金本位制，这与使金币成为受限制的法定货币的主张相反。但是，当这份报告展现在公众面前时，却变成提倡银本位制了。

第 40 节
1834 年美国颁布的货币法令

正是由于怀尔德的主张，国会于 1834 年 5 月宣布推迟对重要议题的审议。纽约的银行家为了阻止金币外流，迫切要求国家采取措施监管金币。

美国在很长一段时间里都试图提高金币的价值，这一目标终于在 1834 年 7 月 31 日召开的国会上以非同寻常的方式实现了。美国政府把每枚金币所含的黄金下调到二十三点二零金衡格令。不久后，美国政府根据 1837 年 7 月 18 日颁布的法令，又把每枚金币所含的黄金下调到二十三点二二格令。就这样，金币的标准发生了变化，所含黄金的纯度从十二分之十一下调到十分之九，白银与黄金的兑换比率一下子从 1:15 变成了 1:16，更准确地说是 1:15.988。

托马斯·哈特·本顿在《三十年观察》中的描述，说明了促使长期动乱忽然结束的动机和智慧：

目前正在实施的一项补救措施，将会帮助苦难的机器停止这个漫长又残酷的任务。该补救措施是利用平衡金银价值的方式，使使用金银铸造的外国货币在支付的过程中获得合法地位。该议案是纽约的坎贝

▲托马斯·哈特·本顿

尔·H.怀特先生向众议院提交的，而且经历了一场激烈的辩论后才得以通过。这次辩论的主题是黄金和白银两种金属的实际相对价值会由于一些人对国家银行票据的偏好而有一些差异，只要以最合适的方式进行估算，似乎都可以知道白银与黄金的兑换比率。以亚伯拉罕·阿方斯·艾伯特·加勒廷先生为首的纽约市十八家银行的代表支持的兑换比率获得了大部分人的支持。多年以来，金银中的任何一种金属都无法将另一种金属从流通领域驱离，这始终是调整金银兑换比率的拦路虎。所以，要调整金属的兑换比率，难度非常大。目前，这个问题好像和过去一样让人感到棘手。人们在探究精确的计算方法、探寻科学之光，历史仿佛回溯到罗马帝国时代。不管是科学之光、历史的明证，还是计算结果，好像都没办法形成一致的观点。托马斯·哈特·本顿在《三十年观察》中有关金银兑换比率的论述，是以实践为基础分析兑换比率的问题，并没有考虑计算、历史及银行官员的建议。对两种金属在各个国家同时以真实价值平稳流通的情况进行考察后，《三十年观察》的作者发现两种金属价格的真实性和平稳性已经在西班牙统治下的南美洲和墨西哥存在三百多年了，在这些地区，白银与黄金的兑换比率是16:1。《三十年观察》的作者把上述事实视为解决金银兑换比率问题的历史经验，因此各类金币的价值都快速上升。坎贝尔·H.怀特先生放弃了最早提出来的议案，转而采纳了西班牙的兑换比率。纽约州的兰塞姆·胡克·吉勒特先生和邱吉尔·卡尔多姆·坎布伦先生、南卡罗来纳州的威廉·肯尼迪·克洛尼先生、马里兰州的艾萨克·麦金先生、印第安纳州的约翰·尤因先生和其他发言者都对此给予了强烈的支持。虽然约翰·昆西·亚当斯觉得金币的价值被高估了，但他还是投了赞成票。假如在以后发现金币的价值被高估了，可以再进行纠正。反对16:1的兑换比率，同时支持采用更低兑换比率的人主要有：纽约州的达德利·塞尔登、宾夕法尼亚州的宾尼、马萨诸塞州的本杰明·戈勒姆和佐治亚州的怀尔德。最终，议案得到了多数议员的支持，并以三十五票反对、一百四十五票赞成得以通过。通常情况下，议案在参议院比较容易获得通过。丹尼尔·韦伯斯特先生和约翰·考德维尔·卡尔霍恩先生支持议案，亨利·克莱先生表示反对。在最终投票的时候，只有七个人投了反对票，他们分别是罗得岛州的尼赫迈亚·莱斯·奈特先生、马里兰州的埃策希尔·福曼·钱伯斯先生、路易斯安那州的亚历山大·波特先生、肯塔基州的亨利·克莱先生、新泽西州的

萨缪尔·刘易斯·索瑟德先生、马萨诸塞州的纳撒尼尔·西尔斯比先生及缅因州的皮莱格·斯普拉格先生。该议案的良好效果很快就显现了出来，金币开始通过各种商业渠道流向美国，资金也不再像以前那样大量流出美国，铸币局也变得忙碌起来。在短短几个月时间里，就像变戏法一样，被驱离三十年的货币重新回到美国各地，为工业领域带来了希望和信心。

但是，事实很快就证明，这个被称为灵丹妙药的方案比低效率的货币流通速度更加糟糕。由于白银与黄金的兑换比率过高，因此银币无法维持下去。结果，大量银币过度流向国外，尤其是在1848—1851年。为了把充足的小面值货币留在国内，美国国会于1853年2月24日通过颁布法令的形式降低了半美元

▲1840年美国发行的10美元纸币

这张纸币正面左边是西班牙航海家克里斯托弗·哥伦布，右边是美国轮船发明家罗伯特·富尔顿，上方有小天使。背面是展翅的鹰，由路易斯安那州新奥尔良市坎纳尔银行发行。

及以下小面值货币的含银量。同时，小面值货币只能由政府铸造并发行，并且只有金额达到五美元的货币才属于法定货币。

调整小面值货币含银量的目的显而易见，就是保护金币的价值。美国的情况和拉丁货币联盟的情况没有什么不同，都是通过降低小面值货币含银量的方式保护金价的失败案例。邓纳姆进一步构想并清楚地阐述了下调小面值货币含银量的方案，最终引导众议院通过了该项法案。邓纳姆说："在过去三四年时间里，我们建立了单本位制，一直使用的也是金本位制。我们建议保留金本位制，让银币适应和配合金本位制，按照金币的价值决定和调整银币的价值。"从法令的角度看，原来发行的银币美元并未因此受到影响，也没有明确地废除金币和银币的估价。降低小面值货币含银量的法案并未对美元的价值造成影响，原因很简单——很多年来，人们已经在美国的市场上看不到美元了，美元无法出现在流通领域，也无法流通。实际上，美国有数额庞大的金币，人们几乎没有感觉到美国货币的标准被改变了，也没有感觉到银币很匮乏——即便感觉到了，他们也并不关心。

1870 年，美国政府开始了统一和简化货币体系的最后一步，而且编写了修改货币法的相关议案。按照这个议案，货币法修改后，美国政府将采用纯粹的金本位制，取消银币法定货币的功能和地位，废除把金币和银币同时定为法定货币的双重标准。对此，参议院和众议院都没有表示反对。过去铸造但很少出现在流通领域的美元被作为法定货币，质量保持不变，但禁止政府或私人铸造新美元。

▲1853 年美国铸造和发行的自由女神坐像一美元银币

美国自由女神坐像银币由设在华盛顿的美国造币总局下设的旧金山、卡森城、费城、丹佛和新奥尔良 5 家分厂及中央铸币厂铸造。银币正面为自由女神坐像，女神左手举着挂有自由帽的旗棒，右手扶着盾徽，左右是代表美国建国时十三个州的十三颗星。背面是一只昂首展翅的鹰，一只鹰爪握着三支利箭，另一只抓着橄榄枝。

第 41 节
1873—1874 年美国颁布的货币法令

由上述分析可知，1870 年颁布的法令只是对 1853 年颁布的法令的补充。

1874 年修订后的法令在第三千五百八十六条的规定，是美国确定金本位制的标志。按照该法令的规定，只有价值达到五美元的美国银币才是法定货币。所以，美国从 1873 年 12 月起就停止使用银币，并按照英国的计划建立了金本位制。但由于纸币普及程度太高，1874 年颁布的法案虽然起了一定的作用，但从整体上来说意义不大。

然而，1874 年的法案通过后，贵金属的相对价值在短期内就有了巨大的变化，而且这种变化还在持续。在内华达州发现大量矿藏前，出产白银能够获利的事实就引起人们的关注。同时，恢复现金支付的预期，也让人们对白银生产产生了兴趣和动机。所以，美国政府在 1875 年 8 月 14 日建立了调查标准问题委员会。该委员会的多数成员都主张建立双重标准。委员会成员理查德·布兰德还向众议院建议，采用过去 1:15.988 的金银兑换比率并重建双重标准，而且要放开限制，允许自由地铸造银币。

▲1876 年美国铸造和发行的自由女神坐像摩根"鹰洋"一元贸易银币

这是美国政府第一种定期发行供贸易流通用的银币。银币正面为手执联盟盾型徽章的自由女神坐像，两侧边沿 13 颗星，象征着美国最早建国时的 13 个殖民地。背面中央铸有一只昂首展翅的鹰，鹰的右爪握着月桂枝，左爪握三支箭。

恢复货币支付的问题已经变得很紧迫。美国各州在1879年1月1日计划恢复现金支付。但是，恢复现金支付的基础应该是什么呢？是回到1873年前盛行的复本位制，还是维持1873年颁布的法令？美国政府建议维持1873年颁布的法令，但大多数国会议员支持恢复复本位制。

但是，由于总统拉瑟福德·伯查德·海斯的反对，支持恢复银币的人发现他们的提议并未获得通过。所以，他们只好妥协，放弃自由铸币的相关条款。之后的1878年2月28日，理查德·布兰德法令获得通过，"批准铸造标准银币美元，恢复银币为法定货币"。

金本位制的支持者认为，白银与黄金应该维持过去15.988:1的法定兑换比率，并保留美元用于国库结算，把每月的最高铸币数额限制在四百万美元。复本位制的支持者把每月的最低铸造量增加了二百万银币，同时禁止美国总统采取措施召开国际会议的条款。

▲美国第19任总统拉瑟福德·伯查德·海斯（1877—1881年在位）

第 42 节
理查德·布兰德法令以及谢尔曼法案

　　理查德·布兰德所提的方案很快就以法令的形式确定了下来。就美国的流通现状来说，恢复银币支付只在名义上起了效果。在当时，人们已经习惯使用可赎回票据，而且这种习惯已经保持了很长时间，纽约银行大厦的票据交易所只用金币交易的规则甚至在 1882 年 7 月 12 日就被国会以颁布法令的形式正式废除了。即便票据没有被彻底废除，但票据结算所并不接受用金券或银券进行支付。1882 年 7 月 12 日，政府颁布法令，规定任何国家银行都不可以成为票据交换所的一员。理查德·布兰德法令欺骗了支持金本位制和复本位制的人，因为支持金本位制和复本位制的人有可能在签署法令时达成了妥协。即便如此，理查德·布兰德法令在 1890 年 8 月前仍然有效，美国在 1878—1890 年铸造了三亿七千万美元银币，用了九百万千克白银，占美国同期白银产量的约三分之一。

　　在 1887 年前，每年总统发布的咨文和财政部部长的报告几乎都会向国会提议把理查德·布兰德法令中购买白银的条款废除并暂停银币的铸造。

▲美国第 23 任总统本杰明·哈里森（1889—1893 年在位）

财政部部长威廉·温德姆和总统本杰明·哈里森在 1889 年 12 月明确提出建议停止铸造银币，而且限制银券的发行总额为按照当时市场价格计算存储的白银价值。与理查德·布兰德法令一样，他们的建议也经历了激烈的争辩。之后，财政部部长威廉·温德姆和总统本杰明·哈里森达成了折中的方案，最终提出了谢尔曼法案，并在 1890 年 7 月 14 日的国会上得以通过。

谢尔曼法案达成的妥协不是原则问题上的妥协，而是对追求私利的妥协。谢尔曼法案在 1890 年 8 月 13 日正式生效，主要条例如下：

一、一旦每盎司白银的价格低于一百二十九点二九美分，财政部部长就按市场价格买入白银，但每个月的买入量不可以超过四百五十万盎司。

二和三、根据白银的买入情况来发行国库券，国库券完全属于法定货币，是银行准备金的组成部分。

四、在 1891 年 7 月 1 日前，每个月铸造美元要用银二百万盎司。除非有必要保证国库券的安全，否则铸造的美元在规定的日期到来后就应该停止流通。同时，谢尔曼法案还宣布了美国政府计划稳定金银兑换比率的打算。

谢尔曼法案对白银价格的影响力很快就消散了，铸造银币再次成为亟须解决的问题，支持银币者强烈要求停用没有多大效果的白银购买方案，代之以使用自由铸币方案。1893 年 2 月，国际货币会议在布鲁塞尔闭幕，但会议并未取得实质性结果。为了能够自由地铸造银币，印度总督兰斯多恩侯爵亨利·佩蒂－费茨莫里斯在 1893 年 6 月 26 日召开的政务会议上通过一部法令，把印度的铸币厂关闭了。其实，在保护银币这个问题上，美国已经被孤立。为了保证黄金储备，美国政府不得不放弃白银。经过激烈的争论，谢尔曼法案中强制购买白银的条款在 1893 年 11 月被废除了。

第43节
1793—1893年美国的货币状况

由于距离废除谢尔曼法案中强制购买白银条款的时间很近，所以我们没办法预计之后美国货币的发展情况。但是，截止到目前，废除强制购买白银条例的报告关涉两个明显的事实：第一，白银的贬值，以及向印度输出白银的影响，并不像人们先前猜测的那样；第二，停止购买白银让美国货币失去了扩张的唯一因素。在世界上的各个国家中，美国非常需要一种可以不断扩张的货币。

1793—1893年美国铸币厂铸造货币的情况

时间（年）	金币（美元）	银币（美元）	时间（年）	金币（美元）	银币（美元）
1793—1795	71,485.00	370,683.80	1845	3,756,447.50	1,873,200.00
1796	77,960.00	77,118.50	1846	4,034,177.50	2,558,580.00
1797	128,190.00	14,550.45	1847	20,202,325.00	2,374,450.00
1798	205,610.00	330,291.00	1848	3,775,512.00	2,040,050.00
1799	213,285.00	423,515.00	1849	9,007,761.50	2,114,950.00
1800	317,760.00	224,296.00	1850	31,981,738.50	1,866,100.00
1801	422,570.00	74,758.00	1851	62,614,492.50	774,397.00
1802	423,310.00	58,343.00	1852	56,846,187.50	999,410.00
1803	258,377.50	87,118.00	1853	39,377,909.00	9,077,571.00
1804	258,642.50	100,340.50	1854	25,915,962.50	8,619,270.00
1805	170,367.50	149,388.50	1855	29,387,968.00	3,501,245.00
1806	324,505.00	471,319.00	1856	36,857,768.50	5,142,240.00

时间（年）	金币（美元）	银币（美元）	时间（年）	金币（美元）	银币（美元）
1807	437,495.00	597,448.75	1857	32,214,540.00	5,478,760.00
1808	284,665.00	684,300.00	1858	22,938,413.50	8,495,370.00
1809	169,375.00	707,376.00	1859	14,780,570.00	3,284,450.00
1810	501,435.00	638,773.50	1860	23,473,654.00	2,259,390.00
1811	497,905.00	608,340.00	1861	83,395,530.00	3,783,740.00
1812	290,435.00	814,029.50	1862	20,875,997.50	1,252,516.50
1813	477,140.00	620,951.50	1863	22,445,482.00	809,267.80
1814	77,270.00	561,687.50	1864	20,081,415.00	609,917.10
1815	3,175.00	17,308.00	1865	28,295,107.50	691,005.00
1816	—	28,575.75	1866	31,435,945.00	982,409.25
1817	—	607,783.50	1867	23,828,625.00	908,876.25
1818	242,940.00	1,070,454.00	1868	19,371,387.50	1,074,343.00
1819	258,615.00	1,140,000.00	1869	17,582,987.50	1,266,143.00
1820	1,319,030.00	501,680.70	1870	23,198,787.50	1,378,255.50
1821	189,325.00	825,762.45	1871	21,032,685.00	3,104,038.30
1822	88,080.00	805,806.50	1872	21,812,645.00	2,504,488.50
1823	72,425.00	895,550.00	1873	57,022,747.50	4,024,747.60
1824	93,200.00	1,752,477.00	1874	35,254,630.00	6,851,776.70
1825	156,385.00	1,564,583.00	1875	32,951,940.00	15,347,893.00
1826	92,245.00	2,002,090.00	1876	46,579,452.50	24,503,307.50
1827	131,565.00	2,869,200.00	1877	43,999,864.00	28,393,045.50
1828	140,145.00	1,575,600.00	1878	49,786,052.00	28,518,850.00
1829	295,717.50	1,994,578.00	1879	39,080,080.00	27,569,776.00
1830	643,105.00	2,495,400.00	1880	62,308,279.00	27,411,693.75
1831	714,270.00	3,175,600.00	1881	96,850,890.00	27,940,163.75
1832	798,435.00	2,579,000.00	1882	65,887,685.00	27,973,132.00
1833	978,550.00	2,759,000.00	1883	29,241,990.00	29,246,968.45
1834	3,954,270.00	3,415,002.00	1884	23,991,756.50	28,534,866.15

（续表）

时间（年）	金币（美元）	银币（美元）	时间（年）	金币（美元）	银币（美元）
1835	2,186,175.00	3,443,003.00	1885	27,773,012.50	28,962,176.20
1836	4,135,700.00	3,606,100.00	1886	28,945,542.00	32,086,709.90
1837	1,148,305.00	2,096,010.00	1887	23,972,383.00	35,191,081.40
1838	1,809,765.00	2,333,243.40	1888	31,380,808.00	33,025,606.45
1839	1,376,847.50	2,209,778.00	1889	21,413,931.00	35,496,683.15
1840	1,675,482.50	1,726,703.00	1890	20,467,182.50	39,202,908.20
1841	1,091,857.50	1,132,750.00	1891	29,222,005.00	27,518,856.00
1842	1,829,407.50	2,332,750.00	1892	34,787,222.50	12,641,078.00
1843	8,108,797.50	3,834,750.00	1893	56,997,020.00	8,802,797.30
1844	5,427,670.00	2,235,550.00	—		

1851—1893 年美国贵金属进出口情况

黄金和白银		
时间（年）	进口（美元）	出口（美元）
1851—1855	5,151,817	39,432,522
1856—1860	10,385,770	59,589,841
1861—1863	24,112,923	43,611,777
黄金		
时间（年）	进口（美元）	出口（美元）
1864—1870	11,117,584	58,757,484
1871	6,883,561	66,686,208
1872	8,717,458	49,548,760
1873	8,682,447	44,856,715
1874	19,503,137	34,042,420
1875	13,696,793	66,980,977
1876	7,992,709	31,177,050
1877	26,246,234	26,590,374
1878	13,330,215	9,204,455

1879	5,624,948	4,587,614
1880	80,758,396	3,639,025
1881	100,031,259	2,565,132
1882	34,377,054	32,587,880
1883	17,734,149	11,600,888
1884	22,831,317	41,081,957
1885	26,691,696	8,477,892
1886	20,743,349	42,952,191
1887	42,910,601	9,701,187
1888	43,934,317	18,376,234
1889	10,284,858	59,951,685
1890	12,943,342	17,274,491
1891	45,298,928	79,187,499
1892	18,165,056	76,735,592
1893	73,280,575	80,010,633
白银		
时间（年）	进口（美元）	出口（美元）
1864—1870	5,469,798	16,818,279
1871	14,382,463	31,755,780
1872	5,026,231	30,328,774
1873	12,798,490	39,751,859
1874	8,951,769	32,587,985
1875	7,203,924	25,151,165
1876	7,943,972	25,329,252
1877	14,528,180	29,571,863
1878	16,491,099	24,535,670
1879	14,671,052	20,409,827
1880	12,275,914	13,503,894
1881	10,544,238	16,841,715
1882	8,095,336	16,829,599

1883	10,755,242	20,219,445
1884	14,594,945	26,051,326
1885	16,550,627	33,753,633
1886	17,850,307	2,954,219
1887	17,260,191	26,296,504
1888	15,403,189	28,027,949
1889	18,678,215	36,689,248
1890	21,032,984	34,873,929
1891	27,910,193	28,783,393
1892	31,450,968	37,541,301
1893	27,765,696	47,463,399

注：表格中所列时间段或年份的进出口额均是年度平均数。

1878—1879 年美国全部货币构成情况

货币	1878 年	1879 年
金币（美元）	82,500,000	123,700,000
银币（美元）	—	11,100,000
银币（小硬币）	53,600,000	54,100,000
金券	44,400,000	14,800,000
银券	—	12,000,000
州票据	311,400,000	327,700,000
国家银行票据	313,900,000	330,000,000
总计	805,800,000	873,400,000

1893 年美国全部货币构成情况

金属货币（单位：美元）	
金条	84,631,966
银条	128,479,587
金币	582,366,998
银币美元	419,332,777
辅助银币	76,267,586
总计	1,291,078,914

纸币（单位：美元）	
原先发行的法定国库券	346,681,016
按照 1890 年 7 月 14 日颁布的法令发行的法定国库券	153,160,151
金券	77,487,769
银券	334,584,504
国家银行票据	208,538,844
货币凭证	39,085,000
总计	1,159,537,284

　　在上述构成美国货币体系的所有货币中，流通中的货币只有五千七百八十六万九千五百八十九美元，剩下的三千六百一十四万三千一百八十八美元被留在了财政部的金库中。

第 44 节
1816 年荷兰的货币状况

　　荷兰货币史在 18 世纪丧失了重要性，不再是欧洲货币史的核心，也失去了决定性作用。所以，荷兰铸币法在 19 世纪后的发展状况将在附录 4 中详细说明。

　　荷兰和比利时境内各省组合成一个国家荷兰时，这两个地方都有大量不同的货币，在此之前，几乎每个省都有铸造货币的权利。为拥有一套简单且单一的货币体系，威廉一世领导下的荷兰王国于 1816 年通过了一项货币法案。颁布货币法案的意图是统一过去的弗罗林，建立统一的货币体系，把与二百阿斯价值相同的一弗罗林作为货币单位。同时，允许十弗罗林金币流通，一弗罗林含九点六三克白银，十弗罗林含六点零五六克黄金。所以，白银与黄金的兑换比率，在荷兰是 15.873:1，在法兰西是 15.5:1。

　　另外，为了迎合比利时民众的意愿，荷兰王国公共财政接受了法郎的流通，但

◀荷兰王国国王威廉一世
（1815—1840 年在位）

兑换比率制定得很高。从名义上讲，一法郎的价值相当于四十七点五生丁，但实际价值只有四十六点八生丁。这导致新发行的三弗罗林从比利时布鲁塞尔的铸币厂离开后，就被送到法兰西里尔的铸币厂，重新铸造成五法郎后再回流到比利时。

荷兰相关法令的执行速度十分缓慢。铸造出来的金币被定为主要货币，但越来越难以按照金银兑换比率铸造出相应的银币。

1830 年，比利时从荷兰王国独立了出来。荷兰旧货币的重铸工作一直到 1844 年才得以被认真执行，但货币法在 1839 年就已经改了。荷兰政府不仅铸造和发行了总价值为一亿七千二百五十万的五弗罗林，还铸造和发行了十弗罗林金币，并允许磨损的银币与新铸造的货币一起在市场上流通。金币成为国际贸易的基础，但磨损或被剪过的银币不能在国际贸易中使用。进行交易的基础货币是十弗罗林金币，而不是弗罗林。很多人认为，一切问题都能够通过采用十进制对重量恰好是十克、纯度为零点九四五的弗罗林进行计算来消除。只要金币还在市面上流通，就必须继续重铸货币，金币就能发挥重要的用途。所以，荷兰采用的是白银与黄金的兑换比率为 15.504:1 的复本位制。在 1842—1849 年，铸币厂回收了票面价值高于八千五百二十一万的弗罗林，这些银币被熔化后重新铸造成了新银币。荷兰政府为了收回并重铸弗罗林，耗费的成本有八百万弗罗林，其中回收旧货币造成的损失有七百万弗罗林。

在重铸货币前，荷兰政府已经细致地思考过货币标准的问题，还明确了银币的铸造。在约一个半世纪里，交易所用的货币单位一直是弗罗林。伴随着货币重铸工作的推进，人们意识到很有必要制定单一的货币标准。按照 1847 年 9 月 26 日颁布的法令，荷兰使用的是单一的银本位制。荷兰政府在 1850 年 6 月把金币回收了，回收的金币中有民众提供的五千万金币，还不到铸造总数的三分之一。荷兰政府在 1850—1851 年把回收的金币全部出售，损失了超过一百万金币。

▲1840 年荷兰铸造和发行的威廉一世荷兰盾

荷兰盾银币有两种：省铸盾和国家盾，区别在于货币背面的盾型徽章不同。有本省盾型徽章的省铸盾叫 PROVINCIALE GULDEN，盾型徽章为七省共同拥有，上面的狮子右手挥剑，左手握剑束，徽章上方有皇冠的叫 NEDERLANDSE GULDEN，正面的头像其实就是荷兰整个国家的拟人像，这和以前古罗马的货币有传承关系。面值有四分之一盾、二分之一盾、一盾、二盾和三盾等。

第 45 节
1872 年荷兰的货币状况

改革并确定单一的银本位制有一个非常值得关注的地方。根据 1847 年 9 月颁布的法令，在交易中不仅可以使用辅币和法定银币，还可以使用金币。在金币中，不但有偶有需求的杜卡特，还有半吉洛梅金币、吉洛梅金币和双吉洛梅金币。在使用金币进行交易的时候，只按照其纯度和重量记账。

在 1847 年 9 月确定的法令体系彻底失败了。即便铸造出来的吉洛梅金币的纯度和重量与过去广受欢迎的十弗罗林一样，但由于吉洛梅金币的价值不稳定，因此人们还是不愿意接受它。从 1851 年到 1853 年，荷兰一共铸造了一万半吉洛梅、一万吉洛梅和二千六百三十六双吉洛梅。1853 年后，就没有再铸造吉洛梅了。

在 1872 年澳大利亚和加利福尼亚州发现黄金以前，大宗交易中的白银价格相对稳定，但在小额交易中，白银的价格会偶尔出现轻微的波动。

在 1847—1872 年，任何人都可以把白银卖到荷兰银行，价格为 104 弗罗林 65 生丁。保存在银行的白银在用于重铸或其他用途时收取的手续费是 1 弗罗林 17 生丁。白银的价格和收取的手续费的总和是 105 弗罗林 82 生丁。

依据荷兰的货币标准，十弗罗林和一千克纯度为零点九四五的白银的价值一样。

阿姆斯特丹的银价也没有发生改变。

伴随着 1871 年的变化，白银价格的稳定局势被打乱。荷兰政府在 1872 年 10 月委任一个委员会审议了境内的货币状况。委员会在 1873 年 12 月给出一份

报告，在报告中提议禁止自由铸造银币。荷兰政府在 1873 年 5 月 21 日颁布了禁止自由铸造银币的法令。委员会建议，只要德意志帝国还有维持复本位制的希望，就应该在铸造银币的同时也铸造金币。

但是，德意志帝国在 1873 年 6 月 26 日决定采用金本位制时，荷兰的委员会在提交的附加报告中建议荷兰也使用金本位制，而且引入黄金铸造的五弗罗林和十弗罗林并把它们作为法定货币，同时回收按照 1847 年颁布的法令发行的银本位制下的货币。但是，荷兰议会并未批准该报告建议的措施。所以，荷兰货币到此时还没有确立价值标准，铸币厂仍然拒绝接收白银，也不重视黄金。紧接着白银与黄金的兑换比率大幅度下跌并引发骚乱。荷兰政府不得不在 1875 年 6 月 6 日颁布法令向公众开放了铸币厂，同时决定铸造纯度为 90% 的十荷兰盾金币。十荷兰盾金币和银弗罗林一起被作为荷兰的法定货币，如果每盎司白银按照六十点三五生丁报价，十荷兰盾与银弗罗林的兑换比率是 1:15.625。距 1875 年 6 月 6 日颁布法令还不到一年，荷兰政府又在 1876 年 5 月试图颁布法令，引入单一的金本位制并停止银币的流通，但第一议院没有通过该法令，所以 1875 年颁布的法令的效力便往后延了一年。接下来，1877 年 12 月 9 日颁布的法令又把 1875 年 6 月 6 日颁布的法令往后延续到 "法令另有规定" 为止。

最终，荷兰形成了长久而畸形的货币标准，即允许自由铸造金币，限制铸造银币，但在支付银币和金币时并不受限制。

荷兰议会在 1877 年 3 月 28 日通过了一项法令，决定荷属东印度群岛与荷兰一样实行双重标准，也就是暂停铸造银币，但允许过去铸造的银币与金币一起继续流通。该法令于 1877 年 6 月 7 日在爪哇岛颁布并实施。

第 46 节
葡萄牙的货币状况

    1688 年 8 月 4 日，葡萄牙政府颁布了第一部有关黄金的法令。按照该法令，波尔图和里斯本的铸币厂公布了黄金的价格，纯度为二十二克拉的一马克黄金的价值为九万六千里斯，与五百三十三弗罗林三十三生丁的价值相同。把价值为十万二千四百里斯的黄金铸造成金币后，等同于五百六十八弗罗林八十八生丁。每马克纯度为十二分之十一的白银的价格是六千里斯，等同于三十三弗罗林三十三生丁。每马克白银被铸造成银币后的价值为六千三百里斯，等同于三十五法郎。按贵金属的购买价格计算，黄金与白银的兑换比率是 1:16，铸币厂把贵金属铸造成货币并发行后金币与银币的兑换比率是 1:16.25。

    一马克白银铸造成银币的价值在 1747 年发生了变化，从三十五法郎上调至四十一法郎六十六生丁，等同于七千五百里斯。一项法令的颁布，马上把白银与黄金的兑换比率变成了 13.6:1。

    13.6:1 的兑换比率一直维持到了 19 世纪初，这导致金币被驱逐出流通市场。

    按照 1822 年 3 月 6 日颁布的法令，一马克黄金

▲1722 年葡萄牙铸造和发行的埃斯库多金币

铸造成金币后的价值是一百二十米尔里斯，等同于六百六十六法郎六百六十六生丁。一枚金币价值六千四百里斯，等同于三十五法郎五十五生丁，但一枚金币的市场价值是四十一法郎六十六生丁，等同于七千五百里斯。之后，1820 年议会通过的法令和 1822 年 3 月 6 日颁布的法令一起被废除，但 1822 年 3 月 6 日颁布的法令在 1823 年 11 月 24 日颁布的另一项法令和 1824 年 6 月 5 日的特别宪章中重新获得了承认。

1822 年颁布的法令在序言中公开说明了白银与黄金的兑换比率是 13.5:1，完全无法体现白银与黄金的市场兑换比率。由于金币的法定价值比金币中所含黄金的实际价值还要低，因此金币实际上并未进入流通领域。于是，葡萄牙政府在 1825 年把白银与黄金的法定兑换比率提升为 16:1。

1835 年 4 月 24 日，葡萄牙政府又颁布了新法令，把铸造出来的一马克银币的价值确定为七千五百里斯，等同于四十一法郎六十六生丁，使白银与黄金的兑换比率变成了 15.5:1，该兑换比率是葡萄牙国内和国外银币与金币的平均兑换比率。

1847 年 3 月 3 日，葡萄牙政府再次颁布了一项新法令，一马克黄金的价值被提升为十二万八千里斯，等同于七百一十一法郎十一生丁，一枚金币的价值也从 1822 年的四十一法郎六十六生丁（等同于七千五百里斯）提升为四十四法郎四十四生丁（等同于八千里斯）。在 1847 年 3 月 3 日颁布的法令施行后，葡萄牙政府通过采取其他措施，把白银与黄金的兑换比率调整为 16.5:1。

正是由于一直以来兑换比率不稳定，才导致葡萄牙政府放弃了复本位制，建立了单一的金本位制。在 1854 年颁布的法令的序言中说：兑换比率不断变化，说明流通中金银的兑换比率并不统一，这种不统一引发了混乱，白银与黄金的法定兑换比率比市场兑换比率还高，这不利于货币流通，各项交易成本也增加了。

1854 年的法令，葡萄牙议会全体议员一致通过。

▲1842 年葡萄牙铸造和发行的五百瑞斯银币

这种银币正面为葡萄牙女王玛丽亚二世的头像，外环为拉丁语铭文，下面为铸造年份。背面中间皇冠下斗篷中为葡萄牙盾徽，盾徽中心的五个蓝色小盾组成十字形，每个小盾上有五个白色圆斑，表示基督被钉在十字架上的五处伤口。小盾外大盾中有七个城堡，纪念葡萄牙从摩尔人手中收复的省份。

第 47 节
1867 年召开的国际货币会议

国际货币会议及其构建国际货币体系的尝试，在应对现代货币的动荡中发挥了重要作用。这主要是由于法兰西复本位制理论的快速发展、美国提出了货币制度的新方案，以及满足世界市场的现实需要和国际法或道德准则的扩展。

认为欧洲货币史的新阶段开始于 1871 年德意志帝国货币体系的改变，以及各国政府广泛存在的关于从金银两种贵金属中选取何种金属铸造法定货币产生广泛分歧的观点是不正确的。即便拉丁货币联盟仅仅在很小的范围内统一了货币体系，但这确实是建立国际货币体系的第一步。数世纪以来，我们熟悉的德意志货币史就是不同类型的货币体系之间的铸币约定，1857 年的维也纳会议也为此提供了一个证明。但是，拉丁货币联盟的秘密会议是首次获得广泛认可的国际货币会议。在法兰西政府的邀请下，第一次国际货币会议于 1867 年 6 月 17 日在巴黎召开，参加国际货币会议的国家有比利时、丹麦、西班牙、奥地利、巴登、巴伐利亚、美国、法兰西、意大利、荷兰、葡萄牙、普鲁士、英国、希腊、俄国、瑞典、挪威、瑞士、奥斯曼土耳其和符腾堡。国际货币会议一共举行过八次，第八次会议一直持续到 1867 年 7 月 6 日。除荷兰外，参加国际货币会议的其他国家都宣布支持金本位制。在会议结束的时候，还未达成任何有实际价值的共识，但会议主席费利克斯·费利西安·德·帕里克在最后的致辞中认为：有理由相信，本次会议的意义在于各国基本达成了一致意见，都支持金单本位制，只要未来各国的铸币厂确定的金银兑换比率在允许的范围内变动，就可以把五法郎定为货币单位[1]。

---

[1] 每千克黄金价值六百二十塔勒。——原注

第 48 节
1868 年召开的国际货币会议

    即便国际货币会议并未立即产生有价值的结果，但它引发了一场广泛的运动。随后，在 1868 年 2 月 18 日英国成立了一个委员会，"对国际货币会议的事项进行审议和报告……研究并公布会议提出的建议，讨论这些建议是否适应英国的具体情况，讨论英国是否有必要改变货币体系，如果需要改变，应该从哪些方面着手。为了建立与国际货币会议的设想完全一致或部分一致的货币体系，英国正在考虑相应的措施"。

    英国成立的这个委员会在 1868 年 3 月 13 日到 6 月 8 日召开了会议。考虑到在构建国际货币体系的过程中会有许多实际困难，委员会并未做任何实质性的决定，特别是否决了把一英镑的价值下调到二十五法郎的提议。

    不管是 1865—1869 年还是 1876 年会议前后进行的调查，法兰西民众都非常支持采用金单本位制——只有在法德战争爆发后才阻止了法兰西政府和拉丁货币联盟采用金单本位制的进程。实事求是地说，法兰西在法德战争中失败后，由于背负了巨额的战争赔款，因此它在货币立法方面立即采用了新方案。

    随着帝国货币体系完成重建，德意志帝国完成了重要且必要的货币改革和货币统一。在法兰西原先规定的白银与黄金 15.5:1 的兑换比率的基础上，德意志帝国完成了货币改革。在改革货币的两年时间里，德意志白银的价格始终保持在适中的水平。但是，德意志帝国在 1873 年 7 月 9 日按照《法定货币法》建立了金单本位制，银币不再流通和使用，失去了通用货币的地位。此外，德意志帝国逐渐收回了三分之二以上的过去发行的银币，并把它们熔化后铸造成银

条投放到了市场上。同时，欧洲大陆还发生了其他很多变化。斯堪的纳维亚地区的国家在1872年模仿德意志帝国采用了金单本位制，废止了原来的银本位制。挪威、瑞典和丹麦三个国家按照1872年12月18日颁布的条约建立了统一的货币体系。以此为基础，三个国家制定了本国的银币与金币兑换比率，挪威的兑换比率是15.44:1，瑞典的兑换比率是15.57:1，丹麦的兑换比率是15.43:1。荷兰紧随其后，按照1875年6月6日和1876年5月10日颁布的法令，在白银与黄金15.625:1兑换比率的基础上，荷兰采用了金本位制，废止了原来的银本位制。

在各国的货币制度大范围改变前，白银与黄金的相对价值就已经开始大幅度下降。美国在意的是生产白银带来的利益，英国在意的是其殖民地印度以及与使用银币进行贸易的国家的交往中获得利益。整体而言，国际贸易处于混乱状态，每个国家都感觉到自己正面临着很大的威胁。

第 49 节
白银贬值

在白银涌入铸币厂前，由于白银出现了贬值，拉丁货币联盟最早是采取限制银币铸造的措施。之后，拉丁货币联盟就不再铸造五法郎银币了。

所以，白银的价格跌得更厉害了。到 1876 年 7 月，每盎司白银已经贬值为四十六又四分之三便士。各国普遍对白银贬值感到焦虑，美国和英国打算新组建委员会探讨白银贬值的问题。英国政府在 1876 年 3 月组建了一个委员会，研究白银贬值的问题。在主席乔治·戈申子爵的领导下，该委员会从 1876 年 3 月 20 日到 1876 年 5 月 8 日召开了会议，针对白银快速贬值的问题展开调查，但并未提出积极有效的处理方案。

美国国会也在 1876 年 8 月 15 日组建了一个委员会，对白银贬值的原因展开调查，讨论重建复本位制的可能性，而且计划设计合理的金银兑换比率，并采取其他措施帮助美国恢复现金支付。为此，该委员会提交了两份报告，一份是"多数派"的报告，一份是"少数派"的报告。在"多数派"的报告中，包括博吉先生、琼斯先生、威拉德先生、理查德·布兰德

▲乔治·戈申

先生和威廉·斯洛克姆·格罗申贝克先生在内的多数人提议将白银再次货币化，而且提议再次召开国际货币会议。"少数派"的报告提出的方案与理查德·布兰德法令已经提出来的妥协方案一样，即"在 1878 年 2 月 28 日颁布法令，发行标准银币，恢复银币法定货币的地位"。1878 年 2 月 28 日颁布的法令的第二条强行要求美国总统拉瑟福德·伯查德·海斯组织拉丁货币联盟的成员国以及对货币问题有兴趣的其他国家前来参加国际货币会议。国际货币会议在法兰西政府的组织下，于 1878 年 8 月 10 日在巴黎召开。在这次会议上，美国代表提出自由铸造银币的提议，而且银币不受任何限制，完全拥有与金币相同的清偿功能和地位。瑞士、挪威和比利时的代表对美国代表的提议表示反对。而英国的乔治·戈申子爵则宣布，虽然彻底停止银币流通预示着空前的商业危机，但英国政府不同意大规模改革货币体系。德意志帝国并未派出代表参加此次国际货币会议，因此法兰西政府采取等待策略，并未明确表态。在国际货币会议闭幕的时候，各方仍然没有达成一致意见。由于与会各方的意见存在分歧，讨论国际通用的兑换比率也没有任何意义。对世界而言，即便仍然有必要保障银币的流通，但选择和处理贵金属必须按照各个国家具体的货币状况和需求来决定。

我们无法期待 1878 年召开的国际货币会议产生能够满足现状的有效结论。德意志帝国继承的土地利益，使德意志帝国首相奥托·冯·俾斯麦在 1879 年 5 月 19 暂停了白银的出售，这给复本位制的支持者带来了新希望，整个欧洲与美国都忙于宣传和推广复本位制。各国积极推广复本位制，推动了 1881 年国际货币会议的再次召开。

第 50 节
1881 年召开的国际货币会议

法兰西政府于 1881 年 4 月 19 日在巴黎召开了第三次国际货币会议，受邀并派代表参加本次国际货币会议的有欧洲各国、加拿大、印度和美国。

法兰西政府通过派驻会议代表马尼安和会议主席亨利·塞努斯基，极力宣布实行复本位制。意大利、奥地利、荷兰、美国及英属印度的代表紧随法兰西之后，也宣布实行复本位制。德意志帝国和英国的代表则分别宣布，不会改变本国的货币体系，但是，如果与会各国能够达成协议，德意志帝国和英国政府也有可能出台一些规定增加使用银币。瑞士、希腊、比利时和斯堪的纳维亚地区的国家则宣布反对采用复本位制。本次国际货币会议在 1881 年 5 月 19 日到 1881 年 6 月 30 日休会，在 1881 年 7 月 8 日结束会议。不过，为了便于给可能的货币立法提供足够的时间，本次会议名义上再次休会到 1882 年 4 月 12 日。然而，我们能够预想到，复会时间到了后，会议并未继续召开。

其实，在第二次和第三次国际货币会议中间间隔的时间里，各国的货币状况并没有明显的变化。每盎司白银的价格，在 1878 年是五十二又十六分之九便士，在 1881 年是五十一又十六分之十一便士——总体来看略微上涨。白银的产量，在 1878 年是二百五十五万一千千克，在 1881 年是二百五十九万三千千克。所以，白银的产量没有大幅度增长，但黄金的产量一定下降了。第三次国际货币会议闭幕后，德意志帝国和英国出现了实行复本位制的呼声。1882 年 10 月在科隆举行的复本位制大会上，各国都一致发声实行复本位制。

科隆举行的复本位制大会达成并通过了如下决议：

德意志和英国方面都认为，非常有必要建立黄金和白银间稳定的兑换比率：

一、以限制铸造用于偿付的辅助银币为基础，铸造纯银银币，而且增加银币的使用范围。

二、德意志帝国应该回收价值低于十马克的纸币和金币，而且用银币代替回收回来的这些纸币和金币。

三、德意志帝国不能继续出售白银。

四、英格兰银行要在其章程中增加相关条款，允许增加银币作为银行储备的一部分。

但是，在科隆举行的复本位制大会形成的决议，并未对德意志帝国和英国的政策产生实质性影响。

同时，美国爆发了一场性质相似但更有意思的运动，该运动围绕每年都会提议废除的理查德·布兰德法令中强制铸币的条款展开。

第 51 节
英国的金银委员会

经历商业萧条后，英国的白银价格受挫，它与东方和印度的贸易也出现混乱，这些情况为刚刚成立的复本位制联盟推广复本位制提供了现成的依据。

在 1886 年，英国每盎司白银的价格已经跌到四十二便士，专门调查工业萧条和贸易的英国皇家调查委员会在结束调查后，要求对贵金属的状况进行调查，英国政府马上就答应了这个要求。皇家专门调查委员会在 1886 年 9 月 20 日接受委派，对"目前贵金属相对价值的变化展开调查"，并在 1888 年 10 月完成最后的调查报告。就像人们记忆中的那样，最后的报告中的意见出现了分歧。皇家专门调查委员会的所有成员都认为，拉丁货币联盟在 1873 年采取的措施打破了金银原本的关系，保持了用黄金衡量并稳定白银价值的做法，让金银的兑换比率始终保持在法定兑换比率上下，从而使白银处于决定商品价格的所有因素的影响下。有关复本位制的问题，专门调查委员会的委员们根据目前的货币体系，对未来可以选择的货币体系有不同的看法，而且他们分别提交了不同的报告。查尔斯·弗里曼特尔爵士、埃夫伯里男爵约翰·卢伯克、法勒·赫舍尔男爵、托马斯·亨利·法勒男爵、伯奇和佩尼奇的考特尼男爵伦纳德·亨利·考特尼都表达了反对复本位制的立场。

虽然我们不赞成采用传统的复本位制，但我们仍然希望得到大家的理解，我们已经完全意识到货币的价值标准存在一些缺陷。作为衡量价值标准的贵金属不但不稳定，而且各自的波动也存在相互独立的特点。我们无法忽视未来各

◀约翰·卢伯克

个国家为了减少这种不稳定性而采取的措施。毋庸置疑，对所有的商业国家而言，建立统一的价值标准能够获得更加巨大的优势。但我们的观点是，除了可能会带来其他危险和不便，在改变货币体系的过程中，采取任何过早或难以预料到后果的措施，都可能有损或有碍于建立统一价值标准的进程。

我们还认为，很多国家夸大了货币状况带来的损害和危险。假如改变货币体系，转而采用复本位制，那么想要通过这种改变获得利益的想法注定是一场空。

如果改变货币体系无法获得预期的利益，我们就不建议改变帮助英国商业取得现在的发展成就的货币体系。

皇家专门调查委员会的其他成员，比如金罗斯男爵约翰·鲍尔弗、路易斯·马利特爵士、戴维·巴伯、霍兹沃思爵士、亨利·查普林子爵和斯韦斯林塞缪尔·蒙塔古爵士，在报告的第三部分中直白地表达了与上述意见相反的观点。

第 52 节
对委员会报告的质疑

毫无疑问，假如 1873 年之前盛行的货币体系被彻底取代，那么前面描述的多数灾难都不会发生。我们建议的补救措施，就是恢复产生这些变化之前存在的货币体系，也就是说，在足够大的范围内，允许按确定的兑换比率自由地将两种金属铸造成法定货币的货币体系。

我们提出的补救措施从本质上讲具有国际化特征，在具体实施的过程中必须与其他利益相关国家协商解决。

我们只需指出将要促成的协议的基本特征就可以了，这些基本特征有：

一、免费将金银两种贵金属铸造成法定货币。

二、明确金银这两种贵金属的兑换比率，按照既定的兑换比率，债务人可以选择用这两种金属中的任何一种铸造的货币偿付一切债务。

所以，我们建议英国首先应该联合德意志帝国、美国及拉丁货币联盟的成员国等世界上主要的商业国家召开国际货币会议，听取这些国家的建议。其他任何地区，如印度或英属殖民地，如果想参加这次会议，都允许它们派代表参加。如果可以，把这次货币会议的目标设定为：免费铸造法定金银币，并在确定金银兑换比率的基础上达成共同协议。

很多人认为，皇家专门调查委员会提交的报告，是支持复本位制者和反对复本位制者都取得胜利的报告，然而该报告的要旨其实并不明确，仅仅是证实了英国政府深深地怀疑货币体系出现的任何变化。1889 年在召开巴黎世博会期

间，作为众多与庆典相关的特别大会之一，自由国际货币大会也于同年召开。一百九十四个国家和地区的代表应组委会的邀请出席了自由国际货币大会，但英国并未派代表出席。会议时间是从 1889 年 9 月 11 日到 9 月 15 日，法兰西银行行长马尼安主持了此次货币大会，但与上一次国际货币会议一样，本次国际货币大会直到闭幕都没有达成切实有效的决议。1889 年召开的这次大会被视为从 1881 年的巴黎国际货币会议到 1893 年闭幕的布鲁塞尔国际货币会议中间十二年里的一次非正式会议。截止到目前，1889 年召开的国际货币大会是美国号召举行的最后一次会议。然而，会议刚开始，各国针对当前货币体系的态度和采取的补救措施并不统一。美国政府意识到，有的欧洲国家也许并不愿意使用美国偏向的补救措施，也就是"稳定黄金和白银的相对价值，将白银作为能够铸造成货币的贵金属自由地流通，同时由世界上主要的商业国家共同协商决定白银与黄金的兑换比率"。在邀请各国参加本次货币会议的时候，主办方传达给各方的会议要达成的目的非常笼统，只是说"假如要采取措施，那么应该采取什么措施才能让各国在各自的货币体系中增加使用银币"。

布鲁塞尔召开的国际货币会议

1892 年 11 月 26 日，二十个主要国家接受了布鲁塞尔国际货币会议主办方的邀请，派出代表参加了第一次布鲁塞尔国际货币会议，这些国家有丹麦、希腊、荷兰、挪威、俄国、瑞典、瑞士、奥地利、匈牙利、比利时、法兰西、意大利、墨西哥、葡萄牙、罗马尼亚、西班牙、英国和英属印度、德意志帝国、奥斯曼土耳其和美国。

比利时首相兼财政大臣奥古斯特·贝尔纳特主持了本次会议，比利时参议员兼会议代表乔治·蒙特菲奥里 – 利瓦伊维被推选为会议主席，美国驻比利时大使兼参会代表埃德温·H. 特雷尔被推选为会议副主席。

在布鲁塞尔国际货币会议的第二次会议上，美国代表提交了一项方案，其主旨是试图在国际领域实行复本位制。美国代表还传达了跟参会邀请条款相同的意思，即希望与会各国能考虑并提交扩大银币使用范围的其他方案。美国一共提供过两项可供探讨的方案：一项是莫里茨·利维在 1881 年召开的国际货币会议上提交的方案，另一项是已故的阿道夫·索特贝尔博士提供的方案。两项方案的关键思路都是扩展银币的功能，采用以白银为基础的银币或纸币代替当前流通中使用的以黄金为基础的小面值金币或纸币。

奥地利、俄国和德意志帝国的代表在这次国际货币会议上解释说：他们收到指令，不允许对任何决议投票表决或者发表意见。葡萄牙、罗马尼亚、奥斯曼土耳其和希腊的参会代表并未接到特别的指示，但他们认为自己不得不采取类似的态度。很明显，法兰西及拉丁货币联盟成员国偏向于对美国代表所提的

方案持反对态度，并非以维持友好合作为目标。针对复本位制的更多问题，美国代表并未催促会议做出决议，参会人员的注意力更多地集中在了不那么重要的方案上。关于上文说到的附属建议，艾尔弗雷德·德·罗斯柴尔德先生在美国代表提出方案的同一天也提出了第三个方案，这个方案的大致内容是：假如美国每年继续买进五千四百万盎司白银，那么几个欧洲国家每年都应该联合起来购进一定数量的白银，比如五百万英镑。这种购买行动需要保持五年，而且每盎司白银的购买价不能超过四十三便士。假如每盎司白银的购买价比四十三便士高，各国就应该在一段时间内暂停买入。

委员会在审议了提交的方案后，对最后一项购买白银的建议进行了修改：

一、欧洲国家赞成提议中每年购买三千万盎司白银的建议，前提是美国同意按目前的购买量继续购买白银，且无条件保持英属印度和墨西哥自由铸造货币的制度。

二、各国购买白银的比例应该以协议的方式确定。

三、白银的购买方式由各国政府自己决定，并按照自己喜欢的方式进行购买。

四、各国买进的白银将用于国家以法令形式授权的货币铸造领域。只要各国政府认为合适，不仅可以把白银铸造成银币，还可以把白银作为特别票据或普通票据的担保物。

五、各国要在未来五年时间里连续买进白银。假如伦敦市场的贵金属价格达到协议规定的价格水平，就可以按照协议强制暂停购买白银的行动。假如对白银感兴趣的多数国家同意规定新的价格红线，各国就可以按照新确定的限价再次展开购买白银的行动。假如白银的价格比协议规定的限制价格低，那么不管出现什么情况，各国都要恢复购买白银的行动。

阿道夫·索特贝尔的方案没有被会议委员会采纳，但莫里茨·利维的方案要根据下列条款重新拟订：

一、预计在一段时间内，价值二十法郎、所含黄金低于五点八零六克的金币应该退出流通领域……

二、除代表白银存款的纸币外，回收所有价值低于二十法郎（或等值货币）的纸币。

　　会议委员会提议同时采纳莫里茨·利维和艾尔弗雷德·德·罗斯柴尔德的方案，这种做法令人费解。英国代表查尔斯·弗里曼特尔爵士称，除非把莫里茨·利维的方案和艾尔弗雷德·德·罗斯柴尔德的方案结合起来，否则无法接受莫里茨·利维提出的方案。同时，查尔斯·弗里曼特尔爵士向会议建议，对艾尔弗雷德·德·罗斯柴尔德的方案展开讨论。拉丁货币联盟的成员国代表认为，即便会议审核通过了莫里茨·利维的方案，也不会向自己的政府推荐该方案。

　　阿道夫·布瓦塞万在国际货币会议第四次会议上表示，如果要采纳莫里茨·利维的方案，荷兰政府存在无法克服的困难。理查德·斯特雷奇将军说，除非莫里茨·利维提出的方案能给出比报告中的证据更多的新证据，以表明它的合理性，否则自己没办法支持该方案。比利时参会代表阿拉德认为，莫里茨·利维的方案仍存在缺陷。查尔斯·里弗斯·威尔逊爵士代表自己，也代表查尔斯·弗里曼特尔爵士表示，即便排除他们二人支持的单本位制与莫里茨·利维的方案存在不一致这个因素，也缺乏足够的证据使他们二人支持莫里茨·利维的方案。这些情况都使得查尔斯·弗里曼特尔爵士和查尔斯·里弗斯·威尔逊爵士无法向英国政府推荐莫里茨·利维的方案。另外，查尔斯·弗里曼特尔爵士和查尔斯·里弗斯·威尔逊爵士也表示，不会再参与方案细节的讨论。紧接着，美国代表克里里表示，自己不会考虑艾尔弗雷德·德·罗斯柴尔德的提议，他还认为，按照目前的情况，艾尔弗雷德·德·罗斯柴尔德所提的方案对美国并不公平，所以他无法支持这个提议。

第 54 节
布鲁塞尔国际货币会议结束

由于各方代表发表了不同的声明，艾尔弗雷德·德·罗斯柴尔德决定撤回自己的方案，现在就只剩下莫里茨·利维的方案。虽然莫里茨·利维的方案获得了重视，但根本无法应对当前世界货币面临的状况，所以，他的方案无法获得各方的有力支持。

会议进程很快就转到对美国所提的复本位制方案的常规讨论中。在讨论的过程中，法兰西代表皮埃尔·蒂拉尔放弃了对货币储备的保留意见，他还非常明确地表示，针对开放铸币厂自由铸造银币的问题，如果其他国家无法达成总体性的协议，他就无法向法兰西政府提议开放法兰西铸币厂自由铸造银币。所以，在德意志帝国、奥地利、英国、斯堪的纳维亚地区的国家和其他采用单本位制的国家还没有明确表示改变本国的复本位制前，自由铸造银币的问题就被视为已经解决了。

在综合考虑各国政府发表的声明后，美国代表宣布：美国政府不会勉强对复本位制问题投票。经各国政府同意，宣布布鲁塞尔国际货币会议正式休会，并在 1893 年 5 月 30 日闭幕。

本次国际货币会议的闭幕，对复本位制的支持者来说是巨大的打击，因为这说明任何复本位制方案都彻底失去了实现的可能性。丹麦、瑞典、挪威和德意志帝国都明确地宣称，不会改变以黄金为基础的货币体系。奥匈帝国的代表在声明中明确表示，奥匈帝国政府愿意始终遵守目前正在实行的金本位制。

希腊、瑞士、意大利和比利时等国的政府决定跟随法兰西政府的英明领导。

荷兰政府决定加入复本位制联盟，但前提条件是英国也要加入复本位制联盟。墨西哥政府和西班牙政府表示愿意采用复本位制，或者采用可以提高白银价格的其他措施。虽然俄国的一位代表以个人名义表示自己极力支持金本位制，但他并未代表俄国政府发表任何声明。罗马尼亚政府认为，复本位制实现的可能性几乎为零，而葡萄牙和奥斯曼土耳其的代表并未对此发表意见。

▲美国第 21 任总统切斯特·艾伦·阿瑟（1881—1885 年在位）

　　其实，倡导复本位制的国家只有美国。美国除了没有获得各国政府的支持外，由于总统选举的结果是民主党获胜，新当选的总统切斯特·艾伦·阿瑟和美国国会的意图及态度也很难确定，这让美国代表陷入了更加尴尬的境地。"很明显，面对这种情况，美国代表也非常希望延期讨论复本位制问题，给新组建的政府足够的时间和机会表达观点。就这样，布鲁塞尔国际货币会议在没有形成任何有效结论和协议的情况下休会了。虽然是这样的结果，但各国的代表团还是在讨论中提交了一些重要报告，发布了一些声明。欧洲一些重要的国家明确表示拒绝采用复本位制，美国代表以非常明确的措辞表明，美国政府可能会随时停止购买白银的事宜，并下定决心保护美国当前的黄金储备。英属印度的代表则暗示，英属印度政府可能会根据自身的需要关闭自由铸造银币的铸币厂。"

第 55 节
英属印度的金本位制

　　英属印度政府在布鲁塞尔国际货币会议召开前就已经意识到，假如没有在会上针对复本位制的问题达成协议，英属印度就有必要把自由铸造银币的铸币厂关闭，同时尝试建立金本位制。戴维·巴伯爵士在 1892 年 6 月 21 日写给英国国务大臣乔治·纳撒尼尔·寇松的信中，传达了英属印度关闭铸币厂并建立金本位制的必要性，同时附上了建立金本位制的计划草案。布鲁塞尔国际货币会议召开一个月前，也就是 1892 年 10 月 21 日，负责印度事务的英国枢密院国务大臣乔治·纳撒尼尔·寇松和英属印度政府通信后，英国政府决定组建一个委员会，对英属印度政府提交的停止自由铸造银币并建立金本位制的提议进行审议。

　　该委员会的成员有：上议院议长兼保守党议员伦纳德·亨利·考特尼、马特爵士、托马斯·亨利·法勒爵士、雷金纳德·韦尔比男爵、理查德·斯特雷奇中将、阿瑟·戈德利先生和伯特伦·沃德豪斯·柯里先生。

　　英属印度政府刚开始表示，希望委员会可以在布鲁塞尔会议召开前提交报告，但委员会一直到 1893 年 5 月 31 日才正式完成相关报告。

▲乔治·纳撒尼尔·寇松

第 56 节
英属印度的货币状况

英属印度最初在世界货币史上扮演着非常典型的角色，其货币的发展变化情况与世界货币史的发展进程一致。从国际贸易诞生开始，英属印度就成为西方贵金属的容器和蓄水池，接受了来自西方的贵金属，成为世界货币的安全阀，并一直延续到了现在。英属印度的这一功能对目前国际货币体系有巨大的作用，因为我们的银行和信贷机构把贵金属集中储备在了一个可能爆发危机的中心位置，而且在该中心位置建立了庞大的信贷系统，达成了一种微妙的平衡。这就意味着，任何不适当地增加金属储备的行为，都可能会动摇整个货币体系，导致货币市场动荡和投机行为，并引发过度交易和过度筹资行为，最终引发危机。庞大的信贷交易和贵金属之间微妙的平衡，构建了世界商业体系，而英属印度则成为贵金属流入欧洲以及任何潜在危机的通道和泄洪口，从而稳固了欧洲的货币体系。相较而言，由于欧洲的银行系统和信贷系统的本质，英属印度作为贵金属流入欧洲的通道作用，在当前表现得更加显著。其实，英属印度多年来始终发挥着稳定银行系统和信贷系统的作用。

现在，英属印度在非常脆弱的信贷系统发挥着重要作用。过去，英属印度通过影响贵金属的整体价格，在不统一且容易遭受破坏的货币体系中发挥着影响力。16—17 世纪，在参与东方贸易的过程中获得的收益，并不能用贸易红利或现代股息的概念解释和衡量。对欧洲商人而言，欧洲与东方的贸易在金融和商业两个方面带来了收益。其实，金融收益是当时的复本位制下英属印度白银与黄金的兑换比率相对更高带来的。

对英属印度来说，如果用一句话形容当时的状况，那就是：只要贵金属的流入不间断，对英属印度有利的贸易平衡就会一直持续。在美国和欧洲不改变货币体系的前提下，英属印度对贵金属的吸纳能力好像与过去一样强大且难以满足。假如美国和欧洲的货币体系不改变，英属印度就能一直在世界货币体系中发挥作用，并从中获利。面对现代货币危机，最大的难题是是否允许欧美的货币体系保持不变的假设一直存在。

另外，英属印度目前还面临现实的货币困境，这个困境纯粹是商业和政府层面的问题。英属印度政府每年都要支付一大笔款项给英国政府，用来清偿自己的黄金债务。1873—1874 年，白银的价格还没有大幅度下跌，英属印度汇出的款项高达一千三百二十八万五千六百七十八英镑。按一卢比等于一先令十点零三五便士计算，英属印度汇出的款项达到了一亿四千二百六十五万七千卢比之多。英属印度在 1892—1893 年汇出的款项为一千六百五十三万二千二百一十五英镑。按当年的平均货币兑换比率一卢比可以兑换一先令二点九八五便士计算，英属印度支付的金额为二亿六千四百七十八万四千一百五十卢比。假如按 1873—1874 年的兑换比率汇款，英属印度只要支付一亿七千七百五十一万九千二百卢比就可以了，相差八千七百二十六万四千九百五十卢比。货币兑换比率的变化让英属印度由盈余转变为巨额赤字，按照上一年一卢比可以兑换一先令四便士的汇率计算，英属印度的收入比支出更高，收入盈余应该是一百四十六万六千卢比。在货币的兑换比率降为一卢比兑换一先令三便士时，英属印度的财政状况就变成了一千零八十一万九千卢比的赤字。虽然英属印度的收入比预期的还高一千六百五十三万三千卢比，但 1892 年底的财政状况仍然使英属印度政府面临双重危机。英属印度政府在 1892 年时甚至没办法维持一卢比兑换一先令二又八分之五便士的兑换比率。假如英属印度不以比一卢比兑换一先令二又八分之五便士更低的兑换比率售出票据，银币的价值还会继续下跌。另外，假如英属印度不出席布鲁塞尔举行的国际货币会议，美国政府必定会单方面放弃买入白银以稳定银币价值的计划。假如美国政府不再买入白银，白银的价格可能会空前暴跌。想要解决白银价格下跌带来的危机，英属印度就得采用金本位制。想要采用金本位制，英属印度政府就得确定卢比与其他货币切实可行的兑换比率，因此很有必要预测银价继续下跌的幅度。

英属印度政府面临的困境就只简单地讲这么多。汇率的变动、投资的限制、兰开夏郡产品的滞销……每个领域都充满着争议和分歧。至于简单又纯粹的货币问题，就像本书设想的那样，贵金属几乎没办法替代货币以实现货币功能。英属印度不仅把贵金属当作货币使用，还非常喜欢把贵金属作为商品或者制成金属制品。几个世纪以来一直在欧洲发挥作用的传统的货币法则在印度失效了，至于失效的程度有多大，我们几乎无法评估。面对允许使用廉价的金属自由铸造货币的情况，铸造出大量银币来并不出人意料。按照历年银币的年平均铸造量计算，银币的铸造已经和白银的净进口量持平了。与这种情况相反，银币的自由铸造对英属印度的影响并不像对欧洲那样对英属印度的黄金储备造成不良影响——在英属印度，与白银的进口同时发生的并不是黄金的出口，而是黄金的净进口。因此，英属印度找不到可供追踪的复本位制作用机制的证据。

如果从纯粹的科学角度和考证角度来看，就像几个世纪以来欧洲对货币的正常管理一样，建立金本制仅仅是英属印度政府的一项管理措施，它对货币领域的研究依然非常少，甚至出现过让人疑惑不解的研究结果。

1835—1874 年印度贵金属进口净额情况

时间（年）	黄金（英镑）	白银（英镑）	枢密院的票据（英镑）
1835	329,918	1,611,896	2,045,254
1836	419,724	1,338,882	2,042,232
1837	430,870	1,966,944	1,706,184
1838	258,925	2,645,130	2,346,592
1839	226,643	1,650,471	1,439,525
1840	137,312	1,401,670	1,174,450
1841	165,623	1,283,228	2,589,283
1842	211,161	2,952,445	1,197,438
1843	406,523	3,695,442	2,801,731
1844	710,100	1,988,561	2,516,951
1845	544,476	932,490	3,065,709
1846	846,949	1,378,249	3,097,042
1847	1,039,116	（-491,191）	1,541,804

（续表）

时间（年）	黄金（英镑）	白银（英镑）	枢密院的票据（英镑）
1848	1,348,918	313,904	1,889,195
1849	1,116,993	1,273,607	2,935,118
1850	1,153,294	2,117,225	3,236,458
1851	1,267,613	2,865,357	2,777,523
1852	1,172,301	4,605,024	3,317,122
1853	1,061,443	2,305,744	3,850,565
1854	731,290	29,600	3,669,678
1855	2,506,245	8,194,375	1,484,040
1856	2,091,214	11,073,247	2,819,711
1857	2,783,073	12,218,948	628,499
1858	4,426,453	7,728,342	25,901
1859	4,284,234	11,147,563	4,694
1860	4,232,569	5,328,009	797
1861	5,184,425	9,086,456	1,193,729
1862	6,848,159	12,550,155	6,641,576
1863	8,898,306	12,796,719	8,979,521
1864	9,839,964	10,078,798	6,789,473
1865	5,724,476	18,668,673	6,998,899
1866	3,842,328	6,963,074	5,613,746
1867	4,609,467	5,593,961	4,137,285
1868	5,159,352	8,601,022	3,705,741
1869	5,592,117	7,320,337	6,980,122
1870	2,282,121	941,937	8,443,509
1871	3,565,344	6,512,827	10,310,339
1872	2,543,362	704,644	13,939,095
1873	1,382,638	2,451,383	13,285,678
1874	1,873,535	4,642,202	10,841,615

1870—1892 年白银进口净额和新铸造银币数额

时间（年）	进口净额(卢比)	新铸造银币数额(卢比)
1870	9,419,240	17,181,970
1871	65,203,160	16,903,940
1872	7,151,440	39,809,270
1873	24,958,240	23,700,070
1874	46,422,020	48,968,840
1875	15,553,550	25,502,180
1876	71,988,720	62,711,220
1877	146,763,350	161,803,260
1878	39,706,940	72,107,700
1879	78,697,420	102,569,680
1880	38,925,740	42,496,750
1881	53,790,500	21,862,740
1882	74,802,270	65,084,570
1883	64,051,510	36,634,000
1884	72,456,310	57,942,320
1885	116,066,290	102,855,660
1886	71,557,380	46,165,370
1887	92,287,500	107,884,250
1888	92,466,790	73,122,550
1889	109,378,760	85,511,580
1890	141,751,360	131,634,740
1891	90,221,840	55,539,700
1892	128,635,690	127,052,100
总计	1,652,256,020	1,525,044,460

1875—1892 年黄金进口净额和新铸造金币数额

时间（年）	进口净额（卢比）	新铸造金币数额（卢比）
1875	15,451,310	171,500
1876	2,073,490	—
1877	4,681,290	156,360
1878	（出口 8,961,730）	850
1879	17,505,040	147,300
1880	36,551,990	133,550
1881	48,439,840	339,700
1882	49,308,710	174,950
1883	54,625,050	—
1884	46,719,360	129,650
1885	27,629,350	225,850
1886	21,770,650	—
1887	29,924,810	—
1888	28,139,340	226,090
1889	46,153,030	230,500
1890	56,361,720	—
1891	24,137,920	248,010
1892	（出口 28,126,830）	—

附录 1
佛罗伦萨商业活跃和独立时期的货币体系

　　如果仅仅看佛罗伦萨的货币史，那么其主要金币始终都是弗罗林。刚开始，佛罗伦萨的货币体系和神圣罗马帝国重建的货币体系相关。首次出现的银弗罗林，其价值与十二德纳里相等，这与查理大帝统治时期货币体系的规定相同。一银弗罗林的价值大约等于若干索尔迪，一金弗罗林的价值等于几倍的银弗罗林。一银弗罗林的价值等于二十索尔迪，重量等于一里拉、一磅或一单位重量。这就能够解释为什么金弗罗林发行约一个世纪前，就有人提到金弗罗林了。其实，早在 1180 年法兰西发布的货币目录表和货币条例中就提起过弗罗林。

　　但是，佛罗伦萨给货币具体的重量单位或里拉下的定义并不明确。按照内里 [1] 的研究报告，佛罗伦萨在货币方面的重量方案为：

	德纳里	格拉尼		
1 弗罗林银币 ＝	—	38	23	26
1 里拉（或 20 波波里尼）＝	32	11	15	21

　　金弗罗林真正出现后，一金弗罗林的重量是七十二佛罗伦萨格令或五十三英格兰格令。佛罗伦萨的一马克，相当于六千九百一十二格令。按照标准，一

---

[1]　见《阿尔格拉图斯》第 157 页。——原注

▲佛罗伦萨美第奇银行
发行的弗罗林金币

弗罗林最初是由意大利的热那亚和佛罗伦萨在1252年开始铸造的金币，每枚重约3.5克，后来随着贸易的发展进入西欧和北欧，成为很多国家金币铸造的原型。上面这种金币是美第奇银行发行的弗罗林金币，曾经是欧洲商业的首选货币。美第奇家族控制佛罗伦萨将近三百年，对欧洲货币史的发展影响深远。

金弗罗林含有二十四克拉纯金，而且在整个佛罗伦萨的货币史上，一金弗罗林的纯金含量一直是以二十四克拉为标准。在整个欧洲货币史上，金弗罗林的重量变化一直很小，整体上来说基本不超过四又二分之一格令（或者说6.25%）。

目前知道的是，每枚金弗罗林是按照二十索尔迪的价格发行的，和二十银弗罗林的价值相等。

金弗罗林与低面值单位货币的兑换比率变化情况可以在下列表格中看到。

很明显，与金弗罗林相关的一些变化引发了诸多误解，我们需要在这里做出解释。由于在使用钱币的过程中它会因磨损而造成损耗，因此随着时间的流逝，人们习惯于把重量和状态达标的金弗罗林进行分割或者用作抵押物，而且将其作为交易时的评估标准。完全符合标准的金弗罗林可以作为账簿或银行票据，与金弗罗林相比，它们的实际流通价值会打一定的折扣。理想状态的弗罗林被称为西吉洛或苏吉洛弗罗林，印有弗罗林的标志，有一系列不同的面值。在阿姆斯特丹和汉堡货币史上，金弗罗林首次公开被分割是在1321年，此时的弗罗林被称为"初代西吉洛"。金弗罗林第二次被分割是在1324年，第三次被分割是在1345年……从1328年到1461年，一共有七个系列的西吉洛，具体情况如下表所示：

时间（年）	与流通中磨损的弗罗林相比的重量优势
1328	5%
1345	3%
1347	5%
1402	5%
1402	1.25%
1442	4%
1461	7%

之后，按照 1464 年 5 月 30 日颁布的法令，苏吉洛弗罗林与流通中磨损的金币相比具备的各种优势被转移到了新货币拉戈弗罗林上，拉戈弗罗林金币比苏吉洛弗罗林重 20%。按照 1501 年 10 月 14 日颁布的货币法，拉戈弗罗林金币再次被分割。人们更加支持新铸造的货币奥罗拉戈弗罗林，它比拉戈弗罗林重 19%。

所以，新铸造的奥罗拉戈弗罗林比 1461 年铸造的苏吉洛弗罗林重 39%。

很明显，只看重量上的优势，就可以看出不同金币的区别，这不是从银行取出来的优质金币与流通中磨损的金币之间的区别，而是从银行取出来的优质金币和实际流通中作为支付媒介的银币之间的区别。实际流通中的支付媒介，实际上是银币。

银币的贬值使得金币的优势不断得到提高，数种面值的银币合计构成里拉，再用里拉表现金弗罗林的价值。对此种情况的详细说明如下。

1464 年时，一百二十苏吉洛弗罗林的价值与一百拉戈弗罗林的价值相当，一拉戈弗罗林等于四里拉八索尔迪四但尼尔，也就是五百三十里拉。但是，我们通过那时候流通领域的真实价值表可以看到，一拉戈弗罗林等于五里拉六索尔迪。

同样的，1501 年时，一百奥罗拉戈弗罗林的价值与一百一十九拉戈弗罗林的价值相当，一拉戈弗罗林等于五里拉十一索尔迪四但尼尔，也就是六百六十里拉。但是，一奥罗拉戈弗罗林实际上应该等于六里拉十二索尔迪。

佛罗伦萨的银价是以银弗罗林为基础进行计算的，一银弗罗林的价值与二十分之一金弗罗林的价值相当，或者其价值等于三十八又二分之一格令黄金。

从 1296 年颁布铸币法那天开始，银币就被称为格罗申，之后又被称为索尔迪、归尔浦币等。

货币中合金的含量在逐渐下降。

时间（年）	盎司	钱（10 克）
—	11	18
—	11	17
1280	11	15
1314	11	12

最后规定的货币合金含量标准一直被沿用到 1597 年比萨铸币厂再次开放时。

由于黄金升值，一金弗罗林或二十索尔迪等于一里拉的兑换比率已经不符合现实，里拉被视为金币或少数金弗罗林面值的小数部分。佛罗伦萨在 12 世纪初逐渐形成把里拉看作金币或少数金弗罗林面值小数部分的习惯，并一直沿用到托斯卡纳大公美第奇的科西莫一世统治时期。1534 年，托斯卡纳大公美第奇的科西莫一世铸造和发行了第一枚真正意义上的里拉银币。

佛罗伦萨在中世纪虚构出来的里拉本来就充满分歧。就像弗罗林可以被划分为德纳里和索尔迪一样，里拉同样是能被弗罗林整除的部分。所以，佛罗伦萨人普遍保持的记账习惯是：第一选择是黄金，第二选择是货币皮乔洛。如果选择黄金，就按照金弗罗林记账；如果选择货币皮乔洛，就按照虚构的里拉记账。

虚构的货币不具备稳定性，从而引发了混乱。与坚挺的金弗罗林相比，里拉从 1312 年开始不断贬值。佛罗伦萨在 1314 年进行了一系列改革，把一金弗罗林定为二十九索尔迪或一里拉，而且永远不允许偏离这个数值。为了不让金弗罗林偏离规定的数值，佛罗伦萨又发行了两种不同类型的货币——内拉和比安卡。佛罗伦萨在 16 世纪放弃遵循关于金弗罗林的规定，这引发了各种混乱。

要想说明本书第一部分提到的佛罗伦萨货币，我们就要对二十索尔迪组成的虚构的里拉进行补充说明。

1252—1531 年佛罗伦萨银币铸造表

时间（年）	名称	标准				一枚货币的重量	一枚货币中的含银量	一马克白银的铸币数量	一马克白银铸造成货币后发行给商人的货币数量	流通价值	
		银		合金							
		盎司	格令	盎司	格令	格令	格令			索尔迪	但尼尔
1252	银弗罗林	—		—		$43\frac{1}{5}$	—	160	—	1	0
										相当于弗罗林金币	
1280		11	15	0	9	$45\frac{3}{4}$	$45\frac{1}{4}$	151	—	1	8
1296	索尔迪格罗申	11	15	0	9	$40\frac{9}{19}$	$39\frac{3}{19}$	171	167	2	0
1305	小格罗申	11	12	0	12	$40\frac{9}{19}$	$38\frac{3}{4}$	171	—	2	0
		=小银币									

时间(年)	名称	标准				一枚货币的重量	一枚货币中的含银量	一马克白银的铸币数量	一马克白银铸造成货币后发行给商人的货币数量	流通价值	
		银		合金		格令	格令			索尔迪	但尼尔
		盎司	格令	盎司	格令						
1314	归尔浦奥雷币	11	12	0	12	$41\frac{5}{8}$	$39\frac{7}{8}$	166	163	2	6
1345（8月19日）	新归尔浦币	11	12	0	12	$51\frac{7}{12}$	$49\frac{5}{12}$	134	132	4 相当于皮乔洛	0
1345（8月23日）	格罗申归尔浦币	11	12	0	12	$52\frac{4}{11}$	$50\frac{2}{11}$	132	—	4	0
1345（10月23日）		11	12	0	12	$48\frac{2}{3}$	$46\frac{5}{8}$	142	140	4	0
1347	归尔浦格罗申币	11	12	0	12	$59\frac{1}{13}$	$56\frac{8}{13}$	117	$111\frac{2}{3}$	5	0
1368	波波里尼	11	12	0	12	$23\frac{1}{25}$	$22\frac{2}{25}$	300	—	2	0
1390	格罗申	11	12	0	12	$56\frac{8}{41}$	$53\frac{35}{41}$	123	—	5 皮乔洛	6
1402		11	12	0	12	$52\frac{4}{11}$	$50\frac{2}{11}$	132	130	5	6
1448		11	12	0	12	—	—	—	—	5	4
1460		11	12	0	12	54	$51\frac{3}{4}$	128	$125\frac{2}{3}$	6	8
1471		11	12	0	12	$49\frac{1}{47}$	$46\frac{38}{47}$	141	138	6	8
1481	格罗索尼	11	12	0	12	$47\frac{1}{49}$	$45\frac{3}{49}$	147	143	6	8
1489	格罗申	11	12	0	12	$47\frac{1}{49}$	$45\frac{3}{49}$	147	144	6	8
1503	格罗索尼	11	12	0	12	$40\frac{1}{2}$	$38\frac{19}{24}$	$170\frac{2}{3}$	$166\frac{2}{3}$	7	0
										10 比安奇	0
		11	12	0	12	$71\frac{72}{345}$	$68\frac{76}{145}$	$96\frac{2}{3}$	$94\frac{1}{3}$	13 内里	4

（续表）

时间（年）	名称	标准				一枚货币的重量	一枚货币中的含银量	一马克白银的铸币数量	一马克白银铸造成货币后发行给商人的货币数量	流通价值	
		银		合金							
		盎司	格令	盎司	格令	格令	格令			索尔迪	但尼尔
1504	卡洛诺或巴里利	11	12	0	12	$71\frac{73}{145}$	$68\frac{76}{145}$	$96\frac{2}{3}$	$94\frac{1}{3}$	10 比安奇	0
1506	格罗申尼	11	12	0	12	$39\frac{165}{173}$	$38\frac{50}{173}$	173	169	7	0
1508	格罗申尼	11	12	0	12	$39\frac{201}{347}$	$38\frac{62}{347}$	$173\frac{1}{2}$	169	7	0
	格罗塞蒂	11	12	0	12	$28\frac{268}{731}$	$27\frac{135}{731}$	$243\frac{2}{3}$	$237\frac{2}{3}$	4 比安奇 5 内里	0 0
1524	巴里利	11	12	0	12	$68\frac{1}{4}$	$65\frac{13}{32}$	$101\frac{1}{4}$	99	13	4
1531	格罗申	11	12	0	12	38	$36\frac{5}{12}$	$181\frac{17}{19}$	—	7	0
	巴里利	11	12	0	12	70	$67\frac{1}{12}$	$98\frac{35}{46}$	—	10 比安奇 13 内里	0 4
	杜卡托金托	11	12	0	12	152	$145\frac{2}{3}$	$45\frac{9}{19}$	—	30 皮乔洛	0

注：半巴里利与头像硬币成比例，1头像硬币相当于3巴里利。

1252—1534 年佛罗伦萨金币铸造表

时间（年）	名称	标准	重量	一马克黄金铸造的金币数量	流通价值	
		克拉	格令		索尔迪	但尼尔
1252	弗罗林金币	24	72	96	20	0
1275		24	72	96	30	0
1282		24	72	96	32	0
1286		24	72	96	36	0
1296		24	72	96	40	0
1302		24	72	96	51	0

时间（年）	名称	标准 克拉	重量 格令	一马克黄金铸造 的金币数量	流通价值 索尔迪	但尼尔
1321	首次发行的苏吉洛弗罗林（有 5% 的重量优势）	24	69	100	—	
1324	第二次升值后的弗罗林	24	$70\frac{1}{2}$	$98\frac{1}{4}$	60	0
1328	加急发行的弗罗林	24	$70\frac{1}{2}$	$98\frac{1}{4}$	66	1
1331		24	$70\frac{1}{2}$	$98\frac{1}{4}$	60	0
1345	第三次升值的弗罗林（有 5% 的重量优势）	24	$70\frac{1}{2}$	$98\frac{1}{4}$	62	0
1347		24	$70\frac{1}{2}$	$98\frac{1}{4}$	68	0
1352		—	—	—	67	6
1353		—	—	—	68	6
1356		—	—	—	70	0
1375	新弗罗林	24	$71\frac{3}{5}$	$96\frac{2}{5}$	70	0
1378		—	—	—	68	0
1380	最新的弗罗林	—	—	—	70	0
1402	第五次发行的新苏吉洛弗罗林（有 6.25% 的重量优势）	24	68	$101\frac{11}{117}$	73	4
1422	全新弗罗林或拉戈迪加莱亚	24	$71\frac{3}{5}$	$96\frac{2}{5}$	80	0
1442	拉戈弗罗林	24	72	96	—	
1442	第六次发行的苏吉洛弗罗林（有 10% 的重量优势）	24	72	96	—	
1442	第七次加急发行的卡梅拉苏吉洛弗罗林（有 7% 的重量优势）	24	$69\frac{1}{8}$	100	—	
1448	第八次发行的苏吉洛弗罗林（有 4% 的重量优势）	24	—	—	85	0
1460	第九次发行的苏吉洛弗罗林（有 7% 的重量优势）	24	$71\frac{6}{7}$	$96\frac{1}{3}$	86	8
1462	弗罗林（比萨重量）	24	$71\frac{6}{7}$	$96\frac{1}{2}$	87	0
1464	拉戈弗罗林（比苏吉洛弗罗林重 20%）	24	72	96	106	0
1471		24	72	96	108	0
1480		24	72	96	111	0
1485		24	72	96	111	4

（续表）

时间（年）	名称	标准 克拉	重量 格令	一马克黄金铸造的金币数量	流通价值 索尔迪	流通价值 但尼尔
1501	奥罗拉戈弗罗林（比拉戈弗罗林重19%）	24	72	96	140	0
					内里	内里
					111	4
					格罗申	格罗申
1508		24	72	96	142	0
					内里	内里
1531	杜卡特金币	24	72	96	150	8
1534					皮乔洛	皮乔洛

1316—1512 年佛罗伦萨铸造的合金货币（狮头鲋币或硬币内拉）

时间（年）	名称	标准 银币 盎司	标准 银币 格令	标准 铜币 盎司	标准 铜币 格令	一枚货币的重量 格令	一枚货币的含银量 格令	一马克铸造的货币数量	一马克发行给商人的货币数量	流通价值 德纳里
1316	达塞菲奥里尼	1	0	11	0	—	—	—	—	6
1321[E]	内里菲奥晨尼	1	0	11	0	$12\frac{4}{5}$	$1\frac{1}{15}$	540	—	1
1325	皮乔洛	1	0	11	0	$12\frac{4}{5}$	$1\frac{1}{15}$	540	444	1
1332	夸特里尼拉纳乔利	2	0	10	0	$26\frac{1}{2}$	$4\frac{5}{12}$	261	240	4
1337（7月19日）	夸特里尼	2	0	10	0	$21\frac{45}{327}$	$3\frac{11}{24}$	327	301	4
1337（7月28日）		2	0	10	0	$21\frac{3}{4}$	$3\frac{5}{8}$	318	297	4
1366	皮乔洛内里	1	0	11	0	$8\frac{1}{4}$	$\frac{2}{3}$	840	660	1
1371		0	$23\frac{1}{2}$	$11\frac{1}{2}$	0	8	$\frac{5}{8}$	864	708	1
	夸特里尼	2	0	10	0	$18\frac{5}{12}$	$3\frac{1}{12}$	375	370	4
1417	皮乔洛内里	1	0	11	0	$6\frac{78}{83}$	$\frac{7}{12}$	996	—	1

时间（年）	名称	标准				一枚货币的重量	一枚货币的含银量	一马克铸造的货币数量	一马克发行给商人的货币数量	流通价值
		银币		铜币						
		盎司	格令	盎司	格令	格令	格令			德纳里
1432	夸特里尼	2	0	10	0	$18\frac{5}{12}$	$3\frac{1}{12}$	375	—	4
1462	索尔迪尼	6	0	6	0	15	$7\frac{1}{2}$	460	446	12
1471	夸特里尼	2	0	10	0	$26\frac{42}{87}$	$4\frac{5}{12}$	261	240	4
	索尔迪尼	6	0	6	0	$13\frac{2}{3}$	$6\frac{5}{6}$	505	483	12
	皮乔洛内里	1	0	11	0	—	—	—	—	1
1472	夸特里尼	1	12	10	12	$16\frac{1}{2}$	$2\frac{1}{24}$	420	366	4
	皮乔洛	0	6	11	18	8	$\frac{1}{6}$	864	252	1
1490	夸特里尼比安奇 [F]	2	0	10	0	16	$2\frac{2}{3}$	432	—	4
	夸特里尼	1	0	11	0	$14\frac{7}{8}$	$1\frac{1}{4}$	465	—	4
1509	夸特里尼	1	0	11	0	$16\frac{5}{12}$	$1\frac{1}{3}$	420	—	4
1512	克雷齐	—	—	—	—	—	—	—	—	—

[E] 开创黑色货币和白色货币的区别（货币内拉和比安卡）。

[F] 其中三夸特里尼比安奇等于四分之一德纳里。

附录 2
威尼斯货币体系

在西方货币史上，威尼斯采用的是双重基础或单位的货币体系。

第一，从公元 10 世纪到 1806 年，也就是威尼斯共和国引入十进制前，里拉－皮乔洛货币体系贯穿其整个历史过程。

第二，里拉－格罗申是假想出来的货币体系，只被视为记账时账簿中的款项，在比较短的时期内具有重要的意义。该货币体系起源于 13 世纪，一直沿用到 16 世纪末才被弃用。

里拉首次出现在各种货币体系中，源自法兰克国王查理大帝统治时期的磅。和查理大帝统治时期一样，一里拉被划分成二十索尔迪，一索尔迪又被细分成十二德纳里。

▲神圣罗马帝国皇帝康拉德二世（1027—1039 年在位）

长期以来，威尼斯真正铸造的货币只有银币德纳罗[1]，它首次在威尼斯发行时完全照搬了查理曼帝国的货币体系。威尼斯当局发行银币时，凭借的是 814—840 年在位的法兰克国王、罗马皇帝"虔诚者"路易的名义，就连重量也与其相近。威尼斯的货币铸造在

[1]　一德纳罗银币又被称为皮科洛、米努托、帕尔乌斯或帕尔乌鲁斯。——原注

查理曼帝国解体后出现过空档期，到 11 世纪才重新开始铸造货币。威尼斯 11 世纪的铸币体系仍然在翻版神圣罗马帝国的货币体系，并以 1002—1024 年在位的神圣罗马帝国皇帝亨利二世、1027—1039 年在位的神圣罗马帝国皇帝康拉德二世以及 1084—1106 年在位的神圣罗马帝国皇帝亨利四世的名义发行。

神圣罗马帝国皇帝亨利四世去世后，威尼斯当局不再以神圣罗马帝国皇帝的名义发行货币，还在 1156—1172 年威尼斯总督维塔莱二世统治时期以威尼斯共和国的名义发行了一系列货币，这种货币被称为公爵货币。从维塔莱二世统治时期开始，威尼斯铸造的货币重量明显下降，而重量下降是中世纪欧洲所有货币体系的一个标志。在 1172—1178 年威尼斯总督塞巴斯蒂亚诺·齐亚尼统治时期以及两位继任者统治时期发行的德纳里银币的重量还不到查理大帝统治时期发行的第纳尔的四分之一。

由于货币贬值，威尼斯在 1200 年发行了一种面值更高的货币——格罗申。格罗申仍然属于银币，一格罗申的价值等于二十六德纳里或二十六皮乔洛。格罗申在 1200—1270 年的七十余年里替代了皮乔洛。但是，在总督洛伦佐·蒂耶波洛的领导下，威尼斯当局于约 1270 年恢复皮乔洛的铸造，但皮乔洛的价值稍有下降。在那时，一格罗申相当于二十八皮乔洛，不再是 1200 年的一格罗申相当于二十六皮乔洛。直到 1476 年再次开始铸造重要货币时，格罗申仍然属于主要的货币。下文的表格展示了格罗申缓慢但持续的贬值过程。

在威尼斯第十一任总督乔瓦尼·丹多洛统治时期，也就是 1280—1289 年，威尼斯开始铸造金币。威尼斯在 1284 年第一次铸造和发行的金币叫作杜卡特或达克特，又叫作古威尼斯金币，一杜卡特的估值为十八格罗申，这使白银与黄金的兑换比率变成了 10.6:1。此后白银与黄金兑换比率的变化情况已在前文陈述过。在威尼斯，一马克黄金从 1282 年开始可以铸造出

▲意大利威尼斯早期铸造和发行的格罗申银币

大约在 1200 年，在威尼斯时任总督恩里科·丹多洛的主持下，威尼斯开始发行大面值的银币格罗申。这种银币含银量约 96.5%，重约 2.18 克。随后，意大利诸城邦和西欧各国如法炮制，纷纷开始铸造和发行自己的大面值银币。

▲意大利威尼斯早期铸造和发行的杜卡特金币

大约在 1284 年，威尼斯开始铸造和发行杜卡特金币。这种金币直径约 19 毫米，重约 3.5 克，含金量约 99.5%。金币正面为威尼斯总督跪在威尼斯的保护者圣马可面前。金币背面是基督立于群星围成的椭圆中。在接下来的一百多年里，随着威尼斯海洋帝国的扩张，杜卡特金币成为其主要的贸易货币。

六十七枚杜卡特，到 1491 年可以铸造的杜卡特增加到六十七又二分之一枚，到 1570 年进一步增加到六十八又四分之一枚。下文的表格能把一马克黄金可以铸造的古威尼斯金币的数量变化过程呈现出来了。正因为在威尼斯每马克黄金能铸造的金币数量持续增加，货币危机爆发了，威尼斯当局不得不下决心重新铸造货币。在总督尼科洛·特隆（统治时期为 1471—1473 年）及其继任者尼科洛·马塞洛（统治时期为 1473—1474 年）和彼得罗·莫切尼戈（统治时期为 1474—1476 年）领导下，威尼斯完成了重要货币的重铸任务。

从威尼斯重铸货币的那一天开始，格罗申银币就被废除了，威尼斯发行了新银币——里拉，一里拉的价值相当于二十索尔迪。这是里拉首次作为真实货币出现，在此之前，里拉只是一个重量单位。按照 1472 年颁布的法令，一马克白银需要铸造成三十六枚里拉。

由于银币里拉上有威尼斯共和国总督的名字，因此威尼斯数世纪以来发行的货币里拉也被称为里拉特隆。后来，里拉特隆持续贬值。

在 16 世纪中期，威尼斯有很多白银等待着被送进铸币厂铸造成银币并发行，但威尼斯当局后来发现，铸币厂每个月铸造的货币只有三万五千枚里拉，一枚里拉银币等于四百四十二枚索尔迪。威尼斯当局还发现，需要一年的时间才能把铸币厂库存的白银消耗掉。为了消耗库存并鼓励商人用银币进行交易，威尼斯当局决定发行大面值的银币杜卡特，一马克白银可以铸造七又四分之一枚杜卡特，一枚杜卡特银币等值于一百二十四索尔迪。

在威尼斯总督尼科洛·达蓬特统治时期（1578—1585 年），大面值的银币被更换成了斯库多。斯库多在 1578 年开始发行，一斯库多等于七里拉。

1578—1739 年银币斯库多的价值变化情况表

时间	价值
1578 年	7 里拉
1608 年	8 里拉 8 索尔迪
1621 年	8 里拉 10 索尔迪
1630 年	9 里拉
1635 年	9 里拉 6 索尔迪
1665 年	9 里拉 12 索尔迪
1702 年	10 里拉
1703 年	10 里拉 10 索尔迪
1704 年	11 里拉
1705 年	11 里拉 4 索尔迪
1706 年	11 里拉 8 索尔迪
1708 年	11 里拉 10 索尔迪
1709 年	11 里拉 12 索尔迪
1718 年	11 里拉 14 索尔迪
1739 年	12 里拉 8 索尔迪

威尼斯大面值银币的发行体系一直延续到了 1797 年民主派夺取铸币厂时。

在民主党人掌握铸币厂的数年时间里，发行了一种叫作托勒罗的货币。按当时的规定，一托勒罗的名义价值是十威尼斯里拉，也就是五点一六意大利里拉，但在实际交易过程中仅相当于四点九九意大利里拉。

1802 年，拿破仑·波拿巴建立意大利共和国，并在 1804 年 4 月 30 日颁布意大利货币法。按照 1803 年 10 月 27 日颁布的法令规定的重量标准，意大利以四但尼尔、纯度 90% 为标准，以银币里拉为单位或基础铸造国家货币。

以等同于八但尼尔的单位金币为基础铸造的里弗尔，一里弗尔等于三十一里拉，含金量约 90%。

虽然拿破仑·波拿巴在 1805 年宣布自己为意大利国王，但意大利政治格局的变化并没有引发货币体系的变革。

1806 年，意大利引进十进制，取消众多独立的货币体系，一威尼斯里拉估

值零点五一一六意大利里拉，也就是五十一点一六意大利辅币。

但是，威尼斯里拉实际上并未立刻从流通领域彻底消失。

按照 1807 年 12 月 21 日颁布的法令，威尼斯发行了六十七又四十七分之四十一威尼斯格令重的杜卡特，一杜卡特的价值估算为十二点零三意大利里拉。

被奥地利货币体系同化的意大利主要货币体系，在伦巴多－威尼斯王国那里获得了继承。米兰的计账货币是奥地利里拉，每奥地利里拉相当于一百意大利辅币或二十奥地利索尔迪，每奥地利索尔迪等于五意大利辅币。

接下来我们要说的是威尼斯货币体系的第二个基础（即次要基础）——里拉格罗申。里拉格罗申诞生于 13 世纪，一直被沿用到了 16 世纪末，横贯整个威尼斯的商业繁荣期。里拉格罗申是假想出来的货币体系，只用来记账。

根据假想，一里拉格罗申被分为四十索尔迪，一索尔迪被分为十二德纳里，一德纳里等于一格罗申——此内容在讲述货币体系中实际存在的货币时已经说过了。

刚开始，里拉皮乔洛和里拉格罗申与实际货币皮乔洛和格罗申的兑换比率关系是协调一致的，即 26:1。但是，随着实际货币格罗申（或里拉）的贬值，这种平衡被打破了。

皮乔洛与格罗申的兑换比率，在 1278 年是 28:1，1282 年是 32:1，1343 年是 48:1，原有货币体系废止后的 1472 年，其兑换比率变为 62:1。

威尼斯的货币体系有一个奇怪的特征，即威尼斯当局再次细分了假想的货币。威尼斯当局在 1343 年采用了假想的双格罗申体系，一枚格罗申真实货币等于四十八皮乔洛，一枚双格罗申假想货币等于三十二皮乔洛，一枚格罗申真实货币和一枚双格罗申假想货币都被细分为三十二个部分，构建出了假想的货币体系。

所以，威尼斯在 1472 年的白银货币体系包含以下内容：

一、里拉皮乔洛代表真实货币特罗诺，一特罗诺包含一百二十八格令、纯度为零点九四七二的白银。

二、一里拉格罗申等于十杜卡特，被分成二十索里迪假想货币，一索尔迪假想货币等于二分之一杜卡特，一索尔迪又被细分为十二格罗申。在这个时候，格罗申属于假想货币，不再是真实货币格罗申，与前文提到的复合货币性质相

同。一格罗申被分为三十二个部分，每部分的格罗申被称为皮乔洛，虽然皮乔洛和格罗申都是假想货币，也可能是为了便于区分，假想的格罗申和皮乔洛在历史记载中都以奥罗皮乔洛和奥罗格斯的形式出现。

威尼斯金币杜卡特（或威尼斯古金币）价值对照表 [1]

时间（年）	硬币		威尼斯里拉在历史上公开（或推断）的价值		历史上的威尼斯里拉在近代意大利的价值	
			里拉	索尔迪	里拉	分
1284	杜卡特	= 18	1格罗申相当于32皮乔洛	2	8	5	12
1324		= 24	格罗申	3	2	3	883
1350		= 96		4	16	2	506
1399		= 93	索尔迪	4	13	2	587
1417		= 100		5	0	2	406
1429	—		4	4	2	313
1443	—		5	14	2	110
1472	—		6	4	1	940
1517	—		6	10	1	850
1520	—		6	16	1	769
1529	—		7	10	1	604
1562	—		8	0	1	504
1573	—		8	12	1	398
1594	—		10	0	1	203
1608	—		10	15	1	119
1638	—		15	0	0	802
1643	—		16	0	0	752
1687	—		17	0	0	707
1739	—		22	0	0	546

[1] 根据尼科洛·帕帕多波利和苏尔·瓦洛雷·迪莉娅所著的《威尼斯的货币》第33页整理。——原注

威尼斯杜卡特金币（或威尼斯古金币）价值对照表[1]

时间（年）	一杜卡特的价值		时间（年）	一杜卡特的价值	
	里拉	索尔迪		里拉	索尔迪
1284	3	0	1584	9	0
1287	3	2		9	12
1310	3	4	1594（10 月 12 日）	10	0
1320	3	6	1601	10	12
1361	3	10	1605	10	14
1370	3	12	1608	10	15
1377	3	13	1633	14	0
1378	3	14		14	10
1379	3	16	1638	15	0
1380	3	18	1643	16	0
1382	4	0	1687	17	0
1384	4	4	1697	17	10
1399（10 月 7 日）	4	13	1698	17	15
1401	4	18	1699	18	0
1417（11 月 11 日）	5	0	1701	18	10
1421	5	3		18	15
1429（7 月 29 日）	5	4	1702	19	0
1433	5	10		19	5
1443（1 月 23 日）	5	14		19	10
1472（3 月 29 日）	6	4		20	0
1517（10 月 16 日）	6	10	1704	20	5
1518	6	14	1707	20	8
1520	6	16	1708	20	10
1524	7	4		20	15
1529	7	10	1711	21	5
1533	7	18		21	10
1562	8	0	1713	21	15
1573	8	12	1716	21	18
	8	16	从此时开始，一直到共和国沦陷	22	0

---

[1]　按照温琴佐·帕多万所著的《威尼斯的数字记录》第 135 和第 365 页整理。——原注

威尼斯银币表[1]

时间 (年)	硬币	用威尼斯里拉计算出来的或公认的价值		威尼斯里拉的重量 (格令)	纯度标准	用近代意大利十进制计算的威尼斯里拉的价值
		里拉	索尔迪			
1200	由恩里科·丹多洛发行的格罗申，重 42.1 威尼斯格令，价值 26 皮乔洛；八又二十八分之十六格罗申等于 1 里拉	0	108	388.61	0.9652	4.313
1270	1 格罗申等于 28 皮乔洛；八又七分之四格罗申等于 1 里拉	0	116	360.85	—	4.005
1282	1 格罗申等于 32 皮乔洛；七又二分之一格罗申等于 1 里拉	0	13	315.75	—	3.504
1350	1 格罗申等于 48 皮乔洛；5 格罗申等于 1 里拉	0	2	210.5	—	2.336
1379	格罗申的重量减少为 38.4 威尼斯格令；5 格罗申等于 1 里拉	—		192.0	—	2.130
1399	格罗申的重量减少到 35.17 威尼斯格令	—		175.85	—	1.951
1429	按新规定，1 马克白银需要铸造 31 里拉	1	0	148.64	—	1.649
1472	里拉特隆，1 马克白银需要铸造 36 里拉			128.0	—	1.395
1527	里拉莫塞尼戈	1	4	105.0	0.9479	1.144
1561	发行银币杜卡特，重量与 635.5586 威尼斯格令相等；1 马克白银需要铸造七又四分之一枚杜卡特	6	4	102.51		1.117
1578	发行斯库多	7	0	87.86	—	0.957
1608	斯库多升值	8	8	73.21	—	0.798
1630	斯库多升值	9	0	68.33	—	0.746
1665	斯库多升值	9	12	63.96	—	0.697

---

[1] 根据前文所述尼科洛·帕帕多波利和苏尔·瓦洛雷·迪莉娅所著的《威尼斯的货币》附录部分。——原注

（续表）

时间 （年）	硬币	用威尼斯里拉计算出来的或公认的价值		威尼斯里拉的重量 （格令）	纯度 标准	用近代意大利十进制计算的威尼斯里拉的价值
		里拉	索尔迪			
1704	斯库多升值	11	0	55.81	—	0.608
1718	斯库多升值	11	14	52.47	—	0.573
1739	斯库多升值	12	8	49.35	—	0.537
1797	民主派人士发行的托勒罗； 1 托勒罗的重量与 550 威尼斯格令相等	10	0	55.0	—	0.522

附录3
西班牙货币体系

西班牙是一个信奉基督教的国家，它的货币体系开始于哥特人入侵时期。西班牙最开始的货币体系与意大利、德意志和法兰西的货币体系不一样，它衍生自罗马帝国的货币体系，并没有经受查理大帝的整合和调整。

哥特人统治时期西班牙铸造和发行的货币，罗马磅是基础单位，详细分为以下几种：

1 磅＝8 盎司＝4608 格令

1 盎司＝8 欧恰瓦＝576 格令

1 欧恰瓦＝6 托明＝72 格令

1 托明＝3 克拉或斯里克＝12 格令

▲罗马共和国时期铸造和发行的迪纳厄斯银币

这枚迪纳厄斯银币铸造和发行于罗马共和国时期，正面是罗马女神的头像，背面是胜利女神御马车的形象。

苏埃尔多是西班牙金币的单位，一苏埃尔多含六分之一盎司、纯度是二十三又四分之三开（相当于98.9%）的黄金，其纯度与罗马帝国奠基人盖乌斯·尤利乌斯·恺撒统治时期发行的奥里斯（罗马金币）刚好一致。

银币的铸造标准和金币类似，其重量为六分之一

▲卡斯蒂尔女王伊莎贝拉一世（1474—1504年在位）

盎司的银苏埃尔多和重八分之一盎司（或一欧恰瓦）的迪纳厄斯。刚开始，一枚纯度为87.5%的西班牙银币等于十二迪内罗，但后来就只等于十点一二迪内罗。

相比之下，两种货币中的银币迪纳厄斯更为普遍，流通也更加频繁。

西班牙货币史上经历过许多事件，在这个过程中，不仅货币的名称发生了重要的变化，货币的细节也发生了变化。在阿拉贡国王斐迪南二世和卡斯蒂尔女王伊莎贝拉一世对西班牙货币体系进行大规模改革前，西班牙始终维持着上文所述的货币体系。

在引入被征服的摩尔人使用的马拉维迪，以及征服托莱多并指定使用苏埃尔多金币后，西班牙货币的名称发生了变化。

毫无疑问，货币名称马拉维迪的发展史概括了西班牙的货币史。刚开始，马拉维迪是西班牙面值最高的金币；之后，马拉维迪变成了银币；最后，马拉维迪变成了面值非常低的合金货币。即便放眼整个欧洲，马拉维迪的贬值过程也是独一无二的。另外，由于贬值，导致马拉维迪在概念上出现了混淆。马拉维迪作为货币名称，由于使用很广泛，这个名称在概念上变得越来越不确定。也就是说，马拉维迪已经不再是某个特定货币或某种货币系列的名称，它几乎成为任何货币的代称。其实，马拉维迪已经成了货币的同义词。

假如不去关注马拉维迪是货币的同义词这个问题，只把马拉维迪看作一种货币的名称，那么马拉维迪的贬值过程就是这样的：

作为摩尔人的货币时，一马拉维迪包含的纯金约有五十六格令重。一马拉维迪的含金量，在阿拉贡国王詹姆斯一世统治时期降为十格令。

一马拉维迪的含金量，在卡斯蒂尔国王"智者"阿方索十世统治时期进一步降到十格令。由于含金量太少，马拉维迪的价值已经没办法用黄金衡量，所以它就被铸成了银币。

马拉维迪被铸成银币或合金货币（第三种形式的货币）后的贬值情况

时间（年）	一科隆马克白银能铸造的马拉维迪数量	一马拉维迪所含纯银的重量（格令）
1312	130	25.85
1324	125	26.86
1368	200	16.79
1379	250	13.43
1390	500	6.71
1406	1000	3.35
1454	2250	1.49
1550	2210	1.52
1808	5440	0.62

在西班牙基督教政权最开始将马拉维迪当作货币使用时，一马拉维迪（或一金苏埃尔多）的价值等于六分之一盎司黄金。

之后，也许是莱昂和卡斯蒂尔国王阿方索六世首次发行了马拉维迪的缘故，马拉维迪被称为阿尔方西。

虽然莱昂国王斐迪南二世仅仅改变了货币体系的一些细节，并未从根本上改变货币体系，但西班牙哥特式货币体系还是在他的影响下第一次发生了重大改变。莱昂国王斐迪南二世在1157年铸造了一种银币——狮子币，两枚狮子币的价值相当于一枚银苏埃尔多，也就是二十四迪内罗。

卡斯蒂尔国王斐迪南三世在1222年引进了银币佩皮内。

1金苏埃尔多＝10梅勒斯（或米勒盖尔）

1梅勒斯＝18佩皮内

但是阿方索十世禁止一切新引入的货币在西班牙流通。

1252年，阿方索十世铸造了白色马拉维迪（或伯加尔塞），用来替代佩皮内。

6 迪内罗＝1 苏埃尔多

15 苏埃尔多＝1 伯加尔塞

阿方索十世铸造的新货币和旧的马拉维迪金币的兑换比率是 1:6。

之后，伯加尔塞又被称为旧马拉维迪、旧莫内达或白色莫内达。

不过，在西班牙引入伯加尔塞六年后，为了给自己发行的货币内格罗（或普里托斯）腾出流通空间，阿方索十世下令禁止伯加尔塞流通。内格罗一直流通到阿拉贡国王斐迪南二世以及卡斯蒂尔女王伊莎贝拉一世统治时期。

阿方索十世在 1281 年铸造和发行了第二种"白色货币"——白色塞贡多。它之所以被称为第二种"白色货币"，是为了跟常被提及的伯加尔塞区分。

第二种"白色货币"还有一个使用较为普遍的名字——诺维诺，其发行价格只有普里托斯的四分之一。所以，由诺维诺与普里托斯的关系，可以推算出诺维诺与马拉维迪（标准金币）的关系，具体推算方式如下：

▲卡斯蒂尔国王阿方索十世（1252—1284 年在位）

15 普里托斯＝1 旧马拉维迪

1 旧马拉维迪＝75 苏埃尔多

所以，1 普里托斯＝5 苏埃尔多

1 旧马拉维迪＝60 诺维诺

所以，1 普里托斯＝4 诺维诺

在阿方索十世统治时期，西班牙的货币体系如下：

10 迪内罗＝1 诺维诺

4 诺维诺＝1 普里托斯＝5 苏埃尔多（1 苏埃尔多＝8 迪内罗）

10 诺维诺＝1 伯加尔塞

60 诺维诺＝1 旧马拉维迪

诺维诺（或白色塞贡多货币）在整个 14 世纪仍然在流通。卡斯蒂尔国王恩里克三世在其颁布的法令中称，"现在，流通市场中的马拉维迪"仍然和伯加尔塞一样，伯加尔塞也被称为"良币马拉维迪"。

简而言之，关于阿方索十世对货币体系的改革，要做一个重要的补充：

第一，阿方索十世的继任者，也就是1284—1295年在位的卡斯蒂尔国王桑乔四世对货币体系进行了革新，并在 1286 年引入了后来被命名为科罗纳多的新货币，而一科罗纳多等于一迪内罗。

在托莱多召开的议会把科罗纳多和诺维诺的关系确定了下来，即：

100 科罗纳多＝10 诺维诺＝1 良币马拉维迪＝1 伯加尔塞

第二，卡斯蒂尔国王阿方索十一世（1312—1350 年在位）发行过一系列金币。

在西班牙首当其冲受采用金币运动影响的时期，刚好是阿方索十一世统治时期。阿方索十一世发行的多卜拉是西班牙最早的金币，后来被称为阿斯塔斯特拉诺。多卜拉有几种不同的重量标准，一马克黄金可以铸造成四十八多卜拉、五十多卜拉或五十一多卜拉。

按照一马克黄金要铸造成五十多卜拉的标准，一枚多卜拉有九十二又二十五分之四格令重，等于四点六零零九克，所含黄金的纯度为二十三又四分之三开，也就是说纯度为 98.9%。

卡斯蒂尔国王佩德罗一世铸造了重九十格令的金币多卜拉，这种金币一直被沿用到卡斯蒂尔国王胡安一世统治时期（1379—1390 年）。金币多卜拉的重量，在胡安一世统治时期和佩德罗一世统治时期都是一样的，只不过含金量的标准下降了。多卜拉的纯度标准，在卡斯蒂尔国王亨利三世统治时期恢复到二十三又四分之三开。金币在阿拉贡国王斐迪南二世和卡斯蒂尔女王伊莎贝拉一世统治时期的变动情况见下文的表格。

第三，银币雷亚尔首次出现，是在卡斯蒂尔国王佩德罗一世统治时期

（1350—1369年）。按照标准，一马克白银要铸造成六十六枚雷亚尔，一雷亚尔的价值是十一迪内罗，一雷亚尔所含纯银重量为四格令。

在卡斯蒂尔国王恩里克二世统治时期（1369—1379年），雷亚尔经历了异常的贬值过程，一雷亚尔的纯银含量接连降到零点二七九格令、零点一二九格令、零点零六零格令……但在卡斯蒂尔国王恩里克二世的继任者卡斯蒂尔国王胡安一世统治时期（1379—1390年），雷亚尔恢复到佩德罗一世统治时期的含银标准。为取代贬值的雷亚尔，胡安一世以"布兰卡""上帝羔羊"之名发行了银铜合金货币，这种银铜合金货币后来也被称为马拉维迪斯、布兰卡斯或布兰卡。

但是，关于西班牙货币体系的修复者，与其说是胡安一世，还不如说是1390—1406年在位的恩里克三世。根据1390年在马德里召开的议会的要求，恩里克三世在1391年1月21日颁布了法令。该法令规定，胡安一世发行的一布兰卡等于一科罗纳多，并把金币的铸造标准恢复到阿方索十一世统治时期的标准，把雷亚尔银币的铸造标准恢复到佩德罗一世统治时期的标准。

然而，恩里克三世统治时期的银铜合金货币尤其是布兰卡，展现出了至今都令博学的研究人员感到困惑的混乱局面。根据统计，在卡斯蒂尔国王亨利三世统治时期流通着一百三十二种面值各异的货币。

简而言之，从恩里克三世统治时期，到阿拉贡国王斐迪南二世、卡斯蒂尔女王伊莎贝拉一世统治时期，西班牙的货币体系能够通过下面表格中的内容展现出来：

▲恩里克二世统治时期铸造和发行的雷亚尔银币

这是14世纪卡斯蒂尔国王恩里克二世统治时期发行的雷亚尔银币，金币正面为国王名字的缩写。

朝代和时间		金币的名称	发行价值	市场价值(雷亚尔)	银币的名称	发行价值	市场价值(雷亚尔)	合金货币的名称	发行价值	市场价值(雷亚尔)
恩里克三世	1393年	阿拉贡的弗罗林	21旧马拉维迪	19.42	银雷亚尔			梅雅维伊(假想货币)	$\frac{1}{60}$旧马拉维迪	0.15
		阿拉贡的弗罗林	22旧马拉维迪	20.35	按比例估值。半银雷亚尔,四分之一银雷亚尔,五分之一银雷亚尔	3旧马拉维迪	2.775	新梅雅维伊(假想货币)	$\frac{1}{60}$新马拉维迪	0.007
	1394—1406年	低面值和高面值货币分别出现在1393年、1398年和1402年						旧迪内罗	$\frac{1}{10}$旧马拉维迪	0.092
		达克特(纳瓦拉王国)	30旧马拉维迪	27.75				新迪内罗	$\frac{1}{10}$新马拉维迪	0.046
		其他多种不同名称的货币						旧科罗纳多	$\frac{1}{6}$新马拉维迪	0.154
		卡斯蒂尔的多卜拉	35旧马拉维迪	32.375	在这一段统治时期,银币雷亚尔的估价并不相同,一雷亚尔有可能等于七新马拉维迪、七又二分之一新马拉维迪或八新马拉维迪。			新科罗纳多	$\frac{1}{6}$新马拉维迪	0.077
		卡斯蒂尔的班达多卜拉	—	—				圣阿格努斯	1旧科罗纳多	0.154
		克鲁扎多	—	—				布兰卡(出现在1440年后)	$\frac{1}{4}$旧马拉维迪	0.231
		班达克鲁扎多	—	—				辛昆	$\frac{1}{12}$雷亚尔	0.231
		多卜拉	—	—				旧马拉维迪	$\frac{1}{3}$雷亚尔	0.925
		多种不同的名称						新马拉维迪	$\frac{1}{2}$马拉维迪	0.462
胡安二世	1406—1454年	弗罗林	22.5旧马拉维迪	22.662	雷亚尔,等于11迪内罗,1迪内罗含4格令纯银,1马克纯银可以铸造66雷亚尔	3旧马拉维迪	2.775	同恩里克三世时期的合金货币及其价值		
		其他多种不同的名称						苏埃尔多	$\frac{1}{2}$马拉维迪(假想货币)	
		多卜拉和科罗纳斯	35旧马拉维迪	32.375				欧武罗	$\frac{1}{8}$苏埃尔多(假想货币)	
		还有其他多种不同的面值						布兰卡维尹	$\frac{1}{4}$旧马拉维迪	0.231
	1434年	班达多卜拉	104新马拉维迪	48.048				新布兰卡	$\frac{1}{6}$旧马拉维迪	0.154
								新科罗纳多	$\frac{1}{2}$新马拉维迪	0.077

（续表）

朝代和时间	金币的名称	发行价值	市场价值（雷亚尔）	银币的名称	发行价值	市场价值（雷亚尔）	合金货币的名称	发行价值	市场价值（雷亚尔）
1442年	班达多卜拉（纯度为19开，一马克可以铸造49枚）	100新班达多卜拉	46.2	—	—	—	—	—	—
恩里克四世 · 1454—1474年	阿拉贡的弗罗林（纯度为18开）；56种其他种类相同、名称不同的货币	20旧马拉维迪	18.22	银雷亚尔	3旧马拉维迪斯（多种倍数）	2.734	梅雅维伊	$\frac{1}{10}$旧马拉维迪	0.091
							新梅雅伊	$\frac{1}{2}$旧马拉维迪	
							旧迪内罗	$\frac{1}{10}$旧马拉维迪	0.091
							新迪内罗	$\frac{1}{2}$旧马拉维迪	
							圣阿格努斯、布兰卡和旧科罗纳多	$\frac{1}{8}$旧马拉维迪	0.152
							新科罗纳多	$\frac{1}{2}$旧马拉维迪	
							辛昆和布兰卡	$\frac{1}{2}$旧马拉维迪	0.457
							旧马拉维迪	$\frac{1}{3}$雷亚尔	0.911
恩里克四世 · 1455年	杜卡多（纯度为23$\frac{3}{4}$开，一马克可以铸造65$\frac{1}{3}$杜卡多），38种其他不同名称的货币	165旧马拉维迪斯	30.074	—	—	—	—	—	—
	多卜拉	150旧马拉维迪	27.34						
	卡斯特利亚诺	420旧马拉维迪斯	37.04						
	恩里克斯	210旧马拉维迪斯	38.276						

卡斯蒂尔国王胡安二世（1406—1454年在位）统治时期，
是西班牙货币体系混乱的标志性时期，也是尝试通过立法的形式
采取补救措施无效的时期。恩里克四世（1454—1474年在位）统
治时期，西班牙货币体系的混乱状况更加严重，也是西班牙货币
贬值最严重的时期。西班牙当局把铸币权授给私人，铸币厂也从
原来的六个官方铸币厂，增加到一百五十多个，这引发了超乎意
料的货币混乱、必需品短缺和商业恐慌危局。金币有各种不同的
纯度，比如二十三又二分之一开、十九开、十八开、十七开……
甚至七开，银币的纯度也呈现出多种变化。有八种不同类型的合
金货币被用来代表雷亚尔银币的分数部分……

为了方便起见，我们采用下列方法统计和计算平均数。在
恩里克四世统治时期，一马克纯度为二十三又四分之三开的黄
金需要铸造出五十枚金币恩里克斯，一马克纯度为十一点四格
令的白银需要铸造出六十七枚银雷亚尔，一银雷亚尔等于三十
马拉维迪，白银与黄金的兑换比率是9.824:1。

在信奉天主教的斐迪南二世和伊莎贝拉一世统治时期，进
行了西班牙有史以来最悲壮的货币改革，让西班牙货币的混乱
状况稍有缓解。西班牙当局在15世纪结束前最少颁布了十一项
货币改革法令，但只有第一项和最后一项改革法令值得关注。
按照西班牙政府在1475年6月26日给塞维利亚铸币厂负责人
提供的铸币合同，金币的铸造标准如下：

艾克塞琳：一马克纯度为二十三又四分之三开的黄金需要铸
造出二十五枚艾克塞琳，一艾克塞琳的价值等于二卡斯特利诺。

银币的铸造标准如下：

银雷亚尔：一马克纯度为十一迪内罗四格令的白银需要铸
造出六十七枚银雷亚尔，一银雷亚尔的价值等于三十马拉维迪。

▲卡斯蒂尔王国国王恩
里克四世(1454—1474年在位)

不过，梅迪诺·德尔坎波在 1497 年颁布了第一个也是最重要的法令，该法令也被称为梅迪诺·德尔坎波法令。按照该法令，过去的货币和体系都被废除，同时建立新货币体系。新货币体系成了西班牙金属货币流通史的开端，让西班牙从此成为新世界金银的吸纳者和分配者。

按照铸造金币的标准，黄金纯度是二十三又四分之三开，基准为艾克塞琳·德·拉·格拉纳达，两枚金币的价值等于过去的一艾克塞琳，一马克黄金需要铸造出六十五又三分之一枚金币。

银雷亚尔的体系与 1475 年确立的体系一样，但一银雷亚尔按照三十四马拉维迪发行，此后一枚银币始终以三十四马拉维迪的价格发行。

合金货币由布兰卡构成，一马克纯度为七格令的白银需要铸造出一百九十二枚布兰卡。

1 艾克塞琳＝ 11 雷亚尔 1 马拉维迪＝ 375 马拉维迪

1 雷亚尔＝ 34 马拉维迪

随后，我们可以通过线性形式表示西班牙货币体系的变化情况，详见附表。

1523 年在巴利亚多利德召开的议会上，议会代表提交了一份请愿书，在请愿书中提到了金银这两种贵金属的变化关系，并请求依据变化后的比率重新铸造货币。结合议会代表的提议和 1537 年颁布的法令，制定了下列方案：

1 金币的标准是 22 开；

1 马克黄金可以铸造出 68 枚金币；

1 金币的价值等同于 350 马拉维迪；

1 银币的标准和价值未发生变化；

1 合金货币的标准增加到 7.5 格令。

在西班牙国王腓力二世统治时期，按照 1566 年 11 月 23 日颁布的铸币法令，金币升值了，而银币的价值没有变化。造成金币升值的一部分原因是人为因素，而且这种行为毫无原则性，还有一部分原因是白银供应量增加导致白银整体贬值。

在西班牙国王腓力三世统治时期，金币的内在价值（或者说含金量）降低了，银币再次保持了原来的铸造标准。

在西班牙国王腓力四世（1621—1665 年在位）和卡洛斯二世（1665—1700 年在位）统治时期，西班牙遭受了无数次灾难，使得大量合金货币被引进了西班牙。从某种程度上讲，合金货币的价值降到了过去的八分之一，这让西班牙的货币状况变得更加不幸且复杂。结果，良币的溢价越来越高，逐渐被劣币驱逐，直至消失。西班牙政府按照 1625 年 3 月 8 日发布的公告，规定良币的溢价不允许超过 10%，并制定了最严厉的处罚措施。之后，西班牙政府按照 1636 年 4 月 30 日和 1641 年 9 月 7 日发布的公告，把良币的溢价上线提升到 25% 和 50%。

1497 年改革以来确定的银币体系被西班牙国王腓力四世首先打破了。

一马克白银需要铸造的银币数量从过去的六十七枚增加到八十三又四分之三枚。这样一来，八雷亚尔就以十雷亚尔的价值发行了。

西班牙国王腓力四世对银币铸造规则的改变，等于把银币中的银含量降低了 25%。

1680 年前，西班牙国王卡洛斯二世统治时期银币的含银量持续大幅度下降。一达布隆金币在 1680 年等于一百银雷亚尔合金货币，八雷亚尔等于二十九银雷亚尔合金货币。

西班牙政府根据 1686 年 10 月 14 日颁布的法令，尝试改革或重建摇摇欲坠的货币体系。一马克纯度为十一迪内罗四格令的白银需要铸造出八十四枚银币。八雷亚尔还有了一个新名称——埃斯库多，而且一枚八雷亚尔会以十新银雷亚尔的价格发行。

改革货币体系后最明显的效果是，银币的重量减轻了 25%，良币对合金货币有了 50% 的溢价。另外，此次货币改革批准设立了四个独立的货币单位：

1 旧银雷亚尔 $= \frac{1}{67}$ 马克

1 新银雷亚尔 $= \frac{1}{84}$ 马克

▲1637 年西班牙铸造和发行的八埃斯库多金币

西班牙也有金币作为主币，其货币单位是埃斯库多，一埃斯库多等于十六雷亚尔，换言之，两枚大银币可以兑换一枚小金币。

1 合金货币雷亚尔 $= \frac{1}{126}$ 马克

1 合金货币雷亚尔 $= \frac{1}{38}$ 二埃斯库多

在西班牙国王卡洛斯二世结束统治时，货币体系详情如下：

	银雷亚尔
1 马克纯金	1408.94
内在价值	1363.15
铸币税	45.79
1 马克纯银	90.32
内在价值	88.11
铸币税	2.21
	马拉维迪
1 马克铜	76
内在价值	68
铸币税	8

多年来，由于阿斯图里亚斯亲王卡洛斯叛乱，西班牙国库的开支剧增，西班牙国王腓力五世已经无力改革卡洛斯二世建立的货币体系。其实，腓力五世基本上把卡洛斯二世建立的货币体系贯彻实行了，他在 1707 年把铸造银币的标准下调到十迪内罗，一马克白银需要铸造出七十五枚雷亚尔。之后，为了与其他货币区分，新铸造出来的货币被称为银省币。

按照 1728 年 6 月 9 日制定的法规，西班牙把银国币中白银的纯度下调到十一迪内罗，含银量 91.7%，一马克白银需要铸造出六十八枚雷亚尔。

按照 1730 年 7 月 16 日颁布的更重要的铸币标准：

	银省币雷亚尔
一马克纯度为 22 开的黄金需要铸造出	1360
交付给进口商	1280
铸币税	80（= 5.88%）
一马克纯度为 11 迪内罗的白银需要铸造出	85
交付给进口商	80
铸币税	5（= 5.88%）

卡洛斯二世建立的理想化的货币体系根本没办法维持，因为在很短的时间里，合金货币的价值比规定的价值下跌了5.5%。考虑到合金货币的价值发生变化，1737年5月16日发布的公告中规定，一埃斯库多等于十雷亚尔，一雷亚尔等于一百七十库拉托。之后，埃斯库多还在持续贬值，一埃斯库多贬值到了二十雷亚尔合金货币。西班牙政府企图按照1742年6月22日发布的铸币标准，明确合金货币和金币之间的兑换关系，一枚金币的价值等于二十雷亚尔合金货币（或二十韦恩特）。另外，一马克黄金需要铸造出一百二十八枚金币，使用纯度为二十一又四分之三开的金币代替原来纯度为二十二开的标准金币。

一埃斯库多的价值等于二十一又四分之一雷亚尔，韦恩特和埃斯库多价值相等，仍然在市场上流通。

在西班牙国王斐迪南六世（1746—1759年在位）短暂的统治时期内，西班牙货币体系并未发生重大的变化。腓力五世不采用银币，而是采用合金货币雷亚尔的习惯被沿用了下来。

但是，斐迪南六世的继任者卡洛斯三世（1759—1788年在位）对西班牙货币体系进行了具有深远意义的改革。卡洛斯三世按照1772年5月29日颁布的法令，完成了西班牙的货币重铸任务。他建立的货币标准为：

金币	开	格令
埃斯库多（金国币）	21	$2\frac{1}{2}$
韦恩特（金省币）	21	$1\frac{1}{2}$
银币	迪内罗	格令
格罗萨（银国币）	10	20
门多萨（银省币）	9	18

货币中贵金属含量的降低情况如下：

金国币	1.31 格令
金省币	2.84 格令
银国币	1.59 格令
银省币	2.49 格令

▲1809 年铸造和发行的斐迪南七世二埃斯库多金币

这种金币正面为西班牙国王斐迪南七世穿铠甲侧面半身像，外环有铭文和铸造时间。背面中间为皇冠和盾徽，外环有铭文。由西班牙塞维利亚铸币厂铸造。

卡洛斯三世改革货币体系，导致金银的兑换比率发生变化，及其对欧洲金银兑换比率的总体影响，在前文中已经说过了。为了更好地保护金币，西班牙按照 1779 年 7 月 17 日颁布的法令把铸币税提高了 7.48%。1786 年建立的货币体系在后来也产生了类似的影响。

西班牙国王卡洛斯三世的儿子卡洛斯四世（1788—1808 年在位）并未改变其父卡洛斯三世在 1786 年建立的货币体系。

从某种程度上讲，在西班牙国王斐迪南七世统治时期（1808 年 3 月—1808 年 5 月，1813—1833 年），西班牙的货币体系是以法兰西的金银币为基础建立起来的。此外，斐迪南七世还下调了西班牙货币的铸币税。但是，不管是斐迪南七世还是其继任者西班牙女王伊莎贝拉二世统治时期，下调铸币税也没能吸引商人把金属带到铸币厂铸造成金币。在这种情况下，法兰西拿破仑·波拿巴统治时期铸造的金币在西班牙流通市场上广受欢迎，这被认为对西班牙有利。1834 年颁布的两项法令，对西班牙货币体系产生了意义深远的影响：第一项法令把一雷亚尔的价值从原来的三十四马拉维迪下调到三十二马拉维迪，同时把银币的纯度下调到十迪内罗十二格令，也就是下调到含银 87.5%；第二项法令的颁布，意在阻止法兰西货币的流通。但是，1834 年发布的货币方案以失败告终。西班牙在 1847 年前一直维持着原来的货币体系。

西班牙政府按照 1847 年 5 月 31 日颁布的法令，不仅引入了十进制除法，把一枚雷亚尔的重量定为二十五格令，纯度标准定为 90%，还引入了价值为一百雷亚尔、纯度同样为 90%、重一百六十一又二分之一格令的新金币。

按照 1847 年 5 月 31 日颁布的法令确立的货币体系，很自然就成了法兰西货币体系的复制品。但在接下来的一年时间里，西班牙货币体系发生了细微的变化，这些在前文中已经描述过了。整体而言，西班牙按照 1859 年 1 月 1 日颁布的法令，采用了法兰西的金属货币体系。西班牙政府认为，从 1876 年 1 月 1

日开始，比塞塔相当于法兰西的法郎，分相当于法兰西的生丁，一百分就等于一比塞塔。新金币的价值是比塞塔的五倍、十倍、二十倍乃至更多的整数倍数。作为辅币的比塞塔，其价值相当于纯度为83.5%、重五克的银币；五比塞塔，其价值相当于纯度为90%、重二十五克的银币，属于法定货币。

5 比塞塔＝1 杜罗 [1]

1 杜罗＝2 埃斯库多

1 埃斯库多＝10 雷亚尔

1 雷亚尔＝34 马拉维迪

从 1476 年货币改革时期开始西班牙金币铸造表 [2]

朝代	时间	货币名称和标准	一马克黄金铸造的货币数量	标准		一马克黄金铸造的货币的价值		每枚雷亚尔在近代流通中的价值	按照不同时间发行的雷亚尔的价值，来计算连续发行的每枚特定货币的价值	与近代每枚雷亚尔的价值相比，每枚连续发行的特定旧货币的价值	
				克拉	格令	黄金价值 雷亚尔	按照法令发行的货币的价值 雷亚尔	雷亚尔	雷亚尔	马拉维迪	雷亚尔（银铜合金）
斐迪南二世和伊莎贝拉一世	1476年2月22日和1497年6月14日（颁布铸币法令）	大艾克塞琳	25	22 (=0.989)	3 (=0.989)	716.98	720.22	4.185	28	28	121.91
		五分艾克塞琳									
		多卜拉	50						14	14	60.95
		卡斯特利诺									
		艾克塞琳	65⅓						7	7	46.67
		德拉格拉纳达									
		杜卡多									
		阿吉拉	67						10	25	45.48
		弗罗林									
		埃斯库多	68						10	29	41.82
		科罗纳									
卡洛斯一世	1537年	铸造新埃斯库多	68	22 (=0.917)	0 (=0.917)	696.85	700	3.991	10	10	41.09
腓力二世	1586年11月23日	一埃斯库多的价值提升为400马拉维迪	68	22 (=0.917)	0 (=0.917)	766.4	800	3.493	11	26	41.09

---

[1] 杜罗又被称为"硬美元""西班牙元""皮阿斯特"。——原注

[2] 摘自《西班牙货币的历史评论概述》第93页。——原注

朝代	时间	货币名称和标准	一马克黄金铸造的货币数量	标准 克拉	标准 格令	一马克黄金铸造的货币的价值 黄金价值 雷亚尔	按照法令发行的货币的价值 雷亚尔	每枚雷亚尔在近代流通中的价值 雷亚尔	按照不同时间发行的雷亚尔的价值，来计算连续发行的每枚特定货币的价值 雷亚尔	与近代每枚雷亚尔的价值相比，每枚连续发行的特定旧货币的价值 马拉维迪	雷亚尔（银铜合金）
腓力三世	1609 年	一埃斯库多的价值提升到 440 马拉维迪斯	68	22（＝0.917）	0（＝0.917）	847.09	880	3.175	12	32	41.09
	1612 年 12 月 13 日	纯度为 22 开的一卡斯特利诺等于 576 马拉维迪									
腓力四世	1642 年 12 月 23 日	一埃斯库多的价值提升到 550 马拉维迪	68	22（＝0.917）	0（＝0.917）	1058.86	1100	2.54	22	17	41.09
	1643 年 1 月 12 日	一埃斯库多的价值提升到 612 马拉维迪	68	22（＝0.917）	0（＝0.917）	1178.23	1224	2.283	22	17	41.09
卡洛斯二世	1686 年 10 月 14 日和 1686 年 11 月 26 日	一埃斯库多的价值提升到 646 马拉维迪，一卡斯特利亚诺和价值为 850 新马拉维迪银币	68	22（＝0.917）	0（＝0.917）	1250	1292	2.163	38	17	41.09
腓力五世	1719 年 3 月 17 日	一卡斯特利亚诺的价值下降到 714 马拉维迪	68	22（＝0.917）	0（＝0.917）	1050	1088	2.567	20	4	41.09
	1726 年 1 月 14 日和 1726 年 2 月 8 日	一埃斯库多的价值从 544 马拉维迪提升到 612 马拉维迪	68	22（＝0.917）	0（＝0.917）	1181.25	1224	2.282	33	10	41.09
	1728 年 9 月 2 日	一埃斯库多的价值提升到 680 马拉维迪	68	22（＝0.917）	0（＝0.917）	1312	1360	2.054	37	22	41.09
	1730 年 7 月 16 日	新货币方案	68	22（＝0.917）	0（＝0.917）	1280（银铜合金）	1360	2.054	31	22	41.09
	1742 年 6 月 23 日和 1742 年 6 月 29 日	创造了金币韦恩特	$130\frac{56}{100}$	21（＝0.906）	3（＝0.906）	2409.42	2611.33	1.069	20	0	21.38
斐迪南六世	1755 年 8 月 19 日和 1755 年 9 月 16 日	一比塞塔金币的价值从 118 八雷亚尔提升到 119 八雷亚尔	埃斯库多（金国币）	68	22（＝0.917）	0（＝0.917）	2538.68	2560	1.091	37	22	41.09
			韦恩特（金省币）	$130\frac{56}{100}$	21（＝0.906）	3（＝0.906）	2538.21	2611.33	1.069	20	0	21.38

朝代	时间	货币名称和标准		一马克黄金铸造的货币数量	标准		一马克黄金铸造的货币的价值		每枚雷亚尔在近代流通中的价值	按照不同时间发行的雷亚尔的价值，来计算每枚连续发行的每枚特定货币的价值	与近代每枚雷亚尔的价值相比，每枚连续发行的特定旧货币的价值	
					克拉	格令	黄金价值	按照法令发行的货币的价值			马拉维迪	雷亚尔（银铜合金）
							雷亚尔	雷亚尔	雷亚尔	雷亚尔		
卡洛斯三世	1772年5月21日和1722年5月25日	总体改革，降低标准	埃斯库多（金省币）	68	21（＝0.901）	$2\frac{1}{2}$（＝0.901）	2495.18	2520	1.076	37	17	40.38
			韦恩特（金币）	$130\frac{56}{100}$	21（＝0.891）	$1\frac{1}{2}$（＝0.891）	2476.15	2611.33	1.039	20	0	20.78
	1779年7月16日和1779年8月24日	相当于8埃斯库多的一达布隆的价值下调到320雷亚尔（金省币）		68	21（＝0.901）	$2\frac{1}{2}$（＝0.901）	2516.55	2720	1.009	40	0	40.38
		相当于8埃斯库多的一达布隆的价值下调到320雷亚尔（金省币）		$130\frac{56}{100}$	21（＝0.891）	$1\frac{1}{2}$（＝0.891）	2486.25	2611.33	1.039	20	0	20.78
	1781年3月7日	一盎司黄金的价值提升到336雷亚尔		68	21（＝0.901）	$2\frac{1}{2}$（＝0.901）	2642.2	2720	1.009	40	0	40.38
	1786年2月26日和1786年6月5日	降低标准	金国币	68	21（＝0.875）	0（＝0.875）	2565.81	2720	0.98	40	0	39.2
			金省币	$131\frac{23}{35}$	20（＝0.849）	$1\frac{1}{2}$（＝0.849）	2606.53	2633.14	0.982	20	0	19.65
斐迪南七世	1821年10月19日	再次评估金银的兑换比率	金国币	68	21（＝0.875）	0（＝0.875）	2686.26	2720	0.98	40	0	39.2
			金省币	$131\frac{23}{35}$	20（＝0.849）	$1\frac{1}{2}$（＝0.849）	2606.53	2633.14	0.982	20	0	19.65
	1824年8月20日	类似的改革	金国币	68	21（＝0.875）	0（＝0.875）	2660.16	2720	0.98	40	0	39.2
			金省币	$131\frac{23}{35}$	20（＝0.849）	$1\frac{1}{2}$（＝0.849）	2581.1	2633.14	0.982	20	0	19.65
伊莎贝拉二世	1848年4月15日	改革货币体系	森特内	$27\frac{6}{10}$	21（＝0.9）	$2\frac{3}{5}$（＝0.9）	2736	2760	0.993	100	0	99.3
	1850年5月17日	一马克黄金铸造的货币的增加数量		28	21（＝0.9）	$2\frac{3}{5}$（＝0.9）	2736	2800	0.979	100	0	97.9
	1854年2月3日	货币制度改革		$27\frac{43}{100}$	21（＝0.9）	$2\frac{3}{5}$（＝0.9）	2716.2	2743	1	100	0	100
	1861年1月18日	铸币税改革		$27\frac{43}{100}$	21（＝0.9）	$5\frac{3}{5}$（＝0.9）	2729.18	2743	1	100	0	100

从 1497 年货币改革时期开始西班牙银币铸造表

朝代	时间	货币名称和标准	一马克白银需要铸造出的货币数量	标准		按照铸币标准，一马克白银的价值	按照铸币标准，一马克白银铸造成货币后的发行价值	白银与其他金属的合金铸造的货币，在当时的发行价值		与现代雷亚尔的价值相比，旧雷亚尔的价值
			银雷亚尔	迪内罗	格令	银雷亚尔	银雷亚尔	雷亚尔	马拉维迪	雷亚尔
斐迪南二世和伊莎贝拉一世	1497 年 6 月 2 日	货币的整体改革	67	11 (＝0.93)	4 (＝0.93)	66	67	1	0	2.734
腓力四世	1642 年 12 月 23 日和 1643 年 1 月 12 日	重铸货币	83.75	11 (＝0.93)	4 (＝0.93)	81	83.75	3	0	2.186
卡洛斯二世	1686 年 10 月 14 日	重铸货币	84	11 (＝0.93)	4 (＝0.93)	82	84	1	30	2.179
腓力五世	1706 年	简单的 4 雷亚尔、2 雷亚尔和 1 雷亚尔	84	11 (＝0.93)	4 (＝0.93)	68	84	1	30	2.179
	1707 年	简单的 4 雷亚尔、2 雷亚尔和 1 雷亚尔(有分数和倍数)	75	10 (＝0.834)	0 (＝0.834)	60.82	75	1	30	2.187
	1709 年 7 月 15 日	8 雷亚尔和 4 雷亚尔	68	11 (＝0.917)	0 (＝0.917)	65	68	1	30	2.654
	1719 年 2 月 8 日	8 雷亚尔的含银量下降，原 8 雷亚尔的含银量变成了 9.5 雷亚尔的含银量	80.75	11 (＝0.917)	0 (＝0.917)	77.18	80.75	1	30	2.234
	1728 年 8 月 10 日	银省币雷亚尔(有细分)	77	10 (＝0.834)	0 (＝0.834)	63.69	77	1	30	2.13
	1728 年 9 月 8 日	8 雷亚尔的含银量下降，原 8 雷亚尔的含银量变成了 10 雷亚尔的含银量	85	11 (＝0.917)	0 (＝0.917)	81.23	85	1	30	2.123
	1730 年 7 月 16 日	新货币规则(银国币)	85	11 (＝0.917)	0 (＝0.917)	80	85	1	30	2.123
	1737 年 5 月 10 日	8 雷亚尔的含银量下降，原 8 雷亚尔的含银量变成了相当于 20 雷亚尔的含银量(1 银雷亚尔＝银铜合金铸造的 1 雷亚尔 30 马拉维迪)	85.17 (合金雷亚尔)	11 (＝0.917)	0 (＝0.917)	160	170	2	0	1.061
		8 雷亚尔的含银量下降，变成了相当于 20 雷亚尔的含银量(银省币)	77.154	10 (＝0.834)	0 (＝0.834)	145.45	154	2	0	1.065

朝代	时间	货币名称和标准	一马克白银需要铸造出的货币数量	标准		按照铸币标准，一马克白银的价值	按照铸币标准，一马克白银铸造成货币后的发行价值	白银与其他金属的合金铸造的货币，在当时的发行价值		与现代雷亚尔的价值相比，旧雷亚尔的价值
			银雷亚尔	迪内罗	格令	银雷亚尔	银雷亚尔	雷亚尔	马拉维迪	雷亚尔
卡洛斯三世	1772年5月21日	标准整体上降低（银国币）	170	10（=0.903）	20（=0.903）	157.59	170	1	0	1.045
		标准整体上降低（银省币）	154	9（=0.812）	18（=0.812）	141.81	154	1	0	1.038
斐迪南七世	1821年8月21日	改革（银国币）	170	10（=0.903）	20（=0.903）	163.47	170	1	0	1.045
		改革（银省币）	154	9（=0.812）	18（=0.812）	147.07	154	1	0	1.038
	1821年10月19日	改革（银国币）	170	10（=0.903）	20（=0.903）	164.67	170	1	0	1.045
		改革（银省币）	154	9（=0.812）	18（=0.812）	150.3	154	1	0	1.038
伊莎贝拉二世	1848年4月15日	货币体系的整体改革	175	10（=0.9）	19（=0.9）	172.8	175	100分		1.012
	1849年10月14日	下调一枚银币的含银量	176.25	10（=0.9）	19（=0.9）	172.8	176.25	100	0	1.005
	1851年2月3日	货币体系的整体改革	177.2	10（=0.9）	19（=0.9）	174.6	177.2	100	0	1
	1861年1月18日	铸币改革	177.2	10（=0.9）	19（=0.9）	175.77	177.2	100	0	1

从1497年货币改革时期开始西班牙合金货币铸造表

朝代	时间	货币名称和标准	一枚货币代表的价值	一马克合金需要铸造出的货币数量	一枚货币的重量	标准		一枚铸造出的货币的价值		铸造出的一枚合金货币的价值	
					格令	迪内罗	格令	雷亚尔	马拉维迪	雷亚尔	马拉维迪
斐迪南二世和伊莎贝拉一世	1497年6月14日	铸造布兰卡	半马拉维迪	192	24	0（=0.024）	7（=0.024）	2	28	2	3
卡洛斯一世	1552年5月23日	降低了合金货币的铸造标准	半马拉维迪	192	24	0（=0.019）	$5\frac{1}{2}$（=0.019）	2	28	1	$24\frac{5}{8}$

（续表）

朝代	时间	货币名称和标准	一枚货币代表的价值	一马克合金需要铸造出的货币数量	一枚货币的重量 格令	标准		一枚铸造出的货币的价值		铸造出的一枚合金货币的价值	
						迪内罗	格令	雷亚尔	马拉维迪	雷亚尔	马拉维迪
腓力二世	1566 年 12 月 14 日	维洛里科	等于 8½马拉维迪的库尔蒂洛	80	57.6	2（＝0.216）	14（＝0.216）	20	0	17	8
			等于 4 马拉维迪的库拉托	170	27.10588						
			等于 2 马拉维迪的梅迪奥	340	13.55294						
		布兰卡	梅迪奥	220	20.94545	0（＝0.014）	4（＝0.014）	3	8	1	31½
	1599 年	纯铜	等于 4 马拉维迪的库拉托	34	135.52941	纯铜		4	0	1	0
			等于 2 马拉维迪的奥查瓦	68	67.7647						
腓力四世	1642 年 12 月 23 日	维洛里科	等于 8½马拉维迪的库尔蒂洛	80	57.6	2（＝0.217）	14½（＝0.217）	20	0	12	5
			等于 4 马拉维迪的库拉托	170	27.10588						
			等于 2 马拉维迪的梅迪奥	340	13.55294						
	1660 年 10 月 29 日	发行莫利诺	一枚莫利诺等于 16 马拉维迪（用与 8 莫利诺、4 莫利诺和 2 莫利诺价值相当的马拉维迪的数量近比例计算）	51	90.35294	1（＝0.069）	8（＝0.069）	24	0	6	3
卡洛斯二世	1680 年 5 月 22 日	此时及以后都发行了纯铜货币				—					

附录 4
尼德兰货币体系

已知最早的尼德兰货币体系，再次展现了与意大利、法兰西加洛林王朝和英格兰的货币体系类似的特征。

假想中佛兰德斯的一磅被分为二十先令，一先令又被分为十二格罗滕。

刚开始，尼德兰的货币体系纯粹是一个假想出来的体系。尼德兰最早的真实货币是迪纳厄斯银币，一迪纳厄斯被分为多个奥波尔。在尼德兰北部各省份，磅、先令和格罗滕一起构建了假想的货币体系，也就是说，联合省的货币体系被斯蒂弗和古尔登组成的假想货币体系替代后，原货币体系仍然在佛兰德斯和尼德兰南部（即现在的比利时王国）继续被采用了很长一段时间。

按照尼德兰北部的货币体系，在佛兰德斯，一磅被分为六古尔登，一古尔登被分为二十斯蒂弗。所以，在尼德兰南部和北部两个货币体系之间，尼德兰北部的一古尔登等于尼德兰南部的三又三分之一先令，尼德兰北部的一斯蒂弗等于尼德兰南部的二格罗滕。

1355 年，斯蒂弗首次被提及。在新货币体系替代旧货币体系前，尼德兰北部各省的斯蒂弗已经存在很长时间了。甚至在 16 世纪和 17 世纪荷兰使用先令和格罗滕清算账务时，就已经会用斯蒂弗和古尔登进行清算了。

贵金属的重量换算情况如下：

1 金衡磅＝2 马克

1 马克＝8 盎司

1 盎司＝ 20 安格尔

1 安格尔＝ 32 埃斯

所以，五千一百二十埃斯或一百六十安格尔相当于一马克。

按照标准或合金含量进行推算，货币的重量体系如下：

银币：1 马克＝ 12 芬尼或 12 但尼尔

白银：1 马克＝ 288 格令（12×24）

金币：1 马克＝ 24 克拉

黄金：1 马克＝ 288 格令（24×12）

虽说被包含在勃艮第内的尼德兰属于神圣罗马帝国的一部分，但它从来没有受到神圣罗马帝国货币体系的影响。荷兰伯爵弗洛里斯五世和荷兰伯爵扬一世在 1256 年后建立了自己的记账体系。在这之前，佛兰德斯伯爵就已经建立了自己的记账体系。佛兰德斯发行但尼尔银币的历史，最早能够追溯到佛兰德斯伯爵阿努尔夫二世（964—989 年在位）统治时期。佛兰德斯仿照法兰西货币引入起源于格罗申和格罗滕的"大格罗申"，能够追溯到佛兰德斯女伯爵玛格丽特二世（1244—1278 年在位）统治时期，甚至比这还要早。仿照法兰西国王腓力五世统治时期铸造的金币和佛罗伦萨弗罗林铸造的金币皇室奥克斯的历史，能够追溯到佛兰德斯伯爵路易·德·克雷西，也就是路易一世（1322—1346 年在位）统治时期。

因为佛兰德斯伯爵和荷兰伯爵在 15 世纪末以前发行货币主要是出于他们爱好钱币学，所以，在缺乏系统的铸币契约的情况下，几乎无法列出发行货币的清单。

由于爱好钱币学而铸造货币的现象，已经在上文所列的表格中体现出来了。而这个表格展现出来的是兑换比率，无法将铸币标准和铸币税率表现出来。

根据格罗滕的起源，一格罗滕的重量在各年的变化情况如下：

1336—1489年一格罗滕的重量变化情况

时间（年）	重量（芬尼）	安格尔	埃斯
1336	9	1	9
1376	4.16	2	4
1388	5	1	23
1393	5	1	20
1422	4	2	16
1489	5	1	5

神圣罗马帝国皇帝马克西米利安一世于1489年12月14日在布雷达颁布了铸币法令，这为尼德兰铸币或建立货币体系奠定了基础。

按照1489年12月14日颁布的法令，一金衡马克纯度为二十三又八分之七克拉的黄金需要铸造出四十四又四分之三枚双弗罗林金币，且一双弗罗林的发行价格为八十格罗申。

其他金币，含圣安德里斯弗罗林在内，一枚的发行价是四十格罗申或二十格罗申。银币的构成情况如下：

1帕塔特＝2格罗申

1双帕塔特＝4格罗申

1双格郎＝8格罗申

从某种程度上讲，人们认为1489年12月14日颁布的法令确立的货币体系太过理想化，是无法实现的货币体系。第一条有关银币的有效法规，是1542年2月22日由神圣罗马帝国皇帝查理五世（也即西班牙哈布斯堡王朝首位国王卡洛斯一世）颁布的。

1542年2月22日颁布的法令，仿照荷兰的塔勒规定了卡洛斯银币的铸造标准。

卡洛斯银币的铸造标准

重量	14安格尔30埃斯
标准	10芬尼＝0.853纯度
一卡洛斯的价值等于20斯蒂弗	

因此，这个铸造标准的实际作用，是让尼德兰引入了与迄今为止虚构（或假想）出来的古尔登价值相同的货币。

在之后的大约一百年时间里，其他货币价值的变化过程和荷兰采用复本位制的历程，在前文中已经描述过了。

由于尼德兰北部各省宣布独立，以及荷兰共和国与尼德兰南部或西班牙统治的尼德兰地区在后来也独立出来，低地国家的货币史出现了两个分支。

由于尼德兰北部各省在 17 世纪和 18 世纪的欧洲货币史中占有更重要的商业地位，因此在这里我们只关注尼德兰北部各省（或者说联合省份或荷兰诸省）。

按照联合省份签订的协议的第十二条，在铸币或制定货币价值表的时候，七个联合省份都必须遵守统一原则，但各省有权利自由决定货币的种类和简单的细节。

所以，前文表格中描述的各类货币的价值，已经包含在联合省份的铸币法中了，但联合省份直到 1606 年才认真地尝试将其系统化。根据 1606 年 3 月 21 日和 1610 年 7 月 6 日颁布的法令，联合省份最终完成了铸币标准和货币价值制度化，并制定了新的、完整的货币价值表。联合省份还制定了一项重要规则，宣布对所有重量缺少一又二分之一安格尔以上的货币采取补救措施。重量缺少一又二分之一安格尔以上的货币被认为是金块，不能当作货币流通。此外，这项规则采用合约的方式规定了铸造金币的细节，并在整个联合省份共和国存在的时间内得到了贯彻。

骑手金币和杜卡特金币的规定如下：

骑手金币

重量（毛重）：207.2 埃斯等于 9.95 格令

重量（纯金）：187.77 埃斯等于 9.11 格令

铸造标准：黄金纯度是 22 克拉，也就是含金量为 91.67%

根据上述标准铸造的一骑手金币等于 10 弗罗林 2 斯蒂弗

杜卡特金币

重量（毛重）：72.5 埃斯等于 3.494 格令

重量（纯金）：71.43 埃斯等于 3.432 格令

铸造标准：黄金纯度是 23 克拉 8 格令，也就是含金量为 98.26%

根据上述标准铸造的 1 杜卡特等于 3 弗罗林 16 斯蒂弗

按照联合省份共和国于 1606 年颁布的法令第二十三条之规定，禁止联合省份政府铸造金块。同时，该法令还规定，在结算的时候，任何总结算金额高于一百古尔登的账目，采用先令或其他面值更低的银币清偿时，其比例不允许超过总金额的十分之一。

在后来货币发展的过程中，价值表发挥了重要作用，重要的银币几乎都找不到了，到 1638 年甚至已经完全消失了。所以，荷兰政府在 1659 年发行了两种新银币：一为银杜卡特，纯度是 86.8%，纯银含量为五百零七埃斯；二为银骑手，纯度是 93.7%，纯银含量为六百三十四点七五埃斯。

按照 1681 年 12 月 25 日颁布的法令，荷兰省和西弗里斯兰省都制定了铸造古尔登的标准，让长久以来只以记账货币和假想货币身份存在的古尔登转变为真正的货币。这为建立更真实的国家货币体系奠定了基础。

按照荷兰议会在 1694 年 3 月 17 日和 1699 年 12 月 31 日发布的公告和决议，所有联合省份都采用了古尔登。

按照铸造标准，一枚古尔登的纯度标准为十芬尼二十二又二分之一格令，纯银含量为二百埃斯。

古尔登在 1806 年前一直是荷兰货币体系中的货币，价值并未发生任何改变，也没有任何需要改变之处。

关于清偿法令的具体发展历史，联合省份的法令都涉及了清偿法令。荷兰政府在 1686 年 9 月 26 日首次宣布会在大范围内把包含银杜卡特和其他两种银币在内的一些货币降为贸易货币。荷兰议会在 1691 年 8 月 7 日以公告的形式重申了 1686 年 9 月 26 日颁布的法令。1749 年 8 月 1 日发布的公告也有类似的限制，宣布将除骑手金币和半骑手金币之外其他金币都定为贸易货币。按照规定，一骑手金币相当于十四弗罗林，半骑手金币相当于七弗罗林。有关杜卡特金币的价值，公告中并没有具体规定，作为贸易货币的金币杜卡特的价值每天都有可能发生变化，不仅能够按照重量自由地计算它的价值，还能够按照贸易的发

展进程决定它的价值。

我们只能根据 18 世纪上半叶的经验来理解规定金币价值的意义。从理论上讲，银本位制到 1749 年就已经不存在了，之后铸造货币时都是按照黄金与白银的相对估价确定其价值。白银贬值在整个 17 世纪对黄金造成了不利的影响。长久以来，货币几乎都由银币构成。银币在 18 世纪早期的贬值幅度下降，但引发了相反的发展趋势，金币再次回到流通领域，优质银币被驱逐出流通领域。所以，1720 年的商业界哀号一片，为了阻止银币流失，铸币当局提议把骑手金币作为法定货币。

1749 年，铸币厂的官员们都庆幸自己没有接受建议，把骑手金币作为法定货币，还在 1749 年 3 月 26 日请求把杜卡特作为贸易货币。铸币厂官员们的建议在 1749 年 3 月 31 日以法令的形式获得了通过，杜卡特被定为贸易货币。事实证明，把杜卡特定为贸易货币还是没能阻止银币外流。荷兰议会在 1749 年 8 月 1 日发布公告，把骑手金币暂时定为法定货币。由于铸造权掌握在国家手中，因此骑手金币与现代法定货币的意义并不相同。

把骑手金币定为法定货币的作用很小，一百七十二位阿姆斯特丹商人向荷兰议会请愿，希望议会再次宣布杜卡特为清偿货币。议会与铸币厂的官员进行了深入的沟通后，于 1750 年 5 月 1 日颁布了法令。根据该法令，只有骑手金币和半骑手金币属于法定货币，其他金币都仅仅是贸易货币。然而，随着时间的推移，政府以立法的形式没有达到的效果，仅仅依靠金价上涨和银价下跌就达到了。骑手金币逐渐消失，人们对银币消失的不满也停止了。1749 年和 1750 年发布的规定也被废止了。实际上，荷兰的银本位制在法兰西大革命时期仍然发挥着作用。虽然骑手金币在名义上依然是法定货币，一枚骑手金币仍然等同于十四弗罗林，但在流通市场上已经很难见到它的身影了。

▲1756 年荷兰省铸造和发行的"马剑"杜卡特银币

这种银币曾作为荷兰的贸易货币流通过。直径约 40.5 毫米，重约 32.7 克。正面为身穿盔甲、一手挥舞利剑、一手握缰绳、坐在腾飞的马背上的武士，马腹下为荷兰省盾徽；外环有拉丁语铭文。背面中间的盾上有一头翘尾立狮，前爪分别握利剑和七支小箭，小箭象征荷兰的七个省；盾上方大皇冠和左右两只立狮组成荷兰国徽；外环有铭文。

1798 年，巴达维亚共和国建立，成立巴达维亚铸币厂就显得很有必要。荷兰议会第一院在 1800 年 2 月 12 日接受请求，考虑了与货币相关的问题。

但是，直到 1806 年拿破仑·波拿巴强行以荷兰王国取代巴达维亚共和国后，荷兰政府才建立了有效的货币体系。荷兰政府按照 1806 年 12 月 15 日发布的决议，采用了双重标准。

标准金币

价值等于 20 法郎的金币佩宁，一马克黄金需要铸造出 18 枚标准金币
合金货币：22 克拉黄金，16 格令白银
重量：8 安格尔 28 $\frac{1}{4}$ 埃斯
纯金含量：含 260 $\frac{3}{4}$ 埃斯纯金

标准银币

50 斯蒂弗：一马克白银需要铸造出 9 $\frac{5953}{17543}$ 枚
重量：17 安格尔 4 $\frac{7}{32}$ 埃斯
铸造标准：10 芬尼 22 $\frac{3}{4}$ 格令
古尔登：一马克白银需要铸造出 23 $\frac{6111}{17543}$ 枚
重量：6 安格尔 27 $\frac{23}{833}$ 埃斯

▲1780 年荷兰乌特列支省铸造和发行的杜卡特银币

这种银币直径约 42.7 毫米，重约 32.7 克。银币正面马腹下为乌特列支斜十字和立狮盾徽，外环铭文中的最后一词"TRAI"意为"特莱尔省"（今乌特列支）。

随着拿破仑·波拿巴帝国的覆灭，1806 年 12 月 15 日确定的方案也随之失效。1816 年 9 月 28 日以法令的形式建立了一个货币体系，把原本就存在的金银两种金属结合在了一起。

按照规定，货币体系由标准银币、标准金币以及贸易金币和贸易银币组成。

标准货币

一、银古尔登

1 银古尔登的重量＝7 安格尔＝10.766 克

纯银的含量＝200 埃斯＝9.613 克

白银纯度标准＝89.3%

以上是银币的标准，按十进制进行划分

二、金古尔登

10 金古尔登的重量 =140 埃斯 =6.72 克

黄金纯度标准 =90%

贸易货币

一、银杜卡特

重量：18 安格尔 8 $\frac{2209}{11200}$ 埃斯＝ 28.78 格令

标准：10 芬尼 10 格令＝纯度 86.8%

二、银骑手

重量：21 安格尔 5 $\frac{59}{80}$ 埃斯＝ 52.574 格令

标准：11 芬尼 5 $\frac{3}{4}$ 格令＝纯度 93.7%

三、金杜卡特

重量：2 安格尔 8 $\frac{24}{55}$ 埃斯＝ 3.494 格令

标准：23 克拉 7 格令＝纯度 98.3%

贸易货币、单位古尔登和三古尔登都是由私人铸造，但作为辅币的铜币、银币和标准金币 10 古尔登只有政府才有资格铸造。

按照 1816 年 9 月 28 日颁布的法令第十五条，尼德兰南部省份按照下面的铸造标准铸造法郎：

1 法郎＝ 47 $\frac{1}{4}$ 克拉

1 古尔登＝ 2 法郎 11 $\frac{61}{100}$ 生丁

最终，按照 1816 年 9 月 28 日颁布的法令第十八条之规定，在清算账务的时候，铜币最高可以按一古尔登偿付，比古尔登面值还小的银币，最高的偿付金额为总结算金额的五分之一。

1839 年 3 月 22 日颁布的法令规定，荷兰一枚古尔登银币的重量是 10 威格吉（或 10 克）。

1839 年 3 月 22 日颁布的法令规定了古尔登的铸造标准，这个标准在 1847 年 11 月 26 日颁布的一项更加重要的法令中被保留了下来。

荷兰政府在 1847 年 11 月 26 日颁布法令，明确声明要建立银本位制。荷兰政府宣布，标准货币是古尔登、半古尔登和里克斯达尔德。一里克斯达尔德等于二又二分之一古尔登；威廉金币和金杜卡特是贸易货币；规定面值在二十五生丁以下的银币或辅币纯度为 64.5%；一枚威廉金币重六点七二九克，纯度是 90%，含六点零五六克纯金；一金杜卡特重三点四九四克，纯度是 98.3%，含三点四三四五克纯金。

按照 1847 年 11 月 26 日颁布的法令第十八条之规定，会免费为个人铸造贸易金币和标准银币。按照 1847 年 11 月 26 日颁布的法令第二十条之规定，明确了贸易货币为非法定货币。

关于清偿限额，辅助银币是十古尔登，铜币是一古尔登。

荷兰政府规定的银币标准在 1872 年前一直在发挥作用。但是，由于白银贬值，荷兰政府在 1872 年颁布法案，暂停为私人铸造银币，于是荷兰的铸币厂也停止铸币。在一段时期内，荷兰货币的贵金属含量根本就没有明确的标准，因为此时的金币只是一种贸易货币或商品。在这种情况下，荷兰政府在 1875 年 6 月 6 日颁布了货币法令，经过特殊安排，引入了金本位制。

除了新法令颁布前铸造的标准银币，标准货币还有十古尔登，其纯度为 90%，含六点零四八克纯金。所以，十古尔登的重量是六点七二克。

按照 1875 年 6 月 6 日颁布的法令第五条、第六条之规定，将免费为个人铸造十古尔登，并停止铸造威廉金币。

荷兰政府并未制定更多的偿付规则，所以 1875 年 6 月 6 日发布的货币标准被认为是一种不完整也不适用的金本位制。

尼德兰银币表 [1]

法令颁布的日期	货币名称	重量		标准		纯银含量	等值		古尔登中的纯银含量
		安格尔 埃斯		芬尼	格令	埃斯	古尔登 斯蒂弗		埃斯
1542 年 2 月 22 日	卡罗勒斯古尔登	14.3		9	23	396.674	1	0	396.674
1567 年 6 月 4 日	布贡德里希或克鲁斯达尔德	19.1		10	16	541.333	1	12	338.333
1577 年 2 月 10 日	斯塔登达尔德	20		8	22	475.555	1	12	297.222
1583 年 4 月 19 日	荷兰里杰斯达尔德	18.28		10	15	534.792	2	2	254.663
1586 年 8 月 4 日	荷兰雷亚尔	22.13		9	23	595.01	2	10	238.004
1606 年 3 月 21 日	荷兰里杰斯达尔德	18.28		10	12	528.5	2	7	224.894
	莱文达尔德	18		8	22	428	1	18	225.263
	10 斯蒂弗	3.28		11	0	113.666	0	10	227.333
1608 年 6 月 28 日（法令默许）	荷兰里杰斯达尔德	18.28		10	12	528.5	2	8	220.208
1610 年 7 月 6 日（价值表）	莱文达尔德	18		8	22	428	1	18	225.263
	10 斯蒂弗	3.28		11	0	113.666	0	10	227.333
1615 年 9 月 26 日	荷兰里杰斯达尔德	18.28		10	12	528.5	2	8	220.208
	莱文达尔德	18		8	22	428	2	0	214
1619 年 2 月 13 日	莱文达尔德	18		8	22	428	2	0	214
1622 年 7 月 21 日	荷兰里杰斯达尔德	18.28		10	12	528.5	2	10	211.4
1638 年 10 月 9 日（法令默许）	莱文达尔德	18		8	22	428	2	0	214
	荷兰里杰斯达尔德	18.28		10	12	528.5	2	10	211.4
1645 年 3 月 6 日	布拉班特达卡顿	21.7		11	6 $\frac{1}{2}$	637.741	3	3	202.458

---

[1] 来自米斯所著的《尼德兰银行业务的历史记录》，1690 年及以后的记录是作者自己添加的。——原注

法令颁布的日期	货币名称	重量 安格尔 埃斯	标准 芬尼	标准 格令	纯银含量 埃斯	等值 古尔登	等值 斯蒂弗	古尔登中的纯银含量 埃斯
1645年3月6日	帕塔科、克鲁斯达尔德或克鲁斯里克斯达尔德	18.12	10	11	512.458	2	10	204.983
1659年8月11日	荷兰骑手银币	21.572	11	6	635.362	3	3	201.702
	荷兰银杜卡特	18.82	10	10	507.118	2	10	202.847
1681年9月25日 1686年12月22日	3古尔登	$20.17\frac{86}{100}$	11	0	603.038	3	0	201.013
1691年8月7日 1694年3月17日	古尔登	$6.27\frac{46}{100}$	10	$22\frac{1}{2}$	200.035	1	0	200.035
1806年（国王为路易·波拿巴）	古尔登	$6.27\frac{20}{23}$	$10.22\frac{3}{4}$	—	—	—	—	—
	50斯蒂弗	$17.4\frac{7}{32}$	$10.22\frac{3}{4}$	—	—	—	—	—
1816年9月28日	古尔登	7	纯度89.3%	200埃斯	—	—	—	—
1847年10月26日	古尔登	10克	纯度94.5%	$9\frac{450}{1000}$克	—	—	—	—

尼德兰金币表[1]

法令颁布的日期	货币名称	重量 安格尔 埃斯	标准 克拉	标准 格令	纯金含量 埃斯	等值 古尔登	等值 斯蒂弗	古尔登中的纯金含量 埃斯
1489年12月14日		$2.8\frac{24}{35}$	23	7	71.424	1	6	54.941
1520年2月4日		$2.8\frac{24}{35}$	23	7	71.424	1	18	37.591
1548年7月11日	匈牙利杜卡特	$2.8\frac{24}{35}$	23	7	71.424	2	1	34.841
1573年2月7日		$2.8\frac{24}{35}$	23	7	71.424	2	15	25.972
1575年12月3日		$2.8\frac{24}{35}$	23	7	71.424	3	0	23.808

[1] 来自米斯所著的《尼德兰银行业务的历史记录》，与上表一样，1690年以后的记录是作者自己添加的。——原注

（续表）

法令颁布的日期	货币名称	重量		标准		纯金含量	等值		古尔登中的纯金含量
		安格尔 埃斯		克拉	格令	埃斯	古尔登	斯蒂弗	埃斯
1583 年 5 月 7 日和 20 日	荷兰杜卡特	$2.8\frac{24}{35}$		23	7	71.424	3	5	21.976
1586 年 8 月 4 日	尼德兰杜卡特	$2.8\frac{24}{35}$		23	7	71.424	3	8	21.007
1603 年 4 月 2 日		$2.8\frac{24}{35}$		23	7	71.424	3	14	19.304
1606 年 3 月 21 日	尼德兰骑手金币	6.16		22	0	190.666	10	2	18.878
	尼德兰杜卡特	$2.8\frac{24}{35}$		23	7	71.424	3	16	18.796
1610 年 7 月 6 日	尼德兰骑手金币	6.16		22	0	190.666	10	12	17.987
	尼德兰杜卡特	$2.8\frac{24}{35}$		23	7	71.424	4	0	17.856
1615 年 9 月 26 日	尼德兰骑手金币	6.16		22	0	190.666	10	16	17.654
	尼德兰杜卡特	$2.8\frac{24}{35}$		23	7	71.424	4	1	17.635
1619 年 2 月 13 日	尼德兰骑手金币	6.16		22	0	190.666	10	16	17.654
	尼德兰杜卡特	$2.8\frac{24}{35}$		23	7	71.424	4	2	17.42
1622 年 7 月 21 日	尼德兰骑手金币	6.16		22	0	190.666	11	6	16.873
	尼德兰杜卡特	$2.8\frac{24}{35}$		23	7	71.424	4	5	16.805
1638 年 10 月 9 日（法令默许）	尼德兰骑手金币	6.16		22	0	190.666	12	0	15.888
	尼德兰杜卡特	$2.8\frac{24}{35}$		23	7	71.424	4	10	15.872
1645 年 3 月 6 日和 1653 年 1 月 6 日	尼德兰骑手金币	6.16		22	0	190.666	12	12	15.132
	尼德兰杜卡特	$2.8\frac{24}{35}$		23	7	71.424	4	15	15.037
1749 年 3 月 31 日	尼德兰骑手金币	6.16		22	0	190.666	14	0	13.619
1806 年（国王为路易·波拿巴）	金币佩宁	$8.28\frac{4}{9}$		22 克拉黄金		$8.4\frac{3}{4}$	10 法郎		—
				16 克纯银					
1816 年	10 古尔登	4.12		纯度 90%		—	—	—	—
1875 年	10 古尔登	$6\frac{720}{1000}$ 克		纯度 90%		6.048 克纯金	—	—	—

附录 5
德意志货币体系

德意志继承了法兰克国王和神圣罗马帝国奠基人查理大帝建立的货币体系。德意志的货币体系与前文已经讨论过的尼德兰、佛罗伦萨以及其他国家的货币体系都有相同的特征——每磅白银被分成二十苏勒德斯（或二十先令），每苏勒德斯被分成十二迪纳厄斯（或十二芬尼）。所以，二百四十迪纳厄斯等于一磅。苏勒德斯以银币和金币两种形式出现在理论中或账簿上。最初，在德意志的货币体系中，苏勒德斯金币比法兰克的苏勒德斯金币更轻。一磅黄金在法兰克王国被分成七十二苏勒德斯，但在德意志被分成八十苏勒德斯。

◀ 法兰克国王查理大帝

（768—814 年在位）

白银与黄金的兑换比率是 12:1，所以一磅白银理论上应该等于一盎司黄金（或六又三分之二金先令）。但实际流通的时候，一金先令等于三银先令（或三十六芬尼）。

慢慢地，以马克为计算基础的货币体系代替了德意志最初的货币体系，流通特别广泛的马克是科隆马克。所以，科隆马克可以被详细分为：

1 科隆马克 ＝ 8 盎司

＝ 16 洛特

＝ 64 昆特林

＝ 256 芬尼

＝ 512 黑勒

＝ 4352 埃申或格令

为了方便计算计算合金的标准，我们对马克进行了细分。

计算后，合金金币重：1 马克 ＝ 12 克拉 ＝ 288 格令（12×24）

合金银币重：1 马克 ＝ 16 洛特 ＝ 288 格令（16×18）

一盎司黄金需要铸造出六又三分之二金苏勒德斯。之后，在古尔登金币被铸造和发行并在货币体系中代替了金苏勒德斯时，德意志用古尔登、先令和芬尼计算并构建了第三种货币体系。但是，在第三种货币体系被广泛认可前，芬尼就快速贬值了。

一马克白银，在 1255 年的施瓦本被铸造成六百六十枚芬尼；一马克纯度十五洛特的白银，在 1276 年的马格德堡被铸造成五百二十八枚芬尼。

最开始，克罗伊茨和黑勒只是芬尼的替代货币，并非芬尼的细分部分，一黑勒等于一哈雷芬尼；后来，由于这两种货币在贬值过程中价值产生了差异。

在 1407 年的维尔茨堡主教辖区，一马克纯度为六洛特的白银被铸造成四百枚芬尼，一马克纯度为四洛特的白银被铸造成五百四十四枚黑勒。在 1457 年后的纽伦堡，一马克纯度为五又四分之一洛特的白银被铸造成五百一十二枚芬尼，即一马克纯银被铸造成一千五百六十又二十一分之八枚芬尼。一马克纯度为三又二分之一洛特的白银被铸造成七百零四枚黑勒，即一马克纯银被铸造成

三千二百一十八又七分之二枚黑勒。

　　小邦国不受管控、不负责的铸币举措，以及金融家卑劣的手段，是导致货币贬值的根源。虽然神圣罗马帝国皇帝查理四世在14世纪尝试改革货币体系，但还是没能阻止货币快速贬值的步伐。查理四世在1356年规定，一马克白银需要铸造出三十一先令四黑勒（或三百七十六黑勒），但这个规定并没有发挥作用。

　　1356年制定的规定尝试阻止货币贬值，但贬值的货币并不仅仅是芬尼和黑勒这类价值较低的货币。德意志在13世纪末引进新的大银币，新引进的大银币和先令在一段时间内曾同时流通。之后，大银币逐渐替代了先令。1296年，货币格罗申第一次在波希米亚出现，它是模仿法兰西的图尔格罗申铸造出来的，一马克纯度为十五洛特的白银需要铸造出六十三又二分之一枚格罗申。但格罗申依然难以幸免，同样遭遇了贬值。14世纪，货币的贬值过程非常迅猛，尤其是在萨克森。14世纪中叶，伴随着开始铸造金币，导致货币陷入混乱的第三种因素就被引入货币体系。与银币的情况一样，重量和含金量不同的各类金币很快在德意志盛行。

　　1438年，神圣罗马帝国在纽伦堡举行帝国会议时，察觉到必须对不同标准和重量的货币进行详细的记载。简单地说，此时，各个邦国都可以根据自己的意愿铸造任何纯度和重量的货币，"想找到标准和重量相同的货币都不可能"。

　　德意志在15世纪末引入了塔勒，这是引发货币混乱的最后一个因素，这个因素成了德意志货币史上至关重要的因素。最开始，塔勒只是与金古尔登等价的银币，一马克纯银需要铸造出八枚一盎司重的塔勒（或十六洛特）。奥地利的西吉斯蒙德大公在1484年第一次铸造新银币时，把新银币称为古尔登格罗申。波希米亚在16世纪铸造了数量庞大的新银币，这些新银币被称为西里西亚塔勒、约阿希姆塔勒或洛温塔勒。之后，塔勒很自然地贬值，在不同的流通圈价值也不同，但萨克森的贬值程度最明显。

　　根据我们接下来会谈到的首个帝国铸币条例，一枚新银币

▲神圣罗马帝国皇帝查理四世（1355—1378年在位）

▲1486年神圣罗马帝国铸造和发行的西吉斯蒙德古尔登银币

　　这枚古尔登银币中的人物是神圣罗马帝国皇帝西吉斯蒙德，他热衷于骑士比赛，银币背面体现了他的喜好。

仍然重一盎司，但纯度下降为十五洛特。萨克森选帝侯莫里斯在 1549 年把新银币的纯度定为十四洛特八格令，但一马克白银仍然需要铸造出八枚新银币。

德意志按照 1551 年颁布的第二个帝国铸币条例建立了两项基本原则。

第一，1 古尔登格罗申（即塔勒）= 1 金古尔登 = 72 克罗伊茨

第二，1 古尔登格罗申（即塔勒）= 1 金古尔登 = 60 克罗伊茨

一马克白银需要铸造的货币从八枚变为七又二分之一枚，但白银纯度降到了十四洛特二格令，也就是一马克纯银需要铸造出的货币数为八又二百五十四分之一百二十枚。但由于要交铸币税，实际上一枚塔勒等于二十二格罗申（或六十六克罗伊茨）。

第三个帝国铸币条例确定的货币体系与 1551 年确定的货币体系有显著的区别。实际上，停止了价值七十二克罗伊茨的一银古尔登或一塔勒铸造，并采用另一个不同的货币基础——银帝国古尔登。一银帝国古尔登等于六十克罗伊茨，一马克纯度是十四洛特十六格令的白银需要铸造出九又二分之一枚银帝国古尔登。

但是，神圣罗马帝国为驱逐塔勒采取的措施最终没有发挥作用。德意志民众对此提出了抗议。神圣罗马帝国在奥格斯堡召开的帝国议会上，再次放开了塔勒的铸造许可。一马克纯度为十四洛特四格令的白银需要铸造出八枚塔勒。

塔勒之后的变动情况见本书中的表格。

另外，就像前文所说的那样，我们很难把 16 世纪初神圣罗马帝国货币体系的混乱状况和这些混乱的发展历程明确、详细地讲述出来。在 16 世纪，为了解决货币体系混乱的问题，神圣罗马帝国曾三次尝试建立独立的货币体系，以取代诸侯国各不相同的货币体系。

第一次尝试把货币体系一起来是在 1524 年 11 月 10 日，神圣罗马帝国皇帝查理五世在埃斯林根颁布了帝国铸币条例。

以一马克白银等于八弗罗林十先令八黑勒为基础，1524 年 11 月 10 日颁布的帝国铸币条例做了如下规定：

第一，1 银币等于 1 帝国金古尔登，一马克纯度为十五洛特的白银需要铸造

出八枚银币（见上文有关塔勒的说明）。

第二，一马克纯度为十五洛特的白银需要铸造出三十二枚奥尔特。

第三，一扎亨德等于十分之一帝国金古尔登，一马克纯度为十五洛特的白银需要铸造出八十枚扎亨德。

第四，一格罗申等于二十分之一帝国金古尔登，一马克纯度为十二洛特的白银需要铸造出一百三十六枚格罗申。

除此之外，1524 年 11 月 10 日颁布的铸币条例暂时承认了当下神圣罗马帝国境内流通的一系列芬尼。一帝国金古尔登相当于各邦国的芬尼数量为：

邦国名称	芬尼（枚）
斯特拉斯堡	126
符腾堡	168
拉宾	157.5
莱茵	210
萨克森	252
佛兰德尔	312

就像本文所说的那样，1524 年 11 月 10 日颁布的条例并未获得执行。1551 年在奥格斯堡召开的议会上，神圣罗马帝国皇帝查理五世颁布了第二个帝国铸币条例。

随后，神圣罗马帝国尝试以一马克纯银等于十弗罗林十二又二分之一克罗伊茨为基础建立货币体系，但在面值上采取了双重体系。

体系一：1 金古尔登＝ 60 克罗伊茨
体系二：1 金古尔登、古尔登格罗申＝ 72 克罗伊茨

第一，对一帝国古尔登（等于一金古尔登或七十二克罗伊茨）的规定是：一马克纯度为十四洛特两格令的白银需要铸造出七又二分之一枚帝国古尔登（见上文有关塔勒的内容）。

第二，对克罗伊茨的规定是：一马克纯度为六洛特一格令的白银需要铸造出二百三十七枚克罗伊茨。也就是说，一马克纯银需要铸造出六百二十六又四分之三枚克罗伊茨。

第三，一格罗申等于二十四分之一帝国古尔登，一马克纯度为七洛特五格令的白银需要铸造出九十四又二分之一枚格罗申。也就是说，一马克纯银需要铸造出二百零七又一百三十一分之九十九枚格罗申。

但是，和从前一样，神圣罗马帝国不仅规定了货币基础，还决定征收货币兑换手续费，但也暂时广泛地认可了尼德兰、上萨克森、下萨克森、法兰克尼亚和勃兰登堡的重量单位马克。

神圣罗马帝国各地货币的兑换关系

格罗申			
帝国格罗申：一帝国格罗申等于 12 芬尼	24 枚		
迈森和法兰克尼亚的格罗申：一格罗申等于 12 芬尼	$25\frac{1}{5}$ 枚		
帝国阿尔比和尼德兰的斯蒂弗：一帝国阿尔比（或一斯蒂弗）等于 8 芬尼	28 枚	等于 1 古尔登	等于 72 克罗伊茨
吕贝克的先令：1 先令等于 12 芬尼	$28\frac{4}{5}$ 枚		
一马克用纯银铸造的格罗申：每格罗申等于 8 芬尼	$38\frac{2}{3}$ 枚		
芬尼			
提洛尔	300 枚		
吕贝克	288 枚		
勃兰登堡单位马克的铸造	256 枚		
萨克森和法兰克尼亚	252 枚		
在奥地利，一马克纯度为 4 洛特的白银需要铸造出 649 枚	240 枚		
巴伐利亚	210 枚	等于 1 古尔登	等丁 60 克罗伊茨
莱茵省份	$186\frac{2}{3}$ 枚		
施瓦本	180 枚		
符腾堡	168 枚		
拉宾	250 枚		
斯特拉斯堡	120 枚		

与上一个条例相比，1551 年颁布的第二个帝国铸币条例并未获得更广泛的执行，主要是因为上萨克森和下萨克森的民众对塔勒的价值感到不满，说它的价值太低了。因此，神圣罗马帝国在 1555 年把一塔勒的价值提升到二十四格罗申，等于三十二马里安格罗申（或七十二克罗伊茨）。

神圣罗马帝国于 1559 年 8 月 19 日在奥格斯堡颁布了第三个帝国铸币条例。其实，该货币条例的铸币标准和铸币基础与第二个帝国铸币条例一样——在铸造大一些的币种时，一马克纯银需要铸造出十弗罗林十三又二分之一克罗伊茨。但是，在铸造大一些的币种时，在细节上的标准与第二个帝国铸币条例规定的标准有区别。

到目前为止，银古尔登和金古尔登的价值相等。当时的一银古尔登名义上仍然等于六十克罗伊茨，但从 1551 年开始，神圣罗马帝国铸造了帝国古尔登，一帝国古尔登等于七十二克罗伊茨。

为区别不同种类的货币，神圣罗马帝国政府决定未来只铸造银古尔登，一银古尔登等于六十克罗伊茨，一金古尔登估价七十五克罗伊茨。

所以，第三个帝国铸币条例授权的货币种类有：

金古尔登：一马克纯度为十八又二分之一的黄金需要铸造出七十二枚金古尔登，一金古尔登等于七十五克罗伊茨。

银古尔登：一马克纯度为十四洛特十六格令的白银需要铸造出九又二分之一枚帝国古尔登，一帝国古尔登等于六十克罗伊茨。

塔勒或银古尔登：一银古尔登等于七十二克罗伊茨，即将停用。

克罗伊茨：一克罗伊茨等于八十分之一古尔登，一马克纯度为六洛特四格令的白银需要铸造出二百四十三又二分之一枚克罗伊茨。也就是说，一马克纯银需要铸造出六百二十六又七分之一枚克罗伊茨。

帝国格罗申：一帝国格罗申的价值等于二十四分之一古尔登，一马克纯度为八洛特的白银需要铸造出一百零八又二分之一枚帝国格罗申或少数其他币种。

便士和黑勒等低面值货币是以一马克白银价值等于十一弗罗林五克罗伊茨为基础铸造出来的。

几乎马上就有人对第三个帝国铸币条例提出了抗议，尤其是来自下威斯特伐利亚流通圈的抗议。而且第三个帝国铸币条例根本就没有起作用。之后，在奥格斯堡召开的神圣罗马帝国议会再次授权发行塔勒，塔勒的标准是每马克纯度为十四洛特四格令的白银需要铸造出八枚塔勒。所以，每马克纯银的价值等于十弗罗林十二克罗伊茨。

直到神圣罗马帝国议会于1594年在雷根斯堡召开了多次会议，才陆续尝试建立一个统一的货币体系，但建立统一货币体系的构想毫无意义，因为铸币规则由诸侯国独立管辖。1564年和1572年，在讷德林根和纽伦堡分别举行了会议，决定上层政权按照各自的标准铸造货币。1566年、1572年和1582年在科隆举行的会议上，仍然决定下层政权按各自的标准铸造货币。

1568年在吕讷堡举行的会议上，下萨克森当局采用了与1559年颁布的第三个帝国铸币条例差不多的货币体系。按照该货币体系，每马克纯银需要铸造出十弗罗林四十三又六十七分之十一克罗伊茨，每塔勒的价值是二十四格罗申，等于七十二克罗伊茨。

但是，经过协调后，各邦国获得了铸币许可，发行了非常容易贬值的小额币种，这引发了大规模的货币混乱。面对这种情况，质量好、重量足的银币被挤出流通市场，整个货币市场一地鸡毛。同时，铸币标准随着物价的上涨持续下降，1571年1月20日和1571年9月24日发布的帝国公告对阻止优质银币的流失没有起任何作用。所以，商业兑换比率在1585年上升了。

1腓力塔勒＝82克罗伊茨

1帝国塔勒＝74克罗伊茨

1银古尔登＝64克罗伊茨

法兰克福的帝国官员在1596年对货币价值暂时做了如下规定：

1金古尔登＝80克罗伊茨

1帝国塔勒＝72克罗伊茨

1银古尔登（或1塔勒）＝64克罗伊茨

1596 年年底，斯特拉斯堡官方把一帝国塔勒的价值规定为八十四克罗伊茨，也就是每马克纯银等于十二弗罗林三十六克罗伊茨。货币问题引发的混乱在整个神圣罗马帝国爆发的时候，神圣罗马帝国皇帝为了实现货币贬值的目的，曾在 1601 年、1603 年和 1607 年多次向各邦国政府发出信函，企图公开实施货币贬值策略。与此同时，一帝国塔勒的价值已经上升到九十克罗伊茨，一马克纯银相当于十三又二分之一弗罗林。

按照帝国塔勒的价值，1551 年等于七十二克罗伊茨的一古尔登，如今等于九十四克罗伊茨；1559 年等于六十克罗伊茨的一帝国古尔登，如今等于七十九克罗伊茨。

正是在原来相当于六十克罗伊茨，在 1559 年相当于七十九克罗伊茨的一帝国古尔登的基础上，神圣罗马帝国在 18 世纪发行了米斯尼亚、法兰克尼亚和卡米尔－杰里希特，之后发行的货币并没有太大的差别。所以：

1 米斯尼亚（或 31 格罗申）$= 78\frac{2}{3}$ 克罗伊茨

1 法兰克尼亚（或 20 巴岑）$= 80$ 克罗伊茨

1 卡米尔－杰里希特 $= 78$ 克罗伊茨 $2\frac{10}{23}$ 塔勒

上层流通圈在 1623 年按照自己的铸币情况决定实施下列货币体系：

1 塔勒 $= 90$ 克罗伊茨

1 金古尔登 $= 1$ 弗罗林 44 克罗伊茨

1 杜卡特 $= 2$ 弗罗林 20 克罗伊茨

小币种货币体系的基础是：1 马克纯银 $= 16$ 弗罗林 $= 10\frac{2}{3}$ 塔勒。比如：

小币种名称	纯度（洛特）	一马克白银铸造的数量（枚）
0.5 巴岑	7	210
克罗伊茨	5	300
3 黑勒	3.5	560
芬尼	3	720

也是在 1623 年，下层流通圈尝试按照 1596 年临时制定的标准，确定一帝国塔勒等于二十一巴岑（或八十四克罗伊茨）。但是这个尝试失败了。之后下层流通圈也加入了上层流通圈的铸币体系。

萨克森把自己的货币体系从上下层流通圈的联动中独立了出来，而且走出了完全不一样的路线。在其他区域的塔勒升值时，萨克森当局却反过来把一塔勒的价值下调到原来的二十四格罗申。但是，在实行的时候，萨克森当局采取的措施被证明只有一部分有效，因为铸币厂一直在铸造已经贬值的塔勒。所以，不断地铸造贬值的塔勒，最终让萨克森产生了优质货币和劣质货币同时存在的双重体系，优质货币和劣质货币的差值大约为 25%。在一段时期内，下萨克森选侯国和上萨克森选侯国略有不同的做法，使货币状况更加混乱。下萨克森在 1610 年采用了下列货币体系：

1 帝国塔勒＝ 28 格罗申

1 帝国古尔登（1559 年）＝ 24 格罗申

1 腓力塔勒＝ 30$\frac{2}{9}$格罗申

1 马克白银要铸造出 234 枚银格罗申（纯度为 14 洛特 4 格令）

1 银先令＝ 306 格罗申

所以，1 马克纯银＝ 12 弗罗林 9 克罗伊茨

下萨克森当局觉察到，自己没办法维持上述体系。因此，下萨克森当局在 1617 年调整了上述货币体系。最终，下萨克森当局在 1622 年采纳了与上萨克森相同的货币体系，把一帝国塔勒的价值定为二十四银格罗申。萨克森选侯国和下萨克森在 1622 年和 1623 年稳定后的货币体系如下：

1 帝国塔勒＝ 24 古尔登格罗申

1 古尔登塔勒（1559 年）＝ 21 古尔登格罗申

1 腓力塔勒（或 1 金古尔登）＝ 30 古尔登格罗申

1 杜卡特＝ 36 古尔登格罗申

勃兰登堡在1623年确立的货币体系如下：

1帝国塔勒＝24优质格罗申

1金古尔登＝27优质格罗申

1杜卡特＝38优质格罗申

三十年战争结束时，德意志铸币体系的相关记录非常少。三十年战争末期，德意志出现了与1620年大量发行小银币导致货币贬值一样的抱怨声。因此，神圣罗马帝国继续把大银币的价值往上调。所以，巴伐利亚、法兰克尼亚和施瓦本三地的上层圈在1665年聚集起来召开了会议。经过试验，三地的上层圈发现，一马克纯银的市场价值从十四弗罗林十五克罗伊茨升到了十四弗罗林二十克罗伊茨。所以，如果不把一帝国塔勒的价值定为九十六克罗伊茨，三地就没办法铸造更大面值的银币，把一马克纯银的价值提升为十四弗罗林二十四克罗伊茨。同时，三地的上层圈决心把一杜卡特的价值定为三弗罗林，一马克纯金等于二百零三弗罗林四十九克罗伊茨三又七十一分之三十一芬尼，白银与黄金的兑换比率也因此从15:1变为$14\frac{1}{8}$:1。

巴伐利亚、法兰克尼亚和施瓦本在1667年一起定下来的方案暂时得到了采纳。勃兰登堡当局和萨克森当局并未采用上述方案，始终认为帝国塔勒的升值幅度还不大。所以，萨克森当局和勃兰登堡当局在1667年采纳了所谓的津纳标准，把一帝国塔勒的价值定为一弗罗林四十五克罗伊茨，也就是一百零五克罗伊茨，相当于十八优质格罗申，一马克纯银等于十又二分之一塔勒（或十五弗罗林四十五克罗伊茨）。

在萨克森和勃兰登堡实施的体系下，出现了一种新银币体系：

▲1643年神圣罗马帝国铸造和发行的斐迪南三世塔勒银币

这种银币直径约46.7毫米，重约26.6克，正面为戴着桂冠或花环、身穿盔甲的斐迪南三世半身像，外环有铭文。背面是以奥格斯堡松球为中心的城市景观，上方有小天使，下方有铸造年份，外环有铭文。

1 古尔纳德＝$\frac{2}{3}$塔勒

     ＝ 60 克罗伊茨

     ＝ 16 优质格罗申

     ＝ 32 先令

巴伐利亚、法兰克尼亚和施瓦本三地的上层圈在 1669 年决定调整白银与黄金的兑换比率，并且为了保护黄金，再次把一塔勒的价值从九十六克罗伊茨下调到九十克罗伊茨。法兰克尼亚、巴伐利亚和施瓦本三地的上层圈同时决定，维持一杜卡特等于三弗罗林以及一金古尔登等于二弗罗林二十克罗伊茨的标准不变。

所以，一马克纯银等于三弗罗林三十克罗伊茨，一马克纯金等于二百零四弗罗林。

白银与黄金的兑换比率被定为 $15\frac{1}{9}:1$，而且划分了辅币的等级，按照提高后的标准铸造。所以：

六克罗伊茨和四克罗伊茨：四克罗伊茨等于一巴岑，一马克纯银等于十三弗罗林五十五克罗伊茨。

格罗申（或三克罗伊茨）：一马克纯银等于十四弗罗林十克罗伊茨。

克罗伊茨：一马克纯银等于十四弗罗林四十克罗伊茨。

芬尼：一马克纯银需要铸造出三千七百六十枚芬尼，一马克纯银等于十五弗罗林四十三克罗伊茨。

所以，德意志在 1670 年同时存在三个体系。

体系一：一帝国塔勒等于九十克罗伊茨，一马克纯银等于十三弗罗林三十克罗伊茨。

体系二：一帝国塔勒等于九十六克罗伊茨，一马克纯银等于十四弗罗林二十四克罗伊茨。

体系三：一帝国塔勒等于一百零五克罗伊茨，一马克纯银等于十五弗罗林四十五克罗伊茨。

但是，巴伐利亚、法兰克尼亚和施瓦本三地的上层圈没办法维持上述货币标准，一帝国塔勒的价格再次上升为九十六克罗伊茨，一杜卡特的价格上升为三弗罗林十二克罗伊茨。

货币体系混乱导致的危机已经在前文提过了。神圣罗马帝国议会在1680年通过了法兰克尼亚、巴伐利亚和施瓦本三个上层圈提出的措施，把一塔勒的价值定为九十克罗伊茨，简单地说，这只是不惜代价阻止货币贬值采取的权宜之计。

然而，根据神圣罗马帝国议会确立的货币体系，神圣罗马帝国皇帝利奥波德一世和巴伐利亚、萨尔茨堡一起，把一帝国塔勒的价值定为九十六克罗伊茨。萨克森、勃兰登堡、不伦瑞克和吕讷堡在1690年再次组建了一个独特的货币体系——著名的莱比锡标准。

按照莱比锡标准，一帝国塔勒的价值是一百二十克罗伊茨（或二弗罗林），一马克纯银等于十二塔勒十八古尔登。

莱比锡标准确定的塔勒的估值，在几年时间里就获得了整个神圣罗马帝国的认可。瑞典、不来梅、波美拉尼亚、美因茨、普法尔茨和法兰克福在1690年采纳了莱比锡标准。上层圈也在1693年采纳了莱比锡标准。同时，一金古尔登的价值上升为二弗罗林五十六克罗伊茨。

之后，即便神圣罗马帝国皇帝认可了莱比锡标准，但在实际操作的过程中并未让其发挥作用。即便官方并未正式承认塔勒的价值在继续上涨，但由于不同邦国的铸币竞争再次让低面值的货币贬值，面值为十克罗伊茨的货币按照一马克纯银需要铸造出二十又三分之一到二十一又三分之一古尔登的标准被铸造出来。货币标准问题在1736年再次被摆到了神圣罗马帝国议会面前。神圣罗马帝国议会于1738年9月10日决定在本国境内使用莱比锡标准，一帝国塔勒等于二弗罗林，一杜卡特等于四弗罗林，一金古尔登等于三弗罗林。神圣罗马帝国议会还决定以一马克纯银等于十三又三分之二塔

▲1695年铸造的利奥波德一世塔勒银币

勒的标准铸造辅币。

即便 1738 年 9 月 10 日确立的货币体系可以维系下去，但也仅能维系几年时间。奥地利王位争夺战的爆发，让其货币出现不同程度的贬值。奥地利政府果决地采取措施，在没有采取任何手段保持其他诸侯国的货币体系与神圣罗马帝国的货币体系一致的情况下，神圣罗马帝国皇帝弗朗茨一世采纳了二十古尔登的标准——马克纯银等于十三又三分之一帝国塔勒（或二十古尔登）。奥地利女大公玛丽亚·特蕾莎统治的领土匈牙利、波希米亚马上采纳了神圣罗马帝国皇帝弗朗茨一世确定的货币标准。

萨克森选帝侯及波兰国王腓特烈·奥古斯特三世于 1750 年率先在德累斯顿采纳了奥地利确定的标准，但对一些细节做了改变，把一马克纯银的价值定为十三又八分之三帝国塔勒，取代原来的一马克纯银等于十三又三分之一帝国塔勒的标准。从 1747 年到 1753 年短暂地尝试了二十四古尔登标准后，巴伐利亚政府在 1753 年同意采纳二十古尔登的标准。拜罗伊特、勃兰登堡－安斯巴赫、维尔茨堡和纽伦堡等地都在 1754 年采纳了神圣罗马帝国皇帝弗朗茨一世确定的奥地利货币体系。

1753 年 9 月 21 日，通过签订《维也纳公约》的形式正式确定了奥地利货币体系的标准，以下是具体规定：

金币：一马克纯金等于二百八十三弗罗林五克罗伊茨四又七十四分之四十七芬尼。主币是帝国杜卡特，纯度为二十三克拉八格令的一科隆马克黄金需要铸造出六十七枚杜卡特，也就是一科隆马克纯金需要铸造出六十又七十一分之六十七枚杜卡特，一杜卡特等于四弗罗林十克罗伊茨。此时，在荷兰和其他地区，一杜卡特的价值是四弗罗林七又二分之一克罗伊茨。

银币：一马克纯银等于二十古尔登，能够兑换各种银币，

▲奥地利女大公玛丽亚·特蕾莎（1740—1780 年在位）

甚至能够兑换成格罗申或三克罗伊茨，金银的兑换比率是 $1:14\frac{11}{21}$。

得到正式认可的银币：

塔勒：一传统塔勒（或一公约塔勒）等于二弗罗林。

古尔登（或二分之一塔勒）：一马克纯度是十三又三分之一的白银需要铸造出二十枚古尔登。

三十克罗伊茨（二分之一古尔登或四分之一塔勒）：一马克纯度是十三又三分之一的白银需要铸造出四十枚三十克罗伊茨。

只在奥地利使用的十七克罗伊茨：一马克纯度是八又三分之二洛特的白银需要铸造出七十又十七分之十枚。

只在奥地利使用的七克罗伊茨：一马克纯度是六又十八分之十三的白银需要铸造出一百七十一又七分之三枚。

二十克罗伊茨：一马克纯度是九又三分之一的白银需要铸造出六十枚。

十克罗伊茨：一马克纯度是八洛特的白银需要铸造出一百二十枚。

格罗申（或三克罗伊茨）：一马克纯度是五又二分之一的白银需要铸造出四百枚。

对于最低面值的辅币半格罗申、克罗伊茨和芬尼，可根据不同的货币或地方，允许其采用从每科隆马克白银铸造成二十又四分之三古尔登到三十三古尔登不等的标准。

对于法律认可的货币，确定了如下价值：

巴伐利亚的一枚大金币或一枚双古尔登金币 ＝ 6 弗罗林 8 克罗伊茨

巴伐利亚的一枚卡罗勒斯或一枚三古尔登金币 ＝ 9 弗罗林 12 克罗伊茨

克雷姆尼茨的一枚杜卡特 ＝ 4 弗罗林 12 克罗伊茨

佛罗伦萨的一枚吉格利亚蒂 ＝ 4 弗罗林 12 克罗伊茨

威尼斯的一枚达克特 ＝ 4 弗罗林 12 克罗伊茨

其他所有金币作为金块处理，一科隆马克纯金的价值是二百八十弗罗林。

禁止其他国家发行的价值低于二分之一弗罗林的银币流通。

上面就是公约体系的内容或标准，随着普法尔茨选侯国和萨尔茨堡政府的加入，公约体系其实已经被认为是帝国体系。

公约体系、公约货币（或塔勒）和其他货币直到近代仍然是奥地利货币体系的组成部分。

1857 年签订的《维也纳公约》对奥地利标准的影响在前文已经详细说过了。

按照 1867 年 6 月 13 日签订的《柏林条约》，奥地利政府退出了《维也纳公约》约定的货币条约，并尝试加入 1867 年 7 月 31 日即将展开探讨的法兰西货币条约。奥地利政府在 1867 年 7 月 31 日停止了德意志金币克朗和半克朗的铸造，转为铸造四杜卡特和一杜卡特。奥地利和匈牙利从 1870 年开始同时铸造了四弗罗林和八弗罗林，一磅纯度 90% 的黄金能够铸造出七十七又二分之一枚八弗罗林。

按照 1870 年 11 月 6 日颁布的法令，一枚八弗罗林金币的价值等于八点一弗罗林。法定货币八弗罗林的铸造基础是法兰西白银与黄金 15.5:1 的兑换比率。其实，与 1857 年签订公约前铸造和发行的克朗和半克朗一样，八弗罗林仅仅是商业货币。尽管奥地利的标准货币实际上是纸币，但其名义上还是 1857 年签订的公约确定的银弗罗林。奥地利和匈牙利的铸币厂在 1879 年 3 月禁止为私人铸造银币，并准备以黄金为基础重建奥地利的货币体系。奥地利政府在 1892 年决定重建以黄金为基础的货币体系，该体系的规定如下：

货币单位为克朗，一克朗等于二弗罗林，但需要铸造出十克朗或二十克朗。一千克纯金相当于三千二百八十克朗，克朗的黄金纯度是 90%。一克朗再被划分为一百黑勒。

为采用以黄金为基础的新体系，在用奥地利新金币兑换原来的银币时，采用 1:18.22 的兑换比率，宣布目前的一弗罗林等于二法郎十生丁。

银币仍然是辅币，原来的一弗罗林按照二克朗流通。

在约定的体系（或二十古尔登标准，即原来的奥地利标准）的基础上，出现了另一种与原标准同时存在的标准，也就是二十四古尔登标准。二十四古尔

登标准跟二十古尔登标准或奥地利标准相同，只不过名称不同而已。制定公约标准后不久，巴伐利亚选帝侯马克西米利安三世·约瑟夫感觉到或预测到，只要其他邦国不加入货币公约，该公约制定的标准就会在巴伐利亚选帝侯统治的领土上不断带来混乱。所以，巴伐利亚选帝侯竭力阻止公约在其统治范围内执行，并采取了一项临时制度。巴伐利亚选帝侯和奥地利女大公玛丽亚·特蕾莎经过长时间沟通后达成了一项协议，将巴伐利亚的货币标准与奥地利公约确立的标准调整一致，但要允许巴伐利亚选帝侯铸造的货币的价值比公约规定的高五分之一，也就是一塔勒并非价值二弗罗林，而是价值二弗罗林二十四克罗伊茨。同样，一马克白银的价值应该是二十四古尔登，代替奥地利标准或公约标准中一马克白银价值二十古尔登的规定。

这便是二十四古尔登标准的来源，二十四古尔登标准逐渐传遍奥地利之外的整个德意志南部地区。三地的上层流通圈在1761年采纳了二十四古尔登标准。萨尔茨堡也在1765年采纳了二十四古尔登标准。特里尔、美因茨、普法尔茨、莱茵政权、黑森－达姆施塔特和法兰克福等地都在1766年采纳了二十四古尔登标准。

由于奥地利大公国为奥地利属尼德兰铸造的克朗塔勒或布拉班特塔勒从1755年起就开始流通，巴伐利亚的二十四古尔登标准在18世纪末获得了迅速发展。莱茵省把一塔勒的价值提升到比铸币厂发行的价值还高的水平，把一塔勒的价值定为二弗罗林四十二克罗伊茨。按照二十四古尔登标准，一塔勒的价值仅为二弗罗林三十八又十九分之十克罗伊茨。提高塔勒的价值，相当于把标准调整为一马克纯银需要铸造出二十四又十一分之六枚古尔登。巴伐利亚、符腾堡和拿骚等地大约在19世纪初逐渐按照同样的标准铸造《维也纳公约》规定的塔勒。在铸造克朗塔勒的时候，巴登、黑森和萨克森－科堡也采用了同样的标准。德意志南部国家在1837年召开的铸币会议上正式通过了新铸币标准，把二十四古尔登标准定为德意志南部的标准。但是，奥地利政府并未参加此次会议。

德意志南部的二十四古尔登标准，在1838年通过签订《德累斯顿公约》被纳入普鲁士的货币体系中，而且本书详细阐述的近代货币标准发展以前，旧标准一直在使用。

作为一个独立的存在，普鲁士的货币体系与上文细致描述过的奥地利的独

▲ 1749 年普鲁士铸造和
发行的二分之一金腓特烈

格劳曼货币改革的另一
关键组成部分是腓特烈大帝
所青睐的金腓特烈。在金腓
特烈首次铸造和发行后，这
种金币只有过很小的改动，
纯度略有下降。

立行动同时兴起。创建普鲁士货币体系的人是腓特烈大帝。腓
特烈大帝在创建普鲁士货币体系时听取了荷兰商人菲利普·格
劳曼的建议。按照菲利普·格劳曼的建议，普鲁士政府在 1750
年引入了二十一古尔登（或十四塔勒）标准，这个标准又被称
为格劳曼标准。

一马克纯度为十二洛特的白银需要铸造出十又二分之一枚
塔勒。所以，一马克纯银等于十四塔勒（或二十一古尔登）。

1 塔勒 = 24 格罗申 =（24×12）芬尼 = 288 芬尼。

作为辅币的银币是格罗申和二分之一格罗申，一格罗申等
于二十四分之一塔勒，二分之一格罗申等于四十八分之一塔勒。

银币在七年战争期间经历过短暂的贬值期。普鲁士政府在
1764 年重建格劳曼标准，这个标准与过去的格劳曼标准只有两
个地方不同。

第一，纯度为十二洛特的银币——二分之一塔勒和四分之
一塔勒，从 1766 年开始停止铸造，并在 1764 年后用下列标准
的货币取而代之：

三分之一塔勒	一马克纯度是十又三分之二洛特的白银需要铸造出二十八枚	十四塔勒标准
六分之一塔勒	一马克纯度是八又三分之一洛特的白银需要铸造出四十三又四分之三枚	
十二分之一塔勒	一马克纯度是六洛特的白银需要铸造出六十三枚	

第二，普鲁士各省采用白银铸造的辅币的发行量大增，然而，
按照西里西亚和克利夫斯等地区的铸币方案，铸币标准不同程度
地下降，某些时候甚至达到十八塔勒标准。贬值的格罗申和双格
罗申在 1772 年的发行总额等于八百九十七万九千一百八十九塔
勒。之后，辅币的铸造标准下降为二十一塔勒。按照二十一塔勒
标准，普鲁士直到 1786 年腓特烈大帝去世时才发行了六便士和其

他货币，发行总额等于一千二百五十八万六千八百六十三塔勒。从 1786 年腓特烈大帝去世到反对发行低面值辅币的《提尔西特和约》签订时，普鲁士铸造的辅币价值二千九百六十二万八千八百零七塔勒。

所以，辅币的价值一共是四千二百二十一万五千六百七十塔勒，所含纯银的价值只有二千八百二十四万三千七百八十塔勒。

按照 1808 年 5 月 4 日发布的公告以及 1811 年 12 月 13 日颁布的法令，大量发行的辅币贬值了，货币的价值下降为正常价值的三分之二到七分之四，所以出现了下列情况：

42 格罗申 = 1 优质塔勒

52$\frac{1}{2}$格罗申（波希米亚）= 1 优质塔勒

普鲁士政府在 1821 年 9 月 30 日颁布法律前，并未完成货币的重铸工作。1821 年颁布的法律的主要内容是：

一、金币：

到目前为止，一马克黄金要铸造出三十五枚腓特烈金币，一腓特烈金币等于五塔勒。

…… ……

四、银币：

与过去一样，一马克粗银要铸造出十又二分之一枚普鲁士塔勒，也就是一马克纯银要铸造出十四枚普鲁士塔勒。

…… ……

七、一塔勒被细分为三十格罗申十二芬尼。在清偿债务的时候，所用的芬尼只可以占塔勒总价值的六分之一。

八、银格罗申：

一马克纯度是九分之二的白银需要出铸造出一百零六又三分之二枚银格罗申，也就是一马克纯银要铸造出十六塔勒。

按照 1821 年颁布的法律之规定，新标准将于 1826 年正式生效，该法令确立的标准直到近代仍然是普鲁士及其所辖各省的铸币标准。

在 1838 年 7 月 30 日德累斯顿举行的会议上，普鲁士十四塔勒（或二十一古尔登）标准与德意志南部的二十四又二分之一古尔登标准一起被采纳为德意志关税同盟的标准。

此后，汉诺威、奥尔登堡、不伦瑞克、瓦尔代克、梅克伦堡和利珀等地区都采用了普鲁士的货币体系。

从 1809 年实行货币改革到 1836 年年底，普鲁士的铸币详情如下：

在 1809—1836 年，铸造与发行的塔勒银币的数量为 70,850,560 枚，铸造与发行的六分之一塔勒银币的数量为 16,942,307 枚，合计数量为 87,792,867 枚。

流通中存在的过去铸造与发行的重量充足的银币的数量为 95,709,282 枚。

流通中存在的过去铸造与发行及新铸造与发行的重量充足的塔勒和六分之一塔勒银币的总数为 183,502,149 枚。

在 1809—1811 年，铸造与发行的三分之一塔勒银币的数量为 237,151 枚；在 1821—1836 年，铸造与发行的辅助银币的数量为 2,949,760 枚。

在 1809—1836 年，铸造与发行的重量充足的银币及塔勒、六分之一塔勒、三分之一塔勒和辅助银币的总数为 186,689,060 枚。

在 1809—1836 年，回收的五分之一塔勒数量为 319,522 枚，十二分之一塔勒数量为 135,504 枚，十五分之一塔勒数量为 428,256 枚，合计数量为 883,282 枚。

在铸造和发行的所有银币中，去除回收的塔勒后，剩余的银币数量为 185,805,778 枚。

普鲁士银币和金币几乎没有关联性。

普鲁士政府从 1750 年开始以腓特烈大帝的名义铸造了半皮斯托尔、单皮斯托尔和双皮斯托尔。所有这些金币都被称为腓特烈金币，按照一马克纯度是二十一又四分之三的黄金需要铸造出三十五枚金币的基础铸造。

金币的纯度标准从 1770 年开始降到了二十一又三分之二克拉，该标准还在 1821 年 9 月以法令的形式通过。

已知的金币铸造量如下：

时间（年）	塔勒的铸造量（枚）
1764—1786	29,599,482.5
1787—1808	26,515,490
1809—1836	13,922,960

在 1840 年以前铸造的金币几乎都消失或被熔化了。

在国家层面的支付中，一腓特烈金币等于五塔勒，但在 1783 年前的普通贸易中，一腓特烈金币一直等于五又四分之一塔勒，一腓特烈金币的价值则逐渐上升为五又三分之一塔勒和五又二分之一塔勒。英格兰银行为了恢复现金支付，在 1816 年购买了黄金，让一皮斯托尔或一腓特烈金币的价值最高升到了五又四分之三塔勒。一皮斯托尔的价值直到 1826 年才回落到五又三分之二塔勒。

即便皮斯托尔仅仅是用于政府之间的支付，而且在 1853 年签订铸币公约前就一直在使用，但皮斯托尔也仅仅是一种商品。普鲁士政府唯一的法定标准和清偿货币是银币，也就是银塔勒。在普鲁士，金币按照塔勒的市场价值波动，可以根据不同的比率估价。

在 1857 年 1 月 24 日签订《维也纳公约》前，普鲁士货币体系始终有效，具体内容前文已经阐明了。在 1857 年 5 月 4 日普鲁士颁布的铸币法通过了《维也纳公约》的相关决议，主要内容为：

第一条，重量单位换算如下：在普鲁士，一磅等于五百克，同时用十进制进行细分，代替过去一磅等于二百三十三点八六五克的标准。

第二条到第六条，塔勒仍然是普鲁士的正式银币。一磅纯银要铸造出三十枚塔勒，塔勒的含银量为 90%。所以，三十塔勒的标准代替了过去十四塔勒的标准，但这两个标准都被视为一样的标准。应该按照公约塔勒或联盟塔勒的标准铸造塔勒，一塔勒被分为三十格罗申，等于十二芬尼。

第七条到第八条，辅币在偿付的时候与过去一样，每次支付的额度都限定为六分之一塔勒，并按一马克白银需要铸造出三十四又二分之一塔勒

的标准铸造辅币。

…………

第十一条，商业用金币应该以联盟货币的形式和属性，按半克朗和克朗的名义来铸造，具体内容如下：

（一）克朗：一枚克朗等价于五十分之一磅纯金，一克朗的含金量是90%；

（二）半克朗：一枚半克朗等价于一百分之一磅黄金，半克朗的含金量是90%。

克朗和半克朗都属于普鲁士的特殊金币，普鲁士此后不再铸造其他金币。

…………

第十四条，黄金与白银的相对价值应该全部由供求关系决定，任何人都必须按照白银的官方定价确定黄金的价格。

…………

第十六条，普鲁士财政大臣有决定克朗和半克朗官方支付价值的权利。

普鲁士财政大臣有权随时取消或限制金银既定的兑换比率，有权许可官方接收克朗和半克朗，也有权授权官方拒收银币。

…………

第十九条，在获得授权的前提下，普鲁士财政大臣有权采取措施稳定货币的价值。在正常交易的过程中，不得提供或使用外国的金银币。

之后，事情的发展进程以及普鲁士和德意志帝国现有的货币体系在前文中已经详细说明了。

吕贝克和汉堡共同采用的铸币标准源于把一马克划分为十六先令，把一先令划分为十二芬尼。衡量金属重量的单位马克与作为货币单位的马克很快就分道扬镳了。吕贝克和汉堡两地在1255年签订条约时，统一按照一马克纯银铸造三十八先令十芬尼（即二马克六先令十芬尼）的标准铸造银币。

维斯马和吕讷堡在1325年通过签订《汉堡–吕贝克条约》采用了温迪斯标准。

1433年，温迪斯标准采用以科隆马克为计算重量的标准。

标准下降的时间表

时间（年）	一马克纯银可以铸造		
	马克	先令	芬尼
1226	2	2	0
1255	2	9	5
1293	2	9	8
1305	2	15	5
1325	3	0	9
1353	3	10	11
1375	4	3	0
1398	4	15	2
1403	5	1	11
1411	5	12	5
1430	8	8	0
1450	9	12	2
1461	11	8	10
1506	12	8	0

依据温迪斯标准铸造货币的国家联盟维持到了 17 世纪初。人们在 17 世纪初已经无法感受到温迪斯标准的存在了。有关汉堡当局面临货币困境的经验以及按照这种经验建立汉堡银行的事情前文已经说过了。

1667 年，汉堡当局没有考虑就采用了津纳标准。按照津纳标准，一马克纯银需要铸造出十又二分之一塔勒，等于三十一马克八先令（或一汉堡科朗）。但是，1690 年，德意志在把货币铸造标准转向莱比锡标准的过程中，汉堡迟疑了，而且经历了混乱的过渡时期。一马克纯银在过渡时期铸造的货币从三十马克变成了三十四马克八先令。之后，汉堡在 1725 年通过了吕贝克标准，根据该标准，一马克纯银铸造的货币等于三十四马克（即一汉堡科朗）。

吕贝克标准从 1693 年开始在荷尔斯泰因实施。从 1788 年到 1789 年，汉堡针对替代较轻或较低铸币标准的问题展开了长久而认真的讨论。其实，虽然没有获得法律承认，替代较轻或较低铸币标准的问题在 1858 年后已经对汉堡造成了影响。汉堡在 1850 年实际流通的货币，主要是依据普鲁士标准——由十四塔勒标准铸造的银币构成。一塔勒按照二又二分之一汉堡科朗（或四十先令）的

价值流通，也就是说，一马克纯银需要铸造出三十五汉堡科朗。

但是，在自由邦汉堡与德意志帝国新的货币体系结合前，三十四马克的标准从法律角度看仍然有效。

有关汉堡银行体系贴水的问题，属于银行业史的范畴。

简单地说，历史上德意志货币体系的标准如下：第四条、第五条、第七条、第九条、第十一条、第十二条、第十三条是 1871 年重要的货币改革时期存在的体系。

一、1559 年确立的旧帝国货币体系的标准。该标准是在神圣罗马帝国皇帝斐迪南一世统治时期建立的体系基础上确立的帝国货币体系。在这个体系下，一马克纯银等价于八塔勒。这个体系在 1622 年发生了变化，所以九塔勒的含银量加二格令白银的重量等于一马克纯银。

二、津纳标准。由萨克森当局和勃兰登堡当局于 1667 年在津纳商定。按照这个标准，一马克纯银等价于十又二分之一塔勒（或十又四分之三古尔登）。

三、莱比锡标准或托尔高标准。按照这个标准，一马克纯银等价于十八古尔登。

四、普鲁士标准。按照这个标准，十四塔勒（或二十一古尔登）等价于一马克纯银。

五、《维也纳公约》标准或奥地利标准。按照这个标准，一马克纯银等价于二十古尔登。

六、1766 年确立的二十四古尔登标准或新帝国标准。按照这个标准，一马克纯银等价于二十四古尔登。

七、德意志南部标准或二十四又二分之一古尔登标准。按照这个标准，一马克纯银等价于二十四又二分之一古尔登。

八、从 1808 年到 1837 年，德意志南部一些邦国或多或少都使用过的克朗-塔勒标准。按照这个标准，假如用布拉班特的标准铸造克朗塔勒，那么一马克纯银需要铸造出九点一八枚克朗塔勒，一克朗塔勒的发行价是二古尔登四十二克罗伊茨，具有代表性的是二十四又五分之四古尔登标准体系。正是由于二十四又五分之四古尔登标准体系演化成了二十四又二分之一古尔登标准，

二十四又五分之四古尔登标准就彻底被二十四又二分之一古尔登标准替代了。

九、韦切尔扎哈龙标准或韦奇塞尔标准，也是美因河畔的法兰克福采用的银行清算体系。按照这个标准，二十又五十五分之四古尔登等价于十三又五十五分之二十一塔勒（或一马克纯银）。所以，法兰克福标准规定的货币贵金属含量比《维也纳公约》规定的货币二十古尔登中的贵金属含量还要少。

十、奥格斯堡在 1845 年 7 月 1 日前一直存在吉罗格尔德体系，并按照吉罗格尔德体系与阿姆斯特丹和汉堡展开货币交换活动。按照这个体系，一马克纯银等价于十五又一百二十七分之九十五古尔登吉罗格尔德。其实，一百古尔登吉罗格尔德相当于《维也纳公约》标准确立的一百二十七古尔登。吉罗格尔德体系被引入的二十四又二分之一古尔登标准替代了。

十一、吕贝克科朗或上述汉堡科朗。按照这个标准，一马克纯银等价于十一又三分之一塔勒（或三十四马克）。

十二、汉堡银行的记账单位和清算体系。从 1790 年开始汉堡银行进行测算的时候，一马克纯银等价于九又二十四分之五记账塔勒（或二十七又八分之五记账马克）。但是，一马克纯银铸造成货币后的发行价格是九又四分之一塔勒（或二十七又四分之三记账马克），发行价格在包含银行费用后仍有少量溢价。银行的记账价格和发行价格之间的溢价在 1846 年被取消，白银的价值都是二十七又四分之三马克，也就是一马克纯银的价格是二十七马克十二先令。所以，汉堡的记账单位以汉堡科朗为基础上升了 22.5225%。

十三、石勒苏益格－荷尔斯泰因的科朗。按照该标准，一马克纯银等价于十一又十六分之九塔勒（或三十四又十六分之十一马克）。

▲1830 年铸造的路德维希一世一塔勒银币

▲1756 年普鲁士铸造和发行的腓特烈大帝金奥古斯特

德意志金币的铸造标准：

一、帝国货币标准或杜卡特标准。按照德意志颁布的法令，帝国铸币条例在 1559 年首次提到了杜卡特，并规定一马克纯度是二十三又二分之一克拉的纯金需要铸造出六十七枚杜卡特。之后，帝国货币标准发生了小幅变化。奥地利铸造的凯塞利申金币的含金量是二十三克拉八格令，匈牙利铸造的克里姆尼策金币的金含量是二十三克拉九格令。德意志其他邦国铸造的金币金含量大致在二十三克拉六格令到二十三克拉八令之间。巴登将杜卡特的含金量定为二十二克拉六格令，一马克黄金需要铸造出六十三点六九七枚杜卡特。

二、皮斯托尔标准。按照皮斯托尔标准铸造的货币有腓特烈金币、威廉金币、卡洛斯金币或一般金币、路易金币。这个标准主要被丹麦北部各地采纳，多数地区采用的标准是一马克纯度为二十一又二分之一克拉的黄金需要铸造出三十五又六分之一枚金币。但各地仍然做了一些改变，比如：萨克森地区在铸造奥古斯特金币时，一马克纯度是二十一克拉八格令的黄金需要铸造出三十五枚奥古斯特；不来梅地区的法定货币是皮斯托尔，一金路易的流通价值等于五塔勒七十二格罗特。一格罗特等价于五施瓦伦。在 19 世纪很长一段时间里，汉诺威、梅克伦堡和不伦瑞克的商人用等价于五塔勒的一皮斯托尔金币记账。一皮斯托尔的价值，在普鲁士是五又三分之二塔勒，但在其他地方，价值有所不同，尤其是市场价值不同。

三、金古尔登标准。1559 年颁布的三个帝国铸币条例的最后一条规定，一马克纯度是十八又二分之一克拉的黄金需要铸造出七十二金古尔登。德意志南部各地区和汉诺威直到 18 世纪中叶仍然在铸造金古尔登。

时间	事件
1669 年	三个流通圈的 1 杜卡特＝3 弗罗林
	三个流通圈的 1 金古尔登＝2 弗罗林 20 克罗伊茨
1690 年	按照莱比锡标准，1 金古尔登＝2 弗罗林 56 克罗伊茨
	按照莱比锡标准，1 杜卡特＝4 弗罗林
1695 年	奥地利的 1 杜卡特＝4 弗罗林
1736 年	奥地利的 1 金古尔登＝3 弗罗林
1738 年	奥地利的 1 杜卡特＝4 弗罗林 （实际流通中等价于 4 弗罗林 15 克罗伊茨）
1748 年	奥地利的 1 杜卡特＝4 弗罗林 10 克罗伊茨
1750 年	普鲁士腓特烈金币，一马克纯度是二十一又四分之三克拉的黄金需要铸造出 35 枚，也就是一枚腓特烈金币含 261 格令纯金
1751 年 5 月 2 日	奥地利的 1 杜卡特＝4 弗罗林 10 克罗伊茨
	奥地利和克雷姆尼茨的 1 杜卡特＝4 弗罗林 12 克罗伊茨
	奥地利的其他杜卡特＝4 弗罗林 7.5 克罗伊茨
1756 年	君主币或起源于荷兰的君主币，维也纳铸币厂铸造，一马克纯度是二十二克拉四分之三格令的粗金需要铸造出 42.091 枚（一马克纯金需要铸造 45.874 枚，1 君主币＝6 古尔登 11 克罗伊茨 1 芬尼）
1770 年	普鲁士的腓特烈金币，一马克纯度是二十一又三分之二克拉的黄金需要铸造出 35 枚，也就是一枚腓特烈金币含 260 格令纯金，这一标准在 1821 年 9 月 30 日获得法律认可
1771 年 3 月 23 日	奥地利的 1 杜卡特（帝国专用）和雷姆尼茨的 1 杜卡特＝4 古尔登 18 克罗伊茨
	巴伐利亚和萨尔茨堡的 1 杜卡特＝4 古尔登 16 克罗伊茨
	荷兰和其他地区的 1 杜卡特＝4 古尔登 14 克罗伊茨
1783 年 9 月 1 日	克雷姆尼茨的 1 杜卡特或 1 泽奇尼＝4 古尔登 22 克罗伊茨
	奥地利的 1 杜卡特＝4 古尔登 20 克罗伊茨
	荷兰的 1 杜卡特＝4 古尔登 18 克罗伊茨
1786 年 1 月 12 日	奥地利的 1 杜卡特＝4 古尔登 30 克罗伊茨
	巴伐利亚、克雷姆尼茨和萨尔茨堡的 1 杜卡特＝4 古尔登 20 克罗伊茨
	荷兰的 1 杜卡特＝4 古尔登 18 克罗伊茨 [等价于 4 弗罗林 30 克罗伊茨，一直维持到了《维也纳公约》签订（一科隆马克纯度为二十三又三分之二克拉的黄金需要铸造出 67 枚杜卡特，荷兰的 1 杜卡特＝4.5 古尔登，金银的兑换比率为 1:15$\frac{102}{355}$，1786 年 1 月 12 日，神圣罗马帝国皇帝约瑟夫二世颁布的法令规定的兑换比率）]
	1 宗主币或 1 君主币＝6 古尔登 40 克罗伊茨，使白银与黄金的兑换比率变成 15.2923:1
1857 年	《维也纳公约》的贸易货币
1871 年	10 马克，1 磅纯度是 90% 的德意志的黄金需要铸造出一百三十九又二分之一枚

1555 年，不伦瑞克、吕讷堡和汉诺威等地的一塔勒等于三十二马里安格罗申（或二十四银格罗申）。

按照 1558 年颁布的《萨克森铸币条例》[1]，一马克纯度是十四洛特八格令的白银需要铸造出八枚塔勒（或古尔登），也就是一马克纯银需要铸造出八又六十五分之五十六枚塔勒（或古尔登），一塔勒相当于二十四格罗申。所以，一马克纯银的价值是十弗罗林三十八克罗伊茨。

1559 年，帝国铸币条例禁止铸造塔勒。

1566 年，位于奥格斯堡的神圣罗马帝国议会再次允许铸造塔勒。一马克纯度是十四洛特八格令的白银需要铸造出八枚塔勒，一塔勒等于七十二克罗伊茨。所以，一马克纯银等于九塔勒六十八克罗伊茨（或十弗罗林十二克罗伊茨）。

1585 年，在法兰克福举行的商品博览会上，一腓力塔勒等于八十二克罗伊茨。

1596 年，神圣罗马帝国的专员在法兰克福做出规定，一腓力塔勒等于七十二克罗伊茨。

1596 年 12 月，神圣罗马帝国的专员在斯特拉斯堡决定，依据一马克纯银等于十二弗罗林三十六克罗伊茨的标准，一帝国塔勒等于八十四克罗伊茨（或二十一巴岑）。

神圣罗马帝国在 17 世纪初公布的铸币许可证上，一帝国塔勒的最高价值是九十克罗伊茨。

1603 年，一帝国塔勒的价值是九十克罗伊茨在高级流通圈获得认可。

在萨克森选侯国，一帝国塔勒等于二十四优质格罗申。

1610 年，下萨克森的一帝国塔勒等于二十八优质格罗申。一腓力塔勒等于三十又三分之一优质格罗申，一马克纯银等于十二弗罗林九克罗伊茨。

▲1856 年德意志铸造和发行的汉诺威矿业塔勒银币

这种银币直径约 34.5 毫米，重约 16.82 克，含银量约 99.3%，由汉诺威造币厂铸造。

---

[1] 虽然已经颁布了帝国铸币条例，但萨克森当局仍然修订了过去的条例。——原注

1617 年，下萨克森的一帝国塔勒等于三十银格罗申。

1667 年，法兰克尼亚、巴伐利亚和施瓦本三个流通圈达成一致，一帝国塔勒等于九十六克罗伊茨，一马克纯银等于十四弗罗林二十四克罗伊茨。

1667 年，萨克森当局和勃兰登堡当局采纳了津纳标准。一帝国塔勒等于一弗罗林四十五克罗伊茨——也就是二十八优质格罗申，一马克纯银等于十五又四分之三弗罗林。

1669 年，法兰克尼亚、巴伐利亚和施瓦本三个流通圈把一帝国塔勒的价值下调到九十克罗伊茨，一马克纯银等于十三弗罗林三十克罗伊茨。

1680 年，经过法兰克尼亚、巴伐利亚和施瓦本三个流通圈的协商，一帝国塔勒的价值被下调到九十克罗伊茨，一马克纯银等于十三弗罗林三十克罗伊茨。

1681 年，神圣罗马帝国皇帝利奥波德一世在萨尔茨堡规定，一帝国塔勒的价值等于九十六克罗伊茨。

1690 年，萨克森、勃兰登堡、布伦瑞克和吕讷堡当局采纳了莱比锡铸币标准。按照该标准，一马克纯银等于十二塔勒（或十八弗罗林），一帝国塔勒等于二弗罗林（或一百二十克罗伊茨）。

1691 年，汉堡、吕贝克和不来梅拒绝采纳莱比锡的铸币标准，把一帝国塔勒的价值定为二十四格罗申（或四十八先令、九十克罗伊茨、三马克）。所以，相对于格罗申、先令或克罗伊茨三种货币，帝国塔勒的价值下降了。

1750 年，腓特烈大帝推行新铸币标准。一马克纯银需要铸造出十四枚十四塔勒（或二十一古尔登），一塔勒等于二十四格罗申，一格罗申等于十二芬尼。

1821 年，一塔勒等于三十格罗申。

1857 年，一磅纯度是 90% 的白银需要铸造出三十枚塔勒。

1871 年，一塔勒等于三马克。

格罗申表

时间（年）	说明	一科隆马克需要铸造出的货币数量	标准	
			洛特	格令
1226	法兰西图尔城铸造的图尔格罗申（一金衡马克需要铸造出 58 枚）	$55\frac{1}{10}$	15	6
1296	波希米亚和迈森的格罗申	$63\frac{1}{2}$	15	0
1324	迈森的格罗申	$64\frac{1}{2}$	15	0
1341	波希米亚的格罗申	78	10	0
1350	迈森	91	14	0
1364	波希米亚	$74\frac{1}{2}$	9	0
1378	按照神圣罗马帝国皇帝查理四世的章程和文策斯劳斯标准铸造的波希米亚格罗申	70	14	1
1380	迈森	72	13	0
1407	维尔茨堡（一维尔茨堡马克需要铸造出 74 枚）	$72\frac{40}{131}$	8	0
1444	萨克森和迈森	88	7	13
	萨克森公爵腓特烈二世（四种格罗申）	160	16	0
		120	12	0
		104	8	0
1484	奥地利大公西吉斯蒙德（一维也纳马克需要铸造出 8 古尔登）	$6\frac{206}{307}$	16	0
1490	施瓦特格罗申	103	5	0
	黑森的大格罗申	112	6	0
	汉堡 （同时存在其他 18 种格罗申）	104	9	15
	吕贝克	107	9	13
	波希米亚	84	6	12
1524	神圣罗马帝国皇帝查理五世的皇家铸币条例	136	12	0
1551	神圣罗马帝国皇帝查理五世的皇家铸币条例（同时期存在 16 种货币）	$94\frac{1}{2}$	7	5
		100	7	6

时间（年）	说明		一科隆马克需要铸造出的货币数量	标准	
				洛特	格令
1559	斐迪南一世的皇家铸币条例 帝国格罗申		$108\frac{1}{2}$	8	0
1572	下萨克森——银格罗申		$108\frac{1}{2}$	8	0
	下萨克森——马里安格罗申		$155\frac{1}{2}$	7	11
1573	勃兰登堡		108	8	$3\frac{1}{2}$
1610	下萨克森		116	14	4
1617	下萨克森		144	8	0
1622	萨克森		$108\frac{1}{2}$	8	0
1667	不伦瑞克和吕贝克	优质格罗申	160	10	0
		马里安格罗申	192	8	0
1669	巴伐利亚、法兰克尼亚和施瓦本三地的流通圈		$141\frac{2}{3}$	8	0
1680	巴伐利亚、法兰克尼亚和施瓦本三地的流通圈		141	8	0
1690	莱比锡标准——优质格罗申		150	8	0
	莱比锡标准——马里安格罗申		$162\frac{1}{2}$	5	14
1738	通过协商采用	格罗申	125	6	2
		帝国格罗申	$134\frac{49}{64}$	5	$13\frac{1}{4}$
		马里安格罗申	171	6	0

附录 6
法兰西货币体系

在法兰西大革命爆发前，法兰西货币在整个货币史上始终遵循公制，实行下列体系：

1 马克＝8 盎司

1 马克＝64 格罗申（8×8）

1 马克＝192 但尼尔（64×3）

1 马克＝4608 格令（192×3×8）

一盎司可以细分如下：

1 盎司＝20 埃斯特林

1 盎司＝320 马耶（20×16）

1 盎司＝640 费林（320×2）

所以，对合金或合格的金属，一马克可以细分如下：

一马克黄金等于二十四克拉，一克拉分为三十二部分

一马克白银等于十二但尼尔，一但尼尔分为二十四格令

在法兰西，黄金的纯度只能提炼到二十三又十六分之十三克拉，白银的纯度只能提炼到十一但尼尔十八格令。必须完全按照纯度为二十四克拉的黄金和纯度为十二但尼尔的白银进行清算。

清算体系：

1 里弗尔 = 20 索尔

1 索尔 = 12 但尼尔

1 但尼尔 = 2 奥波尔

1 奥波尔 = 2 皮特

1 皮特 = 2 塞米特

由里弗尔、索尔和但尼尔组成的清算体系源于法兰克国王。在一段时间里，出现了以马克为主的清算体系取代由索尔、里弗尔和但尼尔组成的清算体系的倾向。但法兰西国王腓力四世在 1313 年再次授权使用由索尔、里弗尔和但尼尔组成的清算体系。

▲法兰西国王腓力四世
（1285—1314 年在位）

之所以巴黎里弗尔和图尔里弗尔有区别，主要是由寻求封建铸币特权的男爵们私自铸币导致的。巴黎里弗尔和图尔里弗尔这两种货币体系一度存在 25% 的差别，有货币铸造权的男爵们更喜欢在图尔铸造里弗尔，或者按照图尔的重量标准铸造里弗尔。在图尔铸造的里弗尔，其贬值程度比巴黎里弗尔更加严重。法兰西国王在巴黎尝试维持更好的重量标准的传统。

巴黎里弗尔和图尔里弗尔的区别一直维持到了法兰西国王路易十四统治时期，直到 1667 年才被取消。之后，由里弗尔、索尔和但尼尔组成的单一清算体系正式建立。

法兰克国王查理大帝建立的货币体系，是中世纪及除西班牙外的现代欧洲国家主要货币体系的源头。查理大帝建立的货币体系原本就是仿照东罗马帝国货币体系建立的。

查理大帝建立的货币体系是以利伯亚或磅为基础，有金磅与银磅两种形式。在法兰西国王的统治下，金币最初的划分情况是：

一、金苏勒德斯。衍生出了西班牙和意大利的索尔迪与法兰西的索尔（或苏）。

二、由金苏勒德斯衍生出第三种金币特雷斯（或西斯）。可以被金苏勒德斯整除的货币种类有：

（一）银苏勒德斯。

（二）三分之一银苏勒德斯（或银西斯）。

（三）迪纳厄斯。

1 金苏勒德斯 = $3\frac{1}{3}$ 银苏勒德斯 = 40 迪纳厄斯

1 银苏勒德斯 = 12 迪纳厄斯

按照东罗马帝国的货币体系，一枚金苏勒德斯重八十五又三分之一格令。在墨洛温王朝统治时期，一枚金苏勒德斯重七十又二分之一格令。在第二个王朝卡洛林王朝统治下，金苏勒德斯发生了巨大的变化。法兰克国王查理大帝用东法兰克（或莱茵磅）作为其货币体系的基础。这些地区的一磅，比墨洛温王朝使用的罗马磅重四分之一。在法兰克国王查理大帝统治时期，一枚迪纳厄斯重三十二格令。假如按照逻辑去推断查理大帝建立的货币体系，针对银币而言，将有下列情况：

32 格令 =1 迪纳厄斯

12 迪纳厄斯 = 1 苏勒德斯

20 苏勒德斯 = 1 磅

$32 \times 20 \times 12 = 7680$ 格令 = 1 磅

针对更贵重的金属来说，金苏勒德斯其实在第二个王朝统治时期非常不容易见到。但从理论上讲，一金苏勒德斯仍然被视为四十迪纳厄斯。

32 格令 =1 迪纳厄斯

42 迪纳厄斯＝1 金苏勒德斯

40×32 ＝ 1280 格令 =1 金苏勒德斯

针对金苏勒德斯来说，1280/12 ≈ 106.6 格令

其实，有些金苏勒德斯的含金量是一百三十二格令。

据说，为纪念第一个和第二个王朝，在第三个王朝卡佩王朝统治初期仍然在使用金苏勒德斯。在法兰西国王腓力一世统治时期，金苏勒德斯仍然与金法郎和金弗罗林一起流通。在说到后一个术语——佛罗伦萨的记账货币金弗罗林时，有人认为金弗罗林也许仅仅是一种假想货币，并非实际货币。

其实，法兰西政府建立了新的金币体系，但金币的种类几乎很难确定。

抛开有争议的金弗罗林不谈，第一种被证实的金币为羔羊币（或称但尼尔金币、艾格尼埃尔），该金币的名称源自金币上铸有羔羊图案。法兰西国王路易九世首次规定了金币的标准，一枚金币重三但尼尔五格令，由纯金铸造，价值相当于图尔铸造的十二索尔六但尼尔。

▲法兰西国王腓力五世
（1316—1322 年在位）

法兰西国王腓力四世、路易十世、腓力五世和查理四世建立的货币体系继承了法兰西国王路易九世的标准。此外，法兰西国王约翰二世建立的货币体系也继承了同样的标准或纯度，但稍微增加了一枚货币的重量，重量为五但尼尔十六格令。在法兰西国王查理六世和查理七世统治时期，大幅度降低了金币的重量和纯度。这种金币有很多不同的叫法，比如莫顿币、羔羊币、大莱恩金币等。莫顿币和小莱恩金币在法兰西流通了近两百年，周边许多国家都模仿法兰西金币铸造了本国的货币。

法兰西国王腓力四世铸造的小型皇室币，一马克纯金需要铸造出七十枚小皇室币，一枚皇室币等于巴黎铸造的十一索尔。格罗申小型皇室币的价值等于小型皇室币的两倍。法兰西国王查理四世和腓力六世是按照一马克纯金需要铸造出五十八枚的

标准铸造皇室币。法兰西国王约翰二世铸造的皇室币又叫作但尼尔金币或罗伊阿尔，一马克纯金需要铸造出六十六枚或六十九枚皇室币。在法兰西国王查理五世统治时期，一马克纯金需要铸造出六十三枚皇室币。在法兰西国王查理六世统治时期，一马克纯金需要铸造出六十四枚或七十枚皇室币。

法兰西国王腓力四世铸造的金王座（又叫作卡迪埃、马塞斯或皇室杜尔斯），是用纯度是二十二克拉的黄金铸造的，一枚金王座重五但尼尔十二格令。法兰西国王腓力四世之后的路易十世大规模改革了金王座的铸造标准。法兰西国王腓力六世使用纯金铸造金王座，一枚金王座重三但尼尔十六格令。法兰西国王查理六世使用纯金铸造金王座，一枚金王座重四但尼尔十八格令。到法兰西国王查理七世统治时期，金王座的黄金纯度下降到十六克拉，一枚金王座的重量减为二但尼尔二十九格令。

其他种类的早期金币

种类	说明
莱茵斯	由法兰西国王腓力四世铸造
乔治弗罗林	由法兰西国王腓力五世铸造
巴黎金币	一马克黄金铸造 30.4 枚，一巴黎金币等于巴黎铸造的 20 索尔
狮币	一马克黄金铸造 50 枚
帕维隆	一马克黄金铸造 48 枚
皇冠币	一马克黄金铸造 45 枚
天使币（或安吉洛特）	一马克黄金铸造 33.4 枚
但尼尔金币或埃居	一马克黄金铸造 54 枚

在 1354 年法兰西停止金币铸造前，上述所列的最后一种货币（但尼尔金币或埃居）还在不断地被铸造出来。在法兰西国王约翰二世统治时期，埃居是流通最广的货币。但是，此时的铸币标准发生了很大的变化，金币的含金量逐渐变成二十三克拉、二十二又四分之三克拉、二克拉，乃至十八克拉。

法兰西国王约翰二世统治时期的标志性事件，是法兰西在 1361 年开始铸造

重要的纯金货币——金法郎，一马克纯金需要铸造出六十三枚金法郎，一枚金法郎的价值与二十索尔或一磅黄金的价值相等。

在法兰西国王查理五世和查理七世统治时期，法兰西一直保持着金法郎的铸造标准，但在查理七世统治时期，下调了一枚金法郎的重量，一马克纯金需要铸造出八十枚金法郎。

查理五世在 1365 年第一次铸造出了金百合（也叫金弗罗林）。查理五世铸造的金币都是纯金货币，接近一格罗申重。一金百合等于一金法郎，也等于一里弗尔或二十索尔。而且金百合的名称与法郎相同，被叫作皮耶法郎，用来区分原先被称为西弗法郎的正统金法郎。

查理六世在 1421 年首先使用纯金铸造了萨鲁特。一萨鲁特的重量与一西弗法郎一样，价值等于二十五索尔。

法兰西国王查理六世在 1384 年第一次使用纯金铸造了皇冠币或皇冠埃居，一皇冠币重三但尼尔四格令，一马克黄金需要铸造出六十四枚，价值等于二十二索尔。中世纪法兰西最有名的金币是皇冠币。皇冠币在整个欧洲流通领域享有很高的声誉，而且一直沿用到了路易十四发行金路易时。

▲查理六世统治时期铸造和发行的"皇冠币"，也叫"皇冠埃居"

在法兰西国王查理六世和查理七世统治时期，皇冠币的重量和标准发生了巨大的改变，在这个时候皇冠币的标准下降到十六克拉。皇冠币在 1436 年再次使用纯金铸造，但一马克纯金需要铸造出七十枚皇冠币，一皇冠币的发行价是二十五索尔。皇冠币在 1455 年是按一马克纯度二十三又八分之一克拉的黄金铸造，需要铸造出七十一枚，一枚皇冠币等于二十七索尔。

法兰西国王路易十一在 1473 年按一马克黄金铸造出七十二枚的标准铸造和发行皇冠币。但法兰西国王路易十一在 1475 年开始发行太阳埃居，也就是太阳皇冠，太阳皇冠与皇冠币的含金量一致，但稍微重一些，一马克黄金需要铸造出七十枚太阳皇冠。

▲查理八世统治时期铸造和发行的"太阳皇冠"，也叫"太阳埃居"

从法兰西国王查理八世统治时期开始，太阳皇冠（即太

▲查理九世统治时期铸造和发行的金埃居

阳埃居或金埃居）替代了使用时间比较久的皇冠币。在弗朗索瓦一世统治时期，太阳皇冠的铸造标准通常是一马克纯度为二十三克拉的黄金需要铸造出七十一又六分之一枚。在查理九世统治时期，太阳皇冠的铸造标准是一马克纯度为二十三克拉的黄金需要铸造出七十二又二分之一枚。之后，太阳皇冠这个铸造标准沿用到了路易十四统治时期。太阳皇冠价值的变化情况可以在附的表格中进行查询。

在以往铸造和发行的埃居中，需要把皇冠币与查理六世统治时期发行的少量霍姆埃居进行区分。一般情况下，一马克纯度是二十二克拉的黄金需要铸造出四十八枚霍姆埃居。

亨利金币只是在法兰西国王亨利二世统治时期出现，含金量为二十三克拉，一枚亨利金币重二但尼尔二十格令，以五十索尔的价值发行。

法兰西国王路易十三在 1640 年第一次发行了金路易，并仿照了西班牙货币的铸造标准。一马克纯度是二十二克拉的黄金需要铸造出三十六又四分之一枚金路易，一金路易等于十里弗尔。金路易的标准和重量被沿用到了 1709 年，之后的变化情况可参见后文的表格。

1656 年发行的金百合，在短时间内具有非常重要的地位。之后不久，金百合几乎停止发行。一马克纯度是二十三又四分之一克拉的黄金需要铸造出六十又二分之一枚金百合，一枚金百合重三但尼尔三又二分之一格令，等价于七里弗尔 [1]。

法兰西的第一种王室银币是但尼尔，一枚但尼尔重二十一格令。法兰克国王查理大帝发行的第二种银币更重，一枚重二十八格令。"大胆"查理发行的一枚银币重三十二格令。法兰西发行的第三种银币仍然属于纯银币，一枚重约二十四格令或二十三格令。银币的成色和重量从法兰西国王腓力一世统治时

---

[1]　这种金百合与法兰西国王约翰二世发行的金百合和法兰西国王查理五世发行的金百合不一样，所以被称为第三种类型的金百合。——原注

期开始下调。有关银苏勒德斯是否存在的问题，请参考前文中勒布朗、引言等处的相关内容。假如银苏勒德斯曾经以银币的形式大量存在，那么银苏勒德斯的存在时间就比图尔格罗申更早。银苏勒德斯是由法兰西国王路易九世发行的，它也被称为大但尼尔银币、大但尼尔布朗或银索尔。银苏勒德斯是用纯度为十一但尼尔十二格令的白银铸造的，一枚银苏勒德斯重七格令，也就是说，一克白银需要铸造出五十八枚银苏勒德斯，并以一索尔或十二但尼尔的价格发行。

所以，最开始一图尔格罗申与一索尔的价值相等。但是，随着货币铸造标准的下降，图尔格罗申和索尔被分开了，索尔仍然是组成清算体系的货币。

一直到法兰西国王腓力六世统治时期，法兰西银币始终保持着过去的重量和标准，赢得了极高的声誉。在1343年货币经历了一段时期的贬值后，当时还是王太子的腓力六世重新铸造了优质货币。腓力六世铸造的图尔格罗申，一马克白银需要铸造出六十枚图尔格罗申，而且是用纯银铸造，一图尔格罗申按照十五图尔但尼尔的价格发行。银币后来的变化情况请从后文的表格中查看。值得关注的是，即便图尔格罗申的重量和价值经常发生变化，但纯度始终没有下降。

只有法兰西国王腓力六世发行过巴黎银币。巴黎银币属于纯银货币，一枚巴黎银币重四但尼尔，等价于十五图尔但尼尔（或一巴黎索尔）。

通常认为，泰斯通是图尔格罗申的替代货币。最开始，泰斯通是法兰西国王路易十二于1513年发行，一枚泰斯通的含银量是十一但尼尔十八格令，重七但尼尔十二又三分之一格令，等价于十索尔。泰斯通直到1575年才停止流通。银法郎在1575年取代了泰斯通，一枚银法郎的含银量是十但尼尔十又二十三分之十格令，重十一但尼尔一格令，也就是说，一马克白银需要铸造出十七又四分之一枚银法郎，等值于二十索尔。

▲1643年法兰西铸造和发行的路易十三银埃居

这种银币是路易十三于1643年铸造和发行的"十二分之一银埃居"，重约2.26克，由巴黎铸币厂铸造。

银法郎一直被沿用路易十三统治时期。

1656年，在银百合发行几个月时，含银量是十一但尼尔，一枚银百合重六但尼尔五格令，等值于二十索尔。

夸特是法兰西国王亨利三世发行的货币，纯度是十一但尼尔，一夸特重七但尼尔十二又二分之一格令，等值于十五索尔（即四分之一金埃居）。此时，一金埃居的价值是六十索尔。夸特一直被沿用到了1646年。

银路易是路易十三发行的货币，采用纯度为十一但尼尔的白银铸造，一银路易重二十一但尼尔八格令。银路易一直被沿用到了法兰西大革命时期。

在本书前文中已经简要地描述了法兰西过去的货币体系史，附录的表格中也提供了上文提到的法兰西货币体系发生重大变革前的详细信息。法兰西货币史很大程度上体现了法兰西货币体系在中世纪经历的无数次任意或过度的贬值。简而言之，在约翰·劳的货币体系建立后，18世纪法兰西货币的贬值是一个特殊的插曲，附录中对这一插曲的叙述比正文的叙述更恰当。

法兰西政府在1689年、1693年和1703年进行了三次重要的货币重铸。第三次货币重铸，把一金路易的价值定为十五里弗尔，一银路易的价值被定为四里弗尔。1708年末，一金路易下降为十二里弗尔十五索尔，一银路易的价值下降为三里弗尔八索尔。按照1709年4月颁布的法令，法兰西政府使用了与以往不同的铸币标准。一马克纯度是二十二克拉的黄金需要铸造出三十二枚金路易，一金路易的价值等于十六里弗尔十索尔；一马克纯度是十一但尼尔的白银需要铸造出八枚银路易，一银路易的价值等于四里弗尔八索尔。1709年5月颁布的第二项法令，把一金路易的价值提升到二十里弗尔，把一银路易的价值提升到五里弗尔。1709年5月颁布的法令规定的货币价值，使法兰西商业遭受了毁灭性打击。1713年9月30日颁布的法令废除了1709年5月颁布的法令中对金路易和银路易价值的规定，并把一金路易的价值下调到十四里弗尔，把一银路易的价值下调到三里弗尔十索尔。法兰西政府在1713年12月再次试图改革货币，新货币的金属含量、纯度与过去的货币一样，但把一金路易的价值调整为二十里弗尔，把一银路易的价值调整为五里弗尔，一金路易十六里弗尔的价值和一银路易四里弗尔的价值仍然没有改变。在法兰西国王路易十五统治时期，法兰西从1716年开始经历了不太严重的货币混乱。法兰西政府在1716年11月发行

的新金路易，一马克纯度是二十二克拉的黄金需要铸造出二十枚金路易。法兰西政府在1718年5月再次发行了新货币，一马克纯度是二十二克拉的黄金需要铸造出二十五枚金路易，一马克纯度是十一但尼尔的白银需要铸造出十枚银路易。

所以，法兰西此时存在四种不同的金路易，具体是：

原来的金路易	一马克黄金铸造 36¼ 枚
1709 年的旧金路易	一马克黄金铸造 30 枚
1715 年的旧金路易	
1716 年的旧金路易	一马克黄金铸造 20 枚
1718 年的旧金路易	一马克黄金铸造 25 枚

法兰西同样有三种不同类型的银路易或埃居：

原来的银路易	一马克白银铸造 9 枚
1709 年发行的旧银路易	一马克白银铸造 8 枚
1715 年发行的旧银路易	
1718 年发行的旧银路易	一马克白银铸造 10 枚

印尼公司在1719年7月25日获得了法兰西铸币厂九年的经营权和利润。最开始，印尼公司铸造的货币按照下列价值发行：

不同时期发行的货币	里弗尔	索尔	但尼尔
1718 年的埃居	5	13	4
1709 年的银路易	7	1	8
旧银路易	34	0	0
1709 年发行的旧银路易	28	6	8

1719年是印尼公司获得法兰西铸币厂租约的第一年，印尼公司在这一年发行了新货币——坎扎因金币。一坎扎因金币等于十五里弗尔，一里弗尔等于六分之一埃居。在这个时候，银币的含银量都被削减了，一马克白银需要铸造

出六十五又十一分之五枚银币。所有货币在 1720 年 3 月 5 日都升值了。所以，1709 年发行的一金路易升值为四十里弗尔，1709 年发行的一银路易升值为十里弗尔。法兰西政府在 1720 年 3 月 11 日颁布法令禁止金币流通，并决定重新铸造货币。但是，1720 年 3 月 11 日颁布的法令并没有被真正执行。一金路易在 1720 年 7 月已经升值为六十里弗尔，一马克纯金等价于一千九百六十三又十七分之七里弗尔，一银路易升值为十五里弗尔，一马克纯银的价值为一百三十又十一分之十里弗尔。辅币也升值了，货币持续升值的混乱状况持续到了 1720 年底。一金路易的价值在 1720 年 9 月已经下降到四十五里弗尔，一马克纯金的价值等于一千四百七十二又十一分之八里弗尔，一银路易的价值降为十一里弗尔五索尔，也就是说，一马克纯银的价值为九十八又十一分之二里弗尔。按照 1718 年发布的标准，法兰西政府在 1720 年 9 月发行了新货币——金路易。一马克纯金需要铸造出二十五枚金路易，一金路易的发行价格是五十四里弗尔。一马克白银需要铸造出三十枚银路易（或埃居），一银路易的发行价格是三里弗尔。但从 1720 年 10 月 24 日开始，新发行的银路易和金路易的价值逐渐下降。从 1721 年 1 月 1 日开始，一金路易以四十五里弗尔的价值流通，一银路易以二里弗尔十索尔的价值流通。从 1721 年 1 月 1 日开始，1709 年发行的每枚金路易的流通价值是二十二里弗尔十索尔，1709 年发行的每枚银路易的流通价值是五里弗尔十二索尔六但尼尔。

法兰西政府在 1721 年 1 月 5 日解除了与印尼公司的铸币合同，并在 1723 年采取折中方案，尝试改革货币。改革后，一金路易等值于二十七里弗尔，一马克黄金需要铸造出三十七又二分之一枚金路易；一银路易等值于六里弗尔十八索尔，一马克白银需要铸造出十又八分之三枚银路易。在改革期间，1723 年铸造的货币贬值很严重。1726 年，一金路易的价值下降为十二里弗尔，一银路易的价值下降为三里弗尔。货币的快速贬值，促使法兰西在 1726 年进行了重要的改革和货币重铸，此次货币重铸是按照 1709 年颁布的法令确定的标准进行的。

一金路易等于二十里弗尔，一马克黄金需要铸造出三十枚金路易；一银路易等于五里弗尔，一马克白银需要铸造出九枚银路易。

按照 1726 年 5 月颁布的法令，金路易和银路易的价值都提升了 20%。也就是说，一金路易等于二十四里弗尔，一银路易等于六里弗尔。

法兰西金币表[1]

时间	一马克黄金的价格			货币	标准	一马克黄金需要铸造的货币数量	价值	
	里弗尔	索尔	但尼尔				索尔	但尼尔
1226 年（路易九世）	—			安格尔	纯金	$59\frac{1}{6}$	12	6
1295 年（腓力四世）	—			大皇室币		—	25	0
1305 年	44	0	0	小皇室币	纯金 [G]	70	13	9
1308 年 4 月 16 日	44	0	0	金王座	纯金 [G]	—		0
1310 年 1 月 22 日	55	11	9	阿阻莱	纯金	$59\frac{1}{6}$	20	
1310 年 8 月 12 日	49	10	0	马塞斯	22 克拉	$34\frac{1}{2}$	30	0
1312 年 8 月 24 日	—	—		—	—	—	15	
1314 年 8 月 25 日（路易十世）	—	—		—	—	—	20	0
1314 年 10 月 29 日	55	10		—	—	—	15	
1315 年 1 月 15 日	45	0	0	—	—	—	15	
1315 年 5 月 6 日	—	—		阿阻莱	纯金	$59\frac{1}{6}$	20	
1316 年复活节（腓力五世）	38	0	0	—		—	12	6
1316 年 12 月 8 日	55	10		阿阻莱	纯金	$59\frac{1}{6}$	20	
1321 年 2 月 20 日（查理四世）	58	0	0	安格尔 [H]	纯金	$59\frac{1}{6}$	20	0
1322 年 10 月 15 日	53	6	9	—	—	—	18	9
1325 年 2 月 16 日	67	10	0	双皇室币	纯金	58	25	0
1329 年 12 月 26 日（腓力六世）	—			巴黎金币	纯金	$33\frac{2}{5}$	37	6
	—			双皇室币	纯金	58	22	6
1330 年 8 月 8 日（会计科目用货币）	41	13	0	巴黎金币	纯金	$33\frac{2}{5}$	25	0
	—			双皇室币		—	15	0
	—			安格尔	—	—	14	7
1331 年 1 月 9 日	39	0	0	皇室币	—	—	22	6
1332 年 8 月 19 日	—			—	—	—	15（图尔铸造）	0（图尔铸造）
1336 年 2 月 1 日	50	0	0	埃居	纯金	54	20	0
1339 年 2 月 7 日	82	0	0	皇冠币	纯金	45	40	0
1339 年 2 月 15 日	86	0	0	—	—	—	—	—
1339 年 5 月 25 日	61	10		—	—	—	—	
1339 年 6 月 14 日	66	0	0	帕维隆	纯金	48	30	0

[1]　1689 年及以前，来自勒布朗的记录；1690 年及以后，从不同的资料中收集。——原注

（续表）

时间	一马克黄金的价格			货币	标准	一马克黄金需要铸造的货币数量	价值	
	里弗尔	索尔	但尼尔				索尔	但尼尔
1339 年 6 月 20 日	71	0	0	—	—	—	—	—
1339 年 8 月 10 日	69	0	0	—	—	—	—	—
1340 年 1 月 31 日	114	14	0	—	—	—	—	—
1340 年 2 月 7 日	115	0	0	天使币	纯金	$33\frac{2}{5}$	75	0
	—	—	—	半天使币	—	$67\frac{1}{3}$		
1340 年 4 月 16 日	96	0	0	双金币	纯金	36	60	0
	—	—	—	单金币	纯金	72	30	0
1340 年 5 月 27 日	100	0	0	双金币	23 克拉	30	60	0
1340 年 10 月 7 日	108	0	0	—	—	—	—	—
1341 年 1 月 19 日	136	0	0	—	—	—	—	—
1341 年 8 月 23 日	130	0	0	天使币	纯金	$38\frac{1}{3}$	75	0
1342 年 4 月 10 日	117	0	0	埃居	纯金	54	—	—
1342 年 6 月 28 日	168	0	0	—	—	42	85	0
1342 年 9 月 16 日	171	0	0	—	—	—	—	—
1343 年 9 月 22 日（坚挺的货币）	—	—	—	—	—	—	45	0
	43	6	8	—	—	—	16	8
1344 年 3 月 27 日	44	3	9	—	—	—	—	—
1346 年 2 月 24 日	72	0	0	—	—	—	—	—
1346 年 3 月 4 日	—	—	—	—	—	—	30	0
1346 年 7 月 17 日	50	0	0	金王座	纯金	52	20	0
1347 年 1 月 11 日	51	10	0	埃居	23 克拉	54	18	9
1347 年 4 月 6 日	75	0	0	—	—	—	—	—
1347 年 4 月 14 日	44	3	4	埃居	纯金	54	16	8
1347 年 9 月 27 日	75	0	0	金王座	纯金	52	30	0
1348 年 3 月 12 日	51	15	3	—	22 克拉	—	25	0
1348 年 8 月 30 日	—	—	—	—	$22\frac{3}{4}$ 克拉	—	20	0
1349 年 5 月 23 日	52	1	6	—	21 克拉	—	25	0
1349 年 12 月 5 日	53	0	0	—	—	—	—	—
1350 年 4 月 22 日（坚挺的货币）	—	—	—	—	—	—	20	0
1350 年 9 月 1 日（约翰二世）	53	18	9	埃居	21 克拉	54	18	9

时间	一马克黄金的价格			货币	标准	一马克黄金需要铸造的货币数量	价值	
	里弗尔	索尔	但尼尔				索尔	但尼尔
1351 年 2 月 3 日（坚挺的货币）	—	—	—	—	—	—	15	0
1351 年 6 月 20 日	54	17	6	—	$20\frac{1}{2}$克拉	—	—	—
1351 年 7 月 23 日	—	—	—	—	20 克拉	—	—	—
1351 年 8 月 18 日	96	0	0	—	—	—	—	—
1351 年 8 月 20 日	—	—	—	金百合	纯金	50	40	0
1351 年 9 月 17 日	56	5	0	埃居	20 克拉	54	18	9
1351 年 9 月 24 日	58	2	6	—	18 克拉	—	—	—
1351 年 10 月 20 日	60	0	0	—	—	—	—	—
1352 年 1 月 18 日	60	17	6	—	—	—	—	—
1352 年 2 月 3 日	—	—	—	—	—	—	37	6
1352 年 4 月 21 日	60	18	9	—	—	—	—	—
1352 年 5 月 18 日	—	—	—	—	—	—	20	0
1353 年 5 月 1 日	—	—	—	—	—	—	40	0
1353 年 10 月 26 日（坚挺的货币）	62	16	4	—	—	—	15	0
1354 年 10 月 24 日	60	0	0	莫顿币	纯金	52	25	0
1355 年 1 月 3 日（坚挺的货币）	—	—	—	莫顿币	—	—	25	0
1355 年 6 月 3 日	61	5	0	—	—	—	—	—
1355 年 6 月 19 日	62	10	0	—	—	—	—	—
1356 年 1 月 25 日	63	2	6	莫顿币	—	—	25	0
1356 年 10 月 25 日	—	—	—	莫顿币	—	—	30	0
1357 年 6 月 15 日	—	—	—	小莫顿币	纯金	104	12	6
1358 年 4 月 20 日	80	12	6	皇室币	纯金	69	25	0
1358 年 8 月 31 日	78	15	0	皇室币	纯金	66	25	0
1359 年 3 月 31 日（坚挺的货币）	—	—	—	皇室币	—	—	40	0
1360 年 1 月 12 日（坚挺的货币）	60	0	0	法郎	纯金	63	20	0
1361 年 4 月 23 日	60	0	0	—	—	—	—	—
1363 年 7 月 29 日	61	0	0	—	—	—	—	—
1364 年 5 月 3 日（查理五世）	62	0	0	—	—	—	—	—
1364 年 8 月 5 日	—	—	—	皇室币	纯金	63	20	0

（续表）

时间	一马克黄金的价格			货币	标准	一马克黄金需要铸造的货币数量	价值	
	里弗尔	索尔	但尼尔				索尔	但尼尔
1364 年 9 月 10 日	—	—	—	法郎	纯金	63	20	0
1365 年 5 月 5 日	62	10	0	金百合	纯金	64	20	0
1381 年 4 月 25 日（查理六世）	60	10	0	金百合	纯金	64	20	0
1384 年 3 月 18 日	65	10	0	皇冠埃居	—	60	22	0
1386 年 8 月 31 日	66	0	0	—	—	—	—	—
1387 年 2 月 28 日	66	10	0	—	—	$61\frac{1}{3}$	22	6
1391 年 4 月 8 日	67	0	0	—	—	—	—	—
1392 年 4 月 1 日	67	10	0	—	—	—	—	—
1394 年 9 月 5 日	68	5	0	—	—	62	22	6
1405 年 8 月 8 日	68	15	0	—	—	—	—	—
1407 年 2 月 11 日	68	5	0	—	—	—	—	—
1411 年 2 月 12 日	—	—	—		$23\frac{11}{29}$克拉	—	—	—
1411 年 3 月 5 日	70	15	0	—	—	—	—	—
1411 年 10 月 7 日	70	0	0	—	—	64	22	6
1414 年 9 月 6 日	72	0	0	—	—	—	—	—
1417 年 5 月 17 日	92	0	0	莫顿币	23 克拉	96	20	0
1417 年 10 月 21 日	96	0	0	—	—	—	—	—
1417 年 10 月 28 日	—	—	—		22 克拉	96	20	0
1417 年 12 月 9 日	92	0	0	海姆埃居	22 克拉	48	40	0
1418 年 3 月 7 日	150	0	0	皇冠埃居	23 克拉	64	50	0
1418 年 7 月 2 日	94	0	0	—	—	—	—	—
1419 年 2 月 26 日	171	13	4	皇冠埃居	—	67	50	0
	—	—	—	莫顿币	—	—	26（巴黎铸造）	8
1419 年 6 月 18 日	144	0	0	莫顿币		96	30	0
1419 年 10 月 24 日	—	—	—	金王座或双金币	纯金	40	80	0
1420 年 10 月 27 日	—	—	—	双金币	$22\frac{1}{4}$克拉	40	80	0
1421 年 4 月 26 日（坚挺的货币）	72	0	0	皇冠埃居	纯金	66	22	6
1421 年 10 月 8 日	76	5	0	萨鲁特	纯金	63	25	0
1422 年 1 月 20 日（查理七世）	—	—	—	皇冠埃居	$22\frac{1}{2}$克拉	64	25	0
1423 年 1 月 28 日	84	0	0	莫顿币	22 克拉	96	20	0

时间	一马克黄金的价格			货币	标准	一马克黄金需要铸造的货币数量	价值	
	里弗尔	索尔	但尼尔				索尔	但尼尔
1423 年 2 月 8 日	—	—	—	西弗法郎	纯金	80	20	0
1423 年 5 月 22 日	84	0	0	—	纯金	68	25	0
1423 年 7 月 1 日	79	0	0	—	—	—	—	—
1424 年 8 月 23 日	—	—	—	皇冠埃居	23 克拉	67	22	6
1424 年 9 月 2 日	87	0	0	—	—	70	25	0
1424 年 10 月 3 日	—	—	—	莫顿币	22 克拉	96	15	0
1425 年 1 月 12 日	87	10	0	—	—	70	—	—
1425 年 10 月 3 日	—	—	—	皇冠埃居	23 克拉	64	25	0
1426 年 1 月 9 日	90	0	0	—	—	—	—	—
1426 年 1 月 17 日	—	—	—	—	23 克拉	67	22	6
1426 年 3 月 19 日	—	—	—	—	—	—	25	0
1426 年 8 月 27 日	105	0	0	—	—	—	—	—
1426 年 9 月 11 日	108	0	0	—	22 克拉	70	30	0
1426 年 10 月 12 日	—	—	—	—	—	72	—	—
1427 年 2 月 21 日	92	10	0	—	21 克拉	—	20	0
1427 年 5 月 27 日	72	0	0	—	—	—	20	0
1427 年 7 月 19 日	—	—	—	—	21 克拉	72	25	0
1427 年 8 月 28 日	90	0	0	—	22 克拉	70	25	0
1427 年 10 月 15 日	—	—	—	莫顿币	20 克拉	96	15	0
1427 年 10 月 20 日	80	0	0	皇冠埃居	20 克拉	70	20	0
1428 年 3 月 2 日	105	0	0	—	—	—	—	—
1428 年 4 月	88	0	0	皇冠埃居	18 克拉	70	20	0
1428 年 7 月 31 日	97	10	0	—	20 克拉	—	25	0
1428 年 10 月 26 日	—	—	—	莫顿币	19 克拉	96	15	0
1429 年 6 月 17 日	—	—	—	—	16 克拉	—	25	0
1429 年 10 月 14 日（坚挺的货币）	77	10	0	皇室币	纯金	64	25	0
1429 年 12 月 7 日	—	—	—	皇冠埃居	22 克拉	67	22	6
1430 年 7 月 7 日	97	0	0	金王座	16 克拉	68	20	0
1430 年 10 月 9 日	—	—	—	皇冠埃居	22 克拉	64	22	6
1431 年 2 月 9 日	—	—	—	—	—	64	25	0
1431 年 3 月 24 日	88	11	10	皇冠埃居	20 克拉	$67\frac{1}{2}$	22	6
1431 年 5 月 30 日	77	10	0	皇室币	纯金	64	25	0

（续表）

时间	一马克黄金的价格			货币	标准	一马克黄金需要铸造的货币数量	价值	
	里弗尔	索尔	但尼尔				索尔	但尼尔
1431 年 9 月 27 日	102	0	0	—	—	70	30	0
1432 年 1 月 16 日	78	15	0	—	—	—	—	—
1432 年 12 月 31 日	—	—	—	皇室币	纯金	64	25	0
1435 年 2 月 21 日	86	5	0	—	—	—	25	0
1435 年 10 月 14 日	103	10	0	皇冠埃居	纯金	70	30	0
1437 年 9 月 1 日	87	10	0	—	—	—	—	—
1437 年 10 月 22 日	92	10	0	—	21 克拉	70	25	0
1438 年 4 月 30 日	86	5	0	—	纯金	70	25	0
1443 年 10 月 19 日	87	3	6	—	—	—	—	—
1444 年 12 月 17 日	87	10	0	—	$23\frac{1}{4}$克拉	70	25	0
1445 年 9 月 24 日	88	7	6	—	—	—	—	—
1446 年 1 月 21 日	97	15	0	—	$23\frac{1}{2}$克拉	—	27	6
1446 年 6 月 1 日	88	2	6	皇冠埃居	$23\frac{1}{4}$克拉	$70\frac{1}{2}$	25	0
1447 年 7 月 27 日	97	5	$7\frac{1}{2}$	—	23 克拉	—	—	—
1447 年 10 月 27 日	97	15	0	—	$23\frac{1}{2}$克拉	—	—	—
1450 年 2 月 3 日	99	5	0	—	—	—	—	—
1450 年 6 月 15 日	99	0	0	—	$23\frac{1}{8}$克拉	—	—	—
1454 年 5 月 18 日	99	10	0	—	—	—	—	—
1456 年 6 月 26 日	100	0	0	—	—	71	—	—
1472 年 3 月 12 日（路易十一）	—	—	—			—	28	4
1473 年 1 月 8 日	110	0	0			72	30	3
1473 年 6 月 18 日	103	0	0			—	—	—
1475 年 10 月 2 日	118	10	0	太阳埃居	$23\frac{1}{8}$克拉	70	33	0
1487 年 7 月 30 日（查理八世）	—	—	—	皇冠埃居			35	0
	—	—	—	太阳埃居			36	3
1488 年 4 月 24 日	130	3	4	—			—	—
1498 年 4 月 7 日（路易十二）	130	3	4	太阳埃居	—		36	3
1507 年 10 月 24 日	—	—	—	改变后的埃居			36	3
1514 年 1 月 1 日（弗朗索瓦一世）	—	—	—	太阳埃居	—		36	3
1516 年 10 月 27 日	—	—	—	太阳埃居	—		40	0
	—	—	—	皇冠埃居	—		39	0

时间	一马克黄金的价格			货币	标准	一马克黄金需要铸造的货币数量	价值	
	里弗尔	索尔	但尼尔				索尔	但尼尔
1517 年 5 月 25 日	—	—	—	太阳埃居	—		36	3
1519 年 6 月 10 日	147	0	0	—	$22\frac{7}{8}$ 克拉	$71\frac{1}{2}$	40	0
1519 年 8 月 18 日	—	—	—	—	23 克拉	$71\frac{1}{6}$	40	0
1532 年 3 月 5 日	—	—	—				45	0
1539 年 2 月 24 日	—	—	—	萨利德埃居	23 克拉	$71\frac{1}{6}$	45	0
1540 年 5 月 18 日	165	7	6	克鲁瓦塞特埃居	—		45	0
1549 年 1 月 23 日（亨利二世）	172	0	0	亨利金币	23 克拉	67	50	0
1561 年 8 月 30 日（查理九世）	185	0	0	太阳埃居	23 克拉	$72\frac{1}{2}$	50	0
1569 年 10 月 23 日	—	—	—	—	—		53	0
1570 年 8 月 30 日	—	—	—	—	—		54	0
1572 年 7 月 1 日	—	—	—	—	—		52	0
1573 年 6 月 9 日	200	0	0	—	—		54	0
1574 年 9 月 22 日（亨利三世）	—	—	—	—	—		58	0
1575 年 5 月 31 日	222	0	0				60	0
1575 年 6 月 15 日	222	0	0	太阳埃居	23 克拉	$72\frac{1}{2}$	65	0
1575 年 6 月 17 日	—	—	—	—			60	0
1575 年 10 月 20 日	—	—	—				60	0
1602 年 9 月（亨利四世）	240	10	0	—			65	0
1615 年 2 月 5 日（路易十三）	278	6	6				75	0
1630 年 2 月	—	—	—				80	0
1631 年 8 月	—	—	—				83	0
1633 年 7 月	—	—	—				86	0
1636 年 3 月 5 日	—	—	—				94	0
1636 年 5 月 8 日	320	0	0				—	
1636 年 6 月 28 日	—	—	—				104	0
1636 年 9 月 22 日	384	0	0				—	
1640 年 4 月 3 日	—	—	—	金路易	22 克拉	$36\frac{1}{4}$	200	0
1652 年 4 月 4 日（路易十四）	—	—	—				220	0

（续表）

时间	一马克黄金的价格			货币	标准	一马克黄金需要铸造的货币数量	价值	
	里弗尔	索尔	但尼尔				索尔	但尼尔
1655 年 12 月 23 日	—	—	—	金路易	$23\frac{1}{4}$克拉	$60\frac{1}{2}$	140	0
1662 年 7 月 7 日	423	10	11	—	—	—	—	—
1679 年 4 月 10 日	437	9	$8\frac{1}{2}$	—	—	—	—	—
1686 年 7 月 29 日	437	7	5	金路易	—	—	230	0
1687 年 10 月 27 日	447	7	2	—	—	—	225	0
1689 年 12 月 10 日	—	—	—			—	232	0
	—	—	—	金埃居			120	0
1693 年	$514\frac{1}{11}$	0	0	金路易			260	0
1703 年	$584\frac{1}{4}$	0	0	金路易			300	0
1708 年				金路易			255	0
1709 年 4 月	576	0	0	金路易	22 克拉	32	330	0
1709 年 5 月	$654\frac{6}{11}$	0	0	金路易		30	400	0
1713 年 9 月 30 日	—	—	—	金路易			280	0
1713 年 12 月	—	—	—	金路易			400	0
1716 年 10 月（路易十五）				—	22 克拉	22	—	—
1718 年 5 月	—	—	—	金路易	22 克拉	25	—	—
1719 年 7 月 25 日	$927\frac{3}{11}$	0	0	金路易			680	0
	1008	15	0	坎扎因金币	—	—	300	0
1720 年 3 月 5 日	—	—	—	金路易 1709 年发行			800	0
1720 年 3 月 11 日	$1963\frac{7}{11}$	0	0	金路易	—	—	1200	0
1720 年 9 月	$1472\frac{8}{11}$	0	0	金路易	—	—	900	0
	—	—	—	金路易		25	1000	0
1721 年 1 月 1 日	—	—	—	金路易			900	0
1723 年	—	—	—	金路易		$37\frac{1}{2}$	540	0
1726 年	—	—	—	金路易	—		240	0
1726 年（货币重铸）	678	15	0	金路易	22 克拉	30	400	0
1726 年 5 月	740	9	1	—	标准提高 20%		480	0
	—	—	—	埃居			120	0
1785 年 10 月 30 日（货币重铸）	828	12	0	金路易	22 克拉	32	480	0

时间	一马克黄金的价格			货币	标准	一马克黄金需要铸造的货币数量	价值	
	里弗尔	索尔	但尼尔				索尔	但尼尔
1803 年 3 月 28 日	1 千克纯金的价值是 3444 $\frac{4}{9}$ 法郎。相当于 1 千克价值 3100 法郎、纯度是 90% 的黄金			40 法郎和 20 法郎	按照 3434 $\frac{4}{9}$ 枚法郎的价值相当于 1 千克纯金的价值发行，纯度是 90% 的 1 千克黄金价值为 3091 枚法郎	—	—	—
1830 年 10 月 8 日	—			100 法郎和 10 法郎				
1835 年 2 月 25 日	铸币变更：6 法郎重 1 千克							
1835 年 6 月 30 日	一千克纯金的价值从 3434 $\frac{4}{9}$ 法郎变成 3437 $\frac{4}{9}$ 法郎							
1850 年	—			10 法郎		—	—	—

[G] 参见路易·费利西安·德·索尔西的记载，陈述了这些货币的含金量会不定期降到二十克拉以下。

[H] 英格兰国王爱德华三世统治时期的四千四百九十六枚铸有羔羊头像的弗罗林价值相当于八百七十一英镑二先令，每枚铸有羔羊头像的弗罗林价值为三先令十又二分之一便士。根据财政部的《古老的杂录》记载，伍斯特教区主教亚当·奥莱顿前往罗马的支出为$\frac{624}{5}$枚铸有羔羊头像的弗罗林。

法兰西银币表[1]

时间	一马克纯银的价值			货币名	合金重量		一马克白银铸造的数量	价值	
	里弗尔	索尔	但尼尔		但尼尔	格令		索尔	但尼尔
1144 年	0	40	0	—	—	—	—	—	—
1158 年	0	53	4	—	—	—	—	—	—
1207 年	0	50	0	—	—	—	—	—	—
1222 年	0	50	0	—	—	—	—	—	—
1226 年	0	54	7	图尔格罗申	11	12	58	0	12
1283 年	0	54	0	—	—	—	—	—	—
1285 年	0	54	6	—	—	—	—	—	—

[1] 1689 年及以前的资料来源与法兰西金币表的资料来源相同，1690 年及以后的资料从不同的资料中收集。——原注

（续表）

时间	一马克纯银的价值			货币名	合金重量		一马克白银铸造的数量	价值	
	里弗尔	索尔	但尼尔		但尼尔	格令		索尔	但尼尔
1293 年	0	61	0	—	—	—	—	—	—
1295 年	—	—	—	小图尔格罗申	9	12	116	0	6
1296 年 5 月 20 日	3	8	0	—	—	—	—	—	—
1297 年 7 月 4 日	3	10	0	—	—	—	—	—	—
1298 年 5 月 25 日	3	15	0	—	—	—	—	—	—
1299 年 6 月 7 日	3	18	0	—	—	—	—	—	—
1302 年 2 月 2 日	5	4	0	—	—	—	—	—	—
1302 年 4 月 23 日	4	8	0	—	—	—	—	—	—
1303 年 8 月 15 日	6	0	0	—	—	—	—	—	—
1304 年 3 月 1 日	7	10	0	—	—	—	—	—	—
1304 年 5 月 7 日	6	5	0	—	—	—	—	—	—
1304 年 6 月 25 日	6	14	0	—	—	—	—	—	—
1304 年 9 月 8 日	6	15	0	—	—	—	—	—	—
1304 年 12 月 13 日	7	5	0	—	—	—	—	—	—
1305 年 4 月 18 日	8	10	0	—	—	—	—	—	—
1306 年 10 月 1 日 (坚挺的货币)	2	15	6	—	—	—	—	—	—
1308 年 4 月 16 日	2	19	0	图尔格罗申	11	12	58	0	12
1310 年 1 月 20 日	3	7	6	布尔乔亚的福特	6	0	189	0 (巴黎铸造)	2 (巴黎铸造)
1311 年 7 月 8 日	3	5	1½	布尔乔亚的单银币	6	0	378	0 (巴黎铸造)	1 (巴黎铸造)
1313 年 6 月	—	—	—	—	—	—	—	0 (图尔铸造)	1 (图尔铸造)
1313 年 9 月 19 日	2	14	7	图尔格罗申	11	12	38	0	12
	—	—	—	图尔但尼尔	3	18	220	0	1
	—	—	—	巴黎但尼尔	4	12	221	0 (巴黎铸造)	1 (巴黎铸造)

时间	一马克纯银的价值			货币名	合金重量		一马克白银铸造的数量	价值	
	里弗尔	索尔	但尼尔		但尼尔	格令		索尔	但尼尔
1314 年 10 月 29 日	2	4	7	—	—	—	—		
1315 年 1 月 15 日	2	4	0	图尔但尼尔	3	18	220	0 (图尔铸造)	1 (图尔铸造)
1315 年 5 月 6 日	—	—	—	巴黎但尼尔	4	12	221	0 (巴黎铸造)	1 (巴黎铸造)
1317 年 3 月 1 日	3	7	6	图尔格罗申	11	12	$59\frac{1}{6}$	1	3
	—	—	—	巴黎但尼尔	4	12	282	0	1
1321 年 2 月 20 日	3	7	6	图尔格罗申	11	12	$59\frac{1}{6}$	1	3
1322 年 3 月 2 日	4	0	0	银奥波尔	10	0	118	0 (巴黎铸造)	6 (巴黎铸造)
1322 年 10 月 15 日	3	8	9	巴黎但尼尔	3	18	218	—	—
1326 年 1 月 20 日	5	0	0	—	—	—	—		
1326 年 7 月 24 日	4	10	0		9	0	135	0 (图尔铸造)	8 (图尔铸造)
1327 年 1 月 8 日	5	8	0						
1328 年 10 月 7 日	5	11	0						
1329 年 12 月 26 日	4	4	0	图尔格罗申				1 (图尔铸造)	6 (图尔铸造)
1330 年 4 月 8 日（坚挺的货币）	2	18	0	图尔格罗申	11	12	60	1 (图尔铸造)	0 (图尔铸造)
	—	—	—	巴黎格罗申	11	12	48	1 (巴黎铸造)	0 (巴黎铸造)
1331 年 1 月 9 日	2	17	6	—	—	—	—		
1333 年 6 月 12 日	2	15	6	巴黎但尼尔	4	4	$138\frac{1}{2}$		
1336 年 2 月 13 日	3	12	6	皇冠格罗申	10	16	96	1 (图尔铸造)	10 (图尔铸造)
1338 年 1 月 3 日	5	0	0	—	—	—	—		
1338 年 10 月 14 日	4	12	0	皇冠格罗申	8	0	96	0	10
1339 年 2 月 5 日	6	15	0		7	0	105	0	10
1339 年 4 月 6 日	—	—	—		6	0	108	0	10

（续表）

时间	一马克纯银的价值			货币名	合金重量		一马克白银铸造的数量	价值	
	里弗尔	索尔	但尼尔		但尼尔	格令		索尔	但尼尔
1339 年 8 月 19 日	5	0	0	—	—	—	—	—	—
1340 年 1 月 27 日	8	14	0	百合花格罗申	6	0	84	1	3
1340 年 2 月 8 日	9	4	0	—	—	—	—	—	—
1340 年 2 月 13 日	9	12	0	—	6	0	95	1	3
1340 年 8 月 1 日	7	0	0	—	—	—	—	—	—
1340 年 12 月 4 日	7	10	0	—	—	—	—	—	—
1342 年 6 月 30 日	12	10	0	—	6	0	120	1	3
1342 年 9 月 7 日	13	0	0	—	—	—	—	—	—
1343 年 4 月 9 日	13	10	0	—	—	—	—	—	—
1343 年 9 月 22 日	—	—	—	图尔格罗申	11	12	60	3	9
1343 年 10 月 26 日（坚挺的货币）	3	4	0	—	—	—	—	1	3
1344 年 2 月 16 日	3	8	0	—	—	—	—	—	—
1345 年 4 月 9 日	3	10	6	—	—	—	—	—	—
1346 年 1 月 27 日	5	0	0	—	—	—	—	—	—
1346 年 2 月 24 日	6	15	0	—	—	—	—	—	—
1346 年 3 月 3 日	—	—	—	—	3	0	216	0（巴黎铸造）	2（巴黎铸造）
1346 年 7 月 17 日	4	10	0	双巴黎银币	3	18	180	0（巴黎铸造）	2（巴黎铸造）
1347 年 1 月 11 日	4	16	0	双图尔格罗申	3	8	183 $\frac{1}{3}$	0（图尔铸造）	2（图尔铸造）
1347 年 7 月 21 日	7	10	0	—	—	—	—	—	—
1348 年 8 月 31 日	5	0	0	—	3	1 $\frac{1}{3}$	183 $\frac{1}{3}$	0（图尔铸造）	2（图尔铸造）
1348 年 12 月 31 日	6	0	0	—	2	12	200	0（图尔铸造）	2（图尔铸造）
1349 年 1 月 20 日	7	15	0	—	—	—	—	—	—

时间	一马克纯银的价值			货币名	合金重量		一马克白银铸造的数量	价值	
	里弗尔	索尔	但尼尔		但尼尔	格令		索尔	但尼尔
1349 年 5 月 12 日	6	13	0	—	—	—	—	—	—
1349 年 8 月 7 日	6	15	0	—	—	—	—	—	—
1349 年 12 月 5 日	7	7	0	—	—	—	—	—	—
1350 年 2 月 5 日	6	0	0	—	—	—	—	—	—
1350 年 3 月 6 日	6	8	0	—	—	—	—	—	—
1350 年 4 月 23 日（坚挺的货币）	5	0	0	双巴黎银币	3	12	168	0（巴黎铸造）	2（巴黎铸造）
1350 年 8 月 23 日	5	5	0	双巴黎银币	2	8	168	0（巴黎铸造）	2（巴黎铸造）
1350 年 10 月 26 日	5	12	0	—	—	—	—	—	—
1351 年 1 月 25 日	12	0	0	—	—	—	—	—	—
1351 年 2 月 4 日	14	12	0	图尔格罗申布兰克	4	8	$87\frac{1}{4}$	0（图尔铸造）	8（图尔铸造）
1351 年 3 月 27 日（坚挺的货币）	5	6	0	—	—	—	—	—	—
1351 年 5 月 17 日	6	18	0	布兰克	4	12	144	0（巴黎铸造）	6（巴黎铸造）
1351 年 6 月 23 日	7	8	0	—	—	—	—	—	—
1351 年 8 月 18 日	8	15	0	—	—	—	—	—	—
1351 年 9 月 12 日	10	0	0	布兰克	4	0	144	0（巴黎铸造）	6（巴黎铸造）
1351 年 10 月 10 日	10	10	0	—	—	—	—	—	—
1351 年 12 月 16 日	11	0	0	—	—	—	—	—	—
1352 年 2 月 6 日	10	0	0	—	—	—	—	—	—
1352 年 6 月 2 日	—	—	—	—	—	—	—	—	—
1352 年 7 月 24 日	6	2	0		4	0	100	0（图尔铸造）	8（图尔铸造）
1352 年 8 月 16 日	6	10	0	—	—	—	—	—	—
1352 年 10 月 24 日	6	18	0	—	—	—	—	—	—

（续表）

时间	一马克纯银的价值			货币名	合金重量		一马克白银铸造的数量	价值	
	里弗尔	索尔	但尼尔		但尼尔	格令		索尔	但尼尔
1352 年 10 月 25 日	8	0	0	—	4	0	120	0（图尔铸造）	8（图尔铸造）
1352 年 12 月 31 日	9	0	0	—	—	—	—	—	—
1353 年 2 月 5 日	5	7	0	—	—	—	—	—	—
1353 年 2 月 17 日	5	17	0	—	—	—	—	—	—
1353 年 4 月 22 日	12	0	0	—	3	12	140	0（图尔铸造）	8（图尔铸造）
1353 年 7 月 30 日	12	15	0	—	—	—	—	—	—
1353 年 8 月 2 日	13	15	0	—	—	—	—	—	—
1353 年 10 月 26 日（坚挺的货币）	4	15	0	—	—	—	—	—	—
1353 年 10 月 27 日	—	—	—	—	3	$8\frac{4}{5}$	65	0（图尔铸造）	8（图尔铸造）
1354 年 1 月 23 日	4	16	0	—	2	12	—	—	—
1354 年 4 月 4 日	5	6	0	—	3	0	120	—	—
1354 年 4 月 26 日	6	15	0	—	—	—	96	0（图尔铸造）	8（图尔铸造）
1354 年 5 月 28 日	9	12	0	—	3	0	120	0（图尔铸造）	8（图尔铸造）
1354 年 6 月 5 日	10	12	0	—	—	—	—	—	—
1354 年 9 月 7 日	12	0	0	—	—	—	—	—	—
1354 年 10 月 24 日（坚挺的货币）	4	4	0	银皇冠	3	8	80	0（图尔铸造）	5（图尔铸造）
1355 年 1 月 3 日（坚挺的货币）	5	5	0	—	—	—	—	—	—
1355 年 1 月 5 日	—	—	—	银皇冠	8	0	96	0	10
1355 年 1 月 16 日	—	—	—	银百合	4	0	60	0	8
1355 年 5 月 20 日	6	10	0	—	2	12	—	—	—
1355 年 7 月 6 日	7	10	0	—	—	—	—	—	—

时间	一马克纯银的价值			货币名	合金重量		一马克白银铸造的数量	价值	
	里弗尔	索尔	但尼尔		但尼尔	格令		索尔	但尼尔
1355 年 7 月 17 日	10	0	0	银皇冠	3	9	72	1（图尔铸造）	3（图尔铸造）
1355 年 8 月 22 日	—	—	—	—	3	0	—	—	—
1355 年 8 月 26 日	11	0	0						
1355 年 9 月 28 日	12	10	0		3	0	80		
1355 年 10 月 9 日	14	0	0		3	0	100		
1355 年 11 月 10 日	16	0	0		2	12	100		
1355 年 12 月 15 日	18	0	0		—	—	—		
1356 年 2 月 7 日	—	—	—		3	0	112 $\frac{1}{2}$	1	0
1356 年 3 月 26 日	6	10	0	皇冠格罗申	5	0	70	0	10
1356 年 8 月 3 日	6	10	0	—	3	0	90	—	—
1356 年 9 月 19 日	7	5	0	—	3	0	112 $\frac{1}{2}$	—	—
1356 年 10 月 28 日	8	17	0	—	—	—	—	—	—
1356 年 11 月 23 日	7	8	0	格罗申	6	0	80	1	0
1356 年 11 月 28 日	7	8	0	布兰克格罗申	4	0	80	1	0
1357 年 1 月 23 日	8	10	0	银百合	4	0	60	1	3
1358 年 2 月 22 日	7	0	0	—	3	0	90	0	6
1358 年 2 月 27 日	—	—	—		3	0	100		
1358 年 5 月 9 日	10	0	0		3	8	—		
1358 年 7 月 1 日	12	0	0		3	0	64		
1358 年 8 月 8 日	13	10	0		3	0	96		
1358 年 8 月 30 日	6	15	0	银皇冠	4	0	53 $\frac{1}{3}$	1	0
1358 年 11 月 13 日	7	0	0				75		
1358 年 11 月 22 日	8	0	0		3	0	75		

（续表）

时间	一马克纯银的价值			货币名	合金重量		一马克白银铸造的数量	价值	
	里弗尔	索尔	但尼尔		但尼尔	格令		索尔	但尼尔
1358 年 12 月 3 日	8	12	0	—	—	—	—	—	—
1358 年 12 月 9 日	9	10	0	—	—	—	—	—	—
1359 年 1 月 2 日	24	12	6	—	2	12	60	—	—
1359 年 1 月 22 日	34	12	6	—	2	0	72	—	—
1359 年 2 月 17 日	—	—	—	—	—	—	80	—	—
1359 年 2 月 27 日	53	17	6	—	—	—	100	—	—
1359 年 3 月 4 日	77	16	0	—	1	12	100	—	—
1359 年 3 月 21 日	102	0	0	—	—	—	125	—	—
1359 年 3 月 31 日（坚挺的货币）	11	0	0	布兰克格罗申	4	0	64	—	—
1359 年 4 月 20 日	7	10	0	—	3	0	120	—	—
1359 年 5 月 28 日	11	10	0	—	2	12	150	—	—
	—	—	—	布兰克格罗申	3	0	72	1	3
1359 年 6 月 5 日	9	0	0	图尔银百合	3	12	70	1	3
1359 年 6 月 12 日	—	—	—	—	3	0	—	—	—
1359 年 7 月 9 日	—	—	—	—	—	—	—	—	—
1359 年 7 月 12 日	—	—	—	—	2	15	—	—	—
1359 年 7 月 31 日	16	4	0	—	2	12	80	—	—
1359 年 9 月 18 日	22	13	0	—	2	6	90	—	—
1359 年 10 月 5 日	—	—	—	—	—	—	$112\frac{1}{2}$	—	—
1359 年 10 月 22 日	29	8	0	—	2	0	120	—	—
1359 年 11 月 27 日	12	0	0	埃图瓦勒格罗申	4	0	48	2	6
1359 年 12 月 5 日	15	0	0	—	3	0	—	—	—

时间	一马克纯银的价值			货币名	合金重量		一马克白银铸造的数量	价值	
	里弗尔	索尔	但尼尔		但尼尔	格令		索尔	但尼尔
1359 年 12 月 19 日	18	9	0	—	—	—	—	—	—
1359 年 12 月 31 日	23	12	6	—	—	—	—	—	—
1360 年 1 月 12 日	5	8	0	银百合	4	12	54	0	10
1360 年 4 月 27 日	—	—	—	—	3	0	—	—	—
1360 年 5 月 4 日	—	—	—	—	2	12	—	—	—
1360 年 5 月 26 日	—	—	—	—	2	0	—	—	—
1360 年 6 月 2 日	7	0	0	银百合	2	0	64	0	6
1360 年 6 月 27 日	—	—	—	—	—	—	80	0	$7\frac{1}{2}$
1360 年 6 月 28 日	9	0	0	—	1	12	80	—	—
1360 年 6 月 29 日	10	10	0	—	—	—	—	—	—
1360 年 8 月 7 日	15	0	0	—	—	—	100	—	—
1360 年 8 月 18 日	17	0	0	—	—	—	120	—	—
1360 年 8 月 22 日	18	10	0	—	—	—	—	—	—
1360 年 9 月 7 日	7	0	0	皇冠布兰克	4	0	66	0	10
1360 年 10 月 22 日	—	—	—	—	2	12	—	—	—
1360 年 11 月 13 日	8	0	0	—	—	—	—	—	—
1360 年 11 月 19 日	9	0	0	—	—	—	—	—	—
1361 年 4 月 3 日（坚挺的货币）	5	0	0	图尔格罗申	11	12	84	1	3
1364 年 5 月 3 日	5	0	0	银格罗申	11	12	84	1	3
1365 年 5 月 2 日	5	5	0	布兰克	4	0	96	0	5
1370 年 6 月 19 日	5	15	0	银格罗申	11	$3\frac{1}{4}$	96	1	3
1372 年 8 月 9 日	5	16	0	—	11	17	—	—	—

（续表）

时间	一马克纯银的价值			货币名	合金重量		一马克白银铸造的数量	价值	
	里弗尔	索尔	但尼尔		但尼尔	格令		索尔	但尼尔
1374 年 8 月 12 日	—	—	—	—	11	6	—	—	—
1378 年 8 月 19 日	—	—	—	—	11	17	—	—	—
1381 年 4 月 16 日	5	8	0	银格罗申	11	6	96	1	3
1381 年 8 月 15 日	5	16	0	—	—	—	—	—	—
1384 年 3 月 22 日	—	—	—	银埃居	6	0	75	0	10
1386 年 10 月 31 日	—	—	—	—	5	12	$74\frac{1}{2}$	—	—
1389 年 7 月 4 日	6	3	9	—	5	12	—	1	0
1389 年 10 月 30 日	5	18	0	—	5	12	—	—	—
1391 年 4 月 8 日	6	5	0	—	—	—	—	—	—
1399 年 10 月 27 日	6	8	0	—	—	—	—	—	—
1401 年 7 月 26 日	—	—	—	格罗申	9	0	81	1	3
1405 年 7 月 6 日	6	12	6	银埃居	5	6	$76\frac{1}{2}$	0	10
1411 年 11 月 5 日	6	15	0	—	5	0	80	—	—
1413 年 7 月 12 日	7	0	0	格罗申	11	16	$84\frac{7}{12}$	1	8
1414 年 6 月 26 日	7	2	0	银埃居	5	0	80	0	10
1417 年 5 月 17 日	8	0	0	格罗申	8	0	80	1	8
1417 年 10 月 21 日	9	0	0	—	5	8	—	—	—
1418 年 1 月 19 日	10	0	0	—	—	—	—	—	—
1418 年 3 月	14	0	0	—	—	—	—	—	—
1418 年 3 月 7 日	16	10	0	—	3	8	—	—	—
1418 年 5 月 28 日	9	10	0	—	—	—	—	—	—
1419 年 2 月 17 日	—	—	—	布兰克	2	0	168	0	5
1420 年 2 月 11 日	—	—	—	—	—	—	—	—	—

时间	一马克纯银的价值			货币名	合金重量		一马克白银铸造的数量	价值	
	里弗尔	索尔	但尼尔		但尼尔	格令		索尔	但尼尔
1420 年 4 月 9 日	18	0	0	—	—	—	—	—	—
1420 年 5 月 8 日	26	0	0	格罗申	2	12	100	1	8
1421 年 4 月 26 日	7	0	0	格罗申	11	12	86 $\frac{1}{4}$	1	8
1422 年 10 月 30 日	7	10	0	布兰克	4	12	90	0	10
1423 年 3 月 10 日	—	—	—	—	6	0	90	—	—
1423 年 12 月 31 日	7	0	0	—	5	0	80	—	—
1424 年 3 月 17 日	—	—	—	布兰克	5	0	80	0	10
1425 年 1 月 23 日	7	10	0	大布兰克	9	0	96	1	3
1425 年 3 月 16 日	7	5	0	布兰克	5	0	80	0	10
1425 年 6 月 9 日	6	5	0	格罗申	8	0	90	1	0
1425 年 8 月 17 日	7	0	0	布兰克	4	0	128	0	5
1426 年 1 月 11 日	7	0	0	—	4	12	72	—	—
1426 年 5 月 28 日	8	10	0	—	4	0	—	—	—
1426 年 8 月 20 日	9	10	0	—	3	8	—	—	—
1426 年 11 月 19 日	11	0	0	—	3	0	81	—	—
1427 年 8 月 26 日	8	0	0	—	4	0	80	—	—
1427 年 10 月 4 日	8	10	0	—	—	—	—	—	—
1428 年 1 月 24 日	13	10	0	—	2	8	84	—	—
1428 年 3 月 2 日	15	0	0	—	2	0	—	—	—
1428 年 7 月 31 日	11	0	0	—	3	0	81	—	—
1429 年 1 月 16 日	7	0	0	—	5	0	80	0	10
1429 年 5 月 4 日	—	—	—	—	1	18	—	—	—
1429 年 6 月 10 日	20	0	0	—	1	12	—	—	—

（续表）

时间	一马克纯银的价值			货币名	合金重量		一马克白银铸造的数量	价值	
	里弗尔	索尔	但尼尔		但尼尔	格令		索尔	但尼尔
1429年10月5日（坚挺的货币）	7	0	0	—	5	0	80	0	8
1430年12月22日	6	15	0	格罗申	11	12	120¾	1	3
1431年1月9日	7	5	0	布兰克	5	0	80	0	10
1432年1月16日	7	5	0	—	—	—	—	—	—
1432年4月11日	9	6	1	—	—	—	—	—	—
1432年8月22日	9	10	2	格罗申	4	18	68	1	2
1432年9月29日	9	16	0	—	—	—	—	—	—
1434年5月28日	—	—	—	小布兰克	4	0	128	0	5
1435年2月21日	7	0	0^	—	5	0	—	—	—
1435年9月22日	9	0	0	布兰克	4	0	80	0	10
1436年4月21日	7	8	0	—	—	—	—	—	—
1436年5月24日	—	—	—	银埃居	5	0	—	—	—
1437年4月3日	7	10	0	—	—	—	—	—	—
1437年11月27日	9	0	0	—	3	8	—	—	—
1440年	7	8	0	—	—	—	—	—	—
1441年	7	10	0	—	—	—	—	—	—
1447年7月7日	8	0	0	银埃居	4	21	82¾	0	10
1447年7月27日	8	10	0	格罗申	11	15	68	2	6
	7	10	0	布兰克	5	0	90	0	10
1456年6月26日	8	10	0	布兰克	4	12	81	0	10
	8	15	0	格罗申	11	12	69	2	6
1465年7月	—	—	—	—	—	—	69⅚	—	—
	8	10	0	布兰克	4	12	81	0	10
1473年1月8日	10	0	0	—	—	—	86	0	11
	—	—	—	格罗申	11	12	69	2	9

时间	一马克纯银的价值			货币名	合金重量		一马克白银铸造的数量	价值	
	里弗尔	索尔	但尼尔		但尼尔	格令		索尔	但尼尔
1475 年 11 月 2 日	—	—	—	太阳布兰克	4	12	$78\frac{1}{2}$	1	0
1488 年 4 月 24 日	11	0	0	太阳布兰克	4	12	$78\frac{1}{2}$	1	1
1497 年 4 月 7 日	11	0	0	银皇冠	4	12	86	1	0
1513 年 4 月 6 日	12	10	0	泰斯通	11	18	$25\frac{1}{2}$	10	0
1514 年 1 月 1 日	11	0	0	布兰克	4	12	86	1	0
1514 年 2 月 17 日	12	15	0	泰斯通	11	18	$25\frac{1}{2}$	10	0
1519 年 6 月 10 日	12	10	0	皇冠布兰克	4	6	$92\frac{1}{2}$	1	0
1521 年 9 月 20 日	13	5	0	泰斯通	11	6	$25\frac{1}{2}$	10	0
1532 年 3 月 1 日	—	—	—	—	—	—	—	10	6
1539 年 2 月 24 日	12	10	0	银萨利曼德	4	6	$92\frac{1}{2}$	1	0
1540 年 5 月 18 日	14	0	0	泰斯通	—	—	—	10	8
1541 年 5 月 4 日	—	—	—	克鲁瓦塞特杜赞	3	16	$91\frac{1}{4}$	1	0
1547 年 3 月 31 日	—	—	—	杜赞			$91\frac{1}{2}$	1	0
1549 年 1 月 23 日	15	0	0	—	—	—	—	11	4
1549 年 10 月 25 日	14	10	0	泰斯通	—	—	—	11	0
1550 年 4 月 20 日	14	5	0	杜赞	3	12	$93\frac{1}{2}$	1	0
1561 年 8 月 30 日	15	15	0	泰斯通	10	18	$25\frac{1}{2}$	12	0
1572 年 6 月 13 日	—	—	—	杜赞	3	12	102	1	0
1573 年 6 月 9 日	17	0	0	泰斯通	—	—	—	13	0
1575 年 5 月 ？ 日	17	15	0	杜赞	3	0	102	1	0
1575 年 5 月 31 日	19	0	0	法郎	10	10	$17\frac{1}{4}$	20	0
1575 年 6 月 17 日	—	—	—	泰斯通	—	—	—	14	6
1577 年 6 月 15 日	—	—	—	泰斯通	—	—	—	16	0

（续表）

时间	一马克纯银的价值			货币名	合金重量		一马克白银铸造的数量	价值	
	里弗尔	索尔	但尼尔		但尼尔	格令		索尔	但尼尔
1577 年 11 月 20 日	—	—	—	泰斯通	—	—	—	14	6
1580 年 10 月 17 日	19	0	0	夸特	11	0	25	15	0
1602 年 9 月	20	5	4	夸特	—	—	—	16	0
	—	—	—	法郎	—	—	—	21	4
				泰斯通				15	0
1636 年 5 月 8 日	23	10	0	—	—	—	—	—	—
1636 年 6 月 28 日	—	—	—	法郎	—	—	—	27	0
1636 年 9 月 22 日	25	0	0	—	—	—	—	—	—
1641 年 11 月 18 日	26	10	0	银路易	11	0	$8\frac{11}{12}$	60	0
1652 年 4 月 4 日	—	—	—	银路易	—	—	—	66	0
1655 年 12 月 23 日	—	—	—	银路易	11	12	$30\frac{1}{2}$	20	0
1679 年 4 月 10 日	29	11	0	银路易	—	—	—	60	0
1689 年 12 月 10 日	—	—	—	银路易	—	—	—	62	0
1689 年 12 月	—	—	—	重新铸造新银路易	—	—	—	66	0
1693 年 12 月	33	16	0	银路易	—	—	—	68	0
1703 年 12 月 10 日	$38\frac{10}{11}$	0	0	银路易	—	—	—	80	0
1709 年 4 月	38	8	0	银路易	11	0	8	88	0
1709 年 5 月	$43\frac{7}{11}$	0	0	银路易	—	—	—	100	0
1713 年 9 月 30 日	—	—	—	银路易	—	—	—	70	0
1718 年 5 月	—	—	—	银路易或埃居	11	0	10	80	0
1719 年 7 月 25 日	$61\frac{9}{11}$	0	0	—	—	—	—	113	4
1719 年	$69\frac{1}{8}$	0	0	银里弗尔	—	—	$65\frac{5}{11}$	—	—
1720 年 9 月	$98\frac{2}{11}$	0	0	银路易	—	—	—	235	0
	—	—	—	银路易	（＝$\frac{1}{3}$埃居）	（＝$\frac{1}{3}$埃居）	30	60	0

时间	一马克纯银的价值			货币名	合金重量		一马克白银铸造的数量	价值	
	里弗尔	索尔	但尼尔		但尼尔	格令		索尔	但尼尔
1721 年 1 月 1 日	—	—	—	银路易	（$=\frac{1}{3}$埃居）	（$=\frac{1}{3}$埃居）	—	50	0
1723 年	—	—	—	银路易	—	—	$10\frac{3}{8}$	138	0
1726 年	46	18	0	银路易	—	—	8	100	0
1726 年 5 月	51	3	3	银路易	—	—	—	120	0
1785 年	银币没有改变			—	—	—	—	—	—
1803 年	1 千克纯银＝$222\frac{2}{9}$法郎（$218\frac{8}{9}$法郎返回给进口商）			法郎	纯度 90%		重 5 克	—	—
1835 年 6 月 30 日	1 千克纯银＝$222\frac{2}{9}$法郎（220 法郎返回给进口商）			法郎	纯度 90%		—	—	—
1865 年（拉丁货币联盟）	—			—	面值 5 法郎以下货币的白银纯度下降到 83.5%		—	—	—

翻译对照表

Jews	犹太人
Italians	意大利人
Adolf Soetbeer	阿道夫·索特贝尔
Hamburg	汉堡
London	伦敦
Samuel Delucenna Ingham	塞缪尔·德卢森纳·英厄姆
Senate	参议院
John White	约翰·怀特
Sir Isaac Newton	艾萨克·牛顿爵士
Comte de Mirabeau	米拉波伯爵
Honoré Gabriel Riqueti	奥诺雷·加里布埃尔·里凯蒂
Charles Alexandre de Calonne	夏尔·亚历山大·德·卡洛纳
Alexander Hamilton	亚历山大·汉密尔顿
Austria	奥地利
Ottomar Haupt	奥托马尔·豪普特
The American Mint Reports	《美国铸币报告》
Henry Maxwell Lyte	亨利·麦克斯韦尔·莱特
Edna Shaw	埃德娜·肖
Italian	意大利
Florence	佛罗伦萨
Roman Empire	罗马帝国
Spain	西班牙
Moors	摩尔人

Christianity	基督教
Mediterranean	地中海
Eastern empire	东罗马帝国
Byzantium	拜占庭
Charlemagne	查理大帝
gold Byzants	拜占庭金币
Saxon	撒克逊人
Henry III	亨利三世
Venice	威尼斯
Pisa	比萨
Genoa	热那亚
Siena	锡耶纳
Sicily	西西里岛
Frederick II	腓特烈二世
Augustale	奥古斯都
Giovanni Dandolo	乔瓦尼·丹多洛
Count of Flanders	佛兰德斯伯爵
Baldwin IX	鲍德温九世
Latin Emperor	拉丁帝国
Peloponnesus	伯罗奔尼撒半岛
Aegean	爱琴海
Constantinople	君士坦丁堡
Black Sea	黑海
Crimea	克里米亚
Holland	荷兰
Germany	德意志
Hanse Towns	汉萨同盟
Louis IV	路易四世
Philip VI	腓力六世
Edward III	爱德华三世
Castle of Louvain	鲁汶城堡
Antwerp	安特卫普
Bavarian	巴伐利亚
Archbishop of Cologne	科隆大主教
Walram of Jülich	于利希的瓦尔拉姆

Duke of Brabant	布拉班特公爵
John III	约翰三世
Count of Hainault	埃诺伯爵
William II	威廉二世
Count of Holland	荷兰伯爵
William IV	威廉四世
Duke of Gueldres	盖尔德雷斯公爵
Rainhold II	赖因霍尔德二世
Lübeck	吕贝克
Charles IV	查理四世
Golden Bull	《金玺诏书》
Frederick Count of Nürnberg	纽伦堡伯爵弗雷德里克
Zutphen	聚特芬
Jacob Grell	雅各布·格雷尔
Michaelmas	米迦勒节
Baptist John	施洗者约翰
Louis IX	路易九世
St.Louis	圣路易
Philip IV	腓力四世
Louis II	路易二世
William V	威廉五世
Alfonso XI	阿方索十一世
Pedro IV	佩德罗四世
Renaissance	文艺复兴
Reformation	宗教改革
Americas	美洲
Hungary	匈牙利
Transylvania	特兰西瓦尼亚
Saxony	萨克森
Bohemia	波希米亚
Henry VII	亨利七世
Giovanni Villani	乔瓦尼·维拉尼
Guelfi Grossi	归尔浦格罗申
Milan	米兰
Peter of Castile	残暴的彼得

Henry II	亨利二世
John II	胡安二世
Medina del Campo	梅迪纳·德尔·坎波
Valladolid	巴利亚多利德
Henry IV	亨利四世
Segovia	塞哥维亚
Netherlands	尼德兰
Rhenish gulden	莱茵盾
Frankfort	法兰克福
Speyer	施派尔
Worms	沃尔姆斯
Rhine	莱茵河
Friedrich III von Saarwerden	弗里德里希·冯·萨尔韦登三世
Archbishop of Trier	特里尔大主教
Kuno II von Falkenstein	法尔肯施泰因的库诺二世
Adolf Bishop of Mainz	美因茨主教阿道夫
Count Palatine of the Rhine	莱茵河的巴拉丁伯爵
Rupert I	鲁珀特一世
Rupert II of Mainz	美因茨的鲁珀特二世
John Bishop of Mainz	美因茨大主教约翰
Werner von Falkenstein	法尔肯施泰因的维尔纳
Elector of Brandenburg	勃兰登堡选帝侯
Frederick I	腓特烈一世
Sigismund Holy Roman Emperor	神圣罗马帝国皇帝西吉斯蒙德
Eger	埃格尔
Nümberg	纽伦堡
Frederick III	腓特烈三世
Meissen	迈森
Valois	瓦卢瓦王朝
Charles V	查理五世
Pope Gregory XI	教皇格里高利六世
Charles VI	查理十一世
Scotland	苏格兰
Navarre	纳瓦拉
Charles VII	查理七世

Louis XI	路易十一
Charles VIII	查理八世
Westminster	威斯敏斯特
George Kirkyn	乔治·柯金
Lotte Nicholyn	洛特·尼科林
Tower of London	伦敦塔
Luxembourg	卢森堡
Lombard	伦巴第人
Chronicle	《纪事报》
Commons	下议院
Ireland	爱尔兰
Calais	加莱
Lords	上议院
Richard Leye	理查德·莱耶
Lincoln	林肯
Cranten	克莱恩
John Hoo	约翰·胡
Richard Aylesbury	理查德·艾尔斯伯里
Richard II	理查二世
Earl of Suffolk	萨福克伯爵
Michael de la Pole	迈克尔·德·拉·波尔
Henry V	亨利五世
Henry VI	亨利六世
Cornwall	康沃尔郡
Wars of the Roses	玫瑰战争
Harz	哈茨山脉
Tyrol	蒂罗尔
Salzburg	萨尔茨堡
Portugal	葡萄牙
Mexico	墨西哥
Potosi	波托西
Low Countries	低地国家
Elizabeth I	伊丽莎白一世
Privy Council	枢密院
Sir Thomas Gresham	托马斯·格雷沙姆爵士

United Netherlands	尼德兰联省共和国
Valkenburg	法尔肯堡
Dalen	达伦
Limburg	林堡
Francis I	弗朗索瓦一世
Marseilles	马赛镇
Blois	布洛瓦
Aix	艾克斯
Pontoise	蓬图瓦兹
Le Blanc	勒布朗
Forchheim	福希海姆
Esslingen	埃斯林根
Nördlingen	讷德林根
Burgundians	雷根斯堡
Regensburg	勃艮第人
Switzerland	瑞士
Archduke of Austria	奥地利大公
Franconia	法兰克尼亚
Swabia	施瓦本
Rudolph II	鲁道夫二世
Mecklenburg	梅克伦堡
Schleswig-Holstein	石勒苏益格－荷尔斯泰因
Amsterdam	阿姆斯特丹
Thirty Years' War	三十年战争
Charles I	查理一世
Philip II	腓力二世
Philip III	腓力三世
Herman King	赫尔曼·金
Thomas Wolsey	托马斯·沃尔西
Mechlyn	梅克琳
William Knight	威廉·奈特
Hutton	赫顿
Thomas Cromwell	托马斯·克伦威尔
Guelderland	海尔德兰省
Coventry	考文垂

Elizabeth Lamond	伊丽莎白·拉蒙德
Hugh Latimer	休·拉蒂默
Francis Walsingham	弗朗西斯·沃尔辛汉姆
James I	詹姆斯一世
House of Tudor	都铎王朝
House of Stuart	斯图亚特王朝
Francis Bacon	弗朗西斯·培根
Earl of Salisbury	索尔兹伯里伯爵
Robert Cecil	罗伯特·塞西尔
East India Company	东印度公司
Raleigh	罗利
Star Chamber	星室法庭
Poland	波兰
Turkey	土耳其
Eastland	伊斯特兰
Locke	洛克
Carleton	卡尔顿
Gloucestershire	格洛斯特郡
Worcester	伍斯特
Reading	雷丁
Somerset	萨默塞特
Suffolk Hall	萨福克郡
Blackwell Hall	布莱克威尔郡
Manchester Hall	曼彻斯特郡
Kent	肯特
Wiltshire Hall	威尔特郡
Leadenhall	利德贺街
Essex	埃塞克斯
Devonshire	德文郡
Nottingham	诺丁汉
Royal Exchange	皇家交易所
Treatises on Exchanges	《货币兑换论述》
Goldsmiths' Company	金匠公司
Secretary of State	国务大臣
Baron Baltimore	巴尔的摩男爵

George Calvert	乔治·卡尔弗特
Robert Heath	罗伯特·希思
Wales	威尔士
Commonwealth	英格兰共和国
Barrett	巴雷特
Ralph Maddison	拉尔夫·麦迪逊
Thomas Roe	托马斯·罗
Norway	挪威
Denmark	丹麦
LongParliament	长期国会
Robert Stone	罗伯特·斯通
Andrew Palmer	安德鲁·帕尔默
Rogers	罗杰斯
Cojan	科扬
Lombard Street	朗伯德街
Californian	加利福尼亚
Australian	澳大利亚
Mercantile	重商主义
Physiocratic	重农主义
Smithian economics	古典经济学
Protectionist	贸易保护主义
Charles II	查理二世
Berwick	贝克里郡
Lords of the Treasury	财政大臣
William III	威廉三世
Louis XIV	路易十四
John Law	约翰·劳
Louis XV	路易十五
Louis XVI	路易十六
National Assembly	制宪议会
French First Republic	法兰西第一共和国
Directoire	督政府
Pierre Louis Prieur	皮埃尔·路易·普里厄
Council of the Five Hundred	五百人院
Council of Senators	元老院

Consuls	执政官
Martin Michel Charles Gaudin	马丁·米歇尔·查尔斯·戈丹
Council of State	国务委员会
Financial Committee	财务委员会
Napoleon Bonaparte	拿破仑·波拿巴
Latin Union	拉丁货币联盟
Bank of France	法兰西银行
de Bosredon	德·博斯勒东
Belgium	比利时
Léon Say	莱昂·赛
Frederick William I	腓特烈·威廉一世
Elector of Saxony	萨克森选帝侯
Julius Francis	尤里乌斯·弗朗茨
Zinnaische	津纳
Leopold I	利奥波德一世
Leipzig	莱比锡
John George III	约翰·乔治三世
Sweden	瑞典
Francis I	弗朗茨一世
Vienna Coinage Convention	《维也纳铸币公约》
Brabant thaler	布拉班特塔勒
Prussia	普鲁士
Kronthaler	克朗塔勒
Laubthalers	劳布塔勒
Johann Philipp Graumann	约翰·菲利普·格劳曼
Frederick the Great	腓特烈大帝
French Revolution	法兰西大革命
Hesse	黑森
Seven Years War	七年战争
Peace of Hubertusburg	《胡贝尔图斯堡和约》
Oldenburg	奥尔登堡
Munich	慕尼黑
Würtemberg	符腾堡
Baden	巴登
Darmstadt	达姆施塔特

Hohenzollem	霍亨索伦王朝
Zollverein	关税同盟
General Mint Convention	《总体铸币公约》
Dresden	德累斯顿
Saxe-Weimar	萨克森－魏玛
Eisenach	爱森纳赫
Saxe-Meiningen	萨克森－迈宁根
Saxe-Altenburg	萨克森－阿尔滕堡
Saxe-Coburg	萨克森－科堡
Gotha	哥达
Nassau	拿骚
Schwarzburg-Rudolstadt	施瓦茨堡－鲁多尔施塔特
Schwarzburg-Sondershausen	施瓦茨堡－松德斯豪森
Reuss	罗伊斯
Reuss-Schleiz	罗伊斯－施莱茨
Reuss-Lobenstein	罗伊斯－洛本施泰因
Ebersdorf	埃伯尔斯多夫
Convention of Vienna	《维也纳公约》
Lichtenstein	列支敦士登
San Franciscan	旧金山
Heidelberg	海德堡
German Handelstag	德意志商业交易会议
Berlin	柏林
German Monetary Union	德意志货币联盟
North German Union	北德意志联邦
Otto von Bismark	奥托·冯·俾斯麦
Franco-German War	法德战争
Commissioners of Trade	贸易委员会
Sir Dudley North	达德利·诺思爵士
Discourses upon Trade	《贸易论》
Sir Richard Temple	理查德·坦普尔爵士
James II	詹姆斯二世
Neale	尼尔
William's wars	威廉王之战
Earl of Halifax	哈利法克斯伯爵

Charles Montagu	查尔斯·蒙塔古
John Locke	约翰·洛克
Edward VI	爱德华六世
Gilbert Bumet	吉尔伯特·伯内特
Anne Queen	安妮女王
John Aislabie	约翰·艾斯拉比
Geroge Caswall	乔治·卡斯沃尔
George I	乔治一世
China	中国
Japan	日本
Earl of Liverpool	利物浦伯爵
Charles Jenkinson	查尔斯·詹金森
Frederick North	弗雷德里克·诺思
Bank of England	英格兰银行
Bullion Report of 1810	《1810年的黄金报告》
Continental Congress	大陆会议
Georgia	佐治亚州
North Carolina	北卡罗来纳州
New York	纽约州
Virginia	弗吉尼亚州
Thomas Jefferson	托马斯·杰斐逊
Secretary of State	美国国务卿
John Quincy Adams	约翰·昆西·亚当斯
House	众议院
William Hams Crawford	威廉·哈里斯·克劳福德
Lowndes	朗兹
Richard Rush	理查德·拉什
Wilde	怀尔德
Thomas Hart Benton	托马斯·哈特·本顿
Thirty Years' View	《三十年观察》
Campbell H. White	坎贝尔·H. 怀特
Abraham Alfonse Albert Gallatin	亚伯拉罕·阿方斯·艾伯特·加勒廷
South Carolina	南卡罗来纳州
William Kennedy Clowncy	威廉·肯尼迪·克洛尼
Ransom Hooker Gillet	兰塞姆·胡克·吉勒特

Churchill Caldom Cambrclcng	邱吉尔·卡尔多姆·坎布伦
Indiana	印第安纳州
John Ewing	约翰·尤因
Maryland	马里兰州
Isaac McKim	艾萨克·麦金
Massachusetts	马萨诸塞州
Benjamin Gorham	本杰明·戈勒姆
Dudley Selden	达德利·塞尔登
Pennsylvania	宾夕法尼亚州
Binney	宾尼
John Caldwell Calhoun	约翰·考德维尔·卡尔霍恩
Daniel Webster	丹尼尔·韦伯斯特
Henry Clay	亨利·克莱
Ezekiel Forman Chambers	埃策希尔·福曼·钱伯斯
Rhode Island	罗得岛州
Nehemiah Rice Knight	尼赫迈亚·莱斯·奈特
Kentucky	肯塔基州
Louisiana	路易斯安那州
Alexander Porter	亚历山大·波特
Nathaniel Silsbee	纳撒尼尔·西尔斯比
New Jersey	新泽西州
Samuel Lewis Southard	萨缪尔·刘易斯·索瑟德
Maine	缅因州
Peleg Sprague	皮莱格·斯普拉格
Dunham	邓纳姆
Nevada	内华达州
Richard Bland	理查德·布兰德
Rutherford Birchard Hayes	拉瑟福德·伯查德·海斯
Presidential message	总统咨文
Benjamin Harrison	本杰明·哈里森
William Windam	威廉·温德姆
Sherman	谢尔曼
Treasury notes	国库券
Brussels	布鲁塞尔
Governor-General	印度总督

Marquess of Lansdowne	兰斯多恩侯爵
Henry Petty-Fitzmaurice	亨利·佩蒂－费茨莫里斯
Lille	里尔
Java	爪哇岛
Lisbon	里斯本
Oporto	波尔图
Felix Esquirou de Parieu	费利克斯·费利西安·德·帕里克
Legal Tender Law	《法定货币法》
Scandinavian	斯堪的纳维亚
George Goschen	乔治·戈申
Bogy	博吉
Willard	威拉德
Wiiliam Slocum Groesbcck	威廉·斯洛克姆·格罗申贝克
Canada	加拿大
Magnin	马尼安
Henri Cemuschi	亨利·塞努斯基
Farrer Herschell	法勒·赫舍尔
Sir Charles Fremantle	查尔斯·弗里曼特尔爵士
Baron Avebury	埃夫伯里男爵
John Lubbock	约翰·卢伯克
Thomas Henry Farrer	托马斯·亨利·法勒
Baron Courtney of Penwich	佩尼奇的考特尼男爵
Leonard Henry Courtney	伦纳德·亨利·考特尼
Sir Louis Malet	路易斯·马利特爵士
Baron Kinross	金罗斯男爵
John Balfour	约翰·鲍尔弗
Henry Chaplin	亨利·查普林
David Barbour	戴维·巴伯
Houldswort	霍兹沃思
Samuel Montague	塞缪尔·蒙塔古
Paris Exhibition	巴黎世博会
free International Monetary Congress	自由国际货币大会
Romania	罗马尼亚
Auguste Beemaert	奥古斯特·贝尔纳特
Georges Montefiore-Levi	乔治·蒙特菲奥里－利瓦伊维

Edwin H. Terrell	埃德温·H.特雷尔
Moritz Levy	莫里茨·利维
Alfred de Rothschild	艾尔弗雷德·德·罗斯柴尔德
Adolphe Boissevain	阿道夫·布瓦塞万
Richard Strachey	理查德·斯特雷奇
Allard	阿拉德
Sir Charles Rivers Wilson	查尔斯·里弗斯·威尔逊爵士
Creary	克里里
Pierre Tirard	皮埃尔·蒂拉尔
Austro-Hungarian Empire	奥匈帝国
Democratic party	民主党
Chester Alan Arthur	切斯特·艾伦·阿瑟
George Nathaniel Curzon	乔治·纳撒尼尔·寇松
Reginald Welby	雷金纳德·韦尔比
Arthur Godley	阿瑟·戈德利
Bertram Wodehouse Currie	伯特伦·沃德豪斯·柯里
Grand Duke of Tuscany	托斯卡纳大公
Cosimo I	科西莫一世
Louis the Pious	"虔诚者"路易
Vitale II	维塔莱二世
Sebastiano Ziani	塞巴斯蒂亚诺·齐亚尼
Lorenzo Tiepolo	洛伦佐·蒂耶波洛
Nicolo Tron	尼科洛·特隆
Nicolo Marcello	尼科洛·马塞洛
Pietro Mocenigo	彼得罗·莫切尼戈
Lira Tron	里拉特隆
Nicoló da Ponte	尼科洛·达蓬特
Toller	托勒罗
Lombardo-Venetian	伦巴多－威尼斯
Trono	特罗诺
Gothic	哥特人
Roman libra	罗马磅
Ferdinand II	斐迪南二世
Isabella I	伊莎贝拉一世
Toledo	托莱多

Alfonsi	阿尔方西
Alfonso VI	阿方索六世
Sancho IV	桑乔四世
Pedro I	佩德罗一世
John I	胡安一世
Blanca	布兰卡
Agnus Dei	上帝羔羊
Seville	塞维利亚
Excellent	艾克塞琳
Medino del Campo	梅迪诺·德尔坎波
Excellente de la Granada	艾克塞琳·德·拉·格拉纳达
Carlos Prince of Asturias	阿斯图里亚斯亲王卡洛斯
Ferdinand VII	斐迪南七世
Isabella II	伊莎贝拉二世
Carlovingian	加洛林王朝
Floris V	弗洛里斯五世
Jan I	扬一世
Arnulf II	阿努尔夫二世
Countess of Flanders	佛兰德斯女伯爵
Marguerite II	玛格丽特二世
Louisde Crécy	路易·德·克雷西
Maximilian I	马克西米利安一世
St. Andries florin	圣安德里斯弗罗林
Batavian Republic	巴达维亚共和国
Magdeburg	马格德堡
Joachims thaler	约阿希姆塔勒
Schlicken thaler	西里西亚塔勒
Lowen thaler	洛温塔勒
Maurice Elector of Saxony	萨克森选帝侯莫里斯
Zahender	扎亨德
Lower Westphalian	下威斯特伐利亚
Misnian	米斯尼亚
Kammer-Gerichts	卡米尔–杰里希特
Bremen	不来梅
Pomerania	波美拉尼亚

Pfalz	普法尔茨
war of the Austrian Succession	奥地利王位争夺战
Maria Theresa	玛丽亚·特蕾莎
Frederick Augustus III	腓特烈·奥古斯特三世
Brandenburg-Ansbach	勃兰登堡－安斯巴赫
Bayreuth	拜罗伊特